第25辑
(2016年·夏)

中文社会科学引文索引(CSSCI)来源集刊

文化研究

南京大学人文社会科学高级研究院
首都师范大学文化研究院　主　办

周　宪(执行)　陶东风　主　编
周计武　胡疆锋　副主编

SSAP 社会科学文献出版社
SOCIAL SCIENCES ACADEMIC PRESS (CHINA)

《文化研究》编委会

主编的话

周计武

本辑是“视觉文化研究”特刊。

自20世纪90年代以来，随视觉技术的兴起，对视觉与视觉效果既迷恋又焦虑的双重心理，日益使我们卷入以形象为主因的视觉文化之中，也使视觉文化成为知识分子热衷批判的重要领域之一。

经过20多年的学术积累，视觉文化研究在中国已经取得了很大的进展。一是西方视觉文化理论的经典论文与论著被陆续译介过来，[①] 为国内的视觉文化研究奠定了可供参考的理论基础和思想范式；二是国内研究视觉文化

① 重要译文集有罗岗、顾铮的《视觉文化读本》（广西师范大学出版社，2003），吴琼的《视觉文化的奇观：视觉文化总论》（中国人民大学出版社，2005）、《凝视的快感：电影文本的精神分析》（中国人民大学出版社，2005），吴琼、杜予的《形象的修辞：广告与当代社会理论》（中国人民大学出版社，2005）、《上帝的眼睛：摄影的哲学》（中国人民大学出版社，2005），孟建、Stefan Friedrich的《图像时代：视觉文化传播的理论诠释》（复旦大学出版社，2005），陈永国的《视觉文化研究读本》（北京大学出版社，2009），周宪的《视觉文化读本》（南京大学出版社，2013）；理论原典译著有〔美〕欧文·潘诺夫斯基的《图像学研究：文艺复兴时期艺术的人文主题》（戚印平、范景中译，上海三联书店，2011），〔美〕W. J. T. 米歇尔的《图像理论》（陈永国、胡文征译，北京大学出版社，2006）、《图像学：形象、文本、意识形态》（北京大学出版社，2012），〔美〕尼古拉斯·米尔佐夫的《视觉文化导论》（倪伟译，江苏人民出版社，2006），理查德·豪厄尔斯的《视觉文化》（广西师范大学出版社，2007），彭丽君的《哈哈镜：中国视觉现代性》（张春田、黄芷敏译，上海画店出版社，2013），等等。

的系列论文与论著相继发表或出版，[①] 无论在数量上还是在质量上都成绩斐然。研究者主要来自艺术史论、文艺学、影视研究、文化社会学、媒介文化研究、文化传播学等人文社科领域，研究视域突破了视觉艺术研究的边界，将摄影、影视、卡通、广告、数码影像等非艺术图像及其视觉体制纳入视觉文化研究的视野之中，形成了一种多元、开放、跨学科的学术生态。研究者的知识谱系[②]主要受到西方图像学、符号学、文化研究与后现代主义等学术思想的影响，研究范围非常广泛，涵盖视觉技术、视觉表征、视觉体制、视觉政治、视觉中心主义批判、视觉主体性的建构等议题。在此意义上，我们要澄清一点，视觉文化研究不等于视觉的文化研究，因为运用文化研究切入视觉与视觉文化仅仅是众多学术话语中的一种方法。

概而言之，视觉文化研究就是视觉与视觉文化的研究，其焦点主要集中在两个相辅相成的方面：一是以视觉形象为中心，致力于研究各种形象是如何会聚在一起的，表征了什么，如何表征，又隐含了什么文化意义；二是以视觉性为中心，旨在阐释形象表征及其意义的建构过程，进而揭示并批判表征模式隐含的视觉意识形态。第一个方面主要致力于图像的符号、表征及其意义的阐释，其学术思想主要来自潘诺夫斯基的图像学阐释模式、诺曼·布列逊的符号学分析模式和W. J. T. 米歇尔的图像理论。图像学阐释旨在运用图像与历史互证的方法，揭示图像母题的演变、风格的形成及其文化意义。符号学旨在分析从绘画图像的社会性及其作为符号的独特角度，以语词与图像、凝视与扫视等范畴为焦点，拓展研究视野，解读视觉艺术与视觉、传统、权力之间的辩证关系。不同于前两者，米歇尔超越了视觉艺术的界限，开始研究非艺术的图像及其意义，不仅关注图像的构成、存

① 至目前为止，在CNKI上按照主题词“视觉文化研究”搜索到的论文有245篇，按照主题词“视觉文化”搜索到的论文则有2971篇之巨；重要的论著有周宪的《视觉文化的转向》（北京大学出版社，2008）、曾军的《观看的文化分析》（山东文艺出版社，2008）、刘悦笛的《视觉美学史：从前现代、现代到后现代》（山东文艺出版社，2008）、高燕的《视觉隐喻与空间转向》（复旦大学出版社，2009）、肖伟胜的《视觉文化与图像意识形态》（北京大学出版社，2011）、党西民的《视觉文化的权力运作》（人民出版社，2012）、鲁明军的《书写与视觉叙事：历史与理论的视野》（广西师范大学出版社，2013）、段炼的《视觉文化与视觉艺术符号学：艺术史研究的新视角》（四川大学出版社，2015），等等。

② 参见吴琼《视觉文化研究：谱系、对象与议题》，《文艺理论研究》2015年第4期。

在、复制、扭曲和传播方式，而且分析图像在扭曲与传播中隐含的“图像战争”及其意识形态霸权。第二个方面旨在分析视觉对象的可视性与不可视性，视觉化的体制建构及其隐含的视觉霸权。[①] 其学术思想主要来源于西方马克思主义的批判理论、精神现象学、解构主义和后现代主义等理论。视觉性是展示观看行为的可能性，是世界得以可见、观看得以可能的社会机制。通过看与被看、可视性与不可视性，视觉性建构了一种视觉表征秩序。批判性地分析这种视觉秩序、表征模式及其隐含的视觉政治或视觉中心主义，是视觉文化研究得以合法化的重要基础。

围绕视觉形象与视觉性两个主题，本辑组织了5个专题。第一个专题“视觉文化研究与中国视点”，旨在从问题与方法两个层面，系统反思视觉文化研究在理论旅行中的创见与误读。刘康在《视觉文化研究与中国问题意识》中，系统梳理了视觉文化研究的思想脉络。作者认为，西方马克思主义左翼文化理论和后现代人文思潮是视觉文化研究的两大理论支柱。若用欧美理论与方法来分析中国经验与中国问题，会存在严重的历史错位和局限。凌晨光的《聚焦与透视——兼谈图像批评的目标》，从图像批评的视角剖析了图像空间的聚焦与透视、平面与深度、可视与不可视等包含悖论的范畴，主张“看与思”相结合，分析图像符号的语言机制，继而领悟视觉对象从所见、可见到不可见的观看历程。曾军的《媒介形态变化与当代视觉文化的认知测绘》属于方法论的探索成果。作者主张借鉴“认知测绘”的方法，通过分析视觉媒介形态的变化，建构历时性与共时性的视觉知识图景和问题域。毛宣国的《走出视觉文化研究的理论误区》对当代中国视觉文化研究中的一些观点，如图像转向、文图之争等，提出了质疑。作者认为，我们不应该以图文对立的思路夸大视觉文化和视觉媒介的作用，而应该超越技术决定论的传媒视角，弘扬听觉文化，坚守文学心灵化的写作方式。如果说这4篇文章属于总论，是一种综合分析的话，那么谭善明的

---

① 以周宪的《视觉文化的转向》为例，该书在现代性语境中围绕视觉的社会性和社会的视觉性两个主题，系统分析了视觉范式、视线的意义、视觉技术、视觉消费、图文之争等视觉文化中的核心问题，并通过具体个案解读了视觉时尚、奇观电影、老照片、封面女郎、旅游景观、身体审美化等视觉现象。

《从压抑到炫示——视觉文化中的身体转向》则属于专论。身体是视觉文化研究中的重要议题。一方面，在视觉艺术的生产与接受中，身体形象与身体表演不断僭越、挑衅了禁欲主义的身体伦理；另一方面，现代身体技术的发展和美的艺术过剩，在资本化的逻辑下，又使身体成为靓丽的景观。为了解读这一充满悖论的现象，作者从思想史的角度梳理了西方身体从压抑到炫示的文化逻辑。

第二个专题“社会转型期的视觉建构”，旨在运用社会变迁理论，从社会的视觉建构与视觉的社会建构两个相辅相成的层面来分析当代中国的视觉文化。视觉文化的崛起，一方面说明话语/图像的符号（利奥塔语）并驾齐驱构成了当代社会文化的典型特征，另一方面又昭示了图像符号越来越占据主导地位的发展趋向，并日益重构了当代社会与文化的地形图。社会的巨大变化导致了人们视觉的巨大转变，我们正在从古典视觉、近代视觉、革命视觉转向一个更加开放也更求快感的视觉性消费。这个社会转变过程在人们视觉上留下了深刻的印迹，以往时代的许多视觉禁忌和规范已被颠覆。同时，我们看到，视觉与视觉文化反过来重塑了我们的社会形貌。艺术在变，传媒在变，城市景观在变，这些变化清楚地说明了主体的视觉性对客体世界视像的诉求与改造。一言以蔽之，转型期的社会变化重构了人们的视觉性及其视觉理解；反之，视觉性的变化也帮助人们理解和体认变化了的社会文化。

本专题的5篇文章分别从城市景观、草根传媒、大众文化、视觉体制与视觉传播的层面，分析了视觉性与社会性在当代中国视觉文化中的辩证关系。童强的《现代城市景观批判》揭示了现代生产方式对传统生活场景的遮蔽，主张好的景观应是好的城市生活方式的自然表征。庞弘的《草根传媒文化——当代中国社会变迁中的视觉文化景观》，阐释了草根传媒文化与当代社会之间建构的关系，揭示了草根传媒文化中的情感逻辑、社会心态、公众参与及其伦理困境。李健的《当代中国社会转型中的大众文化及其视觉建构》，从历时性与共时性两个层面分析了视觉形象的主题、意义及其编码/解码的方式，继而阐释了大众文化表征模式的变迁及其隐含的视觉意识形态。殷曼楟的《中国当代视觉文化下的“视觉体制”概念初探》，在视觉体制、视觉主体与视觉形象三者之间的互动关系中探讨了“视觉体制”概念的内涵。刘利刚的《场景之争：移动互联时代的视觉传播新格局》，分析了大众参与在移动互联网时代所诱发的场景表征、场景传播，以及场景之争等问题，并宣称媒介技术革新是推动视觉传播格局演变的一个后坐力。

第三个专题“当代视像分析”，旨在对各种视觉图像、影像、拟像的生产与再生产进行客观的分析。阎嘉的《后现代的视觉幻象与形象工业》，对摄影艺术、绘画艺术和博物馆陈列 3 种后现代形象工业进行了多视角的透视，分析了视觉形象与视觉奇观的碎片化特征，并富有洞见地指出了其深层次的文化动因——时空压缩。周安华、宣宁的《合拍片电影形态的内在觉悟——基于当代中国电影“走出去”的思考》，以主流题材的合拍影片为例，对合拍影片的视觉表征模式及其特点进行了分析，主张以开放的文化心态和精湛的制作技术来拍摄中国民族电影。杨俊蕾、王旭的《技术依赖与过度仿制——析华语古装片中技术先行后的伦理失范》，批判性地揭示了当代华语古装电影中由于过于依赖非原创技术与仿制所产生的形象重复、绘景空洞、叙事脱节、情节虚假等问题。陈芸的《视觉音乐的视觉性表征》，从观看者的视角，通过案例分析，剖析了彩色风琴、抽象音乐绘画、动画音乐、音乐装置等音乐的视觉化特征，探索了视觉技术与观看模式的转变。艾秀梅的《电商时代的视像盛宴——论当下城市服饰审美中的复古风尚》与郑从容的《论见与不见的辩证法——从〈琅琊榜〉中的视而不见说起》是两篇很有意思的文章，分别探讨了当代服饰风尚中的复古现象和热播电视剧《琅琊榜》中的不可见性，值得一读。

第四个专题“视觉形象与主体建构”，旨在分析视觉形象的表征策略与视觉主体的文化认同或身份建构之间的内在逻辑关系。王海洲的《背道而驰的妇女解放与性别平等——中国女民兵宣传画（1958～1978）的图像政治学分析》，从图像政治学的视角分析了毛泽东时代 160 幅政治宣传画中的女民兵形象，辩证地阐释了性别平等话语与妇女解放话语之间复杂而微妙的关系。性别平等话语以个体权利为基础，旨在建构女性的性别意识与文化身份；妇女解放话语以集体献身为目标，旨在激发民族国家的政治想象。二者的混用削弱了女性在性别意识上自我反思的力量。李勇的《从红高粱到茉莉花——中国当代影视中的中国形象》，按照理想类型的研究模式，在改革开放的文化语境中重点分析了中国形象在当代影视中的变迁——从西北黄土高原的红高粱形象到江南秀丽的茉莉花形象，前者以悲壮的视觉张力展示了20世纪80年代不断突围、冲破困境的中国形象，后者以雅致的视觉基调彰显了20世纪90年代以来富庶与躁动并存的中国形象。

第五个专题“图像晚清的视觉生产”，选取了3篇文章，旨在通过案例分析，从不同视角透视中国视觉现代性是如何在晚清图像的生产与再生产中激发现代国人既愉悦又恐惧的视觉体验的，又是如何通过西方现代性的集体想象与欲望化消费，来塑造国人的文化认同与视觉主体性的。在某种意义上，现代性是一种视觉化的欲望系统。如彭丽君所言，“如果现代性是由对象和观看主体的相互影响所形成的话，这两个组成部分是经由欲望连接起来的，它刺激人们因他们所见而去经受猛烈的内在转化”。[①] 唐宏峰的《近代图像印刷资本主义——以〈点石斋画报〉插页画为中心的考察》，以点石斋插页画为中心，考察了图像印刷资本主义的两个特征——晚清绘画与图像的机械复制和公共传播，分析了照相石印技术所带来的视觉形象与视觉体验的变化及其现代意义。詹悦兰的《视觉、想象与现代中国的体验——〈点石斋画报〉与中国的现代想象》指出，以画为报、以图画说新闻的方式和现代透视法的运用，不仅加强了视觉形象的逼真感与新奇感，而且拓展了民众的观看视野，改变了国人的观看模式，为现代公共空间和共同体感受的形成奠定了基础。国人的现代性体验与文化身份的建构离不开对西方现代性的他者想象。正是在他者的镜像中，我们既观看了他者，也重塑了自我。《海上花列传》的吴友如派插图，第一次在中国小说插图史上构建了一个包含制度文明、技术文明、器物文明的西方化的视觉符号系统。这种对西方的视觉表征以仪式化的视觉奇观方式呈现在国人的视野中，不仅有助于传统帝制的瓦解，而且有助于现代生活模式的建构，至少重构了当时富裕阶层的日常行为方式和价值观念。陈晓屏博士的《奇观化的十里洋场与中国小说插图中西方表征的兴起——〈海上花列传〉吴友如派插

① 彭丽君：《哈哈镜：中国视觉现代性》，张春田、黄芷敏译，第28页。

图研究》对此进行了较为细腻的分析和论证。

当然，由于篇幅所限，许多议题和研究成果没有在这里呈现，比如，对视觉机器和装置范式的讨论，对视觉乌托邦和意识形态的批判分析，对当代视觉艺术的图像学解读，对“微文化”时代精神碎片化的反思，等等。我们期待在下一辑中继续探讨相关话题，也希望读者能参与到我们的讨论中来，以理性的声音和批判的视野建构我们未来的精神家园。

最后，我们要感谢教育部哲学社会科学研究重大课题攻关项目“当代中国社会转型中的视觉文化研究”（12JZD019）的资金支持，使本期“视觉文化研究”特刊顺利与读者见面。

目 录

专题一　视觉文化研究与中国视点

专题二　社会转型期的视觉建构

专题三　当代视像分析

专题四 视觉形象与主体建构

专题五 图像晚清的视觉生产

Contents

Issue I Visual Culture Studies and Chinese issues

Issue II Visual Construction During the Social Transformation

Issue III Studies on the Contemporary of Visuality and Image

Issue IV Visual Images and Subject Construction

Issue V Visual Production in Late Qing China

专题一

视觉文化研究与中国视点

视觉文化研究与中国问题意识

刘　康*

摘要　视觉文化研究来自欧美人文学科，是文化研究的一部分。视觉文化研究不仅呈现美国学界对当代世界的“视觉化”（visualization）倾向的关注，而且反映了后现代人文思潮对人文学科范式转换的影响。西方马克思主义左翼文化理论是视觉文化研究的理论支柱，尤其是福柯的全景敞视理论在互联网出现的三四十年前形成，具有惊人的预见性和前瞻性。中国视觉文化研究既需了解来自欧美的理论方法和欧美的研究对象、问题意识，又应该认知中国的研究对象和问题意识。在提出中国视觉文化研究的中国问题意识时，须注意到理论资源的缺失与匮乏。今天用欧美后现代理论与方法来解释中国的文化现状，却有严重的历史错位和局限。欧美社会科学的理论方法对于具有强烈意识形态色彩的文化领域的问题，鲜有涉及。

关键词　视觉化　后现代理论方法　福柯全景敞视理论与互联网　中国问题意识

Abstract　Visual cultural studies emerged as part of Cultural Studies in U. S. and western Europe, focusing on visualization trend in the world today. Its theoretical premises derive from Left and western Marxist theories and methods. Foucault's panopticism, for example, anticipates the consequences of new media with surprising prophetic vision thirty or forty years prior to its

---

* 刘康，上海交通大学“致远”讲席教授，美国杜克大学中国研究中心主任，欧洲科学院院士；研究领域包括中国的国际形象、中国研究、马克思主义中国化、美学与比较文学等。

arrival. When dealing with Chinese visual culture, western theories offer indispensable insights, but Chinese issues should always be identified. Lack of analytical tools in addressing Chinese issues should be noted, as western postmodern theories in the humanities cannot adequately answer China's problems today and social sciences usually sidestep the questions with complex ideological implications.

Key words visualization postmodern theories and methods Foucault's panopticism and internet Chinese issues

视觉文化研究（visual cultural studies）是欧美人文学科从 20 世纪 90 年代中期开始出现的跨学科研究领域，主导者多为美国高校的人文学者。这一领域常常跟文化研究、影视研究、美术史等学科领域交集，大致上可算文化研究的一部分。广义而论，视觉文化研究不仅呈现美国学界对当代世界"视觉化"（visualization）倾向的关注，也反映了后现代人文思潮对人文学科范式转换的影响。研究当代问题自然是美国学术界的焦点。美国在学术上基本能整合全球资源，也不惜工本，与时俱进，紧扣当代话题，具有鲜明的问题意识。不过，美国学者的思想原创性不足，其思想理论泰半是西欧的（以法国和德国为主）舶来品。英国跟美国知识界的关系一直很紧密，相辅相成，但也主要汲取欧陆的思想理论。

研究对象与理论方法是有时间差的。当代研究对象始终变动不居，而且瞬息万变，但理论方法相对滞后。一方面，就人文学科而论，欧美近二三十年来逐渐占据主导地位的后现代主义理论方法，其滥觞为 20 世纪中叶的文化左翼（cultural Left）思潮。经半个多世纪的沉淀拓展，现已蔚为大观。另一方面，影视传媒和新媒体的发展本是 50 多年来全球化与世界文化的主潮。后现代主义理论方法始终是跟踪文化潮流走向的，故研究对象与理论方法之间的差异并不那么明晰。若要深究的话，在 20 世纪 60 ~ 70 年代异军突起的文化左翼或新左派（neo-left）思潮，集中展现了当时席卷全球的狂飙突进式的激进主义理念。自 20 世纪 80 年代以降，欧美社会通过推动全球化和信息革命，迅速走出激进时代，迈向发达资本主义的新阶段。当代欧美社会与四五十年前的已然有很大变化，以左翼激进主义为思想基础的后现代理论方法与其研究对象之间深层次的差异错位，在更广阔的历史变迁之下就显现出来了。

今天人文学科的各种理论、观点和方法基本来自美国。美国自冷战结束后已经成为全球最大的学术集散地和“思想的自由市场”（free market of ideas），尽管美国并非思想和理论的主要原创地。可以说，世界各国的学术研究无不从美国进口或转口大量的理论方法，在这点上中国并不例外。中国改革开放30多年以来，社会科学与人文学科的变化翻天覆地。回顾30多年中国人文社会科学的发展，我们会发现，它在解读、阐发中国问题时，基本上是以西方理论、西方话语为主导的。这跟中国改革开放的道路完全吻合。中国的现代化与改革开放是借鉴西方理论和经验来推动前进的。当然，延安时代的中国马克思主义以及更早的戊戌变法、五四运动，无不循着这一“西方话语—中国问题”的轨迹而行。译介开路，借用西著，以西人之话语，谈中国之问题，这一轨迹在本文涉及的视觉文化研究方面也得以体现。

中国也许从来没有像今天这样强烈地感受到跟世界的零距离关系。当然，中国是世界中的中国，而不是自成一体的中央帝国。它肇始于15世纪发现美洲大陆，开通海洋与欧亚大陆的交通，形成现代世界秩序之时。在20世纪，中国文化跟世界文化的融合达到了前所未有的高度。这是中国与世界分享人文价值观的物质基础。后现代主义理论主导下的视觉文化研究、文化研究以及媒介文化研究，虽然主要对象是欧美文化现象与社会背景，其理论依据也是来自欧美，但这些文化现象及社会背景在全球化时代的中国也基本存在。因此，视觉文化研究既需了解来自欧美的理论方法和欧美的研究对象、问题意识，又应该认知中国的研究对象和问题意识。我们既不能以中西对立的二元论来区分、强调中国的特殊性而否定西方理论的普遍性，也不应该亦步亦趋地运用西方视角和问题意识来研究中国对象。这看似是老生常谈，好像毋庸赘述，但现在既然要以来自欧美的视觉文化研究为契机来研究中国问题，在今天这个“中国独特论”尤其强大，质疑、批判西方的冲动与呼声极为高涨的时刻，还是应该不断提醒我们自己时刻警惕，不要陷入中西对立二元论中，而要把握好理论方法与研究对象的复杂关系。本文先拟就欧美（主要是美国）视觉文化研究的基本思路、研究对象和问题意识做一些粗浅的梳理，然后再有针对性地提出中国视觉研究的对象及问题意识。

一 视觉文化研究的渊源

美术史、摄影、影视研究等领域的关注对象始终是影像（image），无论是绘画，还是照片、影视，其学术研究跟对象一样都是古老且日日常新的，但视觉文化研究是较新的研究领域。一般认为，视觉文化研究的开山之作是英国作家约翰·伯格（John Berger）1972年编导的BBC电视系列片《观看之道》（*Ways of Seeing*）以及以该片脚本为基础的同名专著。① 这部堪称视觉文化研究的经典是一本图文并茂的小册子，关注的影像是从绘画到摄影，从达·芬奇的经典之作《岩间圣母》到现代社会无时不在的广告。不过，伯格的重点是"观看"（seeing），即观看者的角度、立场、兴趣，而不限于影像自身。他的理论依据是德国法兰克福学派本雅明写于1936年的著名论文《机械复制时代的艺术作品》。在1972年的欧美，左翼文化运动如火如荼。法兰克福学派的批判理论虽然出现于20世纪30年代纳粹骤起的时代，但在30年之后的欧美社会产生了巨大影响，成为左翼文化运动的理论旗帜。相对于阿多诺流亡美国洛杉矶后对大众文化以负面批判为主的观点，本雅明则对大众文化的"民主"和"祛魅"特质持一定的正面看法。伯格对本雅明的艺术"光晕"（aura）消失的观点做了发挥："艺术影像前所未有地成了短暂的、无所不在的、空洞的、唾手可得的、毫无价值和自由的东西。"② 不过，伯格并未就此进一步发挥，而是把注意力集中在观看者的性别即男性视觉和经典油画欣赏者们的动机等话题。男性视觉和欣赏动机等当然是能引发大量争议的话题。除此以外，伯格还用了1/4的篇幅来阐述"广告与资本主义白日梦"，对消费主义意识形态进行批判抨击。

总之，伯格的《观看之道》借助大众传媒，把深奥并鲜为人知的早期德国批判理论通俗化，这个不同于传统艺术史和大众传播学的方法，开启了视觉研究的新思路。20世纪六七十年代，欧美社会已经进入发达资本主义阶段，以电脑和高科技产业为主导的后工业化、生产的全球分工、跨国资本引领的全球化时代正在开端。这个时代同时也是全球政治与文化大动荡的革命时代。一方面，发达资本主义的科技、经济引领全球化；另一方面，欧美社会内部

---

① John Berger, *Ways of Seeing*, London: Penguin Books, 1972；中文版见〔英〕约翰·伯格：《观看之道》，戴行钺译，广西师范大学出版社，2007。

② John Berger, *Ways of Seeing*, pp. 32 – 34.

的激进主义运动与全球化时代诱发的世界性政治风云相互激荡。20 世纪六七十年代的“第三世界”反帝反殖民主义运动，受到欧美“第一世界”知识界和大众的空前关注。印度支那（越南战争）、中东（巴以战争）等地区的战乱直接牵动了欧美社会的神经。以苏联为首的社会主义阵营早已完全分裂。苏联坦克镇压 1968 年“布拉格之春”在欧美社会产生了深刻影响，而这种影响又无不带上了欧美发达资本主义社会的深刻烙印。欧美激进知识分子与社会大众普遍的反战情绪，对战后资本主义社会秩序的不满（美国爆发争取少数民族与妇女权利的民权运动）等，迅速整合在文化研究领域：无论是美国反文化、嬉皮士运动，还是席卷西欧国家的文化激进运动（以 1968 年的“巴黎风暴”为代表），都打着反抗、批判资本主义制度的旗帜，最终结果并非颠覆资本主义政治制度与社会秩序，而是在文化与精神领域内开启了富有反思意识、批判精神、多元与多样化的新思潮。这一思潮带有强烈的左翼色彩，从 20 世纪 80 年代起在美国人文学科领域形成了后现代主义理论思潮，继而影响欧美和世界各国学界。在这样的背景下，英国的文化研究（cultural studies）以及各类相关的分支如传媒文化研究（media cultural studies）和视觉文化研究等也应运而生，在欧美人文学界渐成气候。不过就在同一时刻，欧美政治与社会主流渐渐右转，以至于社会科学领域（以经济学为甚）的新保守主义思想与新自由主义经济学（两者实际上是同一事）占据了上风。以杜克大学为例，其文科分布在东西两个校园，东校园为文学、历史、女性研究、非裔美国文化研究等人文学科，始终是美国左翼人文理论研究的旗帜，号称“后殖民主义学区”（postcolonial campus）；西校区包括了政治学、经济学等社会科学系与商学院、法学院、公共政策学院等专业学院，号称“理性选择派学区”（rational choice campus），盛行新保守主义及新自由主义。两校区对垒，针锋相对，形成美国校园政治的一大景观。

左翼后现代主义理论的一个发源地是法国。许多法国理论家对视觉影像话题情有独钟。德波（Guy Debord）的《景观社会》（*La Société du spectacle*）1967 年出版，运用马克思对商品拜物教的批判理论来分析资本主义的景观化与影像化倾向。他的著名论断是：“景观不是影像的集合，而是由影像介入的人际间的社会关系。”① 德波把景观视为商品，看到的是社会关系，

① Guy Debord, *The Society of the Spectacle*, translation by Donald Nicholson-Smith, New York: Zone Books, 1967, p. 4.

而不仅仅是景观和视觉影像自身。这种无所不在的视觉影像的再现（representation）及其构成的景观社会，在德波看来导致了生活质量的低下和知识、思想的堕落，人们被商品、铺天盖地的广告和声色犬马的氛围所迷惑，失去了本真。所以他鼓吹一种反其道而行之的变道或劫持（détournement），以反讽和戏谑的方式制造挑战资本主义消费主义景观的“新景观”。他的这套理论很有煽动性，在1968年法国“巴黎风暴”中，成为左翼学生运动的一种“造反”理论。细究起来，德波的景观论新意不多，理论深度也不够，但在当时的激进主义风潮中，起到了煽风点火的作用。

后现代主义理论家波德里亚与德波同为激进时代的法国知识分子，他们关注的对象相同，理论来源也相似，如马克思、尼采、弗洛伊德的理论，以及索绪尔的结构主义语言学。波德里亚在晚些时候（1981年）阐发了他的“拟像”（simulacrum）理论，认为影像、符号、象征物等不再是现实的再现，而是创造出了“超现实”。人类经验中呈现的是虚拟现实，由视觉景观所构成。波德里亚的拟像和超现实论是后现代理论的重要一翼，具有片面的深刻性，把马克思主义政治经济学的商品价值与交换价值论进一步推衍到象征、符号文化、思想与情感领域，是西方马克思主义向文化与审美方向进一步倾斜的一种代表观点。美国理论家杰姆逊则认为，后现代社会中人类的情感、审美、潜意识这块最后的净土也被彻底商品化了。在当代世界，景观、影像、符号无所不在，虚拟和真实、本源和复制、深度和表象的界限基本消失了。

思想家福柯虽然不能被划归西方马克思主义阵营，却是左翼后现代主义理论与方法论领域中的一位核心人物。他关于现代社会话语与权力关系的理论，把视觉影像等囊括在话语、符号与象征体系之中。福柯的思想对于后现代主义理论方法包括文化研究、后殖民主义批评、女性主义等有深远影响。他的影子无处不在，其学说当然是视觉文化研究的一个理论出发点。福柯并不纠缠于马克思主义体系中的现实与再现、现实与拟像、表象与本真、商品物质生产与象征符号生产等观念，而是挥舞着一把解构主义激光手术刀，对西方现代社会的各种文化与精神的机构、体系、话语等，实施无情而又无处不在的解剖。福柯根据英国政治哲学家边沁1787年提出的“全景监狱论”（panopticon），在1977年出版的《规训与惩罚》中提出了“全景敞视理论”（panopticism）。这个理论关注的问题是权力（包括政治权力、资本权力、社会与文化权力等）如何通过视觉手段监视、管制社会，如何让个人成为这一全景监控的一部分。个人在一个去中心的、弥散和碎片化的网络化、信息化的后现代社会中，同时扮演着监视者与被监视者的双重身份，成为个人主体性的核心部分（当然，这种被彻底去中心化和碎片化的主体性，在福柯看来恰恰是主体性消失的证明）。福柯写道："个人处于视线的掌控之中，并对此心知肚明，承担了权力制约的责任。他自觉地令权力掌控他自身，将权力关系铭刻在心，自觉自愿地扮演了权力的双重角色，将自己变成了让权力役使自己的主导原则。"①

福柯深入剖析现代社会的医院、学校、工厂、实验室、监狱等基本机构，从视线、视觉的角度入手，对于个体被权力控制的内在化以及个体对权力的"自觉自愿"的主动认同、参与甚至主导，做了极为深刻的哲学思考。现代社会的"隐形权力"（anonymous power）是一只看不见的手，让每个人都处于无处不在的视线之下，自我观看、相互观看，自我监控、相互监控。全景敞视中的权力似乎没有具体的主导者，自动运行。通过权力的个体化、内在化，现代社会使权力的效益达到了最大化。在福柯的理论体系中，权力常常通过可视、可听、可感、可触的话语形式与影像形式来呈现，其外延似乎包罗万象，如政治、经济、科技、军队、警察等，无处不在，无所不包。这当然是福柯与各种后现代主义理论深受重实证、强调逻辑的自然科学、社会科学所诘难之处。但深究起来，从生命个体、主体意识出发，通过话语与影像的角度来思考权力关系，福柯的权力概念依然有其严谨的内在逻辑。福柯理论"深刻的片面性"始终是文化研究以及本文涉及的视觉文化研究的一根基本理论支柱。在互联网出现的三四十年前，福柯的"全景敞视理论"具有惊人的预见性和前瞻性。今天，面对互联网时代的全媒体、全知觉或全景观社会，我们需要这种超越科学主义与技术至上观念，从人类生命主体、存在意识出发的哲学思考。

二 美国视觉文化研究的学科化与问题意识

美国是全球最大的学术集散地和思想的自由市场。视觉文化研究在美国形成了学科化的气候，出现了以美国社会为导向的问题意识，"美国独特论"（American exceptionalism）的印迹十分明显。美国"独特论"的"独

① Michel Foucault, *Discipline and Punishment*, New York: Vintage Books, 1995, pp. 202 - 203.

特”处在于美国是一个现代文明（以西方为中心）的集散地。美国社会集中体现了现代文明的基本特征，以美国社会的多样性为对象的社会与人文学术研究，也就具备了一定的普世意义。如果我们能够从历史角度来思考人类文化与现代文明，在坚持历史的在地性、本土性的同时，始终不忘记现代文明的融汇、聚会和普世化的大趋势，则可以从美国的学术思想中获益良多。美国视觉文化研究的思想理论资源来自欧洲，尤其是法国的激进左翼后现代主义思潮，但一开始就很接地气，提出的问题都是针对美国当代社会的。

洛杉矶加州大学教授道格拉斯·凯尔纳1995年出版的《媒体文化》一书，以电视电影为主要对象（不包括新闻媒体）提出“媒体文化”概念，此一概念包括了视觉文化研究的主要方面。[①] 他列举了媒体文化的意义和作用：“从广播、电视、电影及其他传媒文化提供的素材中，我们构建了我们的身份、自我意识，我们的性别意识、阶级意识、族裔和种族意识、我们的国族意识、性认同、‘我们’与‘他们’的区分。传媒影像让我们形成对世界的看法和最深层次的价值观，让我们区分是非、好坏、善恶。传媒故事让我们通过符号、神话等资源，构建我们共同的文化，并使我们成为这一文化的一部分。传媒景观向我们展示谁拥有权力，谁没有权力，谁能或不能施展武力与暴力。传媒景观把权力戏剧化、合法化，给权力拥有者以权势平台，让无权者俯首帖耳，唯唯诺诺。”[②] 凯尔纳的阐述对传媒文化、视觉文化与景观文化广义的意识形态或价值观的建构作用做了概括。他把传媒影像和故事视为深层次价值观和意识形态的建构者，他关于景观和权力关系的论述等，基本没有超出福柯和欧美左翼后现代主义论者的立场，这也是美国视觉文化研究的基本态度和立场。这种观点颠倒了马克思的经济基础决定上层建筑的理论，展示了后现代主义理论对于各种决定论的解构与颠覆。当然从欧美主流社会科学的观点（如新自由主义经济学和理性选择派社会学）来看，后现代主义理论依然是一种决定论的反映，只不过

① Douglas Kellner, *Media Culture: Cultural Studies, Identity and Politics Between the Modern and the Postmodern*, London: Routledge, 1995；中文版见〔美〕道格拉斯·凯尔纳：《媒体文化》，丁宁译，商务印书馆，2013。

② Douglas Kellner, “Cultural Studies, Multiculturalism, and Media Culture,” in Gail Dines, Jean M. Humezeds, *Gender, Race, and Class in Media: A Critical Reader*, New York: SAGE Publications , 2014, p. 3.

是从经济决定论换成了文化决定论，脱离了经济与社会的状况和政治制度，不过是无源之水、无本之木而已。但欧美主流社会科学迄今为止并未出现强有力的理论观点来反驳人文学科的后现代主义理论，在意识形态研究、传媒社会与景观社会的巨大变化的理论探究方面基本阙如。所以人文学科与社会科学在这些领域基本上还处在各说各话、左右立场二元对立的状态，难以达成思想共识。欧美左翼后现代主义作为学术界弱势一方（人文学科在欧美始终处于弱势），对自由主义中间立场和保守主义右翼占据主流的社会科学的攻击不遗余力，不过泰半是“茶杯里的风暴”或象牙塔内的“阶级斗争”，所产生的社会影响有限。

纽约大学教授尼古拉斯·米尔佐夫（Nicholas Mirzoeff）于1998年主编出版《视觉文化读本》，第二版于2002年出版，第三版于2013年出版。他在纽约大学开设了视觉文化研究的系列课程，为视觉文化研究的学科化做到了不遗余力。1998年第一版的序言中，米尔佐夫把视觉文化定义为“后现代文化”，认为后现代文化的标志是视觉影像所形成的文化中的新霸权，而西方文化一向看重的是文字主导的文化，而后现代文化的视觉主导地位是对传统文化的颠覆。视觉影像把本不该视觉化的事物视觉化了。他借用海德格尔的“世界图画”概念，认为世界变成了一幅图画，即世界的本质被视觉化了，存在、本质、本真等本体论的概念都成了视觉影像。此时，米尔佐夫还纠结于后现代主义哲学的本体论、认识论的争议中。不过，第三版序言中的侧重点明显发生转变。在这版序言里，他提出了“视觉性的批判研究”（critical visuality studies），演绎了所谓“视觉性”（visuality）的概念。“lity”这一后缀乃是后现代理论的时髦表示，如现代性、后现代性、后殖民性等，无不冠上这一后缀，我这里的中文翻译也只有萧规曹随，加上一个“性”字了。米尔佐夫不无得意地说：“视觉文化研究已经全球开花，从阿根廷到挪威到塔吉克斯坦都有研究和课程。”这次他不再讨论形而上学和后形而上学、反形而上学的哲学问题，而是把视觉性定位为“殖民主义和帝国主义实践的特定技术，无论在国内还是在国外都在实施，权力由此而把大写的历史视觉化为权力自身。由此，视觉性宣示了权威，而权威超越了自身的能力来施展自身的意志。……视觉化展示了权威，制造了共识”。[①] 随后他列举了

① Nicholas Mirzoeff, “Introduction: For Critical Visuality Studies,” *The Visual Cultural Reader*, New York: Routledge, 2013, p. xxx.

近现代世界的各种权威，从蓄奴时代的美国南部庄园主，到纳粹法西斯政权，从帝国主义殖民主义统治者，到当代各类专制独裁者，他们统统是权威的化身。美国与西欧发达资本主义国家也同样被他归结到权威之列，又特意把中国、俄罗斯、美国拎了出来，在米尔佐夫看来，这些国家统统都是需要批判的权威。从这个视角看，今日中国被欧美左翼猛烈砍伐批判不足为奇。

米尔佐夫如此描述视觉性的三个技术：

> 分类：出自自然史，分类的运作是区分“自由与奴役”，“殖民者与被殖民者”，由法律和习惯来强制实行。
>
> 分离：将分类的事物予以物理上的分离，常常使用障碍物、警察、派出所等范农所指出的殖民地的典范，以确保分离的状态。
>
> 审美：分类和分离随后由审美来强化和确认。此审美并非美的事物的审美，而是对现状的敬仰式的审美，一如范农所言。①

第三版《视觉文化读本》洋洋洒洒地收录了47篇论文，分为四大部分。一是“拓展”，对前两版内容做了延伸，涉及亚洲的视觉文化、数码照相、当代艺术等，不过对大家期待的新媒体并未有涉及。二是“全球化、战争、视觉经济”，其中，战争从阿富汗战争到伊朗、伊拉克战争，视觉经济方面涉及了创意产业和“自由劳动”（free labor）问题。三是“身体、殖民性与视觉性”，主题是欲望、身体、再现的视觉化问题，所谓“殖民性”是对身体的殖民性，是视觉性的殖民化，而不是殖民地和前殖民地的政治、经济、社会问题。基本在后殖民主义理论框架里打转转，身体欲望当然是视觉性的主要对象，此“性”（-lity）与彼“性”（sex，sexuality）竟然有密切的关联。这虽然与中文无关，但类似中国在圣诞平安夜发苹果一般，取“平苹”谐音，也就有了奇葩式的话语链接。四是“媒介与中介”，这部分倒是收录了几篇讨论数字时代的新媒体论文。纵览这部近700页的著作，贯穿始终的主题确实体现了主编的社会批判意识。尤其是对美国社会关注的问题，主编的批判精神尤为强烈。全球化、战争、阿富汗、身体、欲望、

---

① Nicholas Mirzoeff, “Introduction: For Critical Visuality Studies,” *The Visual Cultural Reader*, p. xxxi.

殖民与后殖民、族裔、种族与性别，无不是美国社会日常关注的话题。美国的科技创新、政治与经济动态等，反倒有点受忽视的样子。互联网的创新、社交媒体、新媒体中视觉影像的传播与交流等话题，显然没有更具抗争性的话题受到重视。

在纽约大学课堂上，米尔佐夫等视觉文化研究的团队开始了一系列研讨课程。一门“视觉文化研究方法论”的研讨课，主题却是种族问题：种族在美国是如何被视觉化的？美国的日常生活和政治生活又是如何被种族化和后殖民化的？“后殖民主义”如今在美国大学人文学科的话语体系中，越来越成为一种隐喻或借用，指的是在美国文化中，在精神分析层面即潜意识、无意识层面之中的种族化。这种内化了的种族认同感与身份区隔分类和分离，往往是通过外在的肤色及不同种族与族裔的形象（传媒影像、广告、美容等有关“颜值”的一切视觉形象）呈现的。

总之，美国的视觉文化研究主要聚焦于美国社会的重要矛盾与冲突，在左翼后现代主义理论导向之下，种族、族裔、性别成为核心问题。一些传统马克思主义学者对此不无抱怨，指责“阶级”这一重要的马克思主义理论范畴受到了忽视。无论如何，左翼后现代主义理论成为美国文化研究的主导理论范式，视觉文化研究的范畴、问题意识等，也顺理成章地围绕着后现代主义理论所关怀的问题群打转了。当然美国作为世界各民族、族裔和种族最为多元化的集合社会，以及美国对全球事务的全面卷入，使得美国的问题都涉及全球性的问题。从美国的特殊性问题，往往可以推衍到全球普遍性的问题。视觉文化是当代传媒文化的重要表现，在新媒体时代的影响力更为强大。视觉影像构成的世界与现实世界密不可分，互为表里，相辅相成，视觉影像中的美国，的确能告诉我们许多美国之外、全球普遍的事情。美国视觉文化研究的强烈社会批判精神、政治与社会的参与感、现实感，也的确更接地气，更贴近现实生活。学院象牙塔内外的关联，十分密切。

三　中国视觉研究的问题意识

视觉文化研究的发端是欧美，理论资源来自20世纪六七十年代的西欧。近年来传入中国，关注中国的问题当然是天经地义的。但如何借鉴欧美的学术范式和理论方法来关注中国的视觉文化？亦或拒绝欧美理论的“过度阐释”，另辟蹊径，创建中国特色的视觉研究方法？前面提到，“中国独特论”目前势头正旺，造成了新的中西二元对立的语境。但学术界对于“中国独特论”本身缺少明确的界定和分析，种种“中国独特论”的言行基本处于喊口号阶段。“中国独特论”的确不同于“美国特殊论”。因为受到中国近现代的历史轨迹所制约，中国是现代化的后发性国家，中国的现代化是在欧美引领的现代化大背景下的现代化。这就规定了“中国独特论”是一种历史的在地性、本土性的特殊论，是现代化的普世性（所谓的“现代性”）大背景下的特殊。与中国相比，“美国特殊论”更会聚了现代化的普世性，因为美国的现代化集中体现了人类社会现代化历史进程中的各种问题与症候，针对美国社会而引发的各种理论思索、解决方案和社会实践，也就更具有世界普遍意义。这点对于理解和把握视觉文化尤其重要，因为视觉文化乃是当代世界进入后工业化、全球化时代的突出现象，视觉文化的方方面面，都无法孤立于全球化和互联网新媒体这个大时代。

欧美后现代理论方法在美国成为视觉文化研究的主导方法。对于中国来讲，许多理论思维也具有无法回避和拒绝的启迪。以福柯的全景敞视理论为例，其思想的前瞻性、预言性对于认识互联网全媒体、社交媒体时代的权力、个人与社会、个人与权威等关系，都具有普遍意义。法国的景观社会、拟像理论与美国的传媒文化理论、视觉研究等针对的问题，在中国也同样存在，因此具有分析的有效性与合理性。

当然中国视觉文化研究更需要的是提出中国问题，关注中国问题，这就是所谓的中国问题意识。中国的改革开放与全球化同步，研究思考中国的视觉文化，要有这样的一个大前提。关注中国视觉文化的特殊历史轨迹同样重要。在理论方法上，拒绝中西二元对立、拒绝“中国独特论”与“普世论”的对立，至关重要。中国的改革开放和现代化不是一个全方位的同步发展过程，而是从经济领域开始的改革开放，以至于不可逆转地延伸辐射到政治、社会与文化的领域，引发了中国全方位却不同步的改革。中国文化经历的过程十分复杂，既有与全球化不可抗拒地接轨，又有中国历史沿袭的特色，尤其在意识形态、价值观领域，中国特色非常突出。

视觉形象是意识形态和政治权力、社会权力在当代的主要表现形式。中国的景观文化如北京奥运、央视春晚、大阅兵等，均集中体现了景观与政治权力的密切结合。中国的新媒体，尤其是移动社交媒体如微信、微博，所呈现的视觉影像世界，与主流传统媒体中的影像世界显然是不同的两个世界。中国社会发展的不平衡也体现在巨大的数字差距上，影像中国因而呈现的是多重影像，是分裂和碎片化的影像。但这一切都不能阻挡中国13亿多民众对影像盛宴的热情，中国民众的自拍狂欢和社交媒体、自媒体的娱乐性和商业性，在世界上独树一帜。中共“十八大”推出“富强、民主、文明、和谐、自由、平等、公正、法制、爱国、敬业、诚信、友善”24个字的社会主义核心价值观几乎包括了人类的全部价值内涵，“中国梦”与“美丽中国”的视觉化和景观化更成为国家意识形态机器不遗余力推动的工程。

在提出中国视觉文化研究的中国问题意识时，我们不得不注意到理论资源的缺失与匮乏。欧美后现代主义理论与方法当然对中国的视觉研究有不可回避的启发，这些来自20世纪六七十年代激进时代的左翼人文思潮，今天用来解释中国的文化现状，却有严重的历史错位和局限。欧美左翼后现代主义理论的历史在地和本土是发达的资本主义现代化社会，是欧美现代社会的政治、经济、社会与文化的制度化结构。而中国却正处于一个历史转型的、逐步走向现代化的时代。欧美左翼激进的批判理论和后现代主义理论针对西方发达资本主义社会弊端的深刻批判，在中国这个具有强大历史惯性的现代化转型社会里，也往往会产生难以预料的效果。另外，社会科学的理论方法如经济学、社会学、政治学依然以实证、经验主义和理性选择论为主导，对于具有强烈意识形态色彩的文化领域问题，鲜有涉及，它与占上风状态的人文学科左翼后现代主义理论，基本处于两军对垒、老死不相往来的态势。在这样一个理论缺失与匮乏的时代开展对中国的视觉文化的研究，提出中国的问题意识，所面对的困境往往难以想象。尽管如此，社会科学与人文研究的职责与使命是关注人类命运，视觉文化研究尤其要关注当代社会。再有多大的困难，学术研究也不可回避，更不可放弃。

聚焦与透视

——兼谈图像批评的目标

凌晨光*

摘要 聚焦专注于一点，透视则要穿过诸多层面。两种视觉行为看似矛盾，但完整的看的行为源于两者的结合。单独强调某一方，则会形成相互对照的两种视觉缺陷：一是“同语反复”，二是“信而不见”。只有处理好物体之所见、可见与不可见之辩证关系，上述缺陷才有可能避免。而在图像之所见、可见与不可见的问题上，潜伏着语言符号的内在机制与符号语言的思维逻辑。只有把握这种符号机制和语言逻辑，图像批评的目标方能真正确立。在此，聚焦与透视的结合即看与思的结合，它最终指向了视觉对象的不可见的精神意蕴。

关键词 聚焦 透视 图像批评 语言机制

Abstract Focus means focusing on one point, perspective means going through many levels. Two kinds of behaviors of seeing seem contradictory, but they both complete the “seeing” behavior. Emphasizing only on one side, it will form the oppositive visual defects: the repeat of same discourse and the “Faith but invisible” . To avoid the defacts, we have to deal with the dialectical relationship between the visible and invisible objects, such as images, behide of it, there is the internal mechanism of language symbol and the logic of the symbolic language. Only by grasping the symbol mechanism and linguistic logic, the target of criticism of image would be established. In this

* 凌晨光，文学博士，山东大学文学与新闻传播学院教授、山东大学文艺美学研究中心教授。

combination of focus and perspective, that is, the combination of thinking and thinking, the target finally points to the visual object of the invisible spirit of meaning.

Key words focus perspective image criticism language mechanism

一 何为聚焦，如何透视

“聚焦”，国外权威词典的解释是“眼的一种调节功能，用以看清不同距离的物体”。[①]《现代汉语词典》则在“使光或电子束等聚集于一点”这一本义的基础上给出了其引申义：“比喻视线、注意力等集中于某一处。”[②]

“透视”一词，在艺术、医学和日常生活领域中都有其特定的含义，它既可指一种“用线条或色彩在平面上表现立体空间的方法”，又可表述“利用X射线透过人体在荧光屏上所形成的影像观察人体内部”的活动，还可以引申为“比喻清楚地看到事物的本质”这样的意思。[③]

作为视觉文化研究的术语，从图像批评的角度去理解和运用“聚焦”与“透视”这两个概念，则暗含了有关图像批评之对象特征的一个逻辑前提，即图像批评的对象乃是一种既是平面化又具深度性的矛盾的存在。这种悖论式的表述包含了图像批评的一个看上去彼此冲突的步骤：一是把批评的焦点集中和停留于特定的对象之上，仔细看清对象是什么、细节怎样、如何构成；二是让批评的目光穿过对象的表面物质，深入其本质的核心层面。这里隐含的认识是，对象的深层核心不同于其表面现象，仅仅专注于表象，无助于把握对象的核心，只有通过一种穿透行为，跨越表层的障碍，才能切入内在的深层意蕴。这种认识逻辑在一句哲学熟语“透过现象看本质”中展露无遗，而在后现代主义文化研究者弗雷德里克·詹姆逊（又译为“詹明信”“杰姆逊”）那里，被包含于认识的“深度模式”中。詹姆逊总结说，这种深度模式至少有4种表现形式：一是黑格尔和马克思的辩证法思想；二是弗洛伊德的梦之外显与内隐的关系；三是存在主义本真性与非

① 《不列颠百科全书》（国际中文版）第6卷，中国大百科全书出版社，1999，第363页。
② 《现代汉语词典》（第五版），商务印书馆，2005，第742页。
③ 《现代汉语词典》（第五版），第1377页。

本真性的区别；四是符号学的能指与所指的区分。① 在西方文化背景中，如果寻找这种认识和思维活动的深度模式的原型的话，则可以上溯至古希腊哲学家柏拉图的线喻。柏拉图认为，人所能获得的知识应划分多个层级，这犹如对一垂直的线条画出几个线段：人对世界的认识是一种发现真知的过程，它从下层的可见世界进入上层的理智世界，分别经历了影像、事物、数学事物和理念4个阶段，每个阶段都代表了比下面一个阶段更清晰更确定的思想类型。② 从这条垂直线的低点到高点的上升过程代表人们理智启蒙的连续过程。由此，我们来解释聚焦与透视的关系，则可以视其为对图像批评对象的把握与认识的一种过程性解释：聚焦于眼前之物，为的是看透其表面，把握表面背后或内部的蕴含之物。聚焦是透视的前提条件，而透视是聚焦的深层目的，聚焦于所见之物，进而透视其可见而尚未见出之物。这是一个把握真知的上升的过程。

聚焦与透视，组成了完整的看的行为。如果将两者割裂，只关注其中一方，那么就会引发两种相互对照的视觉行为缺陷。法国学者于贝尔曼（Georges Didi-Huberman）将这两种缺陷概括为“同语反复视角”和“信仰视角”。在《看见与被看》这部思想随笔式的著作中，他以富于文采的散文化笔触描摹了两类观看者：一是同语反复之人，他执着于物体表象，逃避其内核，对物体“潜在的光晕”熟视无睹，满足于一种粗暴的同语反复：“我之所见乃我之所见，其他的，我不在乎。”二是信仰的施行者，他无视眼前的物象，对其视而不见，沉迷于“一个预设的无形之物”，他“什么也没看见，但却相信了一切”。③ 尽管于贝尔曼并未正面讨论视觉行为中聚焦与透视的关系问题，但他刻画的寓言式的两类人已经明确告诉我们，没有透视的聚焦无异于同语反复，而避开聚焦的透视则近乎轻信和自欺。

在于贝尔曼看来，信仰的施行者多有其宗教背景，他们借助于信仰以逃避现世的行为与基督教图像艺术的产生具有一种对应关系。“在长期实践中，基督教世界被迫造出大量‘逃逸’图像，……缺席的身体一劳永逸地

① 〔美〕杰姆逊：《后现代主义与文化理论——弗·杰姆逊教授讲演录》，唐小兵译，陕西师范大学出版社，1986，第185页。

② 〔美〕S. E. 斯通普夫、J. 菲泽：《西方哲学史：从苏格拉底到萨特及其后》，匡宏、邓晓芒等译，世界图书出版公司北京公司，2009，第44页。

③ 〔法〕于贝尔曼：《看见与被看》，吴泓缈译，湖南美术出版社，2015，第10~25页。

启动了信仰的辩证法”。[1] 然而在当代社会和文化氛围中，占据主导地位的却是极简主义艺术培养出的同语反复者，其弊病在于执着于物象，扼杀思想。“面对这个作品，你将看见的也永远是你已经见到的：同一个东西，一点不多，一点不少”。[2] 如果说宗教信仰式的逃避是对所见之物视而不见，让所见之物隐去的目的在于使无形之物（即不可见之物）显灵，那么同语反复式的固执则是把可见之物等同于所见之物，把将见之物等同于已见之物。于贝尔曼在此将两种视觉行为的弊病与物体之所见、可见、不可见的形而上关系联系在一起，而随后他对这两种视觉行为所构成的“两难选题”的解决，即建立在辩证扬弃态度上的超越，也因此具有了一种哲学思考的背景。

二 所见、可见与不可见

所见，在于贝尔曼那里又叫已见。就图像批评而言，借助物质材料呈现于批评者对面的图像就是这种所见或已见。而可见，即能见却尚未见到，在于贝尔曼那里叫作将见。对于图像批评的对象而言，可见之物并不直接呈现于物质材料层面，就像敏感的观赏者在《蒙娜丽莎》画作面前从画中人的微笑中看到了或喜悦或嘲讽或惶悚以至对“爱么，不爱么”的疑虑，那是一种精神性向物质性的渗透，用美国学者 W. J. T. 米歇尔（W. J. T. Mitchell）的话说，这可见之物是建立于图像之上的形象，而这形象并不是物质客体，它是得到精神的理解并解释的对象。[3]不可见则超出了见的界限，它是非形象的，却又是通过形象指向和引导的可感可想可知的精神世界。米歇尔认为，理解一幅画的关键在于掌握它“展现不可见因素的方式”，具体到图像批评来说，“不可见世界”才是真正的着眼点、真正的目的。对此，米歇尔解释说：“‘描画不可见世界’这个观念，如果我们想到画家始终以‘表现’的名目声称向我们呈现了‘大大超过了目之所见’时，就显得不那么自相矛盾了。在关于古代把形象视为精神‘相似性’的概念的简要叙述中，我们看到始终存在着一种感觉，事实上是一种原始感

① 〔法〕于贝尔曼：《看见与被看》，吴泓缈译，第 16～17 页。

② 〔法〕于贝尔曼：《看见与被看》，吴泓缈译，第 34 页。

③ 〔美〕W. J. T. 米歇尔：《图像学：形象、文本、意识形态》，陈永国译，北京大学出版社，2012，第 39 页。

觉，即总是要把形象理解为内在的和看不见的世界。"① 形象本身并非不可见，这是因为形象之形即对应于人的视觉感官，但是，画家的表现并不停留和满足于形象塑造本身，而要借助于形象与精神的某种相似性，把人们关注的目光引向"内在的和看不见的世界"。这一过程在中外文论中能得到多种理论回应，比如，中国古代诗论对文学文本之"言、象、意"三个层次的划分，黑格尔美学对艺术作品"外形式、内形式、内蕴"的辨析，其中"意"或"内蕴"恰与米歇尔所说的这种不可见世界——"内在的和看不见的世界"相对应。

如果从可见性的角度去划分图像批评对象的话，我们可以得到以下的对应关系：所见—图像，可见—形象，不可见—意蕴。所见与可见的联系（即图像和形象的联系）是建立在相似性基础上的，这种相似性不仅指外形相似，而且指一种关系相似。米歇尔·福柯（Michel Foucault）在《词与物——人文科学考古学》一书中，曾讨论了相似性的四种形式：第一种是适合，其特点是相似之物位置邻近，彼此接触；第二种是仿效，其特点是相似物外形相仿，但不受位置约束；第三种是类推，它涉及的不是事物之间实体的相似，而是"较为微妙的关系相似性"；第四种是交感，其相似性表现为"从事物的相互交替中得来性质的替换"。② 在此，所见与可见之相似关系已然超越了适合与仿效这两个相似性阶段，接近于类推乃至交感的相似性类型。从所见到可见的过程是一种"看出"（seeing in）的过程，如前所言，可见是将见而未见，只有借助从有形窥见无形的活动，才能把所见变成可见。弗雷德里克·詹姆逊说："再现（darstellung）的问题就是人们如何把事物以某种方式拼凑在一起以图窥见无形的东西。"③ 这种再现无异于一种发现，就像是猎人从猎物留下的踪迹中发现其行动规律并还原其行动过程，这种从已知迹象中推知并重建事物的完整状态和来龙去脉的能力，保证了从所见到可见的跃进。如此一来，我们就能理解，为什么华裔艺术家、东方文化研究者熊秉明从蒙娜丽莎的眼中看出她与观者有复杂的情感交流，英国艺术史家约翰·伯格（John Bergr）从画家莫兰迪（Giorgio Morandi）的玫瑰花静物图中看见瓶中之画有"像猫一样"的等待。

---

① 〔美〕W. J. T. 米歇尔：《图像学：形象、文本、意识形态》，陈永国译，第46页。

② 〔法〕米歇尔·福柯：《词与物——人文科学考古学》，莫伟民译，上海三联书店，2001，第24～32页。

③ 〔美〕詹明信：《晚期资本主义的文化逻辑》，陈清侨等译，三联书店，1997，第39页。

如果说，从所见到可见是建立在相似性基础上的一种发现过程的话，那么，从可见到不可见则是依靠对象之表现力而达到的一种领悟的结果。从可见到不可见，也就是从形象到意蕴，从有形到无形，从具象到抽象，这种跨越式的连接功能在米歇尔那里被交付给了图像艺术的表现力："所谓表现指的是把一些线索巧妙地植入一幅画，促使我们从事一种赋予行为，一种赋予图画以雄辩力，尤其是非视觉的和语言的雄辩力的行为。一幅画可以用寓言形象表达抽象的思想，如莱辛所指出的，这一实践接近于书写系统的标记程序。一只鹰的形象可能描绘出一只长羽毛的捕食动物，但它表达了智慧的观念，因此起到了象形文字的作用。"① 在这段涉及图像修辞的表述中，把图像的表现功能与某种被巧妙植入画中的线索联系了起来，而这关键性的线索就是语言或者是具有语言功能的符号的表达行为。鹰的形象与智慧的观念之间无所谓外形上的相似性，两者的相似性只能借助于福柯总结的关系性的相似加以理解。两者之间的关系是建立在已有的文化象征语境基础上的。这时鹰的形象起到的是指向智慧观念符号的作用。如此一来，在不知不觉之中，语言的因素、语言的逻辑已渗透到人们对图像意蕴的领悟之中。离开语言对于图像的介入和影响，我们是难以从可见之物进入不可见世界的。

与从所见到可见的这种看出行为相对照，从可见到不可见的过程可以称为看作。在哲学家维特根斯坦（Ludwig Josef Johann Wittgenstein）那里，它也被叫作"看成"（seeing as）。在其晚期思想的代表作《哲学研究》中，他用鸭兔同形图、画谜等例子说明看作或看成，即把一个东西视为它原本不是的某个东西，也就是说，在这种观看活动中，对象的性质发生了根本的变化。对象本是一个鸭兔同形的两可图像，但在看作的过程中，它变成了对一只鸭头或兔头的外形勾勒。维特根斯坦据此意欲说明的是，看作不仅仅是感知，它是思想对感知的作用与改变。在西方文化中，自古希腊时期开始人们对看的思考就与人的求知本性相联系，将不同的功能分派给人的"肉体之眼"和"心灵之眼"，人的肉眼可以看到有形的存在，而心眼则能看到肉眼看不到的理性、秩序和逻辑。正如肉眼之所见可以被画家用色彩和线条去描绘、勾勒一样，心眼之所见需要语言去组织和表达。因此，语言逻辑相对于图形表达就具有了先定的优越性。反过来说，图像的表现

① 〔美〕W. J. T. 米歇尔：《图像学：形象、文本、意识形态》，陈永国译，第48页。

只有最终依凭语言的逻辑而达到无形的不可见的世界，整幅画作的精神意蕴才能充沛和丰盈起来。

为说明所见、可见与不可见之关系，这里不妨看一幅西班牙超现实主义画家达利的画作《西班牙》。此画创作于1938年西班牙内战期间，画家睹物寄情，构筑了这样的画面：荒漠旷野中猛兽出没，视线纵横处场景寥落，几簇人群各有纷争，一只比例失调、大得令人意外的半高衣柜突兀于画面前景。衣柜上赫然置放着一只手臂。以上即为观者面对画面时即刻之所见。然而定睛看去，那纷乱的画面却似有某种内在的组织，它吸引着我们的目光，召唤着我们的意识与精神的投入。蓦然，在一片荒野的背景上，分明浮现出一位顶天立地的成年女子，她面带愁苦，长发零乱，侧头伫立于我们面前。此前将见而未见的形象此刻真实地呈现在我们面前，成为一种可见。这时如果我们想到此画的标题为“西班牙”时，便会进一步跃入一个更富精神性的世界：在这里，女子的形象成为祖国母亲的象征。奇妙之处在于，建立在这种语言逻辑之上的画面意蕴又真切地浮现在我们那被想象力刷新了的视觉中：这位母亲的确真实地与大地融为一体，只是，原本大地上纷争的生灵只有被视为它们所不是的东西，祖国母亲的形象才能生动而清晰地呈现在这画面的实与虚、有与无的奇妙交织中。我们深深地为它的精神意蕴所触动，我们的情感和思绪已带我们进入一个不可见的世界。这样一幅画作，让我们经历了从所见到可见再到不可见的全过程。

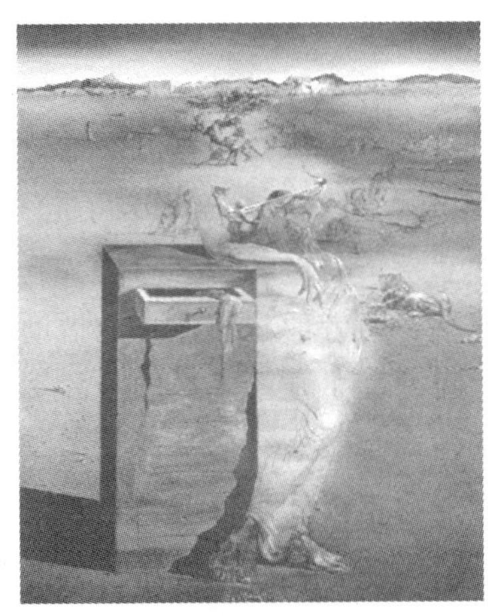

〔西班牙〕达利的《西班牙》

三　图像批评的目标

从所见到可见直到不可见的历程，内部贯穿着语言思维的逻辑，而图像批评之目标的确立，则是以对从图像经形象直到意蕴的发展进程的内部语言机制的认识把握为前提的。

对图像批评对象深层之语言机制的探讨，是从针对“形象”概念展开思考开始的。米歇尔的《图像学：形象、文本、意识形态》一书，第一章即讨论了“什么是形象”这一问题。在他给出的“图像—视觉—感知—精神—词语”的谱系图中，“形象”概念以其不同的内涵与此图谱中划出的各个领域都发生联系，从中扮演重要的角色。简单说，“形象”一词以其内涵的丰富和功能的多样而连通了谱系图中最具象和最抽象的两端，于是，图像与词语在福柯所言的“关系相似性”基础上建立起了密切关系。书中引用了《普林斯顿诗歌与诗学百科全书》（*The Princeton Encyclopedia of Poety and Poetics*, Princeton University Press, 1974）中“形象”一词的定义：“形象是物质感知所生产的一种感觉在精神中的再生产。”[①] 在此，作为物质感知对象而存在的图像与精神再生产的直接产物——词语，经由形象这一中介而连接在一起。形象在对图像的物质层面灌注精神内容而使其具有内在意蕴的过程中，也同步地将语言的机制刻印在图像之内。

当然，这种刻印不是研究者理论推演的结果，它只是对人类文化发展进程中的图像身份之实际变化的一种描述。就人类历史而言，图像的产生早于语言的运用，最早出现于岩石上的图案形式代表了人类最初的交流方式，它们用来传递信息，是人的想象力留下的痕迹。然而一旦人类形成和掌握了相对成熟的语言，其符号性所特有的传递信息的便捷之处便令它渗入图像之中，以致某种程度地替代了图像的地位和作用。这种语言机制渗透的直接结果就是使图像形象化了。形象在图案的物质客体性与词语的精神表现性之间建立起了相似关系，在西方宗教文化背景下，图画与词语的这种“形象化混同”成为牧师用来教育文盲信徒的工具；而在作家和诗人那里，这一传达策略也得以沿用。正如米歇尔在评论《失乐园》时所言：“弥尔顿故意把形象的可见的图画意义与对形象的看不见的、精神的和语言的理解混淆起来。”[②] 文中对亚当、夏娃赤身裸体挺直屹立的描绘，便成为对亚当、夏娃与上帝共同具有的一系列抽象的精神属性——“真理、智慧、朴实、纯净的圣洁”——的一种隐喻式表达。抽象因素在形象塑造中的作用日益显豁，发展到抽象表现主义绘画阶段，图像成为一个“被绘制的词”，“一种图像语码，要求像任何传统绘画模式的辩解一样具有细腻的语言辩解”，[③] 而针对此类作品的图像批评话语，势必带有越来越浓烈的形而

① 〔美〕W. J. T. 米歇尔：《图像学：形象、文本、意识形态》，陈永国译，第9页。
② 〔美〕W. J. T. 米歇尔：《图像学：形象、文本、意识形态》，陈永国译，第41页。
③ 〔美〕W. J. T. 米歇尔：《图像学：形象、文本、意识形态》，陈永国译，第49页。

上色彩。如此一来，德里达对此类形象的界定就不难理解了："不过是一种文字，一种掩饰自身的图标，把自身掩饰成它所再现的东西、事物的外表或事物的本质的直接誊写。"① 在德里达看来，形象不过就是一种掩饰了其符号性的文字，而图像也正是借助于形象的这种符号性，完成了与精神性、内在性、抽象性意蕴的连通。

当我们掌握了图像批评对象的内在语言机制产生和运作的基本情况之后，图像批评目标的制订就显得顺理成章了。简单说就是，在聚焦于图像之物质层面的基础上，放开眼光，穿透由符号性相似关系构筑起的形象之网，切近那精神性的形而上的内在意蕴。这种切近是聚焦与透视的结合，是看与思的结合。而看与思的关系，呈现为一种富有启发意义的矛盾状态：看，如果变成对对象之存在的固着，它也许会导致视野的封闭、意识的停止、思维的凝滞；反之，思则是意识的飞扬、思绪的活跃，它可能恰是以眼界的开放、视点的流转为前提的。所以俗语所谓的"闭上眼想一想"，是有着深刻的生活智慧的一种表达，而作家学者则用一些更诗意或更反常的说法，表达了同样的意思。法国学者让－弗朗索瓦·利奥塔在《话语、图形》一书的开篇，就引用了作家克洛代尔（Claudel）的一句隽语"眼倾听"以说明可见与可听、可读、可思之间的关系。② 而于贝尔曼则在《看见与被看》中引用了乔伊斯的《尤利西斯》里的一段话，其中关键的一句是"闭上你的眼看"。对于这句看似悖谬的话，于贝尔曼明确地解读说："乔伊斯对我们谈思想，而此处思想的出现很像是物体的穿越，一如手穿过栅栏，有样东西穿过眼睛。"③ 于贝尔曼在解读乔伊斯的同时，似乎也受到他的影响，说出了"有样东西穿过眼睛"这样有悖常理之言。当然我们能够理解这里的意思，思想能穿透眼前所见之物，进入不可见的形而上的精神世界。因此，闭上眼睛，反而能够看清和看透。

于是我们又回到第一节末尾于贝尔曼对于两种视觉行为弊端的辩证扬弃态度这个问题上。在"所见为实"的同语反复和"什么也没看见，但却相信了一切"的信仰视角之间，如何做出所谓"辩证的扬弃"，于贝尔曼采取了一个多少出人意料的策略，他用一种作家特有的迂回曲折的思绪和表达，把这个视觉的两难问题转换为可见与不可见、有与无、存在与虚空这

① 〔美〕W. J. T. 米歇尔：《图像学：形象、文本、意识形态》，陈永国译，第33页。

② 〔法〕让－弗朗索瓦·利奥塔：《话语、图形》，谢晶译，上海人民出版社，2012，第1页。

③ 〔法〕于贝尔曼：《看见与被看》，吴泓缈译，第2页。

样的形而上话题，然而他又用了一个波德莱尔、弗洛伊德等作家学者都有所关注的小孩玩木纱轴游戏的例子来说明他的思想。小孩能通过木纱轴上的连线操控木纱轴的出现和隐没，而木纱轴作为视觉对象的意义正在于它的时有时无：当儿童的意愿通过他对手中之线的操纵而决定了玩具的有无和隐现的时候，木纱轴的显现瞬间才成为孩子关注的焦点时刻。因此，“作为可视物的木纱轴可能就是在它能够有节奏地消失时才变成了视觉对象的”。[①] 而木纱轴这一视觉形象对于儿童的意义远远大于它的游戏价值，它在儿童应对世界、认识自我之能力的培养上居功至伟。于贝尔曼说：“它在他体内打开了某种带节奏感的反复：分化。它甚至变成他在无与有之间、在失而复得间体现自己生存能力的必要工具。”[②] 当这种作为生存能力之必需的“分化”意识投射到视觉行为之中时，我们与可视对象之间的关系就变得复杂起来。在可视对象中，分化出了可见与不可见、我看之物与看我之物，原本一种单向的主体面对客体的注视行为被一种主客间的双向的关注和交流关系而代替。于贝尔曼用黑夜中的视觉体验为例进一步申说这一问题。在夜色之中，所有可视物都逸去了，它们是在最靠近我们的时候在我们眼中遁去的，然而我们知道它们就隐没于我们周围，似乎正用形态各异的“夜的眼”在暗中观察我们。[③] 这种黑夜体验有助于培养一种看待对象的眼光，即把对象看成“可视之物”，这里可视之物的意义是双重的：一方面，可视之物指它可以被我们看到；另一方面，可视之物指它具有看的能力，它也能视，它也在被我们看的过程中看向我们。于贝尔曼就是以这种看与被看的复合关系作为一种视觉辩证法，达到扬弃并解决前述两种视觉偏见所造成的两难处境之目的的。

行文至此，熊秉明先生那篇评论名画《蒙娜丽莎》的文章的标题凸现出了它的深意：“看蒙娜丽莎看”。在这看与被看关系的交织与反转中，我们分明领悟到了从所见到可见再到不可见之看的历程的全部内涵。从这个意义上说，这篇文章足可作为图像批评的范本。

---

① 〔法〕于贝尔曼：《看见与被看》，吴泓缈译，第 67 页。

② 〔法〕于贝尔曼：《看见与被看》，吴泓缈译，第 63 页。

③ 〔法〕于贝尔曼：《看见与被看》，吴泓缈译，第 85 页。

媒介形态变化与当代视觉文化的认知测绘

曾　军*

摘要　视觉文化研究具有鲜明的当代性，需要借鉴认知测绘的方法，通过明确研究者的主体位置，建构起对视觉文化的总体性把握框架，进而展开当代视觉文化的层次和纹理。视觉媒介形态变化构成了一个层级性（既分层又升级）的、容斥性（既包容又排斥）的、竞合性（既竞争又合作）的视觉媒介系统。从视觉媒介的会聚及其冲突角度，我们可以在时间轴的历史发展基础上，根据新旧视觉媒介间的影响与适应关系，描绘出既具有历时性又具有共时性的知识图景来。

关键词　当代视觉文化　认知测绘　媒介形态变化　视觉媒介

Abstract　The visual culture studies evolves distinct contemporalities, which constructs an overall perception of the visual culture by clarifying the subjective postion of researcher and with the methodology of the cognitive mapping to implement the anaylsis of the muti-layers and textures of thecontemporary visual culture. The transformation of visual media (Mediamorphosis) constitutes a visual media systems that includes the hierarchy (with hierarchical and upgraded), the tolerance (with inclusive and exclusive), competation (with competitive and cooperative). From the perspective of the convergence and conflict of visual media, we can construct a diachronic and synchronic

---

* 曾军，上海大学文学院教授、博士生导师，研究方向为文艺学、文化理论与批评。本文系国家社科基金重点项目“欧美左翼文论中的中国问题”（15AZW001）的阶段性成果。

knowledge map on the time axis of the historical development according to the influential and adaptive relationship between the old and new visual media.

Key words contemporary visual culture cognitive mapping mediamorphosis visual media

一 认知测绘：把握当代视觉文化的一种路径

作为一个相对独立的研究领域，视觉文化是20世纪80年代之后作为文化研究知识运动中的一个分支脱颖而出的。米尔佐夫将视觉文化的对象确定为“后现代文化的纷繁复杂的视觉经验”，将其研究方法确定为突破过去“不同的视觉媒体一直是被分开来研究”的局限，试图建立起“把视觉的后现代全球化当作日常生活来加以阐释”的研究方法。[①] 艾尔雅维茨也将之置于后现代主义框架下来思考，认为“它还揭示出我们必须寻找新的理论工具来分析和理解已经发生了变化的境遇，因为在这种境遇中，旧有的术语已经无能为力”。[②] 这些思考是“视觉文化的文化研究路径”的典型代表。本文将之命名为“当代视觉文化”。

当代视觉文化意在强调视觉文化的当代性，即研究对象主要是当代文化中的视觉文化现象及其问题。按雷蒙·威廉斯（又译“雷蒙伍·威廉斯”）的“文化的社会定义”，“文化是对一种特殊的生活方式的描述”，“文化分析就是要阐明一种特殊的生活方式——即一种特定的文化——中或隐或显的意义和价值”。[③] 这种文化有别于此前已经被经典化了的，由精英知识分子掌握并确定的文化。雷蒙·威廉斯甚至采取了最简单、最直截了当的判断：“文化是普通日常的。”[④] 它可以被区分为“主导文化”“残余文化”“新兴文化”，[⑤] 并

① 〔美〕尼古拉斯·米尔佐夫：《视觉文化导论》，倪伟译，江苏人民出版社，2006，第3页。

② 〔斯〕阿莱斯·艾尔雅维茨：《图像时代》“序”，胡菊兰、张云鹏译，吉林人民出版社，2003，第2页。

③ 〔英〕雷蒙德·威廉斯：《漫长的革命》，倪韦译，上海人民出版社，2013，第50~51页。

④ Raymond Williams, *Resources of Hope*, Robin Gable, ed., London: Verso, 1989, P. 3.

⑤ 这个问题颇为复杂。在“当代文化”的界定中，雷蒙·威廉斯一方面根据不同文化因素在当代文化中的价值和作用，区分为主导、残余和新兴（因素）；另一方面又强调这三种因素之间的动态变化、相互替代、彼此争夺的特征。

强调研究的重心是“活文化”，[①] 以此强调当代文化的“正在发生”和“正在形成”的特征。正因为如此，研究当代文化成为一种对当代社会和日常生活的介入性、参与性、政治性的研究。经由文化研究学派的重新阐释及其学术影响，当代作为一个问题具有了如下几个特点：其一，“当代”（contemporary）最重要的特征是当下，是“正在发生”，因此是一个变动不居的、无法被准确历史化的概念。其二，西方语境中的当代文化，是一种全球性文化、后现代文化、后工业文化。米尔佐夫和艾尔雅维茨不约而同地将视觉文化定位为后现代文化；丹尼尔·贝尔的《资本主义文化矛盾》是在后工业文化的框架下讨论视觉文化的；詹明信（又译为“詹姆逊”或“杰姆逊”）把后现代文化描述为“新时间体验只集中在现时上，除了现时以外，什么也没有”。[②] 这也就意味着，单纯采用历史学方法难免会对视觉文化碎片化处理。其三，中国语境中的当代文化既深受全球性的后现代文化的影响，又有自身的一套文化逻辑。20世纪70年代末以来，“改革开放”已经成为当代中国转型时期的共识性表述。随着经济制度、政治体制、社会建设、文化发展等各方面发生的翻天覆地的变化，当代中国已经逐步发展出一整套可以被称为“新社会主义文化”的主导性文化形态——“改革开放”是其身份标志，“社会主义”与“市场经济”的结合是其文化建设的取向和动力，全球化时代的后现代文化是其外来影响。不难发现，把握当代视觉文化的难点是如何处理视觉发展的历史性、纯粹性、连续性及其背后的支配性动力机制与“当代”的共时性、混杂性、结构性以及研究主体文化经验的个体性、切身性之间的关系。纯客观的排斥研究主体意识的历史研究和纯主观的缺乏对象整体观的经验研究，都不足以完成当代视觉文化的研究。

面对当代性对视觉文化研究带来的巨大挑战，我们必须调整研究姿态，选择合适的研究方法。把握当代视觉文化无外乎两种方法：一个是时间的；一个是空间的。所谓“时间方法”就是历史研究，通过寻找视觉文化的起源来建立起一套基于历史事实和发展演化的问题和知识；所谓“空间方法”就是“认知测绘”（cognitive mapping），即通过明确研究者的主体位置，建构起对视觉文化的总体性把握框架，进而展开当代视觉文化的层次和纹理，

① 〔英〕雷蒙德·威廉斯：《漫长的革命》，倪伟译，第63页。

② 〔美〕杰姆逊：《后现代主义与文化理论——弗·杰姆逊教授讲演录》，唐小兵译，陕西师范大学出版社，1986，第182页。

从而重构当代视觉文化的知识图景。

认知测绘来源于美国新行为主义心理学代表人物爱德华·托尔曼。他在小白鼠走出迷宫的试验中发现，动物的学习不是简单地在一连串的刺激和反应之间建立起联系，而是根据不断尝试所获取的经验在头脑中形成了对迷宫空间把握的地图。基于此，托尔曼将之引入人的学习行为的心理研究之中，认为在刺激与反应之间存在目的与认知等中介变量，基于认知而形成的“符号—完型”是人有目的的学习行为非常重要的方面。[①]认知测绘的心理学定义相当重要：（1）它是人通过有目的的行为形成的对其所在物理空间的认知；（2）认知在头脑中以图式的完型出现，是人运用符号建构起来的；（3）认知测绘所形成的图式或地图与真实的物理空间之间不一定存在客观反映的关系。最早把认知测绘引入文化理论的是詹明信。在1984年《后现代主义，或晚期资本主义文化逻辑》一文中，詹明信借鉴凯文·林奇在《城市意象》中分析城市空间的方法，结合阿尔都塞的意识形态定义——主体及其真实存在境况之间的想象关系——认为，“认知绘图使个人主体能在特定的境况中掌握再现，在特定的境况中表达那外在的、广大的、严格来说是无可呈现（无法表达）的都市结构组合的整体性”。[②] 在1988年《认知测绘》一文中，詹明信进一步提出“认知测绘的美学”主张，并在研究对象、研究方法等方面进行了拓展和系统化。在研究对象上，如果说在《后现代主义，或晚期资本主义的文化逻辑》中还仅仅局限于都市空间，试图通过“对空间进行文化分析”来发现都市空间背后的资本主义文化的话，那么，在《认知测绘》一文中，詹明信直接将资本主义作为研究对象，实现的是“对文化进行空间分析”，是对资本主义发展历史进行的总体性把握和空间性分析。在研究方法上，詹明信提出“比喻的游戏”“单子相对论”等许多创新性概念。[③] 不难发现，詹明信所建构的认知测绘的美学，意在借

---

① 〔美〕舒尔茨：《现代心理学史》，叶浩生、杨文登译，中国轻工业出版社，2014，第324～328页。

② 〔美〕詹明信：《晚期资本主义的文化逻辑》，陈清侨等译，三联书店，1997，第510页。

③ 所谓“比喻的游戏”是指“一个假定明显事实的寓言概念”。詹姆逊认为，面对不确定的全球现实，研究者只有通过比喻，通过“追溯并在概念上表达由这些比喻指称的终极现实和经验”；读者也一样，“读者的精神必然要把这些比喻物化，自行其是地将其读作基本内容”。所谓“单子相对论”是指“每一个意识都是一个封闭的世界，所以，对社会总体的再现必须采取（不可能的）共存形式，这些封闭的主观世界及其特殊的相互作用的共存，实际上是夜间行船，是绝不可能交叉的直线和平面的离心运动。”——〔美〕詹明信：《晚期资本主义的文化逻辑》，陈清侨等译，第297、298页。

鉴空间理论的分析方法，采用“极其复杂的再现辩证法”突破个体意识的认知局限，展开对全球化时代资本主义的总体性批判。

概而言之，由詹明信构想的认知测绘方法包含一系列特定的方法论。第一，它是一种总体性的认知模式，这种模式需要找到支配诸种具体的、历史的、现实的，也因此是零散的、破碎的甚至是矛盾的、冲突的、断裂的诸现象的某一总体性的概念，并将它们整合起来。文中詹明信只是对反对总体性的各种思想进行了质疑，并对阶级（以及相关的阶级斗争、阶级意识等）、资本、社会主义等可能的总体性概念进行了初步的分析，还没有提出明确的总体性概念。第二，时间的空间化，将历史的发展阶段处理为空间的生产，即詹明信所说的“资本的三个历史阶段各自生产它特有的一个空间，尽管资本主义空间的这三个特定阶段显然比其他生产方式的空间更深刻地联系在一起”。[①] 其具体操作方法是在比喻的意义上将空间分析外推到社会结构领域的过程，即“从我们所处的历史时刻”出发，“外推到全球规模的（或可说是跨国的）总体阶级关系上来”。第三，认知测绘具有乌托邦的性质，认知测绘与审美再现一起，完成认知测绘美学的建构，并将之作为特定社会规划（对于詹明信而言就是社会主义社会规划）的组成部分。[②]

借鉴詹明信建构的这一方法论，我们可以对当代视觉文化展开一次认知测绘。首先，确立支配、影响当代视觉文化的总体性概念；其次，将这一总体性概念置于当代社会文化转型的语境中，展开其可能的知识图景；最后，重建当代视觉文化的问题域，并将之作为视觉文化参与、介入当代社会文化转型的审美力量确立其意义和价值。

二　媒介形态变化：测绘当代视觉文化的认知基点

要测绘当代视觉文化必须首先确定认知的基点。按詹明信的说法，就是要能够确立支配、影响当代视觉文化的总体性概念。

当代视觉文化纷繁复杂。它不仅涉及人的视觉能力（视知觉、观看心理）和观看方式，而且还与视觉装置、视觉机器、视觉技术以及相应的视

① 〔美〕詹明信：《晚期资本主义的文化逻辑》，陈清侨等译，第295页。

② 〔美〕詹明信：《晚期资本主义的文化逻辑》，陈清侨等译，第301页。

觉体制密切相关；它不仅与艺术（美术、雕塑等传统艺术类型）有关，而且它更多的议题来自从机械复制时代的艺术类型（摄影、电影、电视）直到信息技术、通信技术、交感技术等带来的新媒体艺术所引发的诸多问题。从目前当代视觉文化研究所涉及的学科来说，已从艺术学、传播学、影视学、文学、历史学、哲学、社会学、心理学等人文社会科学和艺术学拓展到了信息、通信、生命等自然科学领域。如果只是从任何单一的学科、领域或方向的视角出发，难免盲人摸象，对于像视觉文化这样本身就来自不同的角度是牵涉多个学科的正在形成中的学术领域而言，尤其如此。因此，有必要首先从研究对象的角度，对当代视觉文化研究所形成的关注对象进行总体性的把握。从这个角度出发不难发现，无论是各种艺术类型，还是各种视觉技术，都与视觉媒介有关，不同学科的研究其实是对不同的视觉媒介或者多种视觉媒介发展中的不同阶段的某一方面进行强调。在《诗学》中，亚里士多德从模仿媒介的角度来区分不同的艺术类型，即显示媒介对于确立特定艺术类型的重要意义。本雅明在《机械复制时代的艺术作品》中也依据复制技术的不同，将艺术区分为不可复制的艺术、手工复制的艺术和机械复制的艺术。[①] 如果延续本雅明的分类方法，晚近出现的数字技术则是机械复制技术的升级版和替代品。所谓"新媒体时代"则意味着基于数字复制技术的艺术类型的诞生。因此，视觉媒介以及与之相匹配的技术和观念是支配当代视觉文化发展的动力；当代视觉媒介技术的演化和变迁是形塑当代视觉文化学术景观的总体性问题。

1990年，罗杰·菲德勒杜撰了一个新的术语"媒介形态变化"（mediamorphosis），并以此命名1997年出版的《媒介形态变化：认识新媒介》一书。这一术语对于我们思考当代视觉文化的总体性概念具有重要的参考意义。在他看来，"传播媒介的形态变化，通常是由于可感知的需要、竞争和政治压力，以及社会和技术革新的复杂相互作用所引起的"。[②] 特别值得注意的是，菲德勒的"媒介形态变化"的准确意思就是"传播媒介的形态变

① 在《机械复制时代的艺术作品》（王才勇译，中国城市出版社，2002）中，本雅明认为戏剧舞台艺术是"不可复制"的艺术；绘画、雕塑是"手工复制"的艺术；文学（印刷出版的纸质文学作品）是机械复制时代的艺术特例（因为本雅明将古登堡印刷术视为机械复制技术的特例），真正的机械复制技术的艺术类型是摄影、电影以及本雅明还没有论述的电视。

② 〔美〕罗杰·菲德勒：《媒介形态变化：认识新媒介》，明安香译，华夏出版社，2000，第19页。

化”（the transformation of communication media）①，这与其传播学的学术背景密切相关，其核心议题是“关于人类传播系统和当今媒介产业内部技术变革”。② 不过，这一概念的提出本身已经超出了传播学领域，可以被借用到当代视觉文化的研究中来。菲德勒探讨了人类传播媒介的发展演变过程，指出旧媒介面临新媒介的挑战，只有两种选择：一种是死亡，一种是“针对新型的媒介做出改变”。而后者正是媒介形态变化的重要原则。因此，所谓“媒介形态变化”就不再只是一种纯粹的对于不同媒介发展变化的客观描述，而是成为一个极具动态和张力的角逐场域：在各自的发展变化过程中，新媒介如何从旧媒介之海中浮出水面，并获得媒介发展的引领性地位；旧媒介是如何面对新媒介的挑战被动或主动地寻求改变，以适应新媒介时代的媒介环境。继而，菲德勒为“媒介形态变化”提出三个核心概念（共同演进、会聚和复杂性）、六大原则（共同深化与共同生存、形态变化、增殖、生存、机遇和需要、延时采用）以及“技术近视”“技术加速器”“刹车”等一系列独创性概念。

菲德勒的这一判断成为我们重新思考所谓“视觉文化转向”“图像转向”时代，以及所谓“文学的终结”“文学经典的危机”“图文之战”等许多重要议题的新的视角。众所周知，20世纪90年代以来，中国的视觉文化研究热有一个重要的发端就是读图时代，并且人为地建构了一个“读图”对“读文”的替代，以及由此引发的巨大争议：争议的双方，一边是乐观主义者（应该抓住读图时代的读者心理，浅阅读、快阅读，用图像来学习知识、传承文明），另一边则是悲观主义者（认为影视消费剥夺了人们的读书时间，带来了文学经典的接受危机，进而成为影响文化传承的洪水猛兽）。其实，如果按照菲德勒的思路来看，值得探讨的问题恰恰是，文学（纸质印刷）作为旧媒介是如何适应新媒介（先是机械复制时代的影视艺术，然后是信息时代的数字技术）的发展并做出相应改变的。

菲德勒的“媒介形态变化”理论有一个重要特点，就是将媒介视为一个总体性的范畴，即由若干不同的媒介（他所关心的主要是传播媒介）组成的传播系统。因此，菲德勒认为，从“媒介形态变化”角度展开的研究，“不是孤立地研究每一种形式，而是鼓励我们考察作为一个独立系统的各个

① Roger Fidler, *Mediamorhposis*, *Understanding New Media*, Thousand Oaks, Calif. : Pine Forge Press, 1997, P. 22.

② 〔美〕罗杰·菲德勒：《媒介形态变化：认识新媒介》“前言”，明安香译，第4页。

成员的所有形式，去注意存在于过去、现在和新出现的各种形式之间的相似之处和相互关系。通过研究作为一个整体的传播系统，我们将看到新媒介并不是自发地和独立地产生的——他们从旧媒介的形态变化中逐渐产生。当比较新的传媒形式出现时，比较旧的形式通常不会死亡——它们会继续演进和适应”。[①]

菲德勒的这一思想在文艺理论中也有类似的表述。1929 年，俄国形式主义的代表人物什克洛夫斯基在《散文理论》一书中，提出了著名的“叔侄传承”的理论，认为“在一代文学向另一代文学更迭的过程中，遗产并非由父亲传给儿子，而是由叔父传给侄子”。[②] 从“父子传承”到“叔侄传承”的转变，打开了对不同的艺术风格、流派、思潮、类型以至不同的艺术门类之间可能存在的相互影响与传承关系研究的通道。相似的观点在 1936 年本雅明的《机械复制时代的艺术作品》中也得到了呼应。本雅明在文中阐述了在技术主导之下各种艺术样式相互影响的创新机制，认为“每一种创造而成的艺术形式都处于三条线索发展的交点上”：第一条是“指向特定艺术形式的技巧”；第二条是“传统艺术形式在其发展的特定阶段努力谋求以后某个阶段为新的艺术形式所随意达到的效果”，如达达主义在美术中的努力已经在传统艺术形式中构想了电影的艺术技巧和效果；第三条是“往往尚不显著的社会演变谋求着恰恰有益于新的艺术形式接受方式的变化”。因此，在艺术发展史上，不同的艺术类型间存在着密切的相互影响的关系。“自古以来，艺术的最重要任务之一就是对时下尚未完全满足问题的追求。每一种艺术形式的发展史都有一些关键阶段，在这些关键阶段中，艺术形式就追求着那些只有在技术水准发生变化即只有在某个新的艺术形式中才会随意产生的效应。”[③] 利奥塔将后现代主义艺术家特立独行的做法，理解为“艺术家和作家便在没有规则的情况下从事创作，以便规定将来的

① 〔美〕罗杰·菲德勒：《媒介形态变化：认识新媒介》，明安香译，第 19 页。

② Viktor Shklovsky, *Theory of Prose*, translated by Benjamin Sher with an Introduction by Gerald L. Brans, Illinois: Dalkey Archive Press, 1991, P. 190；本书英译本原文是“the real point is that the legacy that is passed on from one literary generation to the next moves not from father to son but from uncle to nephew”，其中“literary generation”只是宽泛意义上的“一代之文学”的意思，不仅仅指“文学流派”（schools of literature）。此段译文参照〔美〕詹姆逊《语言的牢笼：马克思主义与形式主义》（钱佼汝译，百花洲文艺出版社，1995，第 44 页）一书的中译本做了修订。

③ 〔德〕本雅明：《机械复制时代的艺术作品》，王才勇译，第 64、46～47、57～58 页。对此问题的详细探讨，参见拙作《本雅明视觉思想辨正》，《学术界》2013 年 2 期。

创作规则”。[①] 这也是一种超越“现时代”、超越“艺术的代际”（在“一代有一代之艺术”的基础上，上一代艺术对下一代艺术可能存在的创作规则的积极想象）。

到了20世纪80年代初期，年近90岁的什克洛夫斯基以口授的形式完成了《散文理论》（第二版）中的第二部分的写作，从新旧艺术关系的角度对艺术史的发展做出更明确更辩证的判断：一方面，新艺术对旧艺术的替代是艺术发展的必然规律，“不单是戏拟作品，而是任何一部艺术作品都是作为某一样品的类比和对立而创作的。新形式的出现并非为了表现新的内容，而是为了代替已失去艺术性的旧形式”[②]；另一方面，旧艺术也并非只有死路一条，“旧的东西不会消失。它会复活，甚至往往连同许多似乎无用的细节一起复活”。[③] 因此，“艺术同时又会姗姗来迟，因为不是总能理解当前发生的一切。不过，艺术是向往着未来的。所以，旧的艺术（我又给你们提起马克思的话了）不会死亡”。[④] 在这种极具包容、开放而又充满辩证的艺术史思想背景下，什克洛夫斯基论述了“图像时代对文学的影响”问题，其中有一小节的标题就是“图像取文字而代之：电影”，认为“艺术史——这是各种抉择的斗争史”。[⑤] 什克洛夫斯基着重论述了文学发展的三个重要阶段：在印刷时代，“那是有未知事物或个人感受需要描写的时代。出现了人物传记、旅行记事。口述故事合辑成书。印刷术巩固了长篇小说的地位。印刷术百倍地增强了文字的力量”，因此，什克洛夫斯基将之称为“书的时代，铅字的时代”，在这一时代，“印刷术不仅排挤了词语，还排挤了建筑”。但是到了图像时代，“电影排挤了书籍，度过了伟大的半个世纪。电视排挤了电影，现在正在排挤报纸，可能还有侦探小说”，“那是有声语言、话语同文字斗争的年代”。[⑥] 到了20世纪80年代，“第三次浪潮”“后工业社会”“信息社会”等相关的社会理论开始兴起，虽然这些方面在当时的文艺学术中还没有产生真正的影响，但什克洛夫斯基极其敏锐地发现了“文学的信息时代”（即我们所说的“数字时代”）的来临。他做出了两个至关

---

① 〔法〕利奥塔：《何谓后现代主义?》，王一川主编《后现代主义文化与美学》，北京大学出版社，1992，第52页。

② 〔俄〕什克洛夫斯基：《散文理论》，刘宗次译，百花洲文艺出版社，1994，第31页。

③ 〔俄〕什克洛夫斯基：《散文理论》，刘宗次译，第305页。

④ 〔俄〕什克洛夫斯基：《散文理论》，刘宗次译，第220页。

⑤ 〔俄〕什克洛夫斯基：《散文理论》，刘宗次译，第273页。

⑥ 〔俄〕什克洛夫斯基：《散文理论》，刘宗次译，第286、287页。

重要的判断：其一，“如今，新的信息手段仍然抓住旧的娱乐文学和旧的剧院戏剧不放”，[①] 也就是说，他认为旧的文学艺术形式仍然是新媒体艺术发展的重要资源；反过来，旧的艺术形式有可能利用新媒体的发展重获新生。其二，他认为，“使用新手段的艺术，不可避免地要到来”。[②] 艺术发展的新旧交替更迭是不以人的意志为转移的，这是艺术发展的规律所在。

理解了这一点，我们便可以在小写的复数的“视觉媒介”（visual medias）这一概念的基础上，实现从“传播媒介形态变化”到“视觉媒介形态变化”的概念转换，并将视觉媒介形态变化作为我们对当代视觉文化进行认识测绘的总体性概念了。具体来说，传播媒介一般是指报纸、杂志、电视、广播等传统的传播媒介加上新的电子媒介，如网络、数字产品以及“第五媒体”如以手机、笔记本电脑等为中端的移动互联网等。而视觉媒介则是以人的视觉能力和感知为基础的，除了传播媒介中的各种类型之外，人体（人的身体及其动作）、自然之物、人造之物等所有可见可视之物，都可以成为视觉媒介。因此，视觉媒介形态变化在基本遵循传播媒介形态变化特点的基础上，还具有如下几个特点：（1）范围更广，从实体化到影像化再到数字化。（2）与其他感官（触觉、味觉、听觉等）等媒介相比，视觉媒介具有传播的优先性，即视觉媒介的传播属性更为突出。这正是与当代视觉文化相关的视觉媒介几乎可以说与传播媒介相等同的重要原因。（3）最为重要的是，视觉媒介形态变化构成了一个层级性（既分层又升级）的、容斥性（既包容又排斥）的、竞合性（既竞争又合作）的视觉媒介系统。基于这个视觉媒介系统来展开视觉媒介形态变化的探讨，可以从总体上把握当代视觉文化可能存在的知识图景。

三　媒介会聚及其冲突：当代视觉文化学术景观的认知测绘

视觉媒介形态变化包含着两个重要变量：一个是视觉对象，主要包括自然的可视之物、人造的可视之物、人体及其动作自身；另一个是观看方式，包括肉体之眼、心灵之眼和机械之眼[③]。其中，以照相技术的发明为标

① 〔俄〕什克洛夫斯基：《散文理论》，刘宗次译，第288页。

② 〔俄〕什克洛夫斯基：《散文理论》，刘宗次译，第289页。

③ 曾军：《观看的文化分析》，山东文艺出版社，2008。

志的机械之眼使人类的观看方式全方位的装置化、技术化、工业化和体制化，这正是视觉文化之所以成为当代文化表征的重要原因。当代视觉文化最重要的特点就在于以机械之眼为代表的视觉媒介技术对观看方式带来了巨大影响。

在人类视觉媒介发展史上，最早出现的是以视觉对象为主体的媒介形态；自印刷术的发明以后，技术化的，以复制、传播为最初目的，进而发展成具有独特的再现和表现能力的艺术类型（摄影、电影、电视剧、数字艺术等）才开始出现。每一种全新的视觉媒介的出现，并不意味着对已有的视觉媒介的替代和抛弃，而是旧媒介为不断适应新媒介的特点而发生形态变化，新媒介不断吸收、改造、融合旧媒介的艺术特点，实现全新的视觉媒介会聚的过程。菲德勒指出："虽然合并（merger）和汇聚（convergence）时常作为同义使用，但是它们并不意味着同一回事。合并暗示两个或更多的实体（例如，公司、技术或媒介）集中到一起形成一个单一的、统一的实体。汇聚是更像交叉路口或婚姻，其结果是引起每一个汇聚实体的变革，并创造新的实体。"① 因此，从视觉媒介的会聚及其冲突角度出发，可以在时间轴的历史发展基础上，根据视觉媒介之新旧媒介间的影响与适应关系，描绘出既具有历时性又具有共时性的知识图景来。

自然的可视之物 ⟶ 1. 自然的人化；2. 人化的自然；3. 宏观宇宙和微观世界

人造的可视之物（器物、装饰、绘画、雕塑、建筑） ⟶ 4. 静态图象化；5. 动态影像化；6. 拟像世界

人体及其动作（仪式、舞蹈、戏剧） ⟶ 7. 姿态化（抽象化、瞬间定格）；8. 表演化（面对镜头）；9. 蒙太奇化

印刷术（书籍、版画、报纸） ⟶ 10. 机械复制；11. 普及化；12. 商业化

照相术（摄影、电影） ⟶ 13. 工业化；14. 大众化；15. 政治审美/艺术政治化

电子技术（电视） ⟶ 16. 全球化；17. 日常生活化（客厅媒介）；18. 通俗化

数字技术（网络、数字艺术） ⟶ 19. 沉浸化；20. 互动化；21. 全息化

在上面这一粗略的图示中，我们首先根据视觉对象和观看方式的差异，将视觉媒介区分成两大类：一类是视觉对象即媒介，即自然的可视之物、人造的可视之物、人体及其动作；另一类是视觉装置即媒介，即用印刷术、照相术、电子技术、数字技术等手段制造出一系列视觉媒介。在这两大类

① 〔美〕罗杰·菲德勒：《媒介形态变化：认识新媒介》，明安香译，第23页。

所指箭头的右边，分别提炼出的是已经出现的视觉媒介形态变化的特点。其中，视觉对象即媒介的三种类型，概括了在新的视觉媒介（即视觉装置即媒介）影响下出现的各种演化特点——除了第一点“自然的人化”和第二点“人化的自然”外。首先，在自然的可视之物中，自然的人化和人化的自然是人与自然关系的最基本的状态，说明自然之所以成为可视之物，并非来自自然的可视性，而在于人对于自然的视觉掌握，在于“人的本质力量的对象化”过程中，人通过对自然的视觉化而关注了人自身的意义和价值。否则，即使是具有可视性的自然，人也会视而不见。宏观宇宙和微观世界此前是肉眼无法观看或无法细致观看的，但是随着天文望远镜和显微镜的发明，人类肉眼可以更加精确地观测到它们了。人造的可视之物范围更广，仅就具有审美功能的人造物来说，便有各种器物、器物上的装饰以及已发展为艺术门类的美术、雕塑、建筑等。其次，在印刷术发明之前，人造的可视之物的形象是附着在物本身上的。尤其是被确定为艺术的美术、雕塑和建筑，其视觉形象一定与艺术作品的独一无二性联系在一起（雕塑领域有一个“有限复制”原则，承认在严格规定的复制数量范围内的复制品被视为原作）。① 印刷术发明后，尤其是照相术发明之后，所有的自然的可视之物和人造的可视之物都可以被印刷成图册，从而“静态图像化”，也可以被录制成影片，实现“动态影像化”，甚至可以完全没有现实的模本，即被“拟像化”了。这就是进入机械复制技术的时代所发生的“形象的去物质化过程”，即该物的形象可以通过机械复制技术实现与其附着之物的剥离，甚至取代艺术作品（即原作）本身。最后，人体及其动作与人造的可视之物不同，更具有主体性和能动性。人的外貌表情、言语方式、行为姿态等都具有艺术的表现力和意义的传达性，因此，人体及其动作从古至今都是非常重要的视觉对象。在新的视觉媒介面前，人体及其动作也“形象化”了。它们不仅更易被抽象化、定格化成为姿态，而且还增加了面对镜头（而不是舞台表演中面对真实观众）时的纯粹在想象中完成的表演性以及被录像之后进行后期剪辑时的“蒙太奇化”。所有这些，都可以被定性成“受新的视觉媒介技术影响下传统视觉媒介发生的形态变化”。

在上述图示的下方，呈现的是机械复制技术产生之后，视觉媒介出现

① 曾军：《“思想者”的文化旅行及其意义——关于城市雕塑与公共空间的一点思考》，《2007年度上海市社会科学界第五届学术年会文集（青年学者文集）》，上海人民出版社，2007。

的新变化和新特点。它可以被概括为视觉装置即媒介。各箭头右方主要概括的是新兴视觉技术、装置和媒介所出现的视觉对象和观看方式的全新特点。箭头左边所列的是深刻影响视觉媒介形态变化的技术，括号内所列的是直接受益于这一技术而诞生的视觉媒介或艺术类型。

首先，值得注意的是，机械复制技术的开端不是照相术，而是印刷术。这一点在本雅明的《机械复制时代的艺术作品》中已有论述，但他将印刷术视为机械复制技术的特例来看待。① 古登堡印刷术之于西方文明的价值被公认为知识的普及化和民主化，为启蒙运动的兴起提供了条件。马克思·韦伯曾指出："印刷术是中国早就有的；但是，只是为了付印而且只有通过付印才成其为作品的那种印刷品（尤其是报纸和期刊），却只是在西方才得以问世。"② 也就是说，印刷术作为一种技术，本身并不必然导致全新的视觉媒介的产生，只有运用印刷术，创造出了书籍、报纸、期刊等印刷品时，才具有了视觉媒介的性质。上述图示所列的照相术、电子技术、数字技术等，均具有这一特点。

其次，随着新的视觉技术（严格意义上讲，这些技术并非直接为视觉媒介服务，而是在这些技术影响下创造出来了新的视觉媒介）的出现，不断强化并加深视觉媒介的相关属性。这使得我们有可能梳理出视觉媒介的文化逻辑和社会影响。比如说，印刷术打破了过去由贵族和僧侣垄断文字的传统，带来了知识的普及，但是只有在照相术尤其是电影诞生之后，才具有了"生产大众"的性质。③ 因此，电影的大众化无论是在性质上还是程度上都要比印刷术所带来的"普及化"深得多。但是，电影院的集中性、封闭性的观影模式，到了电视阶段发生了变化。电视被认为是家用的客厅媒介，是家庭性的、陪伴性的视觉媒介，一方面它带来共同收看电视节目的"天涯共此时"的世界感受，另一方面又因其相对的开放性和个人性而削弱了电影

① 〔德〕本雅明：《机械复制时代的艺术作品》，王才勇译，第5~6页。

② 〔德〕马克思·韦伯：《新教伦理与资本主义精神》，于晓、陈维纲等译，三联书店，1987，第6页。

③ 在这里，电影不仅仅是作为一种新的艺术类型出现的。作为一种宽泛意义上的视觉媒介形态，电影凭借其"集体观影"的方式生产出了"集体性的观众反应"，从而生产出了与文化工业生产机制相一致的"大众"。本雅明在《机械复制时代的艺术作品》中指出："电影院中的主要特点在于，没有何处比得上在电影院中那样，个人的反应会从一开始就是以眼前直接的密集化反应为条件的。个人反应的总和就组成了观众的强烈反应。"〔德〕本雅明：《机械复制时代的艺术作品》，王才勇译，第52页。

“生产大众”的强制性。到了基于数字技术、信息技术、通信技术而出现的新媒体艺术阶段，沉浸式的、互动式的甚至是全息式的视觉呈现方式，直接与具体的个体观众发生关联——从理论上讲，新媒体艺术追求的是只有个体的观众在特定的时刻才能观看到的视觉效果，并产生特定的视觉感受，于是出现了与大众化彻底相反的零散化、碎片化、即时化的趋势。

最后，视觉媒介在发展过程中具有影响社会结构、形塑政治图景的作用。印刷术与资本主义、民族国家想象密切关联，这就是“印刷资本主义”(print-capitalism)。[①] 但到了本雅明阐释的“机械复制时代的艺术作品”和霍克海默、阿多诺展开“文化工业”批判的年代，发达资本主义国家进入垄断阶段，这就是本雅明会借电影“生产大众”的机制来批判法西斯主义“政治的审美化”和霍克海默、阿多诺会将文化工业的特点概括为标准化、风格化、去除个性、欺骗大众的重要原因。电视的兴起带来传播革命，其最大的意义在于在视觉上真正实现了“地球村”的想象，从而建构起全新的时空关系及其想象。[②] 进入 20 世纪 80 年代，欧美发达资本主义国家进入到后工业时代，信息技术带来的是“全球媒介”（global media)、“全媒介”(omni media)、“自媒体”（we media）的巨大变化，所谓“沉浸性”“互动性”“全息性”等都是媒介自身的特点及其为文化生产和艺术创造带来的可能性。与之相适应的，还有“信息民主化”“媒体个人化”“社会网格化”的趋势及其社会影响。[③]

结语：当代中国视觉文化研究的若干问题域

应该说，以上只是根据视觉媒介形态变化初步展开的认知测绘，这 21

① 正如安德森所言：“难怪后来人们会开始寻找一个能将博爱、权力与时间有意义地联结起来的新方法。也许没有什么东西比印刷资本主义更能加快这个追寻的脚步，并且使之获得更丰硕的成果了，因为，印刷资本主义使得迅速增加的越来越多的人得以用深刻的新方式对他们自身进行思考，并将他们自身与他人关联起来。”〔美〕本尼迪克特·安德森：《想象的共同体：民族主义的起源与散布》，吴叡人译，上海人民出版社，2003，第 36 页。

② 这就是戴维·莫利会密切关注新的传播媒介与民族国家认同关系的议题（〔英〕戴维·莫利：《电视、受众与文化研究》，史安斌译，新华出版社，2005）和泰玛·利贝斯等会关注一部电视剧的跨地域意义输出（〔英〕泰玛·利贝斯、埃利胡·卡茨：《〈达拉斯〉的跨文化解读》，刘自雄译，华夏出版社，2003）的原因。

③ 〔英〕戴维·莫利、凯文·罗宾斯：《认同的空间——全球媒介、电子世界景观与文化边界》，司艳译，南京大学出版社，2001。

个要点仅仅是由视觉技术、视觉媒介及其所形成的视觉艺术类型带来的。因此，上述学术地图还具有“元理论”的性质。如果想以之来探讨当代视觉文化中的具体问题，就需要再度的历史化、区域化、个案化。

如果在当代视觉文化中加入中国因素，那么学术图景就会发生相应的变化。中国的当代视觉文化成为学术问题发端于20世纪90年代，那个时代的视觉媒介关系有其自己的特点：印刷文化占有绝对优势；电影市场化转型受阻，面对WTO和海外大片的挑战，寻求突破；电视开始普及，成为最具影响力的新媒介；移动通信技术和互联网尚处于起步阶段，还没有发生真正的文化影响力。正因为如此，20世纪90年代的当代中国视觉文化研究的议题主要集中在以下几个方面：以“老照片”“红风车”为代表的纸质出版物的“读图时代”；[①] 民族电影对好莱坞电影霸权的抵抗；电视对青少年的负面影响。

进入21世纪之后，当代中国的媒介形态格局出现了新的变化。一是随着互联网异军突起，移动互联网、智能手机的普及，“大、云、平、移”技术的运用，以新媒体全面整合旧媒体的趋势日益显现，所谓“互联网+”即是这种媒介超强规模会聚的表征。二是网络文学等新媒体文学的兴起，随着文学期刊和文学出版的纯文学全面萎缩，“新世纪文学”的格局逐渐彻底改变。[②] 三是中国电影大力发展电影产业，在“国产大片”的电影制作和“院线制”的电影营销两方面实现整体突破，迎来中国电影市场的繁荣期。正是在此语境下，“奇观电影”成为当代中国视觉文化讨论的重要议题。[③] 四是电视的发展经历了“上星”“制播分离”的体制变革，在不断强化“喉舌”作用的前提下，进入“全民娱乐”的时代。

在这些较为宏观的粗略性的描述中，当代中国视觉文化研究的若干问题域也逐渐凸显。

---

① 曾军、陈瑜：《传媒时代的学术生产——“读图时代”批判》，《探索与争鸣》2008年第3期。

② 曾军：《有限包容及其问题——“新世纪文学”视野中的“新媒体文学”》，《文艺争鸣》2011年第3期。

③ 虽然有关“电影的奇观性”的讨论早在20世纪90年代就已经开始，但“奇观电影”真正成为一个探讨的问题，主要是从周宪的《论奇观电影与视觉文化》（《文艺研究》2005年第3期）开始的。

走出视觉文化研究的理论误区

毛宣国*

摘要 20多年来中国视觉文化研究存在着一些理论误区，如认为当今时代就是视觉文化的时代，其发展趋势是以语言为中心的文化向以视觉为中心的文化转向；将文字与图像对立起来，认为视觉文化时代的文学必然走向图像化；夸大媒介传播的技术价值；等等。视觉文化研究应该从这些理论误区走出来，具体说来，就是要谨慎对待“视觉文化”这一概念，不能以一种“图文对立”的思路来夸大图像与视觉因素所造成的文学危机；要明确视觉文化研究与图像艺术、视觉艺术研究的区别；要关注视觉经验的社会建构，对视觉文化冲击下的文学生存状态进行深层次的理论思考；要超越简单的传媒理论研究，防止从技术理性的角度夸大媒介的作用，坚守文学心灵化的写作方式，弘扬听觉文化，消解以娱乐、消费为特征的视觉文化霸权，使人类文明的薪火得以延续。

关键词 视觉文化　图像与文字　消费语境　媒介传播　心灵化的书写

Abstract The visual culture studies evolves distinct contemporaries, which constructs an overall perception of the visual culture by clarifying the subjective position of researcher and with the methodology of the cognitive mapping to implement the analysis of the muti-layers and textures of the contemporary visual culture. The transformation of visual media (Mediamorpho-

* 毛宣国，哲学博士，中南大学文学院教授、博导，主要研究方向为中国美学与诗学。

sis) constitutes a visual media systems that includes the hierarchy (with hierarchical and upgraded), the tolerance (with inclusive and exclusive), competition (with competitive and cooperative). From the perspective of the convergence and conflict of visual media, we can construct a diachronic and synchronic knowledge map on the time axis of the historical development according to the influential and adaptive relationship between the old and new visual media.

Key words visual culture image and word consumption context media communication spiritual writing

最近20多年以来，视觉文化研究在中国学术界获得了广泛的重视。与西方学者的视觉文化研究起源于美术史和艺术史学科不同，中国视觉文化的兴起与20世纪90年代以来的文化研究思潮有着密切关系。作为当代文化研究的重要组成部分，视觉文化研究回应的是当照相术、影视、电子网络一类现代媒介越来越强烈地冲击着传统印刷媒介时，文化如何发展和文学如何生存等重大理论与现实问题。由于这一研究不再局限于传统艺术史和美术史的领域，而是深入文学、影视、网络媒体诸多领域，重视以现代技术为主导的媒介文化向日常生活领域的渗透，并力图从跨学科的角度来审视媒介对于人们观看方式和视觉经验的影响，所以取得了重要的理论成果。看到这一点的同时，也必须意识到这一研究还存在一些理论误区，最突出的表现就是：认为当今时代就是视觉文化的时代，将视觉文化与图像文化等同起来；将文字与图像对立起来，以技术理性思维看待媒介，夸大媒介传播的技术价值而忽视媒介传播的人文精神内涵；认为文学要摆脱其生存的危机必须走向图像化、视觉化；等等。视觉文化研究要取得新的进展，必须从这些理论误区走出来。下面，我就这个问题来具体谈谈。

一

在中国当下的视觉文化研究中，有一个观点得到了普遍认同，那就是认为当今时代就是视觉文化的时代，其发展趋势是以语言为中心的文化向以视觉为中心的文化转向。据有的学者考证，国内最早介绍视觉文化的文章发表于1988年，而视觉文化真正进入研究者的理论视野则是最近十几年的事情，今天显然已成为关注的热点。南帆是最早注意到视觉文化重要性的学者之一，他 1997 年撰写的《话语与影像——书写文化与视觉文化的冲突》[①] 一文，在比较书写文化与视觉文化的基础上，提出了文化形态转向的问题。不过，中国学者普遍提出的视觉文化转向的观点明显受到西方学者的影响。米歇尔（W. J. T. Mitchell）的《图像理论》、米尔佐夫（Nicholas Mirzoeff）的《视觉文化导论》、艾尔雅维茨（Aless Erjavec）的《图像时代》等著作的翻译出版，使"视觉文化转向"和"图像转向"一类概念深入人心。根据曾军的统计，仅从 2000 年至 2007 年间，提及从语言（语言学）到图像（视觉）转向的论文就有 400 多篇，其中率先对这个问题进行理论论证和成功推广的当属周宪。[②] 周宪的基本观点是：在语言转向日趋衰落时，当代文化的视觉转向日趋明显，图像超越了语言成为文化的主因；形象产业和媒体的空前膨胀使得文学日益边缘化，呈现图像压倒文字的发展趋向；视觉文化与感性、直观、快感的文化存在内在联系，对外观过度关注表明了一种观念的变革，即随着视觉技术的进步，人们的视觉不断延伸，新的视觉花样层出不穷，社会必然成为视觉文化主导的社会。

周宪和中国学者提出"视觉转向"的观点与西方许多学者对当今社会文化性质与特征的理解颇为一致。美国著名的社会学家丹尼尔·贝尔就认为当代文化正逐渐成为视觉文化；英国著名的马克思主义批评家伊格尔顿也认为，我们今天正面临视觉文化时代，文化符号屈于图像霸权已是不争的事实。斯洛文尼亚研究视觉文化的著名学者艾尔雅维茨亦宣称："无论我们喜欢与否，我们自身都处于视觉成为社会现实主导形式的社会。"[③] 虽然有上述观点的存在，笔者依然认为对"视觉文化转向"的提法应该保持谨慎态度。我们不能否定视觉在当代文化中越来越占有重要的地位，但同时也必须认识到这样一个事实，即对于人类社会而言，视觉与图像都不是什么新东西，简单地宣称视觉文化的转向与图像时代的来临，并不能很好地解决当今社会人们所面临的危机与社会问题。在西方，从古希腊哲学到中

① 南帆：《话语与影像——书写文化与视觉文化的冲突》，《福建艺术》1997 年第 5 期。

② 周宪在这方面的研究成果很多，代表作品有专著《视觉文化的转向》（北京大学出版社，2008）和《文化研究的新领域——视觉文化》（《天津社会科学》2000 年第 4 期）、《符号政治经济学视野中"视觉转向"》（《文艺研究》2001 年第 3 期），《视觉文化的转向》（《学术研究》2004 年第 2 期），《读图时代的图文战争》（《文学评论》2005 年第 6 期）等论文。

③ 〔斯〕艾尔雅维茨：《图像时代》，胡菊兰、张云鹏等译，吉林人民出版社，2003，第 6 页。

世纪的经院哲学，再到近现代的理性主义哲学，视觉都被推崇为最高贵的感觉，在人类文化中占据优先的地位。西方艺术史的研究也是以视觉图像为中心的。中国古代有悠久的重视图像的传统。汉字图像表意的历史，《周易》中的“象”思维，庄子“得象忘言”的主张，中国古代的“书画同源”说，汉代画像石对强盛的汉代社会风貌的展示，都说明图像思维和意识很早就在中国文化进程中发挥着作用。今天，随着照相技术、影视、电子、网络媒介的发展，图像与视觉对于人类生活具有越来越重要的作用，但这并不意味着可以宣称读图时代的到来和其他文化形态的终结。事实上，随着以现代技术为支撑的图像文化的肆无忌惮扩张所带来的负面影响日益严重，一种对于图像的警醒与批判力量变得越来越强大。西方许多有识的思想家与理论家，如海德格尔、鲍德里亚、居约·德波、韦尔施等，都对现代技术条件下的视觉与图像文化的扩张保持警惕，他们自然也不赞成将现代文化简单地解释为以视觉为主因的文化并鼓吹其他文化形态向视觉文化屈服与妥协。相反，由于意识到视觉图像在媒体传播、大众消费等方面所产生的负面影响，他们更愿意弘扬另外的文化形态，如听觉文化、诉诸人心灵的语言文字文化等，以对抗视觉文化的霸权。比如，韦尔施就宣称，“只有当我们的文化将来以听觉为基本模式，方有希望”①。虽然“听觉文化”在韦尔施那里还只是一种理论的构想，能否变成现实，他还心存疑虑，但这一观点的提出，起码可以让人们意识到，桎梏于技术理性和大众消费的现代视觉文化有着明显的缺陷，并不能代表人类社会发展的未来。

因此，我们反对那种将当代文化简单地阐释为语言文化向视觉文化转向的观点。“视觉转向”或“图像转向”的命名来自西方学者，若仔细探究就不难发现，与中国的一些学者论及这一理论观点常常充满自信不同，西方学者对他们所提出的“视觉转向”理论大多采取了审慎的态度。诚如曾军所指出的那样：“尽管‘视觉转向’、‘图像转向’的命名来自于以米歇尔、米尔佐夫等为代表的一批致力于视觉文化研究的欧美学者，但是细读他们的论述不难发现，即使他们自己也对这种‘转向’的学理依据存有疑虑。尽管‘视觉文化的来临’几近于一种后现代文化的‘常识’，但是他们对是否能够凭此而建构起反思性的‘视觉文化理论’、‘图像理论’却仍然

① 〔德〕沃尔夫冈·韦尔施：《重构美学》，陆扬、张岩冰译，上海译文出版社，2002，第209页。

信心不足。”[①] 这实际上也反映中国的一些学者与西方学者对“视觉转向”这一理论理解上的巨大差异。西方学者的“转向”是在哲学的“语言学转向”的背景下展开的，之所以提出“视觉转向”（“图像转向”），其目的是破除现代西方社会的语言霸权，使图像获得像语言一样的重要地位，而并非像中国一些学者那样，将这种转向看成视觉文化对语言文化的全面胜利，认为它标志着视觉、图像取代语言文字和印刷文化的时代的来临。为说明这一点，我们不妨具体分析一下米歇尔的“图像转向”理论和海德格尔“世界图像时代”理论。中国学术界的“视觉转向”论者对这两个理论存在着明显的误读。

“图像转向”（pictorial turn）[②] 的概念是美国学者 W. J. T. 米歇尔首先提出来的。米歇尔提出“图像转向”概念，并不像中国的一些学者所认为的那样，将读写时代与图像时代对立起来，强调图像已成为文化的主因，图像的统治代替语言文字，从而为读图时代的视觉狂欢寻求理论依据，而是致力于打破传统的以艺术史材料为中心的学科壁垒，使一种新的视觉图像经验进入学科研究的视野中。米歇尔作为视觉文化研究的美国学派的代表人物，长期致力于文学和艺术史的视觉研究，他对于语词与图像的竞争在西方拥有漫长的历史这一现象有着深刻的理解。他以潘诺夫斯基的图像艺术史研究为例，认为这种图像艺术史研究的复兴是“图像转向”的一个征兆，它重新激发了人们对于图像学研究的兴趣。不过，他并不像潘诺夫斯基那样，将图像的研究局限于艺术史和美术史内，而是主张从大众传媒的角度去研究非艺术、非美学的图像，认为视觉文化将从这种研究中受益。这一主张扩大了图像和视觉文化研究的范围，使图像研究可以融入更广阔的学术视野中。在《图像理论》开篇，他这样说：“知识和学术话语中的转变必定是相互关联的，而非那样密切相关于日常生活和普通语言，这并非特别显见。但看起来的确清楚的是，哲学家们所谈论的另一次转变正在发生，又一次关系复杂的转变正在人文科学的其它学科里，在公共文化的领

---

① 曾军：《近年来视觉文化研中存在的几个问题》，《文艺研究》2008 年第 6 期。

② 有的学者根据米歇尔的 picture 和 image 词义区分——picture 是物质的、视觉的客体，image 是“图像性的整个领域”——主张将“pictorial turn”翻译成“图画转向”而不是“图像转向”。的确，一个是指向“图像性的整个领域”，超越了物理存在的原初图像；一个是具有实际用途的物质的、视觉形象。翻译成“图画转向”更接近米歇尔的原意。段炼：《视觉文化研究与当代图像学》，《美术观察》2008 年第 5 期。

域里发生，我想要把这次转变称作‘图画转向’。”① 显然，这里所说的“图像转向”（“图画转向”）主要是从学科方法上谈的，其目的是使图像成为人文学科的中心话题，同时又认为这种转向发生在公共文化领域，具有某种超学科的意义。“图像转向”也就是指图像研究超越传统的艺术史（美术史）领域而进入影视、摄影、电子媒介等公共文化和大众传播领域中。

米歇尔之所以提出“图像转向”，是与西方现代语言学转向的哲学思潮密切相关的。20世纪人文科学研究的一个重要特点，就是在哲学“语言学转向”的思潮影响下，普遍采用语言学的研究模式，甚至图像的研究也受到语言霸权的制约。米歇尔提出“图像转向”的理论显然是要破除这种语言霸权，消除人们对视觉形象的敌意与恐惧，找到适应于视觉与图像的研究模式和方法。在《图像理论》中，米歇尔说：“罗蒂将视觉的，尤其是镜像的隐喻完全排除在我们的言语之外的决心，既继承了维特根斯坦的图像厌恶症，也反映了语言哲学中对视觉再现的普遍的焦虑。这种焦虑，这种在视觉图像面前捍卫言语的需要，恰恰是图画转向正在形成的确实的标志。”② 在这里，米歇尔明确指出西方现代语言学转向中存在的一种倾向，那就是对视觉再现的普遍焦虑，正是这种焦虑造成了语言霸权对视觉和图像研究的巨大压制。他之所以提出“图像转向”主张，正是要破除这种语言霸权主义，激活西方思想长期存在的一种传统，即视觉研究的传统，从而将图像置于与语言文字同等重要的地位，以弥合文化的视觉转向与语言学转向之间存在的裂隙，而不是将图像置于至高无上的地位以取代语言文字。与此同时，他还反复强调，“图像转向”并不意味着图像时代或读图时代的到来，因为我们并不生活在唯一的视觉时代。“图像转向”的主张只是让人们认识到：当今社会由于照相、影像、电子媒介的发展，文化向视觉形象转向已成为一种可能，而不是将读写时代与图像时代对立起来，更不能将当代社会读写能力的下降都归结为“图像转向”。

海德格尔关于“世界图像”的论述，也是中国学者谈论“视觉（图像）转向”的重要依据。不少人从字面上来理解，认为海德格尔的“世界图像”就是将世界作为一幅图像（或者图画）来理解和把握，从而强调图像和视觉符号正在取代语言成为文化的主因。比如，周宪的阐释：当代文化是视

---

① 〔美〕W. J. T. 米歇尔：《图像理论》，陈永国等译，北京大学出版社，2006，第3页。

② 〔斯〕艾尔雅维克著，高建平译《眼睛所遇到的……》，《文艺研究》2000年第3期。

觉性占据主因的文化，“有一个从语言中心的文化向图像中心的文化的深刻转变。用海德格尔著名的表述来说，这就是所谓的‘世界图像时代’，‘从本质上看来，世界图像并非指一幅关于世界的图像，而是指世界被把握为图像了’”。又说：“这句言简意赅的描述道出了一个真相，那就是在当代文化中，我们越来越倚重于通过图像来理解和解释世界。”[①] 这一理解，显然对海氏的“世界图像”说存在着误解，它注意的是海氏理论重视视觉和图像因素对当今社会影响的一面，而无视其对图像和视觉化行为的批判。

其实，海德格尔对“世界图像时代”的理解，重点不是在于肯定图像存在的价值和人们如何通过图像来理解和解释世界，而是在于对“世界被把握为图像”这一事实的批判。海德格尔说得很清楚，所谓“世界图像的时代”“并非意指一幅关于世界的图像，而是指世界被把握为图像，这时，存在者整体便以下述方式被看待，即：唯就存在者被具有表象和制造作用的人摆置而言，存在者才是存在着的”[②]。在海德格尔看来，作为人的存在者（此在）在现代社会已经被一种力量所掌控了，这种力量就是现代技术。在现代技术这个庞然大物掌控下，人只能作为“存在者之被表象状态中被寻求和发现”[③]，人（此在）与世界的关系不再是和谐共在而是相互对立并使得“世界被把握为图像”。“世界被把握为图像”不同于“关于世界的图像”，后者如古希腊社会那样，图像是世界的再现，人们可以通过图像生活在世界之中；前者则如现代社会，图像已成为一种幻觉与外观，人们在这样的世界生活，实际上已远离了世界的真实存在。海德格尔说：“现代的基本进程乃是对作为图像的世界的征服过程。”[④]“征服”并不是关于“世界的图像”的真实描述，而是说随着现代技术的发展，人类愈来愈强化主体自身的力量对世界进行征服、改造与控制，人们实际上日益远离了他们所生活的世界，世界不再是真实存在着的世界，而是变成了如鲍德里亚、德波等人所说的“仿像”“景观”一类的世界。

所以海德格尔说：“世界图像并非从一个以前的中世纪的世界图像演变为一个现代的世界图像，毋宁说，根本上世界变成图像，这样一回事情标

---

① 周宪：《视觉文化的转向》，《学术研究》2004 年第 2 期。

② 孙周兴选编《海德格尔选集》下卷，上海三联书店，1996，第 899 页。

③ 孙周兴选编《海德格尔选集》下卷，第 899 页。

④ 孙周兴选编《海德格尔选集》下卷，第 904 页。

志着现代之本质。”[①]“标志着现代之本质”的图像，不是对图像社会的赞美，而是对技术控制下的现代社会图像化本质的深刻批判。不仅是海德格尔，西方大多数学者谈到现代社会兴盛的视觉与图像文化时，都保持了这样的批判立场。而中国的一些学者，在论及视觉文化和图像社会的存在时，恰恰缺乏的就是这种意识。

二

中国学术界将视觉文化与图像文化等同起来，将文字与图像对立起来，以一种图文对立的思路来看待文学的发展，认为在当今社会，文字已让位于图像，图像已成为我们认识世界、理解问题和表达想法的直接载体，所以文学只有走向图像化，适应图像化的表意方式才能摆脱其生存的危机。这也是对视觉文化研究的误解。

图文对立的思路并不产生于现代。早在古希腊社会，就有着图像与文字的地位优越之争。视觉曾被看成最高贵的感官，视觉在认识事物方面的重要性与优先性，不仅从自然科学和几何学方面而且从哲学方面得到了充分的证明。比如，亚里士多德在《形而上学》开篇就指出：“求知是人类的本性……无论我们将有所作为，或竟是无所作为，较之其它感觉，我们都特爱观看。理由是：能使我们识知事物，并显明事物之间的许多差别，此于五官之中，以得于视觉者为多。”[②] 即使如此，也出现了如柏拉图那样强调理式世界高于现实世界，现实世界只是理式世界的镜像的观点，表现对视觉世界的某种不信任，而这一观点则成为基督教文化以文字否定图像和以眼不见的心灵世界来否定观看世界的重要依据。不过，古希腊和基督教社会的语词与图像之争并未走向图文对立的极端化思路。无论是重视，还是批评抵制图像和视觉因素，都没有否定语言因素的重要性，将语言与图像因素根本对立起来。古希腊艺术理论的核心是模仿论，柏拉图要模仿理式，亚里士多德要模仿现实社会中的人和事，模仿是有实体的，它离不开图像世界的表现，但模仿的世界又指向神和理式的世界，所以它又必须超越图像，与语词和心灵的世界发生密切的关系。基督教对图像的态度也是

① 孙周兴选编《海德格尔选集》下卷，第899页。

② 亚里士多德：《形而上学》，吴寿彭译，商务印书馆，1997，第1页。

如此：一方面，它从图像不能够再现神的观点出发批评或禁止图像，另一方面，中世纪大量圣像画的存在，又说明基督教义的传播离不开图像，只是这些图像相对于语词和心灵的世界来说，它是第二位的。基督教更重视的图像背后所隐含的东西，所以超越图像，转向了更具有心灵意味的语词世界。

看到这一点的同时，还需要指出的是，由于西方文化中有强大的逻各斯中心主义传统，柏拉图和基督教这种对语词与心灵世界的重视，对于西方图文对立思维方式的形成产生了深刻影响。在西方文化中，一直潜藏着这样一种倾向，那就是语言可以摆脱图像与视觉因素的控制而形成自己的话语霸权，特别是西方现代哲学的语言学转向，使这种倾向更加突出地体现出来。今天，在影像和电子等现代技术的支撑下，视觉文化已成为学术界最关心的话题，无论是视觉文化的提倡者，还是批判者，都习惯将语词与图像、文学与视觉文化对立起来。比如，尼采、利奥塔等人，站在肯定图像和视觉文化立场上，将图像与语词、艺术形象与理论对立起来，认为图像、艺术形象高于语词和理论。而有的理论家如丹尼尔·贝尔说，“当代文化正在变成一种视觉文化，而不是一种印刷文化，这是千真万确的事实”，[①]“整个视觉文化因为比印刷更能迎合文化大众所具有的现代主义的冲动，它本身从文化意义上说就枯竭得更快”，[②] 则是从图文对立的立场出发对视觉文化予以的批判。中国国内一些研究视觉文化的学者，也是以图文对立的思路看待问题。

由于从事视觉文化研究的相当一部分人是从事文化研究的文艺学学者，对文学问题有着强烈的关注，所以其图文对立的思维很容易演变成一种因为图像僭越语言所产生的文学危机感。比如，金慧敏认为，电子媒介时代的症候就是图像的增殖，这对以印刷媒介为基础的文学和文学研究产生了极大的冲击，形成了不可忽视的文学危机，瓦解了文学赖以存在的深度，抽掉了文学对现实的指涉，使文学变成被商品语法操纵的东西。[③] 杨向荣亦宣称：“在图像转向的影响下，文学和媒介的发展出现了图像化的趋势。图

① 〔美〕丹尼尔·贝尔：《资本主义文化矛盾》，赵一凡等译，三联书店，1989，第156页。

② 〔美〕丹尼尔·贝尔：《资本主义文化矛盾》，赵一凡等译，第157页。

③ 金慧敏：《图像增殖与文学的当前危机》，《中国社会科学》2004年第5期。

像逐渐成为当代文化的中心，并冲击文学，形成图像霸权。”① 王研认为，文学接受范式在视觉文化时代发生了重大转变：精英阅读向大众阅读转变，审美距离向距离销蚀转变，凝神感悟向消遣体验转变，主动阅读向被动看图转变，如此等等。② 凌晨光认为：“在视觉文化冲击下，文学也呈现出视觉化的样态。文学的可读性让位于吸引眼球的效果。文学作品的主要体裁样式面临着视觉文化的重新选择和定位……文学特有的含蓄蕴藉的艺术境界，逐渐隐没在视觉文化的焦点之下。”③ 上述观点都认为文学的视觉化、图像化不可避免。我们理解一些学者对于在现代技术条件下视觉文化的兴起对文学的冲击和所带来的危机的忧虑，但是，绝对不能以一种图文对立的思路夸大图像与视觉因素所造成的文学危机，更不能因此得出文字已让位于图像和文学必须图像化、适应图像化的表意方式才能走出危机的看法。

这里，实际上牵涉到这样一个问题，即什么是视觉文化，是否只要强调视觉文化就必然走向图像与语言文字对立？我非常同意一位论者对视觉文化的论述：“要弄清视觉文化的内涵，首先有必要区分视觉艺术、图像艺术与视觉文化三者的关系。视觉艺术古已有之，但古典的视觉艺术，诸如绘画、雕塑、建筑等，并不能构成当下包含了新增技术的视觉文化的全部。更不能说有了绘画（甚至有了甲骨文）就开始有了视觉文化。在人类历史的长河里，视觉艺术始终是作为艺术的一个类型而存在的，而图像艺术仅是视觉艺术的一个组成部分。视觉文化则是视觉艺术发展到后现代的高科技信息时代和消费时代才产生的一种批判性文化，是视觉艺术的一个历史断面，是视觉艺术在当代的新发展。”④ 西方的“视觉文化”概念产生于艺术史与美术史研究。有学者考证，视觉文化这个词语最早出现于1972年巴克森德尔的艺术史教材《15世纪意大利的绘画和经历》中。⑤ 巴克森德尔的视觉文化研究主要局限在视觉艺术史的范围内，他主张通过考察各个时

① 杨向荣：《图像转向抑或图像霸权——读图时代的图文表征及其反思》，《中国文学批评》2015年第1期。

② 王研：《寻找面对视觉文化时代的恰当方式》，《辽宁日报》2014年8月12日。

③ 凌晨光：《视觉文化冲击下的文学创作与理论》，《中国社会科学报》2013年5月17日。

④ 蔡长虹：《从语言文字角度来对视觉文化传播的误读》，《传媒》2007年第7期。

⑤ 参见邵亦扬《视觉文化研究与艺术史》，《美术研究》2009年第4期。也有人认为，西方最早提出“视觉文化”概念的是匈牙利电影理论家巴拉兹。巴拉兹在他的理论名著《电影美学》中的确经常使用“视觉文化”这个概念，它强调的是电影出现使人类获得一种新的感受能力能超越印刷术，重新关注视觉问题。不过，“视觉文化”概念并没有因为巴拉兹的使用而流行。“视觉文化”作为一个流行概念是在20世纪70年代以后的事。

代的视觉艺术与图像形式中的惯例与知觉形式，将艺术史的研究与社会生活紧密联系起来。而在20世纪90年代，作为学科正式确立的视觉文化研究，不仅研究传统的视觉艺术和图像文化，还研究新兴媒体所承载的大众文化的视觉空间；不仅研究视觉艺术的历史，还研究改变视觉观念的技术发展的历史；不仅研究人的观看行为，而且研究这种观看行为背后所隐藏的权力关系与社会建制。既然如此，我们就不能将当今的视觉文化研究等同于视觉图像的研究，如认为视觉文化关注的就是如图画、影像、景观等一类视觉形象，而是首先要意识到的这种研究是对一种前所未有的文化现象的历史定位。它具有前此任何图像艺术与文化所不具有的鲜明特征。米尔佐夫明确地将这种文化看成一种后现代文化，“是现代主义和现代文化因面临自身视像化策略的失败而引起的危机”，“视觉文化关注到的是视觉事件，消费者借助视觉技术从中寻求信息、意义或快乐”，其“最显著特点之一是把本身非视觉性的东西视像化，正如通常所说，视觉文化研究的是现代文化和后现代文化为何如此强调视觉形式表现经验，而并非短视地只强调视觉而排除其他一切感觉”。[①] 这种观点亦说明，在现代技术高速发展和大众消费的语境下，视觉文化愈来愈广泛地深入日常生活中，成为大众审美和消费最重要的组成部分。视觉文化兴起的意义在于它破坏了传统艺术和审美的边界，而不在于它将媒介手段孤立，只强调图像、影视、电子媒介等一类媒介手段的意义，否定语言文字和印刷媒介存在的价值。W. J. T. 米歇尔提出“图像转向”的理论，当有学者问他：这是否意味着语言文字的表意功能被图像取代了，是否意味着语言文字在当代文化研究中不重要了？W. J. T. 米歇尔的回答十分清楚：绝不是这样。在W. J. T. 米歇尔看来，图像与词语各有所长，视觉经验和视觉能力不可能用文本性（语言文字）的形式来解释，而语言文字也自有其价值，不可能为视觉图像所取代。而他所说的图像转向，只是说图像研究超越了美术和艺术史研究的领域，进入摄影、电视等新的大众传播领域，并非是对文字语言表意能力的否定。[②]

所以，对于当代学术界以图文对立的思路来看待图像、视觉文化对语言文字和文学的冲击并由此产生的焦虑，值得予以重新审视。中国学术界流行着一种看法，即图像代表感性，语词代表理性，于是图像时代的到来

---

① 〔美〕米尔佐夫著，王有亮译《什么是视觉文化?》，陶东风等主编《文化研究》第3辑，天津社会科学院出版社，2002。

② 参见段炼《视觉文化研究与当代图像学》，《美术观察》2008年第5期。

标志着感性的胜利，标志着图像对语词的胜利。这是一种似是而非的观点。从视觉艺术研究的历史来看，它从来就没有抛弃语言和理性。如果一定要切分，将语言作为理性的代表、视觉作为感性的代表，也必须意识到二者并不是非此即彼、你死我活的关系，而是可以各自发挥优势、相互兼容的关系。更重要的是，视觉文化不仅仅研究视觉艺术与其他的感性艺术，研究图像与语言文字的关系，而且研究视觉现象本身，用 W. J. T. 米歇尔的话说，它关注的是视觉经验的社会建构，也就是观看主体与行为方式以及其背后所隐藏的社会身份与权利关系，等等。现代视觉文化研究常见的理论，如本雅明的“机械复制”理论、罗兰·巴特的“影像”理论、福柯的“权利话语”理论、德波的“景观社会”理论、鲍德里亚的“仿像”理论等，都指向了这一研究。所以，看待视觉文化对文学和文学理论的冲击时，不仅要关注以现代技术为核心的视觉文化带给文学的冲击，而且要关注这种现象对文学艺术家情感心灵的影响以及在观看能力和行为方式所发生的变化，另外，还要关注这种变化背后所隐藏的社会权力关系与身份建构等问题。只有这样，才能在以语言文字为载体的文学受到视觉文化强烈冲击的情况下，更好地思考人们如何运用语言文字表情达意的可能，从而拓展文学的生存空间，保持文学自身的魅力。

三

由于视觉文化研究不仅关注视觉图像，而且关注视觉经验的社会建构，关注观看主体的能力与行为方式，关注观看活动背后所隐藏的社会权力关系与身份建构，所以，当下的视觉文化研究必须超越简单的传媒理论研究，走出技术至上的理论误区，并且特别要防止从技术理性的角度夸大作为大众传媒手段的电影、电视和网络媒介的作用。

在当前的视觉文化研究中，有一种普遍存在的倾向，那就是将视觉文化的形象泛滥及以文学为代表的印刷文化受到的挤压归结为电影、电视、网络、电子媒介的迅猛发展。这种看法有一定合理性。人类文化的发展，从口传文化到印刷文化，再到现代的影视和电子文化，无不是媒介发生与变革的产物。但是仅仅局限于此，则可能是“见物不见人”，抬高技术层面的因素对视觉文化的作用，甚至以技术理性的方式遮蔽视觉文化研究中的人伦、社会、政治、经济等方面的因素。其实，视觉文化之所以在现代社会兴盛，除了传播媒介方面的因素外，还有一个极其重要的原因，那就是现代社会的消费文化语境。无论是西方，还是中国，在今天都进入一个以消费为主体的社会，消费社会刺激的是人们的消费欲望，而商品的图像化和视觉化则成达到这一目的的最好手段。就像约翰·伯杰谈到当代社会无所不在的广告现象时所指出的那样："在我们居住的城市里，每天都看到大量的广告影像。从没有任何别的影像这么触目皆是的了。历史上也没有任何一种形态的社会，曾经出现过这么集中的影像、这么密集的视觉信息。"①丹尼尔·贝尔谈到当代文化正在变成一种视觉文化时，亦强调这一变革的消费文化与享乐主义语境："这一变革的根源与其说是作为大众传播媒介的电影和电视，不如说是人们在十九世纪中叶开始经历的那种地理和社会的流动以及应运而生的一种新美学。乡村和住宅空间开始让位于旅游，让位于速度的刺激（由铁路产生的），让位于散步场所、海滨与广场的快乐，以及在雷诺阿、马奈、修拉和其它印象主义和后印象主义画家作品中出色地描绘过的日常生活类似经验。"②

对于当下兴盛的消费语境下的视觉文化，我们不能持简单的认同态度。固然，消费社会的产生，即从生产社会向消费社会的转化，是一个巨大的历史进步，反映着这一社会特征的视觉文化亦有着积极的意义，它的最大价值就是颠覆了传统的形而上学所建立的语言霸权主义以及对视觉感官形象的压抑，以及对现代主义的宏大叙事与理性至上倾向的批判与反拨。但是绝不能因此就以一种文化趋同的眼光对消费语境下的视觉文化大唱赞歌，而是应充分意识到消费语境下的视觉文化的缺陷，那就是它对欲望、感官形象的简单认同，以及在消费霸权与技术理性阴影下对人的生命价值与人文精神的缺失。应对视觉图像在当代社会的发展与蔓延保持警惕，不能以妥协的姿态对待当下社会视觉形象的泛滥与蔓延。要做到这一点，我觉得有两种文化现象和理论主张值得重视。

一是在视觉文化强力冲击下对文学书写方式的坚守，即充分肯定以语言文字为载体的文学书写方式在当今世界有充分存在的理由与价值。与带有很强消费特征和技术特征的现代视觉与图像文化相比，文学在人文性与思想性以及通过文字所激发的心灵美感等方面是具有优势的，这为人类的

---

① 〔英〕约翰·伯杰：《视觉艺术鉴赏》，戴行钺译，商务印书馆，1999，第132页。

② 〔美〕丹尼尔·贝尔：《资本主义文化矛盾》，赵一凡等译，第156页。

审美发展展现了广阔的前景。当下理论界有一种观点：由于人们已生活在视觉时代中，游离和摒弃文学阅读已不可避免，文学只能通过视觉形象才能传播；文学要发挥自己的影响力，必须从视觉观众的群体中争取到自己的读者。这种观点，显然是对文学生存现状与价值的误解。且不说视觉时代人们游离和摈弃文学阅读这一描述是否符合现实，就说它是一种已然的现实，那么文学只能从视觉观众的群体中争取到自己的读者，这种争取不是变成了对视觉和图像文化的简单趋同吗？它只能在视觉图像的打压下更加边缘化，又遑论发挥文学自身的影响力！事实上，文学要得以生存与发展，不在于从视觉观众那里争取读者，而是要保持自己的独立书写方式，用文学特有的精神性、心灵化的写作来影响读者，形成属于文学自身的消费群体与受众。当今时代有一个现象颇为人们所关注，那就是影视创作对文学经典的改编。不少人将此现象解读为文学向影像的趋同，解释成文学只能通过影像才能传播，是文学日益边缘化的标志。这种看法注意到文学名著通过影视改编得到更为广泛的传播这一事实，但只将这看成文字的魅力要靠图像来增色和文学走向衰落的前兆，而忽视了正是因为文学书写的强大生命力，才可能存在影视创作重视文学经典改编这一普遍现象。这种改编实际上包含了改编者对当代影视文化浅薄、空疏、娱乐化的传播方式的不满，从而转向文学，从文学那里汲取智慧与力量来影响电影电视的发展。张艺谋就曾经说过："文学是影视创作的母体，我们要有一个强大的文学创作基础，影视作品才能佳作连篇。"① 他改编自文学作品的电影之所以获得成功，如《红高粱》《大红灯笼高高挂》等，就在于以影像符号很好地传达了文学作品的韵味。不过，在肯定这种改编的同时，我们也不难发现这样一个事实，那就是现有文学经典的影视改编，其实很少有作品能真正传达文学原著的魅力与意味，人们通过影视改编作品所接触的文学经典总是不如原著那样打动人，像原著那样具有理性与思想的深度，能激发人们丰富的审美想象与体验。为什么会存在这样的现象？原因不难理解，文学是语言的艺术，在表现人的精神与心灵世界和激发人们的心灵美感方面，原本就有着影像和视觉感官所没有的优势。正如黑格尔所说："语言的艺术在内容上和在表现形式上比起其他艺术都可以远较广阔，每一种内容，一切精神事物和自然事物、事件、行动、情节、内在的外在的情况都可以纳

---

① 碧云天：《与张艺谋谈电影》，《电影创作》1998年第3期。

入诗，由诗加以形象化。”① 文学具有强烈的人生性质，它紧靠哲学和历史，在揭示人生意义上有着其他艺术与形象表达方式难以企及的长处。所以，我们看到视觉图像对文学书写方式带来深刻冲击的同时，一定要意识到文学在超越感官欲望和回归心灵世界方面的优势，意识到只有通过文学的书写，人们才能在精神与心灵上获得极大的自由，才能达到人性的广度与深度。或许正是在这一意义上，伽达默尔才宣称，“文学其实是一种精神性保持和流传的功能，并且因此把它的隐匿的历史带进了每一个现时之中。”② 他甚至认为所有的科学研究都具有文学的形式，因为科学探究与语言有着本质的联系，正是“语言性东西的可书写性，才使得文学具有最宽广的意义范围”。③ 既然如此，我们为什么要宣扬图像对于文学的霸权，认为文学只有屈从于图像，成为图像的附庸，才能赢得自身的生存空间，而不是去反省文学创作的自身，从文学自身找回对文学的自信，使文学这种精神传承物更好地承担起文化救赎的任务，在视觉图像泛滥的时代保持人类精神的独立性与自主性，使富有美感和思想深度的艺术作品得以流传呢？

二是以多元化的眼光看待当代社会的文化发展与构成，倡导听觉文化等非视觉文化对于未来文化发展的意义。德国美学家沃尔夫冈·韦尔施是听觉文化的提倡者，他认为，“只有当我们的文化将来以听觉为基本模式，方有希望。因为在技术化的现代社会中，视觉的一统天下正将我们无从逃避地赶向灾难”。④ 韦尔施批判的是当今社会视觉至上的思潮而非对视觉文化的否定。他看到，由于片面理解影像、广告、录像等现代传媒技术的发展，当今社会形成了一种视觉至上的文化思潮，这种思潮已成为一种对世界的操控力量，严重地影响了差异化和富有精神个性的社会的形成。所以他提倡一种新的文化，即听觉文化。提倡听觉文化的目的“在于彻底调整我们的文化，以听觉作为我们在世界中自我规范和行为的新的基础模式”，⑤ 也就是培育“我们文明的声音领域”，⑥ 因为“唯有听觉与世界那种接受的、交流的，以及符号的关系，才能扶持我们”。⑦ 对听觉文化的提倡，不是对

① 〔德〕黑格尔：《美学》第3卷下册，朱光潜译，商务印书馆，1981，第11页。

② 〔德〕伽达默尔：《真理与方法》，洪汉鼎译，上海译文出版社，1999，第211页。

③ 〔德〕伽达默尔：《真理与方法》，洪汉鼎译，第213页。

④ 〔德〕沃尔夫冈·韦尔施：《重构美学》，陆扬、张岩冰译，第209页。

⑤ 〔德〕沃尔夫冈·韦尔施：《重构美学》，陆扬、张岩冰译，第211页。

⑥ 〔德〕沃尔夫冈·韦尔施：《重构美学》，陆扬、张岩冰译，第212页。

⑦ 〔德〕沃尔夫冈·韦尔施：《重构美学》，陆扬、张岩冰译，第209页。

视觉文化的简单否定，也不是对听觉感官的简单认同，而是要超越单纯的感觉官能世界，回归人的心灵世界。他所强调的听觉文化，由于对时间性、转瞬即逝、偶然性的生活现象的关注，拉近了人与人、人与世界之间的关系，实现了人与世界的交流，使人们看到了听觉文化对于现代社会的意义。

海德格尔和伽达默尔也是听觉文化的提倡者。海德格尔说："说本就是一种听，说乃是顺从我们所说的语言的听。所以，说并非同时是一种听，而是首先就是一种听。"① 在海德格尔"倾听"思想的启发下，伽达默尔提出了"倾听"这一哲学概念。他说："解释学所强调的不是对象化，而是倾听——例如，倾听一个知道如何讲故事的人，并与之相属。"② 他认为，"倾听"对于人类精神和思想理解非常重要，人们只有在认真倾听对方的过程中才能理解对方。他还认为，在当今这个视觉图像泛滥，越来越缺乏耐心去倾听的时代，人们应该学会如何去倾听。所谓"倾听"，如海德格尔所说，就是听存在的声音，听作为"大道之说"的"寂静之音"，听肩负着天命诗人发出来的声音，也就是对从人的心灵、人的灵魂中发出的声音的倾听。只有认真倾听，人类的精神才有皈依，语言的意义和存在的真理才会充分揭示。倾听相对于视觉文化来说，显然是更具精神性的东西，它所具有的时间性、心灵性的审美深度，是视觉文化不可比拟的。从这个意义上说，我们应该提倡听觉文化，重视听觉文化对未来文化发展的意义。不过，这并不意味着将听觉文化与视觉文化根本对立起来。要看到，在高度差异化的现代社会，以一种文化模式来规范和制约人们的思想和行为方式，是根本不可能的。倾听不是目的，人们既可以生活在听觉的世界中，又可以生活在视觉的世界中，重要是的不要将这个世界变成感官符号的轰炸，变成远离现实生活的虚幻图像。未来的文化，应该是多种感官、多种精神载体可以参与其中并和平竞争的文化，应该是听觉与视觉、文字与图像、印刷与影像电子文化的统一，只有这样，人类的精神本性才能得以弘扬，人类文明的薪火才能得以延续。

---

① 孙周兴选编《海德格尔选集》下卷，第1134页。

② 〔加〕让·格朗丹：《哲学解释学导论·伽达默尔序》，何卫平译，商务印书馆，2009，第3页。

从压抑到炫示

——视觉文化中的身体转向

谭善明*

摘要 身体和精神一样受到人们的极大关注，不过在美学和艺术史上，身体一直被视为欲望的根源和对象而受到压抑。只有到了当代社会，人们对生存的关注从理性转向感性，身体才逐渐得以脱去形而上学覆盖其上的衣服，似乎身体本身得以解放。这使对身体的重新塑形成为可能，尤其是在视觉文化背景下，身体成为靓丽的景观，在各种符号的聚光灯下炫示自身。从思想史的角度对这一身体转向进行探讨是颇有意味的。

关键词 身体 视觉文化 压抑 炫示

Abstract Body, as spirit, has been highly regarded. It had been depressed because it has always been considered as the source and object of desire in the history of aesthetics and arts. When the concern on human existence turns from rational to emotional in contemporary society, the body has been gradually undressed the clothes covered by metaphysics, so that it seems like been liberated. It is possible to reshape the body. Especially in the visual culture, the body become beautiful landscape, and displays itself under spotlight of all kinds of symbols. It is interesting to discuss the body turn from the perspective of intellectual history.

---

* 谭善明，文学博士，聊城大学文学院副教授。研究方向为西方文论与修辞美学。本文系国家社科基金“审美视野中的转义修辞研究”（13BZW007）的阶段性成果。

Key words body visual culture depression displaying

将人看成身体和灵魂或精神的二元对立所导致的严重后果是，身体一直被视为欲望的根源和对象而受到压抑，因此在西方美学和艺术史上，身体的出场总是要在某种衣服的包裹之下，这种包裹可以是道德或者理性。只有到了当代社会，人们对生存的关注从理性转向感性，身体才逐渐得以脱去形而上学覆盖其上的衣服。尼采以来的思想家们认为，肉身性的人而不是理性的人才是行动的主宰，身体而不是灵魂才是构成人之所是。在这一理论潮流的冲刷下，身体上的附着物逐渐被清洗掉，当视觉文化来临的时候，身体又被披上了新装，它成为符号的集散地，将自己打造成一道道亮丽的景观。作为景观，身体在表演同时也需要被观看，这就是身体强烈的炫示冲动。从思想史的角度对这一身体转向进行探讨是颇有意味的。

一

身体是简单的也是复杂的：之所以简单是因为它为人的存在基础无非就是那一个血肉之躯，而之所以复杂是因为这一基础被包裹着各种沉重的话语。和身体联系最紧密的就是人的欲望，食色之欲的满足使人类得以生存和繁衍，但各种罪被认为是由欲望导致的。身体是人自我显现的最直观形式，人们通过观看身体了解一个人，但往往又有意回避这一直观形式，越过身体去解读灵魂从而去认识此人的本性。那喀索斯式的自恋终将导致死亡，似乎只有堵住耳朵或绑住身体才能抵挡住塞壬那美妙而又邪恶的歌声得以存活，身体既能给人带来快乐和满足，又能使人丧失理智。所以在苏格拉底看来，身体既是灵魂的居所，又是灵魂的坟墓。布鲁克斯曾经指出："在多数情况下，身体在诸如此类各个极端之间处于一个摇摆不定的位置，它既是快乐的主体和对象，又是无法控制的痛苦的化身，对理性的反抗，以及终有一死的载体。"① 因此在西方思想史上，身体的出场总是被覆盖着某种衣服，即道德的、理性的或其他任何能够对身体进行赋形或重构的东西，就像总是要在衣服的遮掩下出场一样，物质的身体在历史上总是

① 〔美〕布鲁克斯：《身体活——现代叙述中的欲望对象》，朱生坚译，新星出版社，2005，第1页。

披着修辞和话语的外衣。在艺术史上，身体是被创作和观看的重要对象，艺术要去还原身体的美学真相，但审美并不总能逃离意识形态的侵扰。

从古希腊开始，身体作为欲望的载体就充满着复杂性。奥维德在《变形记》中所记载的庇格玛利翁的故事向我们展示了身体和欲望的双重关系：创作欲望赋予少女身体，这一身体引起性爱欲望；性爱欲望引发对少女的幻想和占有，从而再次推动了创作欲望。庇格玛利翁将一块雪白的象牙雕刻成一位栩栩如生的美少女，他渐渐爱上了自己的作品，像对待真人一样去吻她，向她说话并送她礼物，甚至“在床上铺上紫红色的褥子，把它睡在上面，称它为同床共枕之人，把一个软绵绵的鸟绒枕放在它头下，好象它有感觉似的”。[①] 当他祈祷神许配一个像那个象牙女子一样的妻子后，雅典娜便让象牙姑娘具有了生命，促成了一段美好姻缘。从这个故事中我们还可以发现，对身体的欲望既是自然的，也是文化的，欲望源自身体，同时又会推动艺术家在身体上重新创作。另一个广为流传的故事是公元前 4 世纪雕塑大师普拉克西特的故事。普拉克西特著名的作品《尼多斯的阿芙洛蒂忒》是以当时雅典最有名的美女芙丽涅为模特创作而成的，没想到这激怒了一些人，芙丽涅因此受到法庭的传讯。在审讯时，聪明的辩护者当着众法官的面扯下她的衣服，她美丽丰腴的胴体裸露在众人面前，法官们被她的美所震慑，一致宣布芙丽涅无罪。在这个故事中，身体作为欲望的对象而受到道德的监视，但是作为审美的对象唤起了高贵的情感。

我们从中能领会到什么呢？身体作为欲望的对象既有可能遭受道德的审查，又有可能引发创作的冲动，相似之处在于身体若是想作为审美的对象绽放，就需要某种意义上的清除，无论是雕刻家材料意义上的剥离，还是辩护者扯掉包裹身体的衣服，都是对身体本身的还原，只有这样身体才不会被各种话语所淹没。但是在这两个故事中，如果没有神的恩典或人的宣判，生命显然就不会获得或者将不会存在，这表明他人的观看以及由此采取的行动对身体来说是多么重要。观看伴随着创作，它不仅对身体进行赋形，也赋予身体意义。

因此，身体的欲望能激起艺术创作的欲望，对身体的观看也会和对美的追求相联结。对此，柏拉图以哲学对话的方式进行了阐释。在《斐德若篇》中，苏格拉底生动地描绘了一个人陷入爱情迷狂状态的情景：“每逢他

① 奥维德：《变形记》，杨周翰译，人民文学出版社，1984，第 133 页。

凝视爱人的美，那美就发现一道极微分子的流（因此它叫做‘情波’），流注到他的灵魂里，于是他得到滋润，得到温暖，苦痛全消，觉得非常快乐。若是他离开了爱人，灵魂就失去滋润，他的毛根就干枯，把向外生发的幼毛窒塞住，不让它们生发。这些窒塞住的幼毛和情波融在一起，就象脉搏一样跳动，每一根幼毛都刺戳它的塞口，因此灵魂遍体受刺，疼得要发狂。但是只要那爱人的美一回到记忆里来，他就转痛为喜了。”[①] 由对美的身体的凝视和追求，他的灵魂回忆起当初所共同跟随的天神，他因此督促着爱人一起提升灵魂的境界。而在《会饮》中，苏格拉底则借第俄提玛之口进行了一番关于爱欲的教诲，并构造了一个爱欲提升和对美追求的阶梯，这就是从爱一个美的身体开始，去爱更多美的身体，“从美的身体上到美的生活方式的追求，从美的生活方式的追求上到美的诸学问，从诸学问最终圆满上到那个学问——不外乎就是那个美本身的学问，而且，最终圆满就在于认识何谓美本身”。[②] 对美的身体的爱欲是智慧追求的第一步，没有对身体“形相”之美的观看，哲人的灵魂就不会窥见微弱的希望之光；没有对身体的欲望，哲人的灵魂也就不会饥渴难耐从而猎取更高的满足。

柏拉图认识到，身体之美有着极大的吸引力，这种吸引力一方面可以带领哲人提升，另一方面也会使人沉迷其中。因此在看到身体开启智慧之门的同时，柏拉图又强调身体是灵魂的坟墓。《斐多篇》中苏格拉底指出，只有灵魂本身才能获取真理，但“每当它在身体的帮助下想要对某事物进行考察，身体显然就会把它引向歧途”，“身体器官的在场会阻碍灵魂获得真理和清理思想”，身体与灵魂于是处于尖锐的二元对立当中，身体及其欲望是一切恶的根源，“身体用爱、欲望、恐惧，以及各种想象和大量的胡说，充斥我们，结果使得我们实际上根本没有任何机会进行思考”。[③] 这样，身体之于智慧追求的作用仅仅被限定在爱欲阶梯的第一级，之后它必须被超越和替代。沉溺于身体的欲望之中，人就会被限制在生存的最低层次中，也就是限制在与兽类最接近的层次中，唯有从这个层次中超越出去，朝神的维度提升，人才有可能获得幸福的生活。这就是柏拉图式的形而上学。

① 柏拉图：《斐德若篇》，《柏拉图文艺对话集》，朱光潜译，人民文学出版社，1963，第128页。

② 柏拉图：《会饮》，《柏拉图四书》，刘小枫译，三联书店，2015，第249～250页。

③ 柏拉图：《斐多篇》，《柏拉图全集》第1卷，王晓朝译，人民出版社，2002，第62～64页。

身体和灵魂的二分导致身体一极越来越受到压抑，无论是在哲学话语还是在宗教话语中，身体都是在灵与肉的冲突戏剧中扮演着不光彩的角色，虽然柏拉图并未完全否定身体的价值，但人们更加愿意聆听他对身体和欲望的警惕。身体与灵魂的对立在基督教观念中变得更为激烈，在奥古斯丁看来，欲望的身体无法通过上帝之城，“身体，尤其是性，是人接近上帝而必须克制的放肆本能”。① 在中世纪的基督教话语中，灵魂拯救同身体禁欲就像一个硬币的两面。

自文艺复兴开始的人性解放，首先就是要释放被禁锢许久的人性中本能的一面，这一时期的文艺作品对身体和欲望给予了足够多的关注，似乎身体终于可以脱去宗教和道德的外衣而自信地袒露。但是被解放的身体之后在观看中再次被重新创作，轻柔的理性之纱逐渐覆盖其上。当哈姆雷特赞叹人是一件多么了不起的作品的时候，我们已能清晰地看到理性刻在身体上的纹理，而这在文艺复兴艺术家那里则表现为用比例来重构身体。最典型的是达·芬奇根据人体解剖实验和统计数据，提出一系列的人体比例关系，如：人的头长是身高的八分之一，肩宽为身高的四分之一，平伸双臂等于身高的长度，叉开双腿使身高降低十四分之一；分举两手使中指指端与头顶齐平，这时候肚脐是伸展四肢外接圆的圆心，而两腿当中的空间恰好构成一个等边三角形；人平伸双臂，可以沿人体做一个正方形，人伸展四肢，可以沿人体做一个圆形。② 从笛卡尔（也译为“笛卡儿”）等人开始的认识论哲学更是强调理性的能力，身体作为感性事实也是要受制于理性的规约——鲍姆嘉通用“aesthetica”来命名一门感性认识的科学正有此意。

二

在身体与灵魂或身体与精神的二元对立中延续的身体压抑史一直持续到19世纪，这是对身体进行再创作的历史，也是对身体“有意味的”观看史。造物主赐予人一个自然的身体，但人类要在文化的包裹中将其显现出来，而这又像人必须穿衣服一样自然。有学者做过这样的总结：“如果说，存在着一个漫长的主体哲学，这种哲学或者将人看成是智慧的存在（柏拉

① 汪民安、陈永国：《后身体：文化、权力和生命政治学》“前言”，吉林人民出版社，2003。

② 凌继尧：《美学十五讲》，北京大学出版社，2003，第56页。

图），或者将人看成信仰的存在（基督教），或者将人看成理性的存在（启蒙哲学），这一切实际上存在着一个共同的人的定义：人是理性的动物。"① 人的本质在形而上学观念中被定位于灵魂和理性，身体的存在往往是和人性中黑暗或堕落的一面相联系的。对身体意义的重新发现或对身体的重新估价是从尼采开始的，他发出一切从生命意志出发的呐喊，要人们遵从身体的意愿而不是理性的规训。尼采借用了古希腊智术师普罗泰戈拉的名言"人是万物的尺度"，以期对人的本性进行重新理解：肉身性的人而不是理性的人才是一切行动的主宰。在尼采看来，身体更强大，灵魂则是身体的附属，精神不过是肉体的工具，这正是查拉斯图拉对肉体蔑视者的教训：

> "我是肉体也是灵魂"——小孩子这样说，为什么人不像孩子一样说话呢？
>
> 但觉醒者和求知的人说："我完全是肉体，不再是别的；灵魂不过是附属于肉体的某物的名称而已。"
>
> 肉体是一个大理智，是有着一个心灵的大复合体，是一个战争和一个和平，是一群羊和一个牧人。
>
> 兄弟们哟，那你所名为"精神"的你的小理智，也是你的肉体的一种工具，——你的大理智的一种小工具和小玩物。②

尼采还说："从原则上说，兽性功能比一切美好的状态和意识要高出千百倍。因为，后者一旦不成为兽性功能的手段，就变成了多余。整个有意识的生命，包括灵魂、心灵、善、道德的精神在内。它们到底为了谁服务呢？——服务于尽可能完美的兽性基本功能的手段（营养手段、提高手段），主要是提高生命的手段。"③ 这种所谓"兽性功能"就是形而上学传统对身体欲望的贬低，在尼采这里却成了生命的第一要义。经过这一彻底的反转，尼采教诲我们说，从前人们把身体当成被观看的形象和被创造的对象，这实在是颠倒了因果关系，因为文化（即有意识的生命）不过是身体自然（兽性功能）欲求的结果，身体才是一切创造活动的根源！所以灵魂或理性并不是身体的主宰，而是由身体活动所产生的、永恒轮回的游戏

① 汪民安、陈永国：《后身体：文化、权力和生命政治学》"前言"，吉林人民出版社，2003。

② 〔德〕尼采：《查拉斯图拉如是说》，楚图南译，海南国际新闻出版中心，1996，第32页。

③ 〔德〕尼采：《权力意志》，张念东、凌素心译，商务印书馆，1991，第430页。

之玩物！

身体于是就成为主人，与之相联系的是那生生不息的权力意志。通过将身体与权力意志二者相结合，尼采使我们对身体的意义重新理解：这是强健的身体、丰盈的身体，这是不断创造、不断超越的身体，这是对生命冲动无限肯定的身体……这同时是对形而上学身体观看史的终结，开启了全新的身体创造史：身体是去创造，而不是身体被创造。

这是身体的彻底解放，尼采的这一理论在20世纪引发了一场场话语大爆炸。

去除各种覆盖在身体之上的意识形态话语，解除形而上学之物对身体的压抑，还原身体生动鲜活的意义，从而重新确立生命存在的价值，这是尼采对当代文论的重要启示。受其影响，罗兰·巴特在文本理论中将身体确立为一个核心概念，身体成为“文之悦”得以涌现的关键所在。罗兰·巴特指出，身体与意识形态构成文本的两条边线，“文之悦”发生在两者间的缝隙，前者是流动生成中的审美话语，后者则是固化状态的“惯常之见”。这就像身体的“最动欲之处”乃是衣衫的开裂处，[①] 两件衣裳的连接处，两条边线之间，肌肤闪现，令人目迷神离。但这并不意味着身体对意识形态的妥协，而是通过身体的出场防止因任何意识形态的停留而造成生命的压抑。像尼采一样，罗兰·巴特强调生成，强调只有用生动的身体与文本交媾才能产生无数的意义，以一种别样的虚无来对抗意识形态的谎言。在此，身体成为阻止生命遭受压抑的契机。

关注身体历史的另一重要人物是米歇尔·福柯，他从权力修辞的角度对身体展开了谱系学式的考察。权力在不同时期以不同方式作用于身体，初期的表达形式是极其残酷的，它以暴力形式对罪犯进行惩罚，在这一过程中，重要的不是剥夺罪犯的生命，而在于权力作用于罪犯身体的过程，以及将这一过程公开表演，以此来展示君主至高无上的权威。但是到了18世纪以后，人们提出惩罚必须以人道为尺度，刑罚于是变得不再那么严厉和恐怖了，惩罚还采取了一系列经济而有效的手段，身体不再是主要的处置对象，而是转向了罪犯的精神，这就引起了权力作用点的变化。但是，福柯指出，人的境况并没有得以改善，社会的控制其实并不是逐渐放松，反而是更深刻、更隐秘地作用于人的精神世界，这比作用于身体更为可怕。

---

① 〔法〕罗兰·巴特：《文之悦》，屠友祥译，上海人民出版社，2002，第122页。

面对权力的强大之网，如何使身体在生命体验中具有意义？福柯是以宣判主体之死的方式，以冷酷的姿态嘲弄了包括自由、正义、责任等在内的人道主义谎言，从而摧毁笼罩在人的身体和精神上的各种话语幻象，将个体从知识法则的人为局限中独立出来，把自我从历史和道德的重压中拯救出来。这是福柯生存美学的主题，他从古希腊人的生活方式中领悟到："我们必须理解那些审慎的和自愿的实践，人们通过它们不仅确定了各种行为的规则，而且还试图自我改变，改变自己独特的存在，把自己的生活改变成一种具有审美价值和反映某些风格标准的作品。"① 这就是要在话语权力的夹缝中用自己的身体开拓一片全新的生存空间，其中的要义是使自我从他性回归到自性：享受自我，与自己享乐，在自己身上找到全部快乐。这正是福柯一生所身体力行的，也是他谱系学的身体史试图为我们开启的生命体验的全新维度。

三

无论是从正面揭示身体之于生命存在的全部意义，还是从反面破除粘着在身体上的话语碎片，西方思想史的发展已经将身体问题置于历史的前台。罗蒂曾把哲学史描绘成一系列的转向，其最后阶段是语言学转向，但人们发现又一次深刻的转向已然来临，这就是"图像转向"（the pictorial turn）或称为"视觉转向"（the visual turn）。视觉文化时代的到来使身体的价值越发凸显，身体转向也构成了视觉转向的重要内容。当人们逐渐将目光从形而上学或理性主义的彼岸风景转到此岸世界以后，重新聚焦在人身上，如果说思想史上人一直被视为精神性的存在的话，那么这一次转向是把人最直接的物质性一面呈现出来。

视觉文化造成了人们对世界感知方式的重大变化，首先就是观看取代阅读成为获取信息和感知世界的主要行动，米尔佐夫在20世纪末就已感叹"现代生活就发生在荧屏上"，② 如今随着网络和新媒体的迅猛发展，这种生活变得更加平常。周宪先生曾分析过视觉文化转向的重要趋势：第一是视觉性已经成为当代文化的主导，其二是图像对文字的挑战，其三是对外观形

① 〔法〕米歇尔·福柯：《性经验史》（增订版），佘碧平译，上海人民出版社，2002，第129页。

② 〔美〕米尔佐夫：《视觉文化导论》，倪伟译，江苏人民出版社，2006，第3页。

态的高度关注，其四是视觉技术的进步与可视性需要的延伸——这些都与观看相关。[①] 在这一背景下的身体转向就有了全新的内容，即身体不再只是被动地接受审查，而是开始主动地塑形和进行炫示；身体的欲望也不再是只朝向某种所指，而是开始会聚到身体能指本身上，以展示自身为荣，就像出现在写真集中的裸露身体，美学化元素彰显了身体本身的价值，而这一审美过程在历史上只是出现在艺术中的。

视觉时代的身体炫示当然包括暴露和被观看的欲望，但又不可能是完全的裸露，因为那样审美的空间将大为缩小，从而使身体退回到单纯的物质性，视觉快感也就在快速释放中耗尽，就像脱衣舞的表演，将露未露之际的身体才更能吸引视觉。鲍德里亚指出，身体的“功用性色情”是处于符号之中的，这一身体需要利用各种符号对其进行重新“赋值”：从穿着的服装——短靴和长靴、长外套下的短外套、过肘的手套和高至臀部的长袜，到各种饰物——手镯、项链、戒指、腰带、首饰和链饰，都标志着身体的色情功能，“用以划定阉割的一条界限对阉割进行了戏仿，将其当作缺失的象征表达，在结构的符号中，表达两个完整术语的一条横杠（在符号的古典经济学中这两个术语分别是能指和所指）”。[②] 这些符号被鲍德里亚看成女性身体上“可勃起的部位”，是身体炫示的色情话语，既吸引了他者的观看欲望，也引诱着身体对自身的迷恋。这一分析是颇有道理的，视觉快感是身体炫示的直接动力，快感的满足需要炫示过程的延续，符号的存在延宕了所指的抵达，因此强化了身体这一意义聚合体的形象性。视觉文化中衣服本身的意义因此也发生了转向。

身体炫示的过程一方面需要视觉符号的堆叠，另一方面需要展示的空间。从都市里的商场和街道的匆匆一瞥，到宴会和舞池里的四目交接，再到T型台和展销会上的专业展示，身体炫示已经成为公共空间中亮丽的风景。随着新媒体时代的到来，身体炫示又进入了微空间：微博、微信、微电影……这使得身体以私密展示的方式进入了公共空间，这一进入是主体以自我图像化的方式自由表达和追求他人认同的过程，因为互动性是网络空间的一大特点，人们在发布自己的影像时就带有一种被观看和被评价的期待。在这些空间中，身体借助各种物质性元素的包装和掩饰，在各种符

① 周宪：《视觉文化的转向》，《学术研究》2004年第2期。

② 〔法〕鲍德里亚：《身体，或符号的巨大坟墓》，陈永国译，汪民安、陈永国编《后身体：文化、权力和生命政治学》，第36页。

号化姿态的塑造和幻化下，分解为纯粹的表象而作为景观呈现出来，这正是德波所描绘的“景观社会”的一部分：“从生活的每个方面分离出来的影像群（images）汇成一条共同的河流，这样，生活的统一便不再可能被重建。重新将他们自己编组为新的整体的、关于现实的片断的景色，只能展现为一个纯粹静观的（contemplation）、孤立的（seule）伪世界。”①

身体景观的存在是物化的结果，视觉经济与之紧密相随。对身体自身而言，想要成为景观而被人欣赏，有增和减两种方式。增指的就是前面讲到的符号堆叠，通过服装和化妆品来给身体增光添彩，减包括减轻体重而保持曼妙身姿，减少不必要的掩盖而展露身材。这也是身体炫示的美学化处理，由此就产生了针对身体的先进技术手段，这些手段大体上包括以下三个方面。第一是和增相关，即身体修饰术，包括化妆技巧、形象设计等。第二是和减相关，即身体塑形术，如节食、健身、形体校正等，甚至使用各种医学手段来保持优美身材。第三是增减结合，即身体重整术，如运用整形美容手术等技术手段对身体局部进行改造。这样的美学化手段是以个体性的主动退让或放弃为代价的。有学者指出，“身体的技术实质上是人们对自己身体施行的暴政，蛮横地推行单一标准而使我们身体形态的无限多样性被扼杀”，② 以至于无数中国女性都希望自己变成金喜善或宋慧乔。这些现代技术似乎也很传统，绘画和雕塑创作的区别也被认为是一增一减，只是现在是将人的身体作为质料进行美化，这更加体现了身体物化的纯粹意义。

我们看到，一边是波德里亚强调的身体的符号性表达，一边是德波将身体视为物化了的景观，他们都深刻地揭示了身体炫示所付出的代价，这表明尼采以来关于追求解放和自由的身体叙事似乎并没有达到预期的目标。身体的欲望化表达在被怂恿而不是被压抑以后，由身体欲望点燃了更多的欲望，从乐观的角度来看，这样的欲望让人们更多地关注当下生存状况，充分抵制了超越化和内在化思维所导致的虚无主义，在一定限度内展示了生命的充实和人的自信；通过观看自我和观看他人，使审美观照过程融入日常生活，在某种意义上实现了人生艺术化的理想，这为生活世界的诗意化改造提供了可能。从悲观的角度来看，视觉文化时代的身体炫示导致了

① 〔法〕德波：《景观社会》，王昭凤译，南京大学出版社，2006，第3页。
② 梅琼林：《囚禁与解放：视觉文化中的身体叙事》，《哲学研究》2006年第3期。

身体更严重的工具化，似乎不如受压抑状态中的身体更为实在。身体的历史发展也表明，衣服是身体的一部分，身体和真理一样不可能透明，如果说真理像太阳一样能照耀世界但不可抵达的话，那么身体就可以比喻成夜空中的月亮：虽然可以抵达，但在抵达之后便会发现那里并不像看起来那样明亮。

专题二

社会转型期的视觉建构

现代城市景观批判

童　强*

摘要　中国城市化的进程使城市景观发生了巨大的变化，景观日趋繁华，但失去了亲近感。本文试从传统到现代生产、生活方式改变的角度，揭示现代生产方式对传统劳作场景、生活场景的遮蔽。景观的本质是人的生活的场景、生活的印迹，因此好的景观应该是好的城市生活方式的自然表征，是城市形式与结构的有机统一。

关键词　景观批判　城市化　生产方式　新奇　观看

Abstract　The process of urbanization in China has made great changed in the distinct way: the landscape is becoming more and more prosperous but lost the sense of intimacy. This paper will focus on the changes of the way of production and living from the tradition to the modern to reveal the mode of the modern production is keeping us away from the traditional labor scene and the life scene. The nature of landscape is the scene and the imprinting of human life, so a good landscape should be a natural sign of a good urban lifestyle, and the organic unity of urban form and urban structure.

Key words　landscape criticism　urbanization　production　novelty　view

中国改革开放30多年，城市建设取得了巨大的成就，景观也发生了翻天

---

* 童强，南京大学艺术研究院教授。本文系教育部重大攻关项目“当代中国社会转型中的视觉文化研究”（12JZD019）的阶段性成果。

覆地的变化。全国目前约有650多座城市，其中大型城市有100多个。[①] 虽然这些城市的地理位置、历史沿革、民众的生活形态都有很大的差异，但景观是极其相似的：高楼林立，风格混杂，令人难以概括；生活节奏急促，时而充满活力令人兴奋，时而杂乱喧嚣令人无所适从。人们熟悉自己的城市，但缺乏家的感觉。我们认为，城市景观是人们生活场景的呈现，而不是生活之外的景象。本文试图从景观的本质出发，分析目前城市景观的主要问题，并对其形成一种批判性的理解，为未来城市可能出现的景观探索提供一种设计思路。

随着城市高楼的大批兴建，公园广场的开辟，城市基础设施的建设以及商业休闲娱乐的配套发达，景观一方面变得越来越丰富，越来越繁华，另一方面又日益使我们感到它失去了意味，缺乏文化蕴含。身处在这样的城市当中，缺乏家园的感觉。在一片造景的运动中，生活景观消失了，这不得不促使我们反思景观究竟是什么。

景观本质上是我们生活的景象，生活的印迹。人依靠自然生活，聚族而居，形成乡村、城市。城市作为聚落的同时，激发了一种不同于田园生活的观看、人类自我的观看。城市作为人类生活场景的同时，也让自身注视到这种场景。城市不仅代表了手工业与知识、精神活动从农业生活中分离出来，而且也创造了一种新的观看。乡村固然也有观看，如《诗·豳风·七月》中的“三之日于耜，四之日举趾”“女执懿筐，遵彼微行”“八月剥枣，十月获稻”，再如陶渊明《归园田居》中的“晨兴理荒秽，带月荷锄归”；从某种意义上来说，这正是试图将乡村生活通过语言而实现景观化，并呈现在人们的眼前。但乡村人烟稀少，劳作分散，人们的劳作、生活、休息还没有作为一种有意识观看的场景呈现在观者的面前，至少乡村生活对于人们的观看而言，还只是初步的零星分散的形式。由于劳动的分工，观者还没有从劳作者中分离出来，乡村还不能为自身培养出真正意义上的观者。观者是在精神活动、文化创造独立出来之后才可能形成的。城市与之不同，它集中了更多的人，集中了更多可视的生活形态，而且在传统城市中，人们手工劳作、服务、经商、日常生活大多发生在公开或半公开的场所——家与街道之间的空间中。从本质上来说，景观是城市独有的

① 根据新的城市标准设定，国内城市分4级：拥有50万以下城区人口的为小城市；拥有50万至100万城区人口的为中等城市；拥有100万至500万城区人口的为大城市；拥有500万以上城区人口的为特大城市。

特征，它展现各种劳作、服务、经商以及政治、文化活动的场景。《清明上河图》所呈现的正是中国传统意义上的景观。在西方的语境中，landscape（景观）是人们离开土地之时所看到风景，人的不在场恰恰表明景观是与人有关的。按照中国传统方式来理解，景观正是人的生活的场景。

一方面，工业化改变了人的生产方式，同时也改变了生产的场景。这种改变并不是说画面中增加了机器，而是说机器将人的生活掩盖、遮蔽起来。更准确地说，是机器将人作为整体劳动意义的手工拆解，分布在机器运转的各个环节上了。劳作被解析，手工场面就不复存在，手工生产被机器所取代。机器完全颠覆了手工业中的类似古代女性在一起夜绩的场面，它按照自己的方式占据了人的位置。

另一方面，现代城市采用了一种新的居住方式，一种带有卫生间的独立单元房将人们的日常生活封闭在其中，日常生活成为遮挡起来的活动。人们用宏伟的景观遮掩不想被看到的日常细碎。厨房被安排在餐厅的后场，用繁华的市中心指代整个城市，棚户区的消失被视为消除了低收入人群。生活的真相不是被遮掩，就是以莫名的委婉形式得到似是而非的表达。总之，与人的日常生活密切相关的场景消失了，随处看到的则是城市繁华雄伟的景观。即使家徒四壁，也可以用电视或者手机展现景观世界。与人的生活切近的景观被刻意营造的景观所取代。

一

刻意营造的景观虽然赏心悦目，但仍不免给人一种疏离感。疏离包括以下几个层次。

一是内在心理层面的疏离。最突出的是心理方面感受不到亲近、密切。大城市中人们的交往更多依赖于视觉，互动的层面也集中在视觉，智能手机的出现，使更多实际的活动都转换成了纯视觉印象，这导致普遍的切近缺失。人没有办法真正靠近另一个人，甚至一个物。人认识的人越来越多，但越来越喜欢狗。

二是外部空间层面的疏离。现代城市越来越喜欢向超大规模发展，规模之大就像上万亿元的金额一样，对于只熟悉日常生活的人们来说只是空洞的数字，它超越了人的身体（古代习惯以步、臂、肘、指来丈量空间）能够直接衡量的尺度，超越了人们空间感知的能力。政治与经济成了小尺度的生活无法丈量、触及并介入的密实而坚硬的空间。人们用双手生产的空间，却被空间抛到场外，异化进入空间领域。城市空间不再让我们直接感受，而是让我们使用卫星定位系统来感知。城市有如迷宫，错综复杂，人们已经迷失其中。

三是技术层面的疏离。人不通过技术的中介已经不能面对、接触任何人与物，也无法展开各种社会活动。技术渗透到我们生活、生存的各个角落。城市功能体系日益庞大复杂，越来越多的情况下是人在适应机器。在一个为人服务而人不得不迁就任性的系统与机器的城市中，城市的主体是人还是系统已经成为一个问题。人们处于城市之中，但个体试图接近、亲近的愿望被莫名的他者漠视、忽略。

传统社会，由于区域小，人们大多彼此熟悉，相互关系往往是建立在情感、习俗、亲缘、地缘关系等因素上的，交往具有个人化特征。由于彼此熟悉，人们的外表以及面子性的修饰不会成为交往认知中的突出因素，但在现代城市中，交往、接触次数增加，信息刺激过度，人们反应强度减弱，变得冷漠，而日常生活中的功能化接触、交往关系更是趋于浮表、短暂。细分有两方面原因：其一是生活交往功能化，其二是外界刺激过度化。

社会学家把城市看成永久性、大规模、密集的有着不同社会特征的个体的居住地，但就其运转来看，人们不得不把城市看成一个巨大的功能系统，它必须满足所有居民衣食、出行、工作、休闲等需求。这种需求，无法个体化，只能是批量的无人格化的遵循机器逻辑来实现的满足。也就是说，对人们的各种需求进行分类，使之标准化，然后通过各种系统服务（电力、通信、餐饮、公交等）使之满足。在城市匆忙的脚步中，人们不是在为功能系统服务，就是在接受它的服务。在大城市的匿名关系（人们彼此不认识）中，人与人接触的机会虽多，但无法深入了解。交往出于功能性，如与检票员的接触，就是一个纯粹功能性的交往，乘客并不需要知道他或她是什么人，也不会与他或她有超过功能性操作之外的更多交流。

当城市逐步转型为一个巨大的功能系统时，人通过何种方式才能成为城市的主角就并不像人们想象的那样简单了。传统时代的功能服务非常有限，而且很多功能的提供是以人面对面服务为基础的，然而当今中国已经有15个城市的人口超过1000万，这些超大规模的城市，其功能服务只有依赖技术与机器才可能实现，如用老北京送水工的方式供应上千万人用水，这就根本无法想象;[1] 以汽车作为交通工具已经无法完成目前的交通运量，不得不发展更为先进的轨道交通。这从另一方面提出问题，在城市日趋功能化的转型过程中，功能系统要保持自身的正常运转时，它必须遵循自身的法则，那么它又能在多大程度上考虑人的因素和人的地位呢，这是值得重视的问题。

现代劳动分工越来越精细，从事精细分工的工作者实际上接触的群体是相当固定的，即使人数较多，也是类型单一，所接触人群仍然有限。所以人们生活的圈子变小了，仅仅局限在他们的直系亲属、同学、同事等关系中，与亲友之外的群体接触、交往的能力变弱。

在短暂而功能性的接触中，一个人所能做的就是观察另一个人的外表，而人们所能提供的也只有外表。特别是在大量异质的、背景不同的人（农民工、不同民族的人、外国人）聚集在大城市中时，在交往当中，视觉认同与象征主义（身份等于名牌服饰、豪车、高档居住区等）很自然被人们所运用。[2] 这种“纯视觉印象”在城市生活中占据了越来越重要的地位。西美尔认为，在大城市中，视觉模式有着非常重要的意义，这也是景观在城市生活中占有突出地位的原因。[3]

城市因有高密度的人口、密集的活动，其所形成的信息密集，传递迅速，容易导致人们紧张、不安，甚至出现精神错乱之类的现象。信息刺激的频率、强度增加时，人们的反应就减弱，甚至变得麻木。这也是大城市人变得冷漠的一个原因。在这种环境下，人们的交往似乎更倾向于视觉化。手机互联网交友软件的流行，得力于它首先提供的是视觉性、间接性的交流。这在很大程度上切合了不太想费力地调动自己表达的城里人的思想，人们并不急于发出一个真实的笑声，而宁可贴上一个表情符号，表情符号是人不在乎其内心情感当中是否真拥有一种喜悦之情的情况下的一个真实表情。人们的反应降低了，只是用了媒介保持原有反应的强度。

二

疏离感也来自城市空间日趋增大的特征。规模越来越大，成为我国现

① 邱仲麟：《水窝子——北京的供水业者与民生用水（1368—1937）》，李孝悌编《中国的城市生活》，新星出版社，2006，第 203 页。

② 〔美〕布赖恩·贝利：《比较城市化》，顾朝顺等译，商务印书馆，2010，第 16 页。

③ 〔英〕鲍尔德温等：《文化研究导论》，陶东风等译，高等教育出版社，2004，第 379 页。

代城市发展的总体趋势。这与我国城市化进程中，政府主导力量加大与资本增多有着密切的关系。

景观形态、建筑形式已经纳入权力的话语体系之中，成为权力直接而又含蓄的表达。再也没有其他的艺术形式能比建筑更具有说服力的了，宏伟、高大的建筑直接传达了视觉上的震撼力和艺术的感染力，这种感受比基督教圣像带来的还要来得直接、原始。它不需要观者有任何艺术、审美上的准备：高大就是高大，谁都不能否定那是一种高大。这种感受性正是权力与资本希望传达的内容，这种动机促使现代城市景观越来越倾向于规模化。

建筑与设施的宏伟让人无法亲近。高铁站、机场、政府大楼、大型购物中心、娱乐广场等普遍贪大求奢，“超大”成为城市景观的宿命。与这种盲目比高、比阔、比大的风气相对应的是对景观内涵如城市生态建设、地下排水管网系统的设计与建造、建筑中降低能耗等的忽视。近年来，建筑总能耗和单位能耗始终呈上升趋势，建筑总能耗从2001年的3.4亿吨标准煤上升到2011年的6.81亿吨标准煤，在数量上翻了一番左右。新建公共建筑往往体量超大，但不重视节能减排，其单位能耗往往是普通建筑的2~4倍。①

一方面，超大规模以及不断膨胀的城市，使得城市无法卒读。林奇在《城市意象》一书中提出城市“可读性”的概念。可读性亦即可意象性，即城市意象、景观很容易为人们所认知，形成一个整体的印象。“一个可读的城市，它的街区、标志物或者道路，应该容易认明，进而组成一个完整的形态”。② 然而，现代城市已经很难让人形成整体的意象，它已经成为迷宫。它在无意识中透出了它的本质——难以卒读。现代高度规划的城市从复杂与简单两个方向上背离可读性。复杂的生活形态被简单地划分为各种功能区域，而超大体量的建筑群、购物中心，必然导致其内部结构布局异常复杂，迷宫般的交通枢纽、地下停车场等都在降低城市的可读性。

身处巴西首都巴西利亚，美国学者马歇尔·伯曼说：“好像到了一个巨大的空无一物的地方，个人处于其中会感到迷失，就像一个人在月亮上那么孤独。”③ 詹姆逊从理论上把这种易于迷失的空间界定为超空间（hyper-

① 清华大学建筑节能研究中心：《中国建筑节能年度发展研究报告2013》，中国建筑工业出版社，2013，第4~9页。

② 〔美〕凯文·林奇：《城市意象》，方益萍、何晓军译，华夏出版社，2001，第2页。

③ 〔美〕马歇尔·伯曼：《一切坚固的东西都烟消云散了——现代性体验》“企鹅版前言”，徐大建等译，商务印书馆，2003，第3页。

space)、后现代空间，我们还不能适应这种空间，如洛杉矶市中心的鸿运大饭店（the Bonaventure Hotel），[①] 四个塔楼完全对称，站在大厅里，根本无法辨别方向，完全失去了距离感，丧失了透视景物、感受空间的能力。詹姆逊认为，这清楚地表明人们只不过“想在一个失去的空间里寻找旧式空间的明确坐标”。这正是后现代设计的一个超空间。[②] 这种超空间事实上已经扩展到整个城市。大城市的公交线路、地铁网络、地下通道、高架桥、立交桥、上下高速公路时的各种匝道、大型地下停车场、大型会展购物中心等，都会让人迷失。

另一方面，简单、单一也会造成迷失。城市生活的空间形态被简化为不同的功能区如商业区、住宅区、休闲娱乐区等，并在短时间内仓促建造出来。这样的区域，方圆数公里，主干道南北纵横，东西条贯，道边绿化整齐，各种建筑依次排开，整个景观规整得令人同样不知东西，甚至道路命名方式也整齐划一，如南京某新区南北向的道路以山名来命名，如黄山路、泰山路等，东西向的大街以江名来命名，如富春江街、新安江街等。世界按照少数人的想法而整齐地呈现时，总不免陷入混乱。对于匆匆经过那里的人们而言，它们都长得一模一样，人们没有办法在短时间内识别这些区域。相似的路口和街景构成了迷宫。宏伟的空间、迷宫般的生活，其背后透露的是城市的傲慢。

三

新奇，首先是个风格问题，它以“去日常化”的过程，使人仿佛置身于他乡。那些新奇的建筑，已经引来了国家高层对城市的批评，说它们充满“奇奇怪怪的建筑”。

新奇风格，大多是西方加中国元素的各种变异。城市中许多建筑看起来使人联想到西方：有的是柯布西耶式的简约建筑；有的是模仿欧洲古典

---

① 苏贾说：“1984 年詹姆逊、列斐伏尔和我曾经从鸿运大饭店出发，拾级而上徜徉于洛杉矶市中心的周围。”〔美〕爱德华·W. 苏贾：《后现代地理学——重申批判社会理论中的空间》，王文斌译，商务印书馆，2004，第 96 页。

② 〔美〕詹姆逊：《晚期资本主义的文化逻辑》，陈清侨等译，三联书店，1997，第 495～496 页。但有一些后现代主义者不同意詹姆逊的看法，他们认为鸿运饭店更应是现代特征的典范，而非后现代。〔美〕乔治·瑞泽尔：《后现代社会理论》，谢立中等译，华夏出版社，2003，254 页。

风格的建筑；有的是完全照搬、全景式模仿的建筑；有的是西方建筑样式中加入所谓中国元素、中国偏好的建筑；有的是在西方理念指导下，对中国元素进行令人匪夷所思的创造性设计，实与中国精神毫不相关的建筑；还有的是各种规模宏大而风格怪异的建筑。很大程度上，我们将新奇风格视为先进的景象、现代化的象征。

近代以来，在与西方的较量中，我国始终处于劣势，国家和民族长期遭受巨大的痛苦，这使得社会上层、知识分子，以及广大民众对民族振兴和国家富强有着强烈的期待。新中国成立后，我们对国富民强、独立自主的向往以及对所有美好生活的期望，都明确为一个目标，这就是把我国建设成为现代化强国。

"现代化"是西方原生性的历史实践过程。自16世纪以来，经历了数百年漫长的演变，欧美在政治、经济、技术、观念、文化、个体等多层次上实现了从传统到现代的转型。对于中国而言，西方的现代化却是我们在19世纪末20世纪初才接触到的。当我们看到现代化时，现代化已是一个景观，一个西方整体性的景观。诸如体制、观念、理性、主体等现代化过程中的复杂蕴含很难被及时领悟，相反，技术、建筑、城市、汽车、舰船等很容易被注意并加以引进。在一系列的解读、误读的过程中，作为西方历史实践过程的现代化，很难在中国的语境中被还原为一系列艰难的斗争与苦难，而是被轻而易举地转换为宏大、新奇的景观。景观成为现代化本身，并且形成自身的逻辑，即：西方的或类似西方的景观，就意味着实现或者正在实现的现代化。本质的、社会实践的历史过程被简化为景观再造的过程。

形象并不必然包含在观念之中，但观念会以某种神奇的方式涵盖形象。现代化话语体系能够孕育某种形象性。在中国的语境中，现代化既是观念表达，也是形象呈现；更确切地说，是观念与形象的统一体、理想的符号。改革开放以来，全民族对富裕的物质生活的强烈期待，对未来美好生活的想象，很快就寻找到现代化的象征——高楼林立的都市。就景观本身而言，高楼林立并不必然与现代化联系在一起，美国人面对纽约的高楼时，看到的则是"过度性、多样性、奢侈、不可预知性、不确定性、神秘性或模糊性"。① 但中国近代以来一直把西方当作学习并赶超的对象，于是西方式的、

① 〔美〕道格拉斯·塔拉克：《纽约，纽约》，陈永国编《视觉文化研究读本》，北京大学出版社，2009，第209页。

现代风格的高楼成为中国现代化的象征。甚至学者在表述中国城市近代化、现代化进程时，也完全习惯了用上海、天津、汉口、青岛等建有洋房的街区作为代表性的图景。[①] 当上海出现一排排洋房时，这意味着我们的城市已经开始现代化了。

30 多年来，中国向现代的发展不仅有着惊人的成就，而且深入各个领域，但并非所有现代化的进程都能够很方便地转换为形象，而城市景观正以其自身的公共性，特别是以西方式的、现代风格的高楼建筑，直接地成了时代的表征，成为中国现代化的形象符号。正是在这个意义上，上海浦东陆家嘴建筑群成了国家景观，中国现代化的进程急需陆家嘴这样的鼓舞人心的景象。这也是改革开放以后，我们急需浦东陆家嘴这样的鼓舞人心的现代化景观的原因。

但城市景观过度承载，超越了自身所能有的蕴含，于是出现了非常不合理的逻辑，密集的、超高的大楼就是现代化本身，而外观越是现代、奇异，就越接近现代化。这也是现代性自身的逻辑：越是新奇，就越是现代。[②] 在这样的逻辑下，中国出现了不少超高超大、奇形怪状的建筑。根据世界超高层建筑学会的新标准，300 米以上为超高层建筑。在全球已建成的 79 座超高层建筑中，有 25 座在中国；全球在建的 125 座超高层建筑中，有 78 座在中国。现代化的观念以及追求政绩、资本利润是这种建筑风潮的根源。资本的逐利，本来与建筑的样式无关，但在怪异就是前卫、奇形就是现代的语境下，奇异的建筑风格无疑成了资本最吸引眼球的形象。在官员的心目中，风格样式全然与众不同的建筑是现代化的标志，几个特异的建筑楼群暗示着这个城市已经接近现代化。应该说，这与目前城市缺乏自身的风格传统和缺乏对传统的认识有关。

新奇建筑的出现，不仅被看作现代化的象征，也被看作进入现代的步骤。我们是在用新奇、雄伟去碾碎传统式的日常生活。

传统生活保持着内容与形式的统一，实质与景观的统一。它想要特意呈现给人们的景观相对是比较少的，高高的城墙是因为防护功能才获得了高大的形象，街道是因为每天都发生着日常活动，才变成街道那个样子。景观与它的生活内容有着不可分割的性质。中国传统社会中，城市除了主

---

① 马学强等：《中国城市的发展历程、智慧与理念》，上海三联书店，2008，第 79～89 页。

② 汪民安主编《文化研究关键词》，江苏人民出版社，2007，第 383 页。

要建筑如官衙、国家祭祀场所、城墙等由官方主导风格外，其他场所如民宅区、商业区、手工业区等风格都由民间在发挥支配作用。在此场所，各建筑的用地大小、布局、建设样式、改建或扩建规模都是民间根据地域、历史、传统自主完成的。由此，传统城市因其天南海北的地缘、风俗、历史而各自形成景观风格。西方传统城市更有自治权，地缘、宗教、风俗、历史等文化因素在传统风格形成中充分发挥作用，促使不同的城市形成并保持自身独特的风格。传统时代，民间社会力量在城市景观的产生方面，有着很大的作用。

新奇的出现，不仅是风格转变，还是社会生产和景观生产方式的转变。机器取代了人们传统手工的劳作，手工的整体性被机器分解到生产进程中所用不同机器的不同环节上；在工匠手上一并完成的工序，被分解到不同空间，这意味着劳动景观的改变。工匠消失了，手工的整体性消失，我们只看到机器取代手工后的各种分解工序，却看不到原有手工的意义。在更抽象的意义上，我们可以说劳动力被分解，分解成毫无可视性的敲击、挤压、穿线等机械动作。传统的生活景观消失了。

正是旧式的日常生活被拆解、被解体，新奇才可能以一种壮丽的景观出现在我们面前；正是旧式的日常景观被颠覆，在它的废墟上才可能建起新奇的景观。

机器分解了手工劳作，技术就分解了人们的整个生活。生活经过技术手段分解成不同的服务、加工环节的产品，人们只须购买这些产品，就能组装自己的生活。人们不需要了解饮食原料的生产、加工、烹饪等环节，只须购买最后一道产品即可。原先包括在生活整体体系之中的种植、养殖、加工、烹饪等知识与体验全部遭到技术的分解。

人从传统景观之中解放出来，投身到新奇的景观之中。这就是技术时代的景观。新奇意味着大规划、大工程、大资本体制之下的空间格局与城市景观。民间已经无力量创造自身的景观，自上而下的统一发展战略，使得各大城市都有着统一的支配力量，统一的发展思路，以及统一的运作模式。

这种雄伟壮丽的城市景观碾碎了传统的日常生活，人们看不到自己生活的印迹，看到的只是奇观。这给人的感觉是：明明知道自己在用双脚走路，地上却留下了巨兽的脚印；明明知道自己过着普通人的生活，却只能看到神一般壮丽新奇的景观。真正的生活被掩盖起来，被权力与资本的神话掩盖起来。对于从来没有理解本真生活景观的新生代而言，新奇就是生活的一切。本真与景观的分离，是通向教化的捷径。

生活在城市中的人们，“过着被流放在自己的生存之外的生活”,[①] 深感疏远、陌生和不确定性。然而，现代秩序正借助人们瞬间感受到的震惊、惊骇、迷失和无所归依，更容易地向人们展现城市幻象的永恒吸引力和不断展开的新的规划。城市的景观不再是人们生活中的小小场景，而是使人们生活“在别处”，并且成为新时代的制度认同和观念维系的表征。

四

好的景观是一个好的城市的自然表现。从目前来看，城市正日益成为庞大的功能体系，它为城市人的日常生活提供功能性的保障。[②] 就这一点来说，景观应该是好的城市生活方式的自然表征，是城市形式与结构的有机统一。从美国学者林奇提出的指标来看，城市的功能系统与城市的适宜性、可达性、管理水平等紧密联系，它们构成了城市生活的结构性内涵。[③] 从根本上来说，城市不会像电影拍摄场那样设置一个纯粹的景观，即使观赏性的公园景观也是城市现实生活的一部分。这一点是不言而喻的，但目前城市的有些规划建设项目并未充分切入城市的现实生活，如公园建在市民很不容易到达的地点，市场大厦建成却不能真正形成市场等。没有充分实现城市功能的景观，无论从何种意义上来说，都不可取。所以，就景观与功能、形式与结构的统一而言，城市应当为居住者提供健康、适宜、便捷的功能服务，而这种功能服务又能体现为恰当的景观形式。这种统一性意味着人在整个城市生活中享有核心地位。

---

① 〔法〕鲁尔·瓦纳格姆：《日常生活的革命》，张新木等译，南京大学出版社，2008，第30页。

② 许多学者都把城市视为一个组织起来的为民众提供每日生活所需的服务系统。如陈映芳《城市中国的逻辑》，三联书店，2012，第23页。

③ 〔美〕凯文·林奇：《城市形态》，林庆怡等译，华夏出版社，2001，第84页。

草根传媒文化
——当代中国社会变迁中的视觉文化景观

庞　弘*

摘要　在现阶段的中国社会，草根传媒文化已迅速崛起，并带来了令人耳目一新的视觉文化景观。在传播工具、传播途径、传播主体、传播内容、传播模式等方面，草根传媒文化都体现了不同于以往的内涵和特质，从而对主流媒介文化产生了前所未有的震撼与冲击。同时，在草根传媒文化与当代中国社会之间，还存在着相互呼应、彼此建构的密切关联。一方面，社会变迁导致了政治、经济、文化、技术等的全方位转变，不仅造成了草根传媒文化的异军突起，而且促使其呈现诸多别具一格的表现形态；另一方面，草根传媒文化也衍生出了一系列发人深省的中国经验和中国问题，从而强有力地作用于主体的精神与情感维度，并进一步推动了当代中国的社会转型和文化变迁。

关键词　草根传媒文化　视觉文化　社会变迁　中国经验

Abstract　At the present stage of Chinese society, grassroots media culture has sprung up and produced the refreshing visual spectacle. Grassroots media culture unfolds distinctive connotations and features on communication tools, communication channels, communication subjects, communication con-

---

* 庞弘，四川师范大学文学院讲师，主要从事西方文论、艺术理论以及视觉文化等方面的研究。基金项目：教育部哲学社会科学研究重大课题攻关项目“当代中国社会转型中的视觉文化研究”（12JZD019），国家社会科学基金重大项目“西方新马克思主义文论与空间理论重要文献翻译和研究”（15ZDB085），四川师范大学一般科研启动项目“社会变迁视域下的草根传媒文化研究”。

tents and communication modes, etc., and produces astonishing impacts on the operations of mainstream media culture. Simultaneously, there are close connections of mutual response and construction between grassroots media culture and contemporary Chinese society. On the one hand, social transformation leads to the comprehensive alternations in the field of politics, economy, culture and technology, not only causes the appearance of grassroots media culture, but also makes it presenting various unique patterns and styles of performance; On the other hand, grassroots media culture has also given rise to a series of thought-provoking Chinese experience and problems. As a result, it affects strongly on the mental and emotional dimension of visual subjects, and thus promotes the social and cultural transformation in contemporary China.

Key words grassroots media culture visual culture social transformation Chinese experience

中国社会自改革开放以来，传统意义上统一、稳定、井然有序的文化形态渐行渐远，相反，主流文化、精英文化、通俗文化、民间文化等既相互抗衡，又彼此渗透，共同形塑了一种充满张力的动态格局。[①] 在众多异质文化成分“多声部”对话的总体进程中，“草根传媒文化”（grassroots media culture）无疑已异军突起并成长为一股无法忽视的力量，它植根于互联网这一新兴的技术形态中，随现代化和城市化的不断演进而日趋成熟，并在当代人的日常生活中扮演了愈发重要的角色。根据相关资料统计，在2008年震撼世界的“5·12”大地震中，高达87.4%的受众选择通过互联网来获取与灾情有关的报道，其受众比例不仅将报纸、广播、杂志等远远甩在身后，甚至还超过了电视这一长期以来备受推崇与认可的主导媒体形态的受众比例。[②] 这样的事实充分印证草根传媒文化在当下的深入人心。

谁也无法否认，在现阶段的中国社会，草根传媒文化不仅鲜明地改写了人们认知与感受的既有图谱，而且也向每一位当代媒介文化的亲历者提出

① 阎嘉：《多元文化与汉语文学批评》，《文艺理论研究》2002年第5期。

② 参见中国互联网络信息中心于2009年7月发布的《社会大事件与网络媒体影响力研究》，http://www.cnnic.net.cn/hlwfzyj/hlwxzbg/200912/P020120709345307778361.pdf。

了尖锐的问题。具体而言，草根传媒文化所体现的是怎样的概念内涵、本质特征与传播路径？草根传媒文化对个体人的视觉经验和文化意识起到了怎样的引导与塑造作用？公民对草根传媒文化所持有的是怎样的情感态度、解码方式以及价值预期？在草根传媒文化的发展与演进中，又将暴露怎样的危机、隐患和悖谬？如何对上述问题加以准确的权衡、估量与评判，显然已成了研究者在针对当前传媒生态乃至整个社会文化格局的考察中不容回避的最基本环节。

一　何谓草根传媒文化

要想廓清草根传媒文化的基本框架和属性，首先必须对“草根”（grassroots）的词源及其背景有所把握。对于我们而言，草根始终是一个熟悉而又多少有些陌生的词语。之所以熟悉，是因为它往往融会于最庸常的生活之流而令人习以为常、见惯不惊；之所以陌生，则在于这个词所具备的高度普适性使它成了一个几乎无所不在、无所不包的强大能指，从而阻碍了人们对其意涵的相对明晰的阐释。“草根”一词的缘起可追溯至19世纪美国的“淘金热”，当时流行的一种说法是，凡山脉草根茂盛处便一定藏有金矿。而在今天，按照最普遍的理解，草根主要在以下两个领域得到了频繁的使用：第一，在社会学领域，草根通常代表那些被政府或当权者所漠视乃至放逐的非主流群体，它们大多携带着某种与主流和精英相抵触的反叛性潜质。当前流行的“草根阶层”“草根组织”“草根运动”“草根舆论”“草根抗争”等词语便明确体现了这种与正统规范相疏离的边缘性立场。① 第二，在人类学或民俗学领域，草根更多指向了某种文化心理层面的传承与延续，指向了那些生长于民间的传统、风尚、习俗、情趣、仪式、禁忌，它们如同杂草一般不登大雅之堂，却又绵延不绝、蕴藏着惊人的韧性和顽强的生命力。这样的草根固然拥有质朴、生动、坦率、真诚等先天的优越性，但同样也保留了个人主义、享乐主义、犬儒主义、“藏污纳垢”等难以避免的弊端。然而，无论如何，在人们日渐失去信仰与操守的当代生活中，

① 这样的边缘性立场一方面对既定的原则和秩序产生了冲击，一方面也极有可能遭受主导意识形态或商业文化的封锁、支配乃至收编，并最终呈现更加含混、驳杂、暧昧的身份定位。

它必将有助于达成对个体精神家园的想象、追溯以及重构。①

不过，当草根与“传媒”（media）概念结合在一起时，它将更多涉及一种媒介层面的创造性更新，以及由此引发的信息方式的大幅度转变，因而也必将获取一系列前所未有的表现形态和基本属性。所谓“草根传媒文化”，既不同于社会学研究中的底层与边缘文化，亦不同于人类学视域内的民俗或民间文化，它所指的是广大民众基于信息与技术革命而构筑的别具一格的文化空间。在这一空间中，人们可以借助俯拾即是的新兴技术设备打造属于自己的传播平台，并主要通过互联网来接收、加工、制作、上传、分享以视觉形象为主的相关信息资源。不难见出，草根传媒文化的主要参照对象并非处于政治中心的统治阶级或决策者，也绝不是处于文化中心的知识精英或思想领袖，而是长久以来蔚为大观的主流传媒文化，同时，必须注意到，草根传媒文化之所以能体现若干难以替代的本体论特征，其关键应取决于如下几个枢纽或核心要素。

一是传播工具。主流传媒文化借助专业化的传播工具，遵循预先设定的程序，进行规范化的、按部就班的信息生产。草根传媒文化的形成则依赖所谓的“草根媒体”（grassroots media），② 即个人电脑、可拍摄手机、数码相机等便携式的传播工具，其突出特点在于成本低廉、操作便捷、普及性强，有助于跨越时空界限而自由、灵活、随意地采集相关信息。

二是传播途径。主流传媒文化依托报刊、电视、电影、广播等传统媒介而广为传播。草根传媒文化则大多以互联网为平台，在主页、博客、微博以及各色社交网站中得到了醒目的表现。网络空间与生俱来的技术性特质，无疑打破了信息交流中既有的原则和惯例，创造了进一步演绎与开拓的空间。

三是传播主体。主流传媒文化的传播主体是少数专业人士，他们的行为通常被一个居高临下的媒体机构所统摄、掌控和操纵。草根传媒文化的

---

① 如高小康便指出，南粤草根文化通过黄飞鸿、舞狮舞龙、茶楼、宗庙、祠堂、祭祀、风水、客家山歌等意味深长的符码得以显现，不仅流露了鲜明的“异”的审美趣味，而且极大地满足了政治夹缝中的香港人守望传统并追寻身份认同的内在诉求。上述见解点明了草根文化在肤浅、鄙俗的表象下所包含的难以穷尽的魅力。参见高小康《霓虹灯下的草根——非物质遗产与都市民俗》，江苏人民出版社，2008。

② 在传播学研究中，草根媒体也常常被称为“自媒体”（we media）、“私媒体”（private media）、“独立媒体”（independent media）、“公民媒体”（citizen media）、“全民媒体”（people media）、“参与式媒体”（participatory media），等等。

传播主体则摇身一变，成了为数众多的普通民众。于是，美国传播学家吉摩尔（Dan Gillmor）的“人人都能生产新闻”①的构想，在某种程度上得以实现。同时，饶有趣味的是，在草根传媒文化中，一个人可以同时扮演制作者、传播者和接受者的多重角色，而传统意义上“生产—流通—消费”之间泾渭分明的界限也开始变得愈发模糊。

四是传播内容。凯尔纳曾把当代媒介文化指认为“一种图像文化”。②具体到草根传媒文化中，琳琅满目、错综复杂的视觉资源占据了压倒性的比重，即使是以纯文字为主的草根报道，倘若没有附上形形色色的视频或图片，其影响力和说服力也就必然大打折扣。当然，就主流传媒文化而言，形象同样是一个不容忽视、不可或缺的维度，但应当看到，在草根传媒的视觉表现中，总是凝聚着诸多个性化的叙事方式、修辞技法和话语体系，它们所带来的，自然是更加细腻、微妙的情感取向与价值关怀。

五是传播模式及其精神取向。如果说，主流传媒文化贯彻了一种同质化、中心化、自上而下的传播模式，那么，草根传媒文化则昭示了一种混杂化、离心化、自下而上的新的传播格局。由此而连带引发的，势必是关涉到文化心态和思维结构的更深层次的改变，包括从封闭走向开放，从单数走向复数，从独白走向对话，从宏大叙事走向个体叙事，从深度走向平面，从严肃走向诙谐，从共识走向分歧，从精英主义走向平民主义，如此等等，不一而足。③

可以说，以上几个方面不仅大致勾勒了草根传媒文化的总体轮廓，还在一定程度上标明了草根传媒文化相对于主流传媒文化的独特优势。草根传媒所提供的是主流媒介之外看待对象的另一种视角，而在主流媒体基于种种原因而滞后甚至是缺席时，草根传媒恰恰能够给事件以尽可能真切的还原和补充。正因为如此，自2006年左右开始，由广大受众自主生成相关

---

① 〔美〕丹·吉摩尔：《草根媒体》，陈建勋译，南京大学出版社，2010，第34页。

② 〔美〕道格拉斯·凯尔纳：《媒体文化——介于现代与后现代之间的文化研究、认同性与政治》，丁宁译，商务印书馆，2004，第9页。

③ 有学者曾援引“庙堂”和“江湖”来划分主流传媒文化和草根传媒文化。其中作为“庙堂”的主流传媒文化具有中心性、封闭性、权威性、统合性的特征，而作为“江湖”的草根传媒文化则表现了开放性、分权性、共享性、容错性、戏谑性等鲜明、生动的品质。这样的观点以极具本土化的姿态，凸显了草根传媒文化为当代中国社会所注入的某些新的精神气质。彭兰：《文化融合：三网融合中的“瓶颈”》，唐绪军主编《中国新媒体发展报告(2013)》，社会科学文献出版社，2013，第243～247页。

内容的"UGC 模式"（user generated content）便已经在新闻业渐入佳境。[①]一个更具里程碑意义的事件是 2009 年轰动一时的"央视大火案"，面对该突发事件，作为权威传媒机构的中央电视台选择不予播报，而在第一时间拿起手机或相机，对事故加以"现场直播"的，则是成百上千的围观群众。在很多学者眼中，该事件恰恰标志着草根传媒文化对传统电视新闻的挑战、冲击乃至超越。[②]

此外，需要强调的是，上述几点还进一步限定了草根传媒文化的双重面相。其中狭义的、最典型的草根传媒文化是直接由公民原创的影像或资讯，当前流行的拍客文化便是其最突出的代表。然而，草根传媒文化又是一种以共享和分有为标志的文化，在这种文化中，传统意义上的原创性遭到了较之机械复制时代更猛烈的削弱。因此，各类来源于报刊、电影、电视等主流媒介的信息，一旦流入网络，并经过人们的点击、评论、转发乃至"二度加工"，便被归入一个更加广义的草根传媒文化的范围之内。

二　作为社会变迁表征的草根传媒文化

无须赘言，任何媒介文化都并非单一、孤立、铁板一块的存在，而总是呈现不断调节、补充、更替的开放状态，总是处于同外在现实相互对话、彼此参照的动态过程中。于是，在今天，日常生活一方面已经为媒介所浸透，"并越来越多地围绕一种媒介化的过程而得以构造"；[③]另一方面，媒介也作为"一种社会延伸形式"[④]而发挥作用，它的形成、发展与演变植根于更加丰富、宽广的社会文化层面。由此可见，草根传媒文化在当前的星火燎原绝不是一个偶然发生的事件。可以说，恰恰是中国社会全方位、多层面的激烈变动，在很大程度上刺激并催化了草根传媒文化的凸显与广泛流传。这种变迁既包括经济、制度、科技、文化等宏观层面的转换，又牵涉

① 黄炜、唐晓芬：《全媒体环境下电视价值链创新》，胡正荣主编《新媒体前沿（2011）》，社会科学文献出版社，2011，第 27 页。

② 邱林川、陈韬文：《迈向新媒体事件研究》，邱林川、陈韬文主编《新媒体事件研究》，中国人民大学出版社，2011，第 6 页。

③ Brian Longhurst, *Cultural Change and Ordinary Life*, Maidenhead: Open University Press, 2007, p. 5.

④ 〔澳〕戴维·贺莫斯：《媒介、科技与社会：传播理论的面向》，赵伟妏译，台北，韦伯文化国际出版有限公司，2009，第 30 页。

到个体生活方式和人格结构的潜移默化的调整。总的说来，社会变迁对草根传媒文化的推动作用集中体现在如下几个方面。

首先，社会变迁加速了都市的发展，从而为草根传媒文化的崛起提供了不可或缺的背景。都市并非刻板、无生气的人造物，而是一个充满生机和活力的能动场域，它一方面被人们观察、感受和塑造，另一方面又编织了历史、空间和社会之间的复杂网络，建构了主体的知觉、意识乃至整个存在。中国社会转型中的一个鲜明特质，便在于迅疾、猛烈、义无反顾的都市化进程。① 都市化不仅意味着人口资源向城市的高度集中，以及都市文明的繁荣和城市建设的加快，还意味着城市所孕育的价值观念已经异常深入地内化于人们的生活之中。就草根传媒文化而言，都市固然提供了物质和技术层面的坚实保障，并培养了一大批具备基本媒介素养的生产者和消费者，然而，更重要的是，都市自身矛盾交织的独特品格，也为草根传媒文化的演绎做出了恰如其分的铺垫。众所周知，都市缔造了“创造性，进步性以及新的道德秩序的空间”，②为公民带来了空前的便利和福祉；但同时，都市也不可避免地导致了拥挤、噪声、污染、贫困、暴动，导致了疯狂、焦躁、混乱、迷茫、紧张等畸形的情绪体验。③ 因此，都市既不纯粹是一个自由、民主、解放的乌托邦，也不全然是一个丑陋、肮脏、堕落，让人看不到丝毫希望的炼狱，它始终呈现不断生长、演化、分裂的可能性面貌。这种斑驳多样、难以穷尽的可能性，无疑成了草根传媒最贴切不过的表现素材和书写对象。归根结蒂，都市化的如火如荼促成了草根传媒文化的成长与壮大，而草根媒介也必将绘制出都市此起彼伏的生动图谱，必将使都市以具体、可感的姿态，为更多人认知、体味和领悟。

其次，社会变迁的一个必然结果，是生产方式的沿革与更替，这些变化为草根传媒文化的形成带来了适宜的土壤。在新马克思主义者戴维·哈维（David Harvey）看来，从“福特主义”（Fordism）向“后福特主义”（Post-

---

① 据相关调查统计，截至2013年底，我国各级城镇总辖区面积已占国土总面积的一半，城镇常住人口已达到73111万人，城镇人口占总人口比例已达到53.73%，而预计到2020年，中国城镇化比例将达到60%甚至更高。参见汪光焘主编《中国城市状况报告：2014/2015》，中国城市出版社，2014，第15页。

② Chris Barker, ed. *The Sage Dictionary of Cultural Studies*, London: Sage Publications, 2004, p. 204.

③ 庞德（Ezra Pound）那句“人群中这些面孔幽灵般显现，湿漉漉黑色枝条上许多花瓣”，便是关于城市所造成的疏离感和创伤体验的一个充满诗意的注脚。

Fordism）的过渡已然成了现今最引人瞩目的社会文化事件。其中，福特主义来源于大工业背景下福特汽车公司所奠定的专业化生产程序，它以尽可能提高效率和竞争力为旨归，崇尚大批量的流水线生产，严格、周密的分工，以及生产者的无限权威。后福特主义则诞生于福特主义日渐式微的20世纪五六十年代，它所讲求的不再是统一、稳固、庞大，而是跨地域的协作，大范围的分配与定制，以及对消费者选择的关注，从而突出了“现代生活的新颖、转瞬即逝、短暂、变动不居和偶然意外”,①突出了一种充溢着“不确定感”的全新的时空体验。诚然，在执着追寻现代化梦想的中国社会，福特主义依然是不容非议的绝对主导（诸如富士康一类的“血汗工厂”便对此做出了富有戏剧性的诠释），毫无疑问，伴随全球化这一难以抗拒的总体趋势，中国同样也慢慢显露了某些后福特主义的征兆与端倪。② 上述状况在当前的媒介文化中得到了清晰、生动的反映。如果说，主流传媒文化在某种程度上可以同福特主义相对接，即强调大规模、标准化、集中化的信息生产，并携带着直白、明确的功利目标，③那么，草根传媒文化则更多顺应了后福特主义的精神取向，它所青睐的是一种灵活、随意、个性化的生产与传播，因而也迎合了“分众时代”多元的审美趣味和价值预期。一言以蔽之，生产方式的当下变革从物质、精神、文化等多个向度确立了草根传媒文化的合法性，而草根传媒文化又反过来推动了这种变革的层层深入和逐步扩张。

再次，在社会变迁的浪潮中，无可避免地裹挟着技术层面的进步与突破，从而为草根传媒文化的继续生长注入了强大的动力。技术，始终是一种与人类文明息息相关的存在。按照斯蒂格勒（Bernard Stiegler）的观点，技术绝不是个体为达成特定目标而采取的辅助性措施，绝不是一种被动的、无生气的、外在的点缀和附庸，相反，自神话时代以来，它便引导着人们

---

① 〔美〕戴维·哈维：《后现代的状况——对文化变迁之缘起的探究》，阎嘉译，商务印书馆，2003，第220页。

② 相关内容可参见赖土发《从福特主义到后福特主义——中国工业化进程面临的机遇和挑战》，《福建论坛》（人文社会科学版）2004年第11期。

③ 如美国传播学家戈瑞伯尔（Doris A. Graber）便认为，主流传媒更多扮演了政府传声筒的角色，从而发挥了营造政治氛围，灌输意识形态，培育社会运动和利益组织等功效。参见〔美〕道瑞斯·A. 戈瑞伯尔《大众传媒与美国政治》，张萍译，南京大学出版社，2011，第137～148页。

"运用生命以外的方式来寻求生命"，[①]进而真切地建构了个体的思考和行动，建构了人之为人的本质所在。在转型阶段的中国社会，生产力的提升，经济建设的加快，以及愈发开放的市场竞争，共同带动了技术手段的日新月异。同时，当前的技术产品又明显体现高度的普适性和极强的亲和力，体现电子化、微观化、精细化、人性化、动态化等鲜明的品质。这样的局面不仅为草根传媒文化提供了切实可靠的保障和支撑，还促使这一文化形态顺利融入了每一个普通人的日常生活中。一个颇有说服力的例证是手机的升级换代。美国学者莱文森（Paul Levinson）坚信，技术拥有一种补偿性的潜能，它绝非居高临下地强加于人，而总是基于主体的具体需求，不断地调整、改善、更新。他指出，在传统意义上，人类的走路（在空间中移动）与说话（同他人交流）的功能是彼此分离的，正是手机的发明真正将两种功能黏合在一起，将它的使用者"从家宅和办公室解放出来，送进大千世界的希望之乡里去"。[②] 由此出发，带有摄像头的新一代手机的出现，则再次将言谈、行走和影像采集的功能融为一体，在它的帮助下，人们在游走、穿梭于大街小巷的同时，能够自由、灵活、随心所欲地截取并保存眼前一闪而过的视觉片断。可以想见，这种技术装置的改进不仅极大地丰富了草根传媒文化既有的形象体系，而且消解了主流传媒文化中单一、同质的效果预期，引发了诸多不同于以往的、即时的、生动的、"非线性"的视觉体验，并允诺了某种充满活力和可能性的新兴媒介景观。

复次，当下社会变迁的最醒目标志之一，是信息时代的来临和互联网的高歌猛进，草根传媒文化也借此而获得了赖以维系的支柱和充分的延展。具体说来，在现今的中国社会，网络已取代报刊和电视新闻而成了人们了解世界的最主要途径，同时，移动互联业务的欣欣向荣，又再次为网络效力的提升推波助澜。[③] 互联网的广阔涵盖面和强大包容性，无疑带给了草根传媒文化无可限量的平台和演绎空间，但必须看到，网络又不只是一种信

① 〔法〕贝尔纳·斯蒂格勒：《技术与时间》，裴程译，译林出版社，2000，第21页。

② 〔美〕保罗·莱文森：《手机：挡不住的呼唤》，何道宽译，中国人民大学出版社，2004，第9页。

③ 据相关调查统计，截至2014年底，中国网民人数为6.49亿，互联网使用者占总人口比例已达到47.9%。中国手机网民人数为5.57亿，网民中使用手机上网者所占比例已高达85.8%。从总体上看，超过半数的受调查者对互联网表现积极态度。参见中国互联网络信息中心发布于2015年1月的《第35次中国互联网络发展状况统计报告》，http://www.cnnic.net.cn/hlwfzyj/hlwxzbg/201502/P020150203551802054676.pdf。

息的载体或容器，它所具备的种种独特属性，不可阻遏地改变了既有的交流模式，进而使草根传媒文化呈现一系列迥异于主流传媒文化的意涵和价值取向。特别值得一提的，是网络对受众的解放作用。在传统意义上，媒体往往扮演着绝对掌控者的角色，而受众则无非是籍籍无名的“沉默的大多数”，即使在真人秀这类更加开放的视觉文本中，也依然有一个机构“制定了受众参与媒体生产的‘游戏规则’”。[①]而在草根传媒文化的表意实践中，网络空间的多媒体性、虚拟性、匿名性和未完成性，则有效保证了个体选择的能动性以及公众参与的高度自由，不仅能推动人们围绕特定议题各抒己见，而且也在相当程度上预示了“媒介的一种民主化形式”。[②] 此外，究其实质，网络文化还是一种卡斯特（Manuel Castells）所谓的“真实的虚拟文化”（culture of real virtuality），它虽然脱胎于电子符码的虚拟世界，却有能力以象征的方式指涉并作用于个体的精神维度，进而实实在在地影响人们的情绪、态度乃至同外在现实的想象性联系。不难想见，这种真实和虚拟的交错杂糅必将在草根传媒文化中得到更加耐人寻味的演绎与彰显。

最后，必须提及的是，社会变迁还造成了公民心理状态的变化，进而为草根传媒文化的凸显做出了精神层面的准备与铺垫。主要表现有二：第一，当前中国的社会形态已逐步由封闭走向开放，由单一、同质的超稳定结构走向多元、异质的动态化格局。上述局面促成了主体身份意识的觉醒和表达欲望的增强，使人们热衷于利用草根传媒文化的便利平台，尽情书写自己的经验、感受和见解。第二，当前经济、政治、文化的急剧转型，在带来丰硕成果的同时，也导致了各种失序和不平衡现象的纷至沓来，如利益分配不均、贫富差距拉大、城乡冲突严重、官民矛盾加剧，等等。以上因素交互作用，引发了抑郁、迷惘、困顿、愤恨、惶恐等矛盾交织的情绪体验，这些复杂情绪投射到草根传媒文化中，自然也衍生出了斑斓驳杂的话语形态和媒介景观。一个值得关注的现象是消费主义对群体心态及其媒介话语的深刻影响。在市场经济甚嚣尘上的当代中国，消费已愈发取代政治而成了衡量个体价值的根本尺度，成了指引人行动的最重要参照。同时，绝大多数草根传媒文化的生产、传播和消费者都属于20～29岁、大专

① 〔英〕格雷姆·伯顿：《媒体与社会：批评的视角》，史安斌译，清华大学出版社，2007，第13页。

② 〔澳〕格雷姆·特纳：《普通人与媒介：民众化转向》，许静译，北京大学出版社，2011，第2页。

学历以上的年轻人。[①] 他们拥有一定的知识积淀、独立意识和社会关怀，满怀对未来的憧憬，却时常只能在大城市苦苦支撑，无力通过购房、买车等消费行为来谋求身份认同和自我实现。他们不仅沦为了鲍曼（Zygmunt Bauman）所谓的“有缺陷、有欠缺、不完美和先天不足”[②]的消费者，而且也时刻受困于一种内在的虚无，一种精神层面的挫败、屈辱与创伤。这样的尴尬境遇自然在草根传媒文化中得到了淋漓尽致的描画。如当前铺天盖地的“屌丝叙事”，便影射了青年一代被消费主义疏离和剥夺之后所感受到的彷徨、无奈与创伤，以及由此而产生的自我否定、自我妥协、自我嘲弄的犬儒主义的人格特征。[③] 如此一来，草根传媒文化也就同社会学意义上的边缘化、对抗性的草根产生了某些关联乃至同构。

综上所述，社会变迁带来了都市空间、生产方式、技术手段、信息传播、个体心理等多方面的意味深长的转变，这些变化既推动了草根传媒文化在当前传播格局中的脱颖而出，也共同作用，令其呈现众多别具一格的内涵、品质和特性。正是在这样的背景下，草根传媒文化才一方面区别于大众文化、先锋艺术、民俗风情等既有的文化样态，另一方面又与上述文化产生了诸多重叠、交汇、冲突，并逐步构筑了一个充斥着强大张力和丰富可能性的“合力之场”。可以肯定的是，在社会转型期中的汹涌澎湃的巨浪中，草根传媒文化必将得到更加集中而深切的关注、开掘与探究。

三　中国草根传媒文化的独特问题

一个有目共睹的事实是，草根传媒文化现已成为了全球范围内风起云涌的媒介文化现象。如有学者便观察到，在美国第一位非裔总统奥巴马的竞选活动中，以博客、Twitter、YouTube视频网站、MSN个人空间、手机短信等为代表的草根媒体起到了出奇制胜的作用。[④] 但同时又必须认识到，草根传媒文化在中国社会“转折”与“巨变”的特定背景下形成和不断扩张，

① 参见中国互联网络信息中心发布于2012年3月的《2011年中国网民网络视频应用研究报告》，http://www.cnnic.net.cn/hlwfzyj/hlwxzbg/201205/P020120709345259404875.pdf。

② 〔英〕齐格蒙特·鲍曼：《工作、消费、新穷人》，仇子明等译，吉林出版集团有限责任公司，2010，第85页。

③ 林品：《从网络亚文化到共用能指——“屌丝”文化批判》，《文艺研究》2013年第10期。

④ 王珍：《从奥巴马当选看“草根媒体”的崛起》，《新闻大学》2009年第3期。

转型期中国社会的各种情状、境遇乃至困厄都不同程度上通过它而得以具体化和彰显。于是，草根传媒文化也就适时地充当了一面镜子，凝聚并折射了一系列具有强烈在地性色彩的中国经验和中国问题。

中国草根传媒文化的独特问题大致关涉如下几个方面。

第一，是草根传媒文化的形象谱系及其蕴含的情感逻辑。在针对任何文化形态的考察中，形象都是一个不容错过的核心命题，它不仅携带着丰富的、第一手的视觉信息，还可能塑造若干具有普适性和代表性的典型或范例，继而“在新的生存层面上建立了某些人格”。[①] 无可否认，草根传媒文化所涵盖的是较之从前远为驳杂、多样的形象体系，而在草根传媒文化自成一格的视觉表达中，上述形象又呈现了一些值得玩味的品格和特质。如果说，在前网络时代的中国，形象更多地与革命、政治、国家等宏大命题水乳交融，更多担负着宣传或教化的庄严使命，那么，草根传媒文化则与人们更加血肉鲜活、更具私密性的情感体验建立起了难以割裂的紧密关联。具体说来，依托互联网这一即时、迅捷、一呼百应的平台，草根传媒形象强烈地触动了普通人在社会变迁中所共有的经验和感受，从而同他们产生了情感上的呼应、沟通与契合。在此基础上，公民在当下情境的特定情感状态，又驱使他们不断将目光投向某些特殊的形象类型，并不断将这些类型从漫无边际的网络空间中抽离出来，进而形构了一种颇具挑战性和冲击力的全新的形象类型学。由此可见，在草根传媒文化中，形象绝不能等同于单纯的、感官化的物质外壳，它总是伴随当前社会文化语境的持续更迭而不断地滋长、蔓延、流变，并逐步激发了诸如愤怒、惶恐、悲悯、鄙夷、狂喜等形形色色的情绪和感受；同时，形象的存在，又使上述情感得到了某种视像化、戏剧性的演绎和凸显，使之再次以直观、生动的方式作用于人们的精神维度，从而间接推动了社会变迁的持续进行。可以说，正是形象和情感的复杂纠缠与相互指涉，为人们对转型期中国社会现实的深度开掘带来了难能可贵的契机。

第二，是草根传媒文化的语言符码及其传递的社会心态。语言，始终是人类生存中不可缺少的前提条件，它不仅保障了个体之间交流的有效性，

---

① 〔加〕马歇尔·麦克卢汉：《视像，声音与狂热》，周宪编译《激进的美学锋芒》，中国人民大学出版社，2003，第341页。

而且也提供了“我们对自身的主观世界加以体验的枢纽”。[①] 在草根传媒文化中，无疑包含着大量的视觉语言符码，包含着一整套既定的表述程式和话语体系。不难发现，草根传媒文化的视觉语言具有强烈的当下性、突发性、质朴性和非专业性，从而最大限度地消解了主流传媒文化中五花八门的修饰、点缀和渲染，并给人以异乎寻常的感官震撼和视觉冲击。然而，草根传媒文化又绝非一块未曾开垦的处女地，它在不断增殖与弥散的过程中，同样受到了种种外在因素的影响与牵制，同样经历了更加隐晦而复杂的调整、转换和加工。于是，在草根媒介貌似中立、透明的语言表述中，依旧潜藏着诸多蓄意为之的暗示、煽动和诱导，如尖锐的、难以调和的“二元对立”模式，令人感同身受的母题或原型意象，以及富有挑逗性和感染力的“戏剧性瞬间”，等等。上述视觉策略往往作用于公民在特定情境下的身份意识与群体认同，不仅使他们产生了强烈的“代入感”和普遍的精神共鸣，而且变相实现了对某种共同体意识的聚合与重构。这一点在围绕各色“最牛钉子户”的草根报道中得到了显著的体现。概而言之，草根传媒文化的语言符码并不是一串客观、中立、不偏不倚的能指的序列，而是使人们从中感受到明确的倾向性和鲜明的价值判断，并由此而触及那更为深沉、厚重，更加发人深省的社会文化心态。[②] 可以断言，针对草根传媒文化及其视觉语言的细致分析，必将为习惯跟从西方而时常陷入“偏见”与“误读”的中国文化研究带来更为开阔的视野。

第三，是草根传媒文化的存在方式及其引发的公众参与。如前所述，互联网的一个鲜明标志在于高度的可参与性。以此类推，植根于网络空间的草根传媒文化也将呈现面向广大公众开放的独特形态。无可否认，主流传媒文化所贯彻的是一对多的单向度传播模式，在这种文化中，人们必须遵循预先设定的规划或程式（如报纸版面或电视节目表）而加以被动的、“照单全收”式的接受。那么，草根媒介的兴起则极大地改变了这样的局

---

① Cristina Lafont, *The Linguistic Turn in Hermeneutic Philosophy*, Cambridge: The MIT Press, 1999, p. x.

② 在这里，有必要对社会心态和前文提到的情感做出一定的辨析。很明显，二者都涉及主体的某种心理反应、状况或趋向，并呈现相互渗透、彼此促发的内在关联。但必须承认，情感是一种更加感性化、个体化的心理活动，它的发生与发展具有鲜明的偶然性、短暂性和随意性；而社会心态则是人们在特定社会背景下所共享的感知、经验和情绪的集合体，意味着普罗大众在长期的实践中所逐步形成的心理积淀和文化诉求，因而也表现了更加完整、统一，更具稳定性和普适性的基本面貌。

面。依托网络这一自由、开放、便捷、广阔平台，大众一方面获得了更多“登台亮相”的机会，另一方面也能够利用俯拾即是的技术设备，依凭自己的意愿对相关视觉文本做出形形色色的加工、重组与塑造，并由此而传达出某种自下而上的、充满挑战性和颠覆性的精神气质。如此一来，生产者、传播者、接受者之间明晰可辨的身份定位开始变得模糊不清，而传统意义上长期处于失语状态的公众这才真正获得了自我言说、自我演绎、自我彰显的有效平台。① 在近年来备受瞩目的杭州“70码事件”、广东“小悦悦事件”、西安“药家鑫激情杀人案”、重庆“雷政富不雅视频门”等网络热点事件中，公众正是通过对相关影像素材的转发、评论乃至“二度创制”而进入了过去遥不可及的舆论的中心，不仅能够围绕某些社会公共议题畅所欲言、各抒己见，还有机会将个体的意志凝聚为一股无可阻遏的群体的力量，从而直接影响到相关政策法规的制立、调整与实施。那么，草根传媒是否能真正捍卫公民表达的权利和自由，进而营造一个开放、民主、平等的“公共领域”（public sphere）？毋庸置疑，对以上问题的追问必将进一步深化人们对草根传媒文化的开掘、理解和把握。

第四，是草根传媒文化的内在悖论及其导致的伦理困境。草根传媒文化所具有的是多元、驳杂、矛盾与两歧性的构造方式，它既充溢着激进的政治文化诉求和乌托邦式的理想主义色彩，也无可避免地隐含着诸多悖谬、裂隙和症候，从而为人们窥探其深层次的脆弱提供了可能。其中最值得关注的，是草根传媒文化在伦理学意义上的缺陷乃至困境。在传统道德准则濒临瓦解的社会转型阶段，草根传媒文化发挥了弥合与补充的重要作用，它一方面将种种不堪入目的社会阴暗面曝光于公众的视域之中，另一方面又充分调动了人们的主动精神和参与意识，从而发挥了维护正义、揭穿黑幕、声援弱者等重要的社会效用，维护了岌岌可危的伦理道德底线。然而，在草根传媒文化中，同样裹挟着大量的反伦理因素。首先，草根传媒文化对规范与秩序淡漠，很可能使公众本身所具有的非理性和破坏性特质得到几何级数的扩张，从而形成某种歇斯底里式的多数人的暴政，甚至对个体的私人生活构成严重的威胁与戕害。其次，在草根传媒文化这片无拘无束的疆域，大量色情、暴力、丑怪的视觉文本铺天盖地、大肆蔓延，在迎合

① 在一次以南京市民为主体的问卷调查中，有75.4%的受访者对草根传媒文化在促进表达自由上的有效性持赞同态度，远远多于持不赞同态度者所占的17.2%。庞弘：《当代中国“草根传媒文化”发展状况调查报告》，《江海学刊》2014年第4期。

人们隐晦而不可告人的“窥视癖”的同时，也很容易造成公众审美趣味的畸变与扭曲，并导致整个社会在道德水准方面的大幅度滑坡。最后，在草根传媒文化中，个体还常常陷入某种精神分裂式的状态：依托虚拟的网络空间，不少人化身为“键盘侠”，针对现实问题夸夸其谈、大放厥词；一旦回归坚硬的现实生活，他们的言论则往往沦落为一种空泛的、自恋式的宣泄，永远也无法付诸行动。因此，如何对草根传媒文化加以行之有效的引导与调控，从而在最大限度上消除其可能带来的负面效应，无疑成了当代媒介文化研究中不容错过的焦点。

当然，还必须强调的是，以上几个问题并非自说自话式的孤立存在，它们共同发生于一个“视觉文化转向”的宏观语境中，并不约而同地牵涉到形象、表征、观看、视觉建构这些视觉文化研究中举足轻重的概念和范畴。的确，草根传媒文化一方面作为社会变迁的产物进入了人们的视域；另一方面也依凭强烈、鲜明的视觉姿态，毫无保留地传达出了公民在当下最普遍的欣悦、彷徨、创痛与想往，不仅为现今中国的视觉文化研究补充了新鲜的血液，而且环环相扣地勾勒了一幅动态的、充满魅力和可能性的新兴文化景观。正因为如此，从视觉文化的角度切入对草根传媒文化的分析和探讨，无疑有助于研究者穿透扑朔迷离的现象层面而发掘出更加深刻的价值与意义，发掘出社会变迁中每一个普通男女最真挚的情感期待和文化诉求。

当代中国社会转型中的大众文化及其视觉建构

李　健*

摘要　大众文化作为中国当代社会转型的一个缩影，经历了由文化寄生期、文化博弈期到文化主导期三个发展阶段。其中既隐藏着图文之间从以图释文、图文并茂到文为图用的当代关系史，也揭示大众文化对视觉表意实践越来越显著的依赖性。在此基础上，对大众文化视觉建构及其社会转型特征的探讨，可以围绕“视觉意识形态”这一概念展开。一方面，在表层结构上，大众传媒平台的多媒体/全媒体生态系统为大众文化的视觉建构提供了极其丰富的可能性；另一方面，在深层结构上，大众文化在当代社会生活的宏观、中观及微观层面均借助一系列支配性视觉表征范式及其定型化意指实践，将特定的意识形态诉求隐匿在无所不包、无处不在的视觉形象之中。

关键词　社会转型　大众文化　视觉文化　视觉意识形态

Abstract　As a miniature of the social transformation in contemporary China, mass culture has experienced three development stages: period of cultural parasite, period of cultural competitor and period of cultural ruler. This process includes the history of the relations between image and text from “use

* 李健，南京大学艺术研究院副教授，文学博士，研究方向为现当代艺术理论、美学和文化研究。本文系教育部哲学社会科学研究重大课题攻关项目“当代中国社会转型中的视觉文化研究”（12JZD019）、教育部人文社会科学研究一般项目“视觉文化语境中的艺术生产理论研究”（13YJA760025）和江苏省高校“青蓝工程”中青年学科带头人培养对象项目的阶段性成果。

image to explain text", "image and text work together" to "use text to explain image", which reflects the importance of practice of visual representations. On this basis, we can use the concept of "visual ideology" to discuss the visual construction of mass culture and its characteristics during the social transformation. On the one hand, on the surface of structure, multimedia ecosystem of mass media provides a wealth of possibilities in visual construction of mass culture. On the other hand, in the deep structure, through a series of dominant visual representation paradigm and its standard ideographic practice, mass culture hides its specific ideology in the embracive visual images.

Key words social transformation mass culture visual culture visual ideology

作为一种高度商业化、娱乐化的主导型文化形态，大众文化的发展历程可谓当代中国社会深刻转型的一个缩影。对其进行全方位的考察，无疑将有助于我们真正把握中国当代社会尤其是其文化层面的转型特征。与此同时，它的发展又和视觉文化的兴起紧密交织在一起。对后者所展开的分析，在很大程度上都是以纷繁复杂的大众文化现象为依据的。可以说，大众文化尤其依赖各种视觉形象的表意实践，直接参与到当代社会生活各个层面的转型过程之中。以此为依据，本文一方面将对大众文化的发展过程及其特征给予历时性的宏观描述，并对其与社会转型及视觉文化的复杂共生关系进行整体性的揭示；另一方面则分别从表层结构和深层结构两个维度，对大众文化视觉建构过程中的一系列核心议题进行结构性的说明。

一

众所周知，中国当代大众文化是从20世纪70年代末的改革开放之际开始起步的。宏观来看，改革开放30余年的发展历程可以概括为改革开放初期、中期和近期三个历史阶段。与此相辅相成，大众文化在当代中国的演进过程及其主要表现形态和特征，同样包含三个有迹可循的发展阶段。

其一，1978年至1989年的改革开放初期，整个社会进行由农业社会、乡村社会、封闭半封闭社会、同质的单一性社会、自给半自给的产品经济社会向工业社会、城镇社会、开放社会、异质的多样性社会、有计划的商品经济社会“全面的、整体性的转型过程”①，这为大众文化的兴起提供了社会结构层面的基本条件。中国社会的整体结构自此开始根本性的变化，并成为中国当代文化发展变迁的直接动因。就社会结构而言，至关重要的一点，便在于原本通过政治手段对一切资源进行全面垄断的高度一体化的低分化、封闭型社会，开始被日益多元分化的开放型社会所替代：

> 我们正在从一元的社会走向多元的社会，从平均主义的社会走向分化的差别的社会，从官本位的社会走向市场化的社会，从身份的社会走向契约的社会，从政治社会逐步转向市民社会等等。在这诸多的变化中，一个最重要的最明显的变化，是中国社会已经从高度整合低分化的社会，转向一个分化程度不断提高的社会；或者，借用社会学家涂尔干的术语来说，有一个从机械的整合走向有机整合的转变。②

大众文化正是在这样的社会结构转型过程中，作为一种全新的文化形态出现在日常生活之中的。承载这一文化形态的大众传播媒介，则在这一阶段得到了几何级数的增长。③ 与此同时，印刷媒体一方面仍然在大众传媒平台中扮演着举足轻重的角色，另一方面所承担的职能也日趋多元化，并成为大众文化生产/消费活动的重要阵地。在这个过程中，大众传媒逐步完成了第一次产业结构的调整：由印刷媒体为主、无线电广播为辅的单一传媒形态向包括电视媒体在内的复合型传媒形态的结构转型。大众文化也在这一时期经历了从新旧观念激烈冲突到被适度认可，再到迅速扩张且不断成为人们关注和讨论对象的发展过程。不过在总体上，由于市场经济体系仍未最终定型、大众传媒生态系统仍有待发展，这一时期的大众文化尚未最终形成一个完全独立的自足的文化形态。它一方面不得不依附于代表了官方意识形态的主流文化，既受到后者的显性控制，又不断利用其所掌控的传媒平台而发展壮大；另一方面既持续遭到此阶段极为活跃的知识分子精英文化的批判和质疑，又因与生俱来的包容性和多元化色彩而从前者那

---

① 李培林等：《我国转型时期社会发展状况的综合分析》，《社会学研究》1991 年第 4 期，第 77 页。

② 周宪：《中国当代审美文化研究》，北京大学出版社，1997，第 9 页。

③ 李培林等：《我国转型时期社会发展状况的综合分析》，《社会学研究》1991 年第 4 期，第 82 页。

里获得足够多的关注和能量。在宽泛意义上讲，中国当代大众文化的这一发展阶段可以被理解为文化寄生期，此时它仍羽翼未丰但已身处于一个足以令其茁壮成长的宿主体内，等待时机“做大做强”。

从视觉文化的维度观察，文化寄生期的大众文化已经开始表现对视觉形象的某种依赖性。但身处由主流文化主导的传媒生态系统当中，大众文化视觉形象的生产/消费过程在很大程度上受到了官方意识形态的制约。对于主流文化而言，视觉形象更多是作为一种意识形态诉求的辅助性手段，为各种思想观念的宣传与阐释服务的。概括而言，以图释文可以说是改革开放初期的一种常态化的意识形态叙事策略。这一策略既在很大程度上限制了大众文化在表意实践过程中生产/消费视觉形象的范围和程度，又在一个侧面反映此阶段大众文化因寄生性而导致自足性缺失的时代状况。

其二，1990年至1999年的改革开放中期，随着政治体制改革遭受到预期之外的困难局面，进入1990年代后，整个社会生活开始呈现更为简明的发展趋向。这就是将经济体制改革作为社会发展的重中之重。与前一个阶段相比，经济体制层面的改革力度明显加大，受到的各方阻力则相对减少。大众文化由此进入一个快速发展的通道之中，尤其是1990年代初期国家正式以社会主义市场经济来定位当代中国社会经济的性质，而市场经济正是市民社会赖以存在和发展的基础，这就在客观上为大众文化的健康成长创造了前提条件。① 以市场经济为基础建立的大众文化产业体系，开始在经济领域扮演越来越重要的作用。

与此相辅相成，大众文化所依存的传媒平台也得到了极大的发展。以电视媒体为例，它作为一种全方位即时传达视像信息的媒介形式，已经具备足够的条件和影响力，取代印刷媒体成为此阶段最重要的大众传媒平台。一方面，电视的普及较前一个时期有了突飞猛进的发展；另一方面，卫星电视的发展不仅令观众有了更多的节目选择，也在很大程度上扩展了受众基数。中国当代大众传媒由此进一步实现了以电子媒介及印刷媒介共同主导的复合型传媒形态的第二次产业结构转型。与此同时，这一阶段另一个极为值得关注的媒介发展状况，是以互联网为代表的新型数字媒介开始正式登上历史舞台。虽然此时互联网的发展仍处于起步阶段，但已明显表现区别于印刷媒介和电子媒介的即时性、互动性及开放性等特征，其发展潜

① 邹广文主编《中国当代大文化论》，辽宁大学出版社，2000，第19页。

力也逐渐显现出来。

随着经济体制的高速转型和大众传媒产业结构日益完善，大众文化开始真正成为社会生活中最具活力的一种相对独立、自足的文化形态。各种社会力量基于不同的文化立场和利益诉求，竞相参与到对这一具有最广泛民众基础和巨大发展潜能的文化形态的建构过程之中。这一时期可以说是众声喧哗，包括经济话语、政治话语、精英话语，以及民间话语等在内，各种权力话语纷纷参与其中，形成一个既相互抵牾又同谋共生的复杂张力关系。概言之，此阶段的大众文化可谓处于文化博弈期。以代表知识分子立场的精英话语为例，这一时期曾有过多次关于时代精神的批判性反思。如 1990 年代初期的“人文精神大讨论”，其基本背景便是市场经济大潮与大众文化迅猛发展对知识分子精英所带来的强烈冲击。这些讨论的潜在意味在于，大众文化作为一种具有强大吸噬力的文化产业，已经在社会生活的各个层面产生了深刻的影响。“如果说在 80 年代，文化被推向市场，还是一种被动的强制的结果，许多文化人甚至愤愤不平地抱怨这是‘逼良为娼’，但 90 年代以后，文化的工业化和商业化便成为一种自觉的行为。文化被当做了一种可以赚取巨额利润的工具”。① 一个相对多样化的图文并茂的传媒平台借此得以建立起来，视觉形象表意实践的重要性也不断通过各种大众文化现象得到印证。作为各种权力话语交锋最为激烈的一个时期，文化博弈期最终奠定了当代大众文化的总体格局。

其三，自 2000 年至今的改革开放近期，经济体制改革日益深化，新兴传媒形态不断涌现，大众文化进入全方位高速发展阶段。尤其是随着一个完善的市场经济体制和大众传媒平台的形成，中国当代大众文化得以在一个全球文化资源共享的开放平台中进行自我完善和发展，并成为整个社会的文化风向标。这一阶段完全可以理解为大众文化的文化主导期。在当代中国，大众文化最终成为一种主导型文化形态，这既是前一发展阶段的自然延续，也是传媒生态发生质性变化的必然结果。众所周知，自 21 世纪初期开始，随着电脑和互联网的逐渐普及，新兴媒体不断涌现，由此形成了一个更为复杂的数字媒介、电子媒介及印刷媒介多元共存的跨媒体/全媒体生态系统，从而实现了大众传媒第三次也是最重要的产业结构调整和转

① 尹鸿：《世纪转型：当代中国的大众文化时代》，《电影艺术》1997 年第 1 期，第 23 页。

型。[①] 大众文化视觉形象生产与消费的跨媒介转向，既为大众文化在日常生活中的渗透提供了更多元化的媒介选择，强化了其无处不在的巨大影响力，又在很大程度上决定了媒介环境的未来走向，丰富了视觉形象的媒介生产方式以及传播、消费形态。

借助新技术而得以搭建的跨媒体/全媒体平台，为大众文化视觉形象的表意实践带来了巨大的变化。一个文为图用、“不同媒体间无法预期地互动，新技术不断地扩大了现存媒体”[②] 的超级媒体时代成为现实。罗兰·巴特在分析当代文化语境下的图文关系时曾指出：“以前，人们用图片来解释文字（使文字表达的内容变得更清晰）；可如今，情况颠倒过来了，文字开始被用来为图片赋予文化、道德与想象的意蕴。以前，人们习惯于将文字简化为图片；可如今，从文字到图片的过程反而使意义发生了扩充。”[③] 应该说，这一关系是在当代中国——主要是大众文化——的第三个发展阶段实现的。毫不夸张地说，我们已经完全被依靠各种媒介技术生产出来的琳琅满目的视觉形象所包围，不仅无所遁形而且乐在其中。正如艾吕尔所揭示的那样，大众媒介的过度技术化导致了传播中的符号支持被技术支持所取代，技术成为人与人之间仅有的中介，人的意识因此直接打上大众媒介的烙印，此前各种交流形式中特有的思想中介也随之荡然无存。恰恰是在这个过程中，过去作为人类互动中介的语词和符号，逐渐被各种视觉形象所取代。[④]

纵观以上三个时期的发展历程，大众文化的演进轨迹其实就是日益从文化边缘走向文化中心的历程。在这一历程中，大众文化尤其倚重各种视觉形象的表意实践来进行各种文化制品的生产和再生产。而这些表意实践本身，也构成了整个社会不断转型的诸多环节中的重要一环。

二

以上对中国当代大众文化所做的历时性描述，基于相对宏观的历史转

① 崔保国主编《2013年：中国传媒发展报告》，社会科学文献出版社，2013，第3页。

② Mark Poster, “Visual Studies as Media Studies,” in *Journal of Visual Culture*, No. 1 (2002): 69.

③ Roland Barthes, “The Photographic Message,” in *Image-Music-Text*, London: Fontana, p. 26；转引自〔英〕约翰·斯道雷《文化理论与大众文化导论》，常江译，北京大学出版社，2010，第150页。

④ 〔美〕林文刚：《媒介环境学：思想沿革与多维视野》，何道宽译，北京大学出版社，2007，第75～78页。

型语境，梳理了其30余年间的发展历程及其总体特征。大众文化与视觉文化以及社会转型之间的共生关系，由此可以得到一定程度的说明。不过，要想全面理解中国当代大众文化借助视觉形象的表意实践参与社会转型的各种理论与现实问题，我们还需要在共时性维度上进行更为细致的考察。

就社会转型语境中大众文化表征的视觉建构而言，W. J. T. 米歇尔所提出的视觉的社会建构与社会的视觉建构及其辩证关系，[①] 可以作为一个至关重要的逻辑出发点。一方面，大众文化的视觉表征无时无刻不受到社会性规训力量的制约，体现了当代中国特定社会权力结构中的意识形态内容和立场；另一方面，大众文化的视觉表意实践又是我们认知和理解社会现实的重要途径，正是在此过程中，符合特定意识形态诉求的中国当代视觉主体被逐步建构起来。大众文化表征的视觉建构所关涉的主要问题，其实都可以从这两个互为表里的方面得到不同程度的揭示。而最能够统摄这些问题的一个核心概念则是视觉意识形态。

概言之，所谓“视觉意识形态”，可以理解为通过视觉形象的表意实践所体现或建构起来的意识形态内容和立场。这一概念的潜台词在于，视觉形象一方面具有不同于语词形象的意识形态表述方式；另一方面已经成为现时代意识形态表述的一种常规途径。需要指出的是，这里的意识形态概念并非在经典马克思主义理论家的狭义概念上使用的。它主要借用了经由福柯发展而来的支配权的意识形态，关注的是不同社会权力结构中的主体之间为获取主导权而进行的各种对抗、博弈及其张力关系，以及借助各种表征手段加以合法化的准客观性过程背后所包含的在日常生活中无处不在的制约性力量及其运作过程。[②] 而视觉作为一个“不断处于竞争、辩驳和转变之中的挑战性场所，它不但是社会互动的场所，而且也是根据阶级、性别、性和种族身份进行界定的场所”。[③] “视觉”一词在这里无疑集中体现了大众文化的视觉表征在意识形态支配权的博弈过程中所占据的主导性地位。事实上，依据汤普森对意识形态运行方式的说明，无论在哪一种意义上使用

① W. J. T. Mitchell, *What Do Pictures Want?* Chicago: University of Chicago Press, 2005, p. 345.

② 〔美〕杰姆逊讲演《后现代主义与文化理论》，唐小兵译，北京大学出版社，2005，第231～258页。

③ 〔美〕尼古拉斯·米尔佐夫：《视觉文化导论》，倪伟译，江苏人民出版社，2006，第4页。

这一概念，都足以揭示大众文化视觉表征与意识形态之间的复杂关系。① 尤其当我们参照阿尔都塞的结构主义意识形态理论，将意识形态理解为“个体与其所处的真实生存环境之间想象性关系”的“表征”时，② 对其运行方式的考察将更有效地帮助我们剖析大众文化中的视觉意识形态所折射出的诸多社会转型问题。

就表层结构来看，作为大众文化赖以存在的大众传媒平台本身，重要性是毋庸置疑的。更为关键的因素在于，借助越来越多样化的媒介技术所形成的跨媒体/全媒体的传媒生态系统，本身就包含极其丰富的意识形态意味，而并非只是毫无文化意义的工具或手段。中国当代大众传媒生态系统最近30余年的结构转型，生动地说明了这一点。简言之，媒介技术的升级换代及其跨界融合，不仅在根本上改变了人们接受并理解信息的方式乃至人们理解世界的方式和立场，而且也改变了主体身份建构的方式和路径。究其原因，在于“每一种媒介独特的物质特征和符号特征都带有一套偏向”：由于不同的媒介为信息“编码—解码”的符号形式和物质形式不同，被人获取的可能性不同，媒介组织时间和空间方式不同，它们也因此具有不同的思想和情感偏向，不同的时间、空间和感知偏向，不同的政治、社会乃至认识论偏向。在此意义上，没有任何一种传播媒介存在于真空之中，在媒介技术的发展背后，总是存在着特定的理由和意图。正因为如此，我们需要对传播媒介的物质形式和符号形式何时、为何以及如何建构进行必要的考察。③

以当前数字媒介、电子媒介为主导的跨媒体/全媒体平台来说，在宏观层面，一方面其媒介的跨界融合带有显著的后现代意味，并带来新媒体与旧媒体的相互碰撞，草根媒体与商业媒体的相互交叠，以及媒体生产者与媒体消费者前所未有的互动方式。所谓“融合”，并非媒介内容如何在一系列不同平台间流动的简单技术问题，而是一个要求消费主体更加主动地参与到传媒生产之中的过程。④ 另一方面，在很大程度上，当代中国又正处于

① 参见〔英〕约翰·B. 汤普森《意识形态与现代文化》，高铦等译，译林出版社，2005，第62~74页。

② 〔美〕伊莱休·卡茨等编《媒介研究经典文本解读》，常江译，北京大学出版社，2011，第264页。

③ 〔美〕林文刚编《媒介环境学：思想沿革与多维视野》，何道宽译，北京大学出版社，2007，第30~31页。

④ 〔英〕约翰·斯道雷：《文化理论与大众文化导论》，常江译，第260页。

一个前现代、现代和后现代混杂于同一时空的特定社会发展阶段。不同社会阶层、地域乃至性别、年龄的人所掌握的媒介资源、所选择的媒介方式可谓千差万别。这种差异性不仅贯穿于大众文化的表意实践过程之中，而且本身也是揭示当代社会转型问题的一个有效的考察维度。在微观层面，每一种媒介形式都在以各自的方式塑造着参与到大众文化视觉表征建构过程之中的主体，并产生效果各异的文化影响力。概括来看，数字媒介、电子媒介等新的媒介形式所带来的文化影响力可谓远远超乎想象。如伊尼斯所言："在一种传播形式主导的文化向另一种传播形式主导的文化迁移的过程中，必然要发生动荡。"① 新的媒介形式的出现，往往是具有革命性意味的。梅罗维茨对电子媒介的剖析，便很有启示性：

> 电子媒介破坏了时间和地点的特殊性，电视、收音机、电话，使私人地点更易于为外部世界所接触，从而将其变成较为公开的地点。汽车立体声收录机、手表电视、个人音响系统，如索尼"随身听"，使公共空间私人化。通过这种媒介，无论在任何地方发生的任何事情，都可以"发生"在我们所处的任何地方。但是当我们无处不在的时候，也没有了特定的地方。……群体身份、社会化、等级制度，过去依赖于特定的物质地点以及其中可获取的特殊经验，现在这些方面已经被电子媒介改变了。②

进一步说，电子媒介所带来的公共空间私人化现象，不仅在以互联网为代表的数字媒介高速发展时代进一步得到了印证，而且因为媒介形式越来越显著的高度互动性，数字媒介以一种私人空间公共化的方式与前者共同改变了主体身份建构的方式和途径。公共空间与私人空间的混杂和越界，为大众文化带来了更为复杂多变的文化生产与消费方式，也重新塑造了不同意识形态诉求之间的关系结构。总之，无论从哪个层面来说，我们这个时代都正在被大众传媒深刻地改变着。大众文化依托这一平台所进行的所有视觉表意实践及其社会转型问题，都必须立足于对大众传媒生态系统的

---

① 〔加〕哈罗德·伊尼斯：《传播的偏向》，何道宽译，中国人民大学出版社，2003，第119页。

② 〔美〕约书亚·梅罗维茨：《消失的地域：电子媒介对社会行为的影响》，肖志军译，清华大学出版社，2002，第120页。

深入理解才能真正得到说明。

三

就大众文化的视觉建构及其社会转型的深层结构而言，值得探讨的内容就更为丰富和复杂了。为了简化问题，我们不妨结合什托姆普卡在《社会变迁的社会学》中的相关阐述，进行带有“理想类型”意味的分层说明。如其所言，社会变迁问题可以在宏观的国际体系、民族、国家层面，中观的公司、政党、宗教运动、大型协会层面，以及微观的家庭、共同体、职业团体、团伙、友谊圈层面三个不同复杂度的社会层面进行系统性考察。[①] 就当代中国的社会转型来看，大众文化表征的视觉建构及其背后的意识形态诉求，既突出地在相对宏观的国家形象、民族认同层面体现出来，又通过各种视觉形象的生产，在大众文化生产机制这一中观层面呈现出来，还在微观的作为大众文化消费者的视觉主体那里反映出来。

第一，在宏观层面，国家形象、民族认同始终都是中国现代转型过程中极具意识形态意味的热点问题。这既是中国近现代发展历程中所沉积下来的一种带有集体无意识色彩的大众选择，又是主流文化在彰显官方意识形态诉求的过程中非常倚重的宏大叙事策略之一。在此层面可以发现，一方面，中国当代大众文化并没有完全脱离官方意识形态的隐性控制，其通过视觉形象的表意实践所塑造的国家形象与民族认同的表征范式，在很大程度上仍代表着官方意识形态的某种期许；另一方面，它又包含更为复杂的权力话语之间的博弈关系，集中反映了代表不同阶层、地域、性别、年龄等的权力话语在社会转型过程中的角色构成，以及由此引发的诸多现实问题。对于大众文化而言，这种带有强烈意识形态意味的期许及其背后隐藏的博弈关系，主要是借助各种具体化的视觉形象，经由虚饰/整合进而合法化的过程呈现出来的。正因为这种依靠视觉形象所进行的表意实践带有强烈的符号建构特征，其文化意义的生产过程中存在各种所指/能指之间的缝隙，并不完全与官方意识形态的表达图式相契合，而是充满各种权力话语复杂共生的张力关系。所有这些关系的叠加，共同促成了围绕视觉意识

---

① 〔波〕彼得·什托姆普卡：《社会变迁的社会学》，林聚任等译，北京大学出版社，2011，第7页。

形态而形成的中国当代社会转型在宏观层面所特有的看的辩证法。视觉的社会建构问题尤其可以在这一层面得到深刻的说明。

第二，在中观层面，当代大众文化的视觉形象通过形形色色的文化生产机构及其体制系统，得以海量地出现在无处不在的传媒平台之上。对于文化生产机构而言，视觉形象生产需要遵循的原则既简单又复杂。简单的是市场会做出直接的评判，复杂的是很多时候并非只是市场说了算。从文化产品的生产/消费过程中，我们可以揭示视觉意识形态在这一层面的深层意味。简言之，与宏观层面不同，大众文化产品的具体生产/消费过程所遵循的法则主要是由经济话语操控的。一方面，眼球经济和注意力经济作为大众文化最重要的文化生产法则，体现了大众文化的视觉生产与消费的极其深刻的经济学动因。这是大众文化的视觉意识形态诉求的现实基础。另一方面，大众文化对注意力经济的依赖，又以当代消费社会的形成为背景。在此背景之下，大众文化借助视觉形象所建构的消费神话，对广大受众具有某种导向功能，并最终形成一个以视觉享乐主义为主导的文化消费逻辑。这一逻辑促使我们将视觉享乐作为一种基本生活方式来对待，由此造成一系列带有当代“犬儒主义”[①] 色彩的文化症候。可以说，借助一个有别于物质生产的文化经济运行方式，大众文化对视觉形象的依赖达到了无以复加的程度。其商业化、娱乐化特征及其背后所隐藏的消费主义、享乐主义倾向，也主要通过琳琅满目的视觉形象呈现出来。在这一层面，社会的视觉建构性尤其能够通过与此直接相关的时代精神、社会心态以及生活方式等问题得到淋漓尽致的体现。

第三，在微观层面，独立个体作为参与到大众文化生产/消费过程的最小单元。一方面通过对视觉形象的差异性消费，不断进行自我身份的社会建构，成为获得有限认同感的视觉主体。视觉意识形态因此不仅建构了大众借以把握这个世界的观念和形象，而且建构了他们自身的形象，使其真正成为这个世界的一分子。在此意义上，“人们通过意识形态获得一种身份，成为有自己的信念、自己的意愿、自己的喜好的主体”。[②] 另一方面，他们不得不在面对大众文化无节制地生产出的海量视觉形象时，要么以一种“超级注意力”方式将其转化为日常生活的调味剂，要么则不断分化为

① 徐贲：《当代犬儒主义的良心与希望》，《读书》2014 年第 7 期。

② 〔英〕奥利弗·博伊德 - 巴雷特、克里斯·纽博尔德编《媒介研究的进路：经典文献读本》，汪凯、刘晓红译，新华出版社，2004，第 646 页。

各种不同的“迷”或“粉”，作为一种无差别的“类”而存在。无论在哪种情况下，个体都很难借助视觉形象的表意实践真正确立起自身的主体身份。总之，个体参与大众文化表征的视觉建构过程，自始至终是身处于各种视觉意识形态不断渗透、询唤、收编、抵抗的社会结构张力关系之中的。它所带来的主体自我身份建构的暧昧性乃至矛盾性，则构成了当代中国社会转型的一个非常重要的表征。就视觉主体而言，一方面建构起真正符合当代中国社会发展目标的现代型人格及其公民身份的大众文化生态系统正在形成，另一方面这一生态系统所要求的体现社会转型积极面向的视觉伦理、视觉素养仍在很大程度上存在各种亟待解决的现实问题。社会的视觉建构与视觉的社会建构作为一对互为表里的转型问题，都将在这一层面得到充满辩证意味的说明。

总之，以上述分析为依据，我们不难理解：立足于社会转型语境中对大众文化的视觉建构问题进行梳理，既需要在表层结构上对其赖以滋生发展的传媒生态系统给予足够的重视，又需要在深层结构上对其在宏观、中观及微观三个层面体现出的特有的视觉意识形态诉求予以深度剖析。就前者而言，大众文化的视觉形象生产在介质类型上便包含一系列值得关注的问题。这也是建构起中国当代大众文化视觉形象符号体系的基石。就后者而言，大众文化的视觉形象生产还包含更深层次的主题类型、话语类型。众所周知，与其他典型的商业产品不同，媒介产品是无形的。媒介组织生产的不是物质性的东西而是文化形式，即讲故事的结构、模式和方法。[①] 在此层面对视觉形象所蕴含的主题、意义、价值等进行编码/解码式的关系性考察，将帮助我们在宏观、中观和微观三个层面分别探讨当代大众文化的支配性视觉表征范式及其蕴含的诸多社会转型问题。确切地说，这些表征范式通过一种定型化的意指实践，将特定的意识形态诉求隐匿在大众文化无所不包、无处不在的视觉形象之中。当代中国社会转型的总体特征及其背后所涉及的宏观、中观和微观层面的现实问题均可以借此得到必要的说明。

① 〔美〕劳伦斯·格罗斯伯格等：《媒介建构：流行文化中的大众媒介》，祁林译，南京大学出版社，2014，第14页。

中国当代视觉文化下的“视觉体制”概念初探

殷曼楟*

摘要 较之于视觉文化研究在国内外学界的兴盛，视觉体制概念始终处于含糊的状况之中。虽然有马丁·杰率先创造并使用了该术语，但国内外学界几乎少有对此概念的阐述。学者或只是在文章中模糊且多义地使用该术语，或只是将之简化为诸如艺术院校、博物馆等视觉文化机构等问题。这两种做法都难以综合地看待视觉体制、视觉主体和形象之间持续互动的关系。本论文基于当代中国视觉文化的发展脉络，参考马丁·杰对此术语的运用方式，尝试在上述三者互动的关系框架讨论该概念的意义。

关键词 视觉体制 形象 视觉主体

Abstract Compared with the prosperity of the Visual Culture Studies in the academic circles, there are such a few attention paid to the concept of “visual institutions” that created and speared by Martin Jay but the meaning has been vague for a long time. Scholars just used the term as ambiguous and veiled in their articles, or used it to designate certain institutions such as art colleges or museums. Both approaches are difficult to employed to the mutual relationship between the visual institutions, the visual subjectivity and the images in a comprehensive way. Based on the development of contemporary

---

* 殷曼楟，南京大学哲学系副教授，南京大学人文社会科学高级研究院驻院学者，研究方向为西方美学、文化研究。本文系教育部哲学社会科学研究重大课题攻关项目“当代中国社会转型中的视觉文化研究”（12JZD019）成果。

Chinese visual culture, also referencing to the using way of this term by Martin Jay, the paper explores the significance of the concept within the above three interactive relationship.

Key words scopic regime or visual institutions　image　visual subjectivity

一　当下“视觉体制”概念存在的问题

在视觉文化研究领域，“视觉体制”似乎是个既明确但又含糊的概念。

首先，“视觉性”（visuality）一词的出现似乎理所当然地与“视觉体制”建立起了联系，与“视觉”一词相比，“视觉性”显然更侧重其社会性因素那一方面。学者们普遍认可福斯特有关“视觉性”的见解，它强调了我们特定的观看方式，对象之可见性/不可见性，以及一种特定观看方式的社会文化建构性之问题。[①] 并且，如果我们注意到“视觉性”一语如何揭示有关人类视觉的非自然真相，即那些特定观看方式及认知模式恰恰构成了人们日常观看行为的具体规范，那么，在很大程度上，所谓“视觉性”与“视觉体制”关注的便是同类问题，而且视觉性的发现也是视觉体制得以被思考的前提。

不过，所谓“视觉体制”概念是含混的，在视觉文化研究中其实少有对视觉体制这一专题本身所做的分析。视觉性显然并不能等同于“视觉体制”的概念。一方面，“视觉性”一语极为宽泛地揭示我们文化各个领域的视觉化及其所建构的视觉之社会性；另一方面，该语又显然偏重构成主义及功能主义那一面。就像霍尔所承认的那样，现代表征研究及视觉文化研究都深受构成主义方法的影响。

> 事物并没有意义，我们构成了意义，使用的是各种表征系统，即各种概念和符号。因而这种理论被称作通向语言中的意义的结构主义或构成主义途径。根据这种途径，我们不得将物与人生存于其中的物质世界与表征、意义与语言借以运作的符号实践和过程混为一谈。构成主

① See Hal Foster, “Preface”, *Vision and Visuality*, Seatle: Bay Press, 1988, p. Ⅸ. 不过，福斯特亦承认，对“视觉性”的理解应同时包含生理性的身体与心理这两个方面，而“视觉”与“视觉性”的区别不是单纯二元论下的自然与文化的区别。

> 义者并不否定物质世界的存在。但是，传递意义的并不是物质世界：我们用来表征我们的各种概念的是语言系统或别的什么系统。正是社会的行动者们使用他们文化的、语言的各种概念系统以及其他表征系统去建构意义，使世界富有意义并向他人传递有关这世界的丰富意义。[①]

可见，这种构成主义的思路与视觉文化研究批判盲目信任视觉生理性、思考视觉性的思路是相一致的，但这一方式并不能完全触及体制所关涉到的视觉体制、视觉形象与视觉主体之间更为互动而复杂的关系。

不过，也许正是视觉文化研究中“视觉性”与“视觉体制”如此密切的联系，从而令少数聚焦视觉体制的研究大致按下列两种方向进行。就对“视觉体制”一词的运用来看，一般说来，传媒及文化产业所做的相关研究侧重于对机构及其相关规定的分析；[②] 而艺术及视觉文化方面的研究更侧重在宽泛的意义上运用该术语。这些观点并不限于特定的视觉文化机构，而是宽泛地指某种渗透到日常实践及专业各领域的不可见的观看方式及支撑它的认识论模式与观念氛围。例如，曾军从建构观看方式的角度对“视觉体制”一词的运用，[③] 姜吉安、吴鸿、杭春晓、鲍栋等人围绕作品《两居室》（姜吉安，2009）所展开的讨论，对以往表现范式、特定视觉惯例、展览制度等的批判，[④] 等等。当然，表达相似意义的术语亦包括视觉

---

① 〔英〕斯图尔特·霍尔：《表征》，徐亮译，商务印书馆，2003，第25~26页。

② 相关研究如“结构上看，视觉文化包括视觉文化得以传播所必需的硬件，如电视设备及专业人员和运作知识等，以及视觉制度文化，即支撑和维系视觉文化运作的相关制度、法规等”（仲富兰：《广播电视新闻学》，上海外语教育出版社，2006，第126页）。或者，就视觉文化的某个具体领域，如电视、电影、新媒体等机构的研究也涉及视觉体制的相关论题。

③ 曾军在其“后记”中指出：“视觉文化之所以有别于印刷文化，不在于‘图像’取代了‘文本’，而在于我们的观看方式发生了变化。因此，强化‘视觉’作为（观者）主体能力的‘观看’（也包含‘阅读’），从而分析媒介技术对人类观看方式影响以及在此过程中建构起的视觉体制，可能是一条文艺学研究切入视觉文化的更为恰当的路径。”曾军：《观看的文化分析》，山东文艺出版社，2008，第324页。

④ 杭春晓认为：“姜吉安恰好找到了一个切入点，通过光影对传统绘画的介入，逼迫观众去反思已经习惯化的传统工笔画套路。我们观看艺术史，观看既有的艺术品，观看我们日常生活，实际上都被包裹在习惯化范式中。这种既定范式，就像一个小孩刚生下来，他没有空间概念，空间概念是习得和累积的一个既定套路。姜吉安装置作品和绢本绘画都触及这样的问题。”姜吉安回应说：“视觉本身与社会、政治相关，因为一种视觉体制的形成既蕴含了社会的、文化的、政治的、权力的等等因素，视觉形态产生的背后有着复杂的背景和逻辑。”《关于图像与视觉问题》，蔡青编《新工笔文献丛书·姜吉安卷》，安徽美术出版社，2010，第79页。

制度[①]及视觉政体[②]。艺术学方面的相关研究则可能在针对不同的研究对象——如艺术史或博物馆研究——时灵活地使用“视觉体制”一词。不过令人遗憾的是，虽然各研究不约而同地使用了“视觉体制”或与之相类的“视觉制度”“视觉政体”术语，但该概念本身未曾得到具体地规定。

相较之下，国外的视觉体制研究虽然开始得较早，但其研究方向与国内的研究状况也大体一致。

第一类是对“视觉机构”（institutions）的分析。在这方面，将视觉体制的研究具化为对各种机构性的考察，这类方法广泛借鉴福柯的话语分析理论，考察特定的视觉机构实践是如何通过分类视觉形象、构建专业化的知识系统而生产出特定的意义系统、视觉惯例体系的。比较值得注意的是，这一路径的切入点常常是从各种主流艺术机构着手的，如博物馆。因此，视觉机构的问题往往成为艺术机构的问题。[③] 或者，研究者意识到视觉体制的复杂多元特征，它其实包括了日常文化生活与专业艺术机构在内的视觉文化生产传播的各个相关社会机构，这些机构之间在文化趣味、机构类型、制度形态、文化等级、形塑知识的方式与观看者之间的关系模式等方面都存在着极大差异。但谈到具体的视觉机构分析个案时，艺术机构也常常是关注的热点，当然电影机构、摄影机构也会成为一些理论家的研究对象。[④]

第二类是“视觉体制”（scopic regime）概念研究。该概念是由马丁·杰所提出的，与前一种对视觉机构的研究相比，该概念与视觉性有着更密切的联系。就像福斯特在《视觉与视觉性》序言中指出的那样，视觉体制

---

① 杨小彦：《新中国摄影60年：1949—2009》，河北美术出版社，2009，第220页；高士明：《多义的视觉——图像化时代的观看制度》，孙周兴、高士明编《视觉的思想：“现象学与艺术”国际学术研讨会论文集》，中国美术学院出版社，2003，第139页。

② 周宪：《“读图时代”的图文“战争”》，《文学评论》2005年第6期；吴琼：《视觉性与视觉文化——视觉文化研究的谱系》，《文艺研究》2006年第1期。

③ See Gillian Rose, *Visual Methodologies: An Introduction to the Interpretation of Visual Materials*, SAGE, 2001.

④ See Jessica Evans, Stuart Hall, eds., *Visual Culture: The Reader*, SAGE, 1999; Matthew Rampley, *Exploring Visual Culture: Definitions, Concepts, Contexts*, Edinburgh University Press, 2005; Margarita Dikovitskaya, *Visual Culture: The Study of the Visual After the Cultural Turn*, MIT Press, 2005. 维茨卡娅（Dikovitskaya）的这本书研究的是高校艺术机构，不过有价值的是，她在其中详细介绍了视觉文化研究在20世纪80年代末90年代初是如何兴起于艺术史、比较艺术等艺术专业，并逐渐成长为一个跨学科研究，且拓展至大众文化研究领域的。结合视觉文化研究在我国文艺学、艺术学首先兴起的状况，这从一个侧面说明了艺术机构在视觉体制研究中是受到重视的历史影响因素。

是将其社会视觉性自然化为视觉的体制。这一见解对我们国内艺术及视觉文化方面的相关研究显然有着深刻地影响。尽管马丁·杰率先使用了“视觉体制”概念，但他并未对该概念本身做系统界定。

那么在此状况下，我们如何思考中国的视觉体制？即在中国视觉文化的发展语境下，我们从何种角度来定位视觉体制，该概念所涉及的问题域是哪些？中国的视觉文化兴起于20世纪90年代中，兴盛于21世纪初，就这一发展来看，其兴起和推进并非无根之木，它与其背后深刻的中国当代社会变革及文化机制转型是相同步的。因此，所谓“视觉体制”概念便无疑包含了与诸视觉机构转型相联系的意义。不过，在中国，自21世纪以来，各视觉机构的类型，资本模式、社会功能与发挥作用的方式，它们彼此之间及与视觉主体的关系，以及其意义生产及介入社会建构的方式，都愈来愈呈现多元化之势，这种多元状况可以说极大地增加了对视觉体制考察的复杂性。并且，自2006年微视频及视觉私媒体日渐兴盛之后，视觉机构、形象、视觉主体①之间的互动更是不容忽视的部分，这就需要我们思考：什么样的“视觉体制”概念才能应对这种复杂状况。

二　中国视觉文化的发展与中国视觉体制

具体说来，我们可以把中国视觉文化的发展划分为三个阶段，并基于此来探讨“视觉体制”这一概念。

第一，20世纪80年代末至90年代中期是视觉文化的兴起阶段。虽然无论是形象、图像，还是特定模式的观看行为，都并非新生事物，但严格说来，当代中国视觉文化的兴起并且成为一个可见的社会问题域，基本上是20世纪90年代中期的事情。如果说，20世纪80年代是文学叙事——如诗刊、小说、文摘的兴盛——参与构建中国日常意义系统，并在其中起到主导作用的时期，那么接近90年代中期时，倾向视觉震惊效果的特定形象显然加入了新兴意义系统的构建之中，并在社会建构中发挥着日渐重要的作用。在笔者个人看来，这一兴起的结点以1993年8月8日《时尚》杂志的创刊为标志。因为围绕着这一节点，我们可以从历史脉络及社会结构的许多现象中发现相关的勾连。我们发现，《时尚》在中国的诞生并非孤立的现象，而是

① 虽然这里涉及的是机构与主体之间的互动关系，但这种互动是以形象为中介发生的。

这一特定时期的社会文化结构转型的一个表征，同时也是其后社会文化发展视觉化趋势的一个征兆。

谈到《时尚》[①]的创办，人们常常称之为抓住了时代的机遇。这一说法从视觉文化的角度来理解便颇有些意味深长之处。所谓"机遇"一词的含义，如果将之置于与另一著名时尚杂志《世界时装之苑ELLE》在中国的发展经历的比较中，可能更为明显。撇开它们各自发展历程及风格的细节不谈，这两份杂志其实有不少的共同之处：是精美装帧、大开本、全彩页印刷的率先倡导者；很早就展开了国际版权合作；刊登广告所定位的客户层次相近；早期的封面女郎都是西方美女；有意识地与之前中国服装类杂志的办刊方向——服饰理论介绍与单纯服饰指导——相区别，而将办刊理念定位于重塑女性自我、传达有品质的生活理念，即旨在为中国引进一种新女性生活方式。《时尚》创刊于1993年，1994年就基本上度过了杂志推广阶段最艰难的时期，1997年与美国国际数据集团（IDG）及赫斯特出版集团实现合作之后，影响力日盛。而《世界时装之苑ELLE》则早在1988年就已创办，并一开始就与法国桦榭·菲力柏契出版集团进行版权合作，但它真正被国内读者接受是在1994年之后。[②]

一般观点认为，《世界时装之苑ELLE》前期推广时在本土所遭遇的曲折多是因为它的欧化风格，但比较《时尚》与《世界时装之苑ELLE》的经历便会发现，问题的根本可能并不在此。其动因在于，以新兴视觉形式所推广的这一新女性生活方式及消费理念在1994年后才逐渐为中国白领女性所接受。《时尚》杂志之"机遇"恰恰是它选择在一个恰当的语境中介入了中国日常文化意义系统的场域。

一方面，读者的观看方式已发生了转变，即从以文学叙事为主、形象为辅的意义系统构建方式转向了在直感视觉诱导下的意义系统建构方式。1990年代的后半期可谓是文学形式与视觉形式在期刊领域角逐并以后者获胜而告终的时期。如果我们结合《读者》在1999年发行量的下滑现象及中国期刊界在20世纪90年代末的全彩化趋势来看，便可见一斑。[③]

另一方面，正是在1990年代中期，中国的小资阶层逐渐崛起，这些人

---

① 国际版权合作后更名为《时尚COSMOPOLITAN》。

② 孙燕君等：《期刊中国》，中国社会科学出版社，2003；赵云泽：《中国时尚杂志的历史衍变》，福建人民出版社，2010。

③ 孙燕君等：《期刊中国》，第443页。

在消费观及消费能力上都超过了前一阶段。1990年、1992年，卡地亚、LV先后在中国落户；1990年代中，时尚艺术人像摄影逐渐在城市群体推广。景伯平、吴黔斌1994年在《中国的“消费革命”》中的研究表明，“城镇居民的消费热点已经转向新领域、高档次，美容、化妆品便是一个新热点，一项对城市妇女的调查显示，人均月购买化妆品的支出3.1元，比3年前增加50%”。[①] 这些现象的兴起显然都无法绕过1992年的一个重要事件，即邓小平的南方谈话进一步明确了以经济建设为中心，坚持改革开放的方针。可见，从社会结构层面来说，我国20世纪90年代不断明确及推进的市场经济体制转型恰是视觉化转向背后的根本原因。这一点亦可以在同一时期城市化现象在中国的兴起中得到印证。国家统计局《1996年全国年度统计公报》中首次出现了对城乡人口所占比重的统计：“城镇人口为35950万人，占全国总人口的29.4%。”该数据的列入，表明城市化进程在此一时期的重要性日益突显。城市化进程在随后十多年后的不断加速，可以说为新视觉的传播方式、视觉生产及其消费行动提供了受众基础。

可见，中国当代视觉文化的兴起是与市场转型、消费文化兴起、城市化进程，以及国际经济资本与文化资本介入中国社会生产、消费生活的进程同步的。

第二，20世纪90年代中期至2005年，这是视觉文化的优势地位逐渐确立的阶段。这一阶段是文学叙事与视觉叙事进一步角逐且视觉方式占据上风的阶段。随着市场经济推进，城市化进程进一步加速，[②] 在文化体制改革及文化市场发展的基础上，全彩化的期刊、广告海报及普及的电视等已经构成中国人日常文化生活的重要内容。据《2004～2005年：中国传媒产业发展报告》显示，文学印刷品的影响力在2000年之后确已日渐削弱，2004年，读报人群方面，“15～24岁人群下降了2.1个百分点，25～34岁人群下降了2.8个百分点……”[③] 在阅读时间方面，“2002年，全国36城市中，读者平均每天阅读期刊的时间是24分钟，2003年减少到22分钟，而

① 郑红娥：《社会转型与消费革命中国城市消费观念的变迁》，北京大学出版社，2006，第111页。

② 据国家统计局的统计公报显示，2004年城镇人口已经达到了总人口41.8%。

③ 崔保国主编《2004～2005年：中国传媒产业发展报告》，社会科学文献出版社，2005，第124～125页。

2004年则减少到21分钟”。[①] 可见，在中国传媒领域的竞争中，形象较之于文学愈来愈显示优势地位。

第三，2005年至今，这是视觉文化的繁荣及其受众的分化阶段。该阶段视觉文化的进一步推进是与新媒体的技术进步及普及紧密相关的。3D技术进一步刺激人的视知觉，从而在新的物质基础上深化了波德里亚所说的“仿像”对真实感的冲击及形塑；此外，更深刻的影响发生在互联网领域，虽然1994年中国互联网便已开通，但自20世纪末以来，该领域的发展已经深刻地介入了信息传播方式及大众交往方式的转变。

首先，自2004年起，一度在居民日常休闲中占据主要地位的电视已经在互联网尤其是宽带扩容后的视频观看服务的冲击中遭受打击。据《中国电视收视年鉴2005》显示，25～44岁的观众是这一轮冲击的主要对象，自1999年至2008年，25～34岁观众的人均每天收视时间从167分钟降至140分钟，而35～44岁的观众群则从原本的181分钟降至166分钟。[②] 而这一部分人群恰恰也是视觉文化生产消费的主力军。

其次，受众获取信息方式上的变化。与上文中所提到的印刷文本阅读萎缩状况相继，2006年后，新型信息传播机构的出现也直接影响到了视觉信息的传播方式。这一变数便是指搜索引擎的出现。除了门户网站提供聚合信息之外，搜索引擎的发展其实正在改变我们的信息获取习惯。传统印刷、电视等媒体的单向传递的信息垄断被打破，受众可以自主地寻找感兴趣的信息。这种信息聚合的方式颇有些后现代特色，一方面，其信息搜集的方向是片面而限定的，它大都受制于搜索者个人的既有视域及兴趣；另一方面，搜索到的信息又是以超文本的形式离心式发散出去。这一信息获取的新路径确实强化了互联网网民碎片化的特征。而2009年后，谷歌、百度等识图搜索功能的推出，又进一步强化了网民接触形象的碎片化方式，而这些形象是可以抽离其原本语境的。

最后，受众在信息传输上呈现双向性特征。崔保国等研究者以博客与微视频的兴起为表征，将2006年称为微视频元年。[③] 微视频的普及对于中国当代视觉文化的发展来说无疑是件大事，因为这一新形式推动了视觉媒

---

① 崔保国主编《2004～2005年：中国传媒产业发展报告》，第159页。

② 王兰柱编《中国电视收视年鉴2005》，中国传媒大学出版社，2005，第222页；《中国电视收视年鉴2009》，中国传媒大学出版社，2009，第305页。

③ 崔保国主编《2007年：中国传媒产业发展报告》，社会科学文献出版社，2007，第27页。

介受众的视觉行为模式的转变。与博客相一致，这种分享式、双向式的信息交换模式必然打破中国视觉文化发展前两个阶段由传统传播媒介所主导的视觉意义系统的封闭性与垄断性。更为便捷的手机媒体视频分享模式在近年的流行则显然会加速这一趋势，从而深刻地改变大众参与社会的行为模式。网络反贪的成果及近期常发生的危机处理时的视频分享习惯，恰恰一正一反地揭示了这种视觉介入方式在社会行为建构中的巨大能量。

综合上述中国当代视觉文化发展历程，笔者以为，视觉体制是以政治、经济体制为背景，以艺术期刊、艺术展馆、博物馆、艺术拍卖行、电视、电影、出版、互联网、手机媒体等视觉机构为平台所建构的视觉主体与形象之间发生诸关系的网络，正是在这一关系网络中，视觉主体介入了形象、知识及理解方式的生产与传播中，形成了特定的视觉趣味、观看模式，甚至是认知模式。由于具体视觉机构的类型及其结构性功能的多样化，日常生活领域的视觉模式往往更深入大众的日常视觉行为，从而在建构大众的视觉性方面影响更为深刻。而艺术领域的各机构通常只提供了某些更小众的趣味，似乎疏离了日常生活。但是对既定视觉体制的反思及变革往往是从该领域兴起的，并且其影响往往也会渗透日常生活领域中，比如，我们在新近流行的《舌尖上的宿舍——泡面篇》所见的形象戏拟中，不难发现一些早年后现代主义艺术的影响。

不过，对于当下来说，视觉主体与形象之间多样化的互动无疑需要纳入“视觉体制”概念的考察之中。在互联网及手机媒体分众化相当盛行的状况下，一种偏向构成主义的视觉体制观已经无法容纳更为积极、活跃的视觉主体的作用，无法探讨个人视觉活动介入视觉建构过程的诸种可能性。其实，即使是在中国视觉文化兴起的第一阶段，我们亦可以看到个体的视觉快感及相关诉求对这一视觉文化转型的积极配合。比如，虽然全彩页的时尚杂志在20世纪90年代中期才被大众接受，但早在1980年代中期就已经出现了传授女性如何裁剪、如何穿衣的服饰类杂志，而1990年代中期，虽然《时尚COSMOPOLITAN》在广告收入及消费话语权上似乎有更多的优势，但以手把手教女性如何打扮、搭配的《瑞丽》占据了时尚类杂志的销售量排行榜的榜首，也就是说，这一时期的视觉文化发展在某种程度上是观看者与文化共谋的结果。就此而言，依笔者浅见，所谓“视觉体制”不能只限于“机构”，“scopic regime”意义上的“视觉体制”或许更具借鉴意义。

三　视觉体制、形象及视觉主体

在《现代性的视觉体制》与《低垂的目光》[①] 中，马丁·杰并没有界定何为“视觉体制”，但我们从他对该词的具体运用中，仍可大致地描摹一下该术语的轮廓。

第一，马丁·杰的“视觉体制”概念是个复数的、流动的，甚至能构成相互关系的概念。在《现代性的视觉体制》中，他讨论了三种视觉体制：第一种是始于阿尔贝蒂，并在笛卡尔（也译为“笛卡儿”，下同）认识论中形成“笛卡尔透视法”的视觉体制，这一体制广泛指涉在西方理性主义之下将事物客观化、对象化的二元论观看模式。第二种视觉体制则被称为“描绘的艺术”（the art of describing），这是另一种不同于意大利文艺复兴透视法的观察物体的方式，体现在17世纪的北欧艺术中，它对物体的观察不取决于观看者的位置，而是看重物体自身的优先存在并根据经验性观察对视觉表面做描绘，这种视觉体制拒绝了前一种单目式主体的特权地位。在认识论上，它源于培根的经验主义哲学，而非笛卡尔的几何式的、理性化的空间观。第三种视觉体制即巴洛克视觉模式，这一视觉体制反对笛卡尔透视法的线性、明晰、固定化的视觉性。

值得注意的是，马丁·杰是如何理解后两种视觉体制与第一种之间关系的，他视后二者为占据主导地位的“笛卡尔透视法”的两个不安分因素，或曰它们属于亚文化的视觉体制。这就恰似霍尔班在《使节》画作中的视觉策略，虽然该画作熟练运用了透视法，却在不经意间用画面底部呈现的那把剑刃对整个画面的几何空间造成了扰乱。可见，这三种视觉体制在时间上并非前后相续的承继模式，而是不同文化之下的不同视觉体制，或是在同一时期不同亚文化之间及其与主导文化之间的相互关系。“现代性的视觉体制最好被理解为一个竞争的领域，而非视觉理论和实践那和谐整合的复合体。实际上，一些视觉亚文化的分化体现出视觉体制的特征”。[②] 而在

① See Matin Jay, “Scopic Regimes of Modernity,” in Hal Foster (ed.), *Vision and Visuality*, Seatle: Bay Press, 1988; Martin Jay, *Downcast Eyes: The Denigration of Vision in Twentieth-Century French Thought*, University of California Press, 1993.

② 〔美〕马丁·杰：《现代性的视觉体制》，陆玲译，周宪主编《视觉文化读本》，南京大学出版社，2013，第249页。

《低垂的目光》中，马丁·杰对法国诸现代学者批判视觉性的讨论更突显了视觉体制的这一特征。马丁·杰对视觉体制作为竞争领域的判断，体现了视觉体制的可塑性及社会视觉建构的可能性。这与布迪厄将文化生产场视为一个冲突而竞争的关系网络的场域有着异曲同工之处。不过视觉体制又不完全等同于文化生产场，因为恰如下文所体现的那样，就视觉文化活动所发生的领域而言，它可能更适合被理解为一个跨场域且弥漫性的空间。

第二，马丁·杰在国内影响最为深远的莫过于他对在西方长期占主导地位的"笛卡尔透视法"视觉体制的剖析。总的说来，这种视觉体制有如下一些特征：（1）视觉中心主义，即视觉与其他触觉、听觉等感官相对而言的特权地位，即将物的可见性置于特权地位；（2）以现代科学主义、认识论为基础，科学地授予了自然的视觉经验在获得知识、真理中的特许地位，将外在现实的空间转化为一种抽象的光学/数字秩序，这种抽象化的光学秩序采用了一种特有的观察世界的方式——情感中立、客观、理性化、智性的、支配立场的世界观；（3）指向了一种孤立的资产阶级主体观；（4）相对于触觉建立的亲密关系，更适用于等级社会特有的距离化、等级化的礼仪秩序；（5）假定了总体化的观看行为，从而排斥其他视觉模式，如约翰·伯格《看之方式》中指出的男性将女性对象化的视线、不交流的视线、去语境化的凝视等；（6）起作用的方式本身是不可见的，它以自然的视觉遮蔽了特定社会文化语境下的视觉性。可见，视觉体制并非一个简化的概念，它广泛的涉及特定社会文化下的知识分类框架、意义系统、社会交往及行为模式、主体认同，以及基于这一系列因素所呈现的特定观看方式。

第三，在《低垂的目光》中，马丁·杰在序言里触及了视觉体制较之其他社会体制的一个特殊之处，即它对视觉与视觉性的综合考虑。这涉及视觉性研究中对视觉的自然性与文化性的理解，并从特定角度解释了逐渐形成视觉中心主义体制的固有原因。马丁·杰并不完全同意马克思·华特夫斯基（Marx Wartofsky）对视觉所做的彻底文化式的解读，他承认，视觉相对其他感官而言，有两个生理特点有助于视觉体制的形成。其一，虽然婴儿在感知世界时触觉与听觉都很重要，但成长之后，从信息获取量的角度来看，视觉要比听觉高出18倍。其二，当视觉跟随一个运动物体时，其所见是有盲区的。我们也会被有关幻象的视觉经验所愚弄。同时，视觉能服从观者有意识的意愿，拒绝其他更为被动的感觉。因此，视觉选择是与文化选择有关的。①

就以上三方面的观点而言，马丁・杰的论述给了我们思考“视觉体制”概念可资借鉴的方向及该概念可能适用的范围，较之“机构”这一思路，或许更适于应对我国当代视觉文化发展中渗入的日常生活各个层面的视觉行为、视觉方式乃思维方式的复杂性。不过，视觉体制所得到的上述理解仍然是相当松散的，从马丁・杰的具体运用来看，该概念也是颇为模糊的。结合我国当代视觉文化的发展状况与视觉自身存在的特殊性来看，如果说 2006 年前后，中国视觉文化发展中互联网及自媒体的兴起为分众的介入提供了技术上的支持，那么视觉主体便是视觉体制不可忽视的一个节点。鉴于此，本文对此概念梳理的重点则可落在视觉体制、形象及视觉主体之间的结构关系上。只有对这些关系进行研究，我们才能理解如下问题：特定的观看方式及其意义系统的形成、与视觉体制的关系，视觉体制作为可见性筛选体制发挥作用的方式，以及视觉主体在其中之作用。

第一，视觉主体与视觉体制之间的结构性关系，其实并非一个陌生的问题。虽然如上文霍尔所指出的那样，学界有关视觉性的分析大都倾向于一种构成主义与功能主义的视角，但正如我们在社会学研究的当前进展中所见的那样，彻底的结构主义分析业已受到了学界反思。一个关键的问题是：在有关视觉体制的讨论中，如何将视觉主体的能动性纳入其分析范式？本文以为，视觉体制、形象、视觉主体的关系可以体现为如下形式。

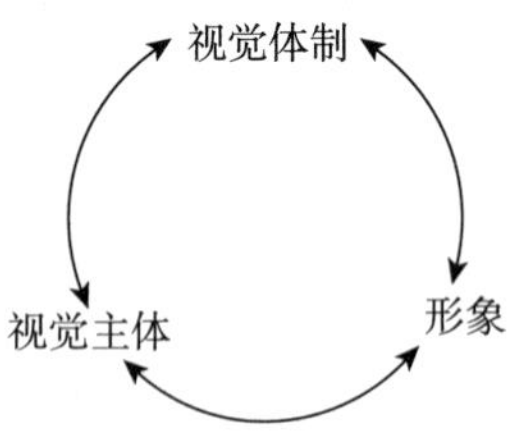

对于上述三者之间的互动关系，笔者以为可以借鉴吉登斯对行动者与社会结构之间关系的讨论，从四个层面加以理解。

（1）结构性规则总是行动者参与建构的。对这一点的强调可以指导我们对行动者与社会结构之间辩证关系的理解。

（2）行动者的行动会无意识地受到文化惯例的影响。“在日常接触中包

① Martin Jay, *Downcast Eyes : The Denigration of Vision in Twentieth-Century French Thought*, pp. 6 - 10.

含了大量舒茨所说的‘知识库存’，我更乐意把它称为共同知识。行动者的意识无法直接觉察到这种共同知识”。[①] 布迪厄所说的“惯习”也表述了相近的意义。从个体行动的这一方面来说，所谓的特定观看方式的建构便是主体顺利参与视觉实践时的必不可少的一个前提。同样，个人视觉性活动的惯例化也是一个视觉体制得以确立并持续的条件。

（3）吉登斯同样强调不可忽视行动者的能动性。第二个层面对行动者的理解并不意味着要回到制度还原观和意识还原观，前者“企图将无意识作为制度的根基，却忽视了各种自主性的社会力量所发挥的充分作用”，后者“力图表明社会生活极其深切地被行动者自觉意识之外的暗流所主宰，但不能充分地把握行动者特有的对自己行为的反思性控制”。[②] 换而言之，视觉主体并非视觉性被动的承载者，个人有能力采取不同的方式介入视觉活动甚至影响事件的发展进程。吉登斯在这里所指出的行动者与结构之关系，在积极意义上更具一种可塑性，它“假定行动者能够（在日常生活流中周而复始地）实施一系列具有因果关系性质的权力，包括那些影响他人所实施之权力的权力”。[③] 在这方面，无论是马奈在《弗里－贝热尔酒吧间》中利用镜面对透视法的嘲讽，还是胡戈在《一个馒头引发的血案》中对戏拟视频的运用，抑或是芙蓉姐姐横空出世时其与网络传媒之间的近乎“中国式传奇”的化学作用，都从不同侧面体现了这一点。

（4）行动者的能动性在于他是能对自身行动进行反思的主体，无论这一反思是以消极的还是以积极的方式进行的。在这一方面，吉登斯集中展现了他有关社会结构与行动者之间的辩证理解。在他看来，社会系统得以持续的前提固然是“行动者或集合体在社会互动的具体情境中，彼此之间例行化了的自主与依附关系”。[④] 不过，人之可能性在于他/她有能力对自身行动进行理性的反思性监控。所谓“人类是唯一能认识到自己在创造自己的‘历史’的造物”[⑤] 想要强调的就是人的认知能力所具有的独特价值。个人因此能介入视觉行动的进程，并影响事态的发展。

如果我们关注吉登斯对行动者与社会结构之间关系的多层次理解，我

① 〔英〕安东尼·吉登斯：《社会的构成》，李康译，三联书店，1998，第64页。

② 〔英〕安东尼·吉登斯：《社会的构成》，李康译，第64页。

③ 〔英〕安东尼·吉登斯：《社会的构成》，李康译，第76页。

④ 〔英〕安东尼·吉登斯：《社会的构成》，李康译，第78页。

⑤ 〔英〕安东尼·吉登斯：《社会的构成》，李康译，第91页。

们或许可以重新思考体制所具有的意义。吉登斯反对从社会客体的角度来理解社会系统，并认为“社会系统的规范性要素只是一些依赖于情境的权宜性主张，只有通过在日常实际接触的具体情境中有效地调动各种约束，才能得到维持，受到关注”。① 就此而言，本文认为，视觉体制可看作为一种形式，即客体机构、秩序的结构性原则、意义系统与情境中的动态关系的综合体。②

第二，有关视觉体制与视觉主体之间的结构性关系，其实离不开另一结构性要素即形象。我们可以把形象简化为前二者之间的中介，但形象又不仅仅是中介。在《从形象看视觉文化》中，周宪教授将形象看作“视觉文化研究的基本单元”，是具有“生产性”的，它必然涉及处于编码—解码动态过程之中的形象的表征。③ 可见，在视觉主体与视觉体制各自的多重属性以及这二者之间制约又能动的关系中，形象扮演着双重角色：一方面它是视觉体制的一个实体单元，在具体物质层面上存在（相对）独立性；另一方面，它又是联结视觉体制与视觉主体的结构性资源。

要理解所谓的“结构性资源”，笔者以为可以再次借鉴吉登斯的看法，当他谈到行动者对自身行动的反思性监控时，不仅主张了主体自身的认知能力在这一过程中的作用，而且他还提到了社会体制为这一反思性监控及介入行动提供的条件，“所有的依附形式都提供了某些资源，臣属者可以借助它们来影响居于支配地位的人的活动”。④ 笔者以为这种资源或许可以理解为一种结构性空隙，而形象便可视为一种视觉体制所提供的结构性空隙的重要形式。因为，一个形象不只是一幅图画或其他什么，形象的存在与视觉主体是不可分割的。W. J. T. 米歇尔揭示了形象对意识的依赖关系：“世界不会依赖意识而存在，但世界上的形象（自不必说）显然依赖意识而

① 〔英〕安东尼·吉登斯：《社会的构成》，李康译，第95页。

② 安东尼·吉登斯认为，制度（institutions）是“在这些总体中时空伸延程度最大的那些实践活动”（《社会的构成》，第80页），从这一定义看，该概念已经综合社会系统及其中的既受限而又能介入系统建构的、有认知能力之行动者的实践活动构成的各种关系。

③ W. J. T. 米歇尔在其《图像学：形象、文本、意识形态》（陈永国译，北京大学出版社，2012）中，把运用形象的系谱划分为物质形象、存在于脑中的精神形象，以及语言形象。他通过这种划分讨论了西方思想中词与形象再现之间的斗争，以及二者之间的潜在关系。不过就笔者所发讨论的视觉体制而言，这种形象系谱是有些宽泛的，它同时跨越了多个结构性位置，如精神形象问题与本文所关注的视觉主体的问题就是交叉的。因此，本文采取的是周宪教授在《从形象看视觉文化》中将形象划分为图像、影像、景象的看法。

④ 〔英〕安东尼·吉登斯：《社会的构成》，李康译，第78页。

存在。”[①] 贝尔廷（Hans Belting）在《形象人类学》中更是把形象的存在置于构成了文化史进程的诸结构性要素之间的互动之中。“形象并不只存在于墙上（或是在电视屏幕上），它们也不是只存在于我们的头脑之中。它们不能脱离一个相互作用的持续进程，而那一进程已经在人造产品的历史之中留下了它的轨迹”。[②] 形象在动态进程中的这一关系性位置，尤其是它对意识的依赖关系可谓是形象作为结构性空隙的契机。

同时，我们也可以结合形象在物质层面上的相对独立性来思考其对于结构性空隙的意义。在受互联网技术支撑与视觉文化结构的当下环境中，一个形象虽然仍是关系网络之节点，但它不必然是一个固定的节点，而是不断游移的诸关系网络之节点。当我们观看微博热点话题所聚合或散播的图像、视频时，当我们在百度图片或视频中沉醉于层出不穷的图像或视频时，这些形象总是不断地被抽离其原有语境及意义系统，并不断地被归入新的语境及意义系统之中。鉴于此，本文以为可以对 W. J. T. 米歇尔有关形象与意识之间的判断略做些改动：形象依赖意识而存在，但形象与意识的结合方式有诸多的可能性。换而言之，形象总是处于意义系统、文化系统之中，但它并不必然固定于某种意义系统或某种文化系统之中。正是在此层面上，视觉主体的能动性有了充分展现的结构性空间。

基于上述对视觉体制、形象、视觉主体之间互动关系的理解，本文以为“视觉体制”的概念是在考虑到上述诸关系的基础上得以明确的，即视觉体制是以政治、经济体制为背景，以艺术期刊、艺术展馆、博物馆、艺术品拍卖行、电视、电影、互联网、手机媒体等视觉机构为平台的。其中，客体机构、秩序的结构性原则、意义系统、情境中的动态关系共同构成关系场，这是文化结构、视觉主体及形象发生互渗、互动的场域。如此理解不仅有助于我们思考视觉体制如何创造了某种视觉性的问题，而且也为我们提供途径去考察不同视觉主体的诉求甚至私人视觉癖好如何能够介入对多元化视觉性的建构乃至对视觉体制的建构等问题。

---

① 〔美〕W. J. T. 米歇尔：《图像学：形象、文本、意识形态》，陈永国译，第 15 ~ 16 页。

② Hans Belting, *An Anthropology of Images*: *Picture*, *Medium*, *Body*, translated by Thomas Dunlap, Princeton: Princeton University Press, 2011, p. 4.

场景之争：移动互联时代的视觉传播新格局

刘利刚*

摘要 移动互联技术引发了视觉传播的新变化。首先，移动终端（如智能手机等）把常量场景表征为了变量场景；其次，场景具有符号现象学所谓的“形式直观”的意味，具有构筑人类共相的潜质，场景传播以受众为主导，有力地促进了视觉文化生产方式与传播方式从注意力到意向性的转向；再次，处于正项地位的精英媒体受到了处于中项地位的大众媒体的挑战，引发了场景之争；最后，省思视觉传播新格局。

关键词 场景表征 场景之争 场景传播符号 现象学 人类共相 传播格局

Abstract Mobile Internet technology has changed the visual communication significantly. First of all, the mobile terminals, such as smart phone and tablet, symptomatize the constant context as the variable context. Secondly, the context has an intonation of "intuitive form" according to semiotic phenomenology, and it has the potential to construct human universals. The audience-oriented communication of contexts facilitated the diversion of the production and communication of visual culture from the attention-focused to the intention-focused. Thirdly, a battle of context was triggered when the sta-

---

* 刘利刚，四川大学符号学－传媒学研究所成员，研究方向为传播学与符号学。本文系国家社科基金重大攻关项目“当今中国文化现状与发展的符号学研究”（13&ZD123）与重庆市教改课题“互联网＋时代传媒人才培养模式创新研究”（153126）的阶段性成果。

tus of elite dominated media was challenged by the we media which is driven by the media engagement of the general public. At last, this paper mode reflects on the new landscape of visual communication.

Key words representation of the context battle of the context communication of the context semiotic phenomenology human universals communication landscape

移动互联时代带来了视觉传播的新变化。移动互联网终端（如智能手机、iPad 等）具有强大的影像捕捉与影像处理功能。个人可以随时随地捕获日常生活场景并表征为影像，经云传播共享于网络。移动互联网是隐喻，其表意方式有别于传统视觉文化，且能够塑造使用者的思维。伴随互联网出生的网生代，其“象”思维能力、“云”思维能力经熏习而得，早已在与互联网的不自觉打交道中内化为了先验能力。传统媒介文化产业之所以面临转型升级的压力，与受众群体的认知图式在悄然发生改变有着必然的关系。与此同时，主流媒体又要保持住其意见领袖的地位，势必会发生媒体话语权争执。这场媒介话语权之争，孰胜孰败，不在于谁的言说更加犀利，而在于谁的场景传播能够带给受众更加适切的体验。从符号现象学角度来看，受众的意识把“获义意向活动”（noesis）① 投向场景，把场景转化成“获义意向对象”（noema）②，在这个过程中获得意义。场景具有形式直观的意味，而意识的形式直观却是意识获得意义的基础活动。场景传播蕴含意义获取方向的转向，即从“注意力”（传者主导）到“意向”（受众主导）的转向。这势必会打破传者中心的格局，引起视觉表征的新变革，促进视觉文化的多元化与共享性。

一 场景表征：从常量到变量

场景是由场和情构成的。罗伯特·斯考伯和谢尔·伊斯雷尔所著的《即将到来的场景时代》的英文书名中的“Age of Context”中，“context”一词在国内被广泛地译为“场景”，但是“context”也可译为“情景”，“场

① 赵毅衡：《形式直观：符号现象学的出发点》，《文艺研究》2015 年第 1 期。

② 赵毅衡：《形式直观：符号现象学的出发点》，《文艺研究》2015 年第 1 期。

景”和“情景”在中文中含义不同。“场景”更偏向于空间环境，而“情景”更多的指行为情景或心理氛围。本文用“场景”一词既指偏向空间环境的“场”又指偏向行为情景或心理氛围的“情”。也就是说，本文所说的“场景”兼具有“情景”的意义。

场景是人们日常的生存场所和生存情景，是日常化的存在居所和存在方式。但是，当它未被命名时，它即使存在也常常处于晦暗不明之中。本文把场景分为常量场景和变量场景两类。常量场景是由事实之物构成的固定场景和移动场景。变量场景是由符号之物构成的符号场景。本文所定义的“常量场景”和“变量场景”与新媒体研究者彭兰所定义的“固定场景”和“移动场景”有所区别。彭兰认为，所谓“固定场景”指的是人们在相对静止的状态下所处的空间环境，是与人们日常活动规律相关联的环境，通常它们与人们的关系是稳定的，可以视作一个“常量”；而所谓“移动场景”指的是人们在活动中不断遭遇的环境，是一个“变量”。[①] 彭兰所指的场景强调的是上网处所，而本文所指既有上网处所这层意义又有场景的媒介化呈现这层意义。

之所以把场景分为常量场景和变量场景，是与移动互联网对人们生活方式的改变分不开的。根据美国互联网分析师玛丽·米克尔（Mary Meeker）及其所在的研究机构KPCB发布的《2014年互联网趋势》报告，截至2014年5月，全球移动互联网使用量占互联网使用量的25%，亚洲更是达到37%。[②] 而根据CNNIC发布的《第35次中国互联网络发展状况报告》，到2014年6月，中国手机上网比例首次超过传统PC机上网比例，手机网民规模超八成。[③] 这些数据都表明，移动互联网时代已然到来。

在移动互联时代，人们只要随身携带着智能手机，便可随时随地把所见所感上载至云端。场景在视觉传播中愈来愈成为凸出的核心要素。作为常量的固定场景和移动场景通过智能手机的转换成了变量场景。变量场景是符号场景，是用户所处场所和个性化感知、情绪的视觉化再现（representation）或表征（symptomatize）。符号场景是媒介化场景，随着媒介的发展而呈现为不同形态：在口语时代，符号场景呈现为口语；在文字时代，符

---

① 彭兰：《场景：移动时代媒体的新要素》，《新闻记者》2015年第3期。

② （Mary Meeker）《2014互联网趋势》，http://www.36kr.com/p/212449.html，201 5/10/15.

③ 《第35次中国互联网络发展状况报告》，http://www.cnnic.net.cn/hlwfzyj/hlwxzbg/，2015/10/15.

号场景呈现为文字；在印刷时代，符号场景呈现为印刷品；在电子媒介时代，符号场景更多呈现为视像；在数字时代，符号场景呈现更为复杂。目前，正处于数字时代，常量场景依旧故在，而变量场景却随着符号生成方式的数字化，呈现形态获得了极大的解放。

数字时代的变量场景及其生成，是当前视觉传播的核心。其涉及三个问题，即固定场景的传播、移动场景的传播、场景的符号化视觉再现或表征。这三个问题与移动技术的发展是须臾不离的。事实上，自口语时代开始，这三个问题就基本上是一种日常性的存在，但是从未像今天一样成为非常态。也许，正是这种日常性，一旦被给予命名和技术化关照，便更加具有生命力，更能引起人们切实的反应。场景传播之所以被广泛关注，除了移动互联技术赋予媒介能移动的特性外，也给予了人们通过操控媒介来把握时间的权力。也许，人们能够通过媒介来支配自己的时间是场景传播的最大优势。

相比 PC 互联时代，移动互联时代的场景传播更加自由。在 PC 互联时代，人们的上网场所主要集中在办公室、书房、客厅及网吧等相对固定的场所。而在移动互联时代，人们的上网场所具有了流动性，“一机在手，说走就走”。这种流动性，看似是上网场所具有了随时随地的流动性，实际上是人们对自己在线时间的随意支配以及对所见、所闻、所感的随意表达。这种对于时间的随意支配，不仅将在线场所由固定场所延伸至如卧室、卫生间等这样的私密空间，而且把如“在路上”等移动场所也变成了新常量。

“在路上”（on the way）是移动互联技术对人思维塑形的形象化隐喻，它极大地改变了人们把握世界的思维方式。“我上网，故我在”已经成了一种思维习惯。“场景五力”正是这种思维演进的原动力。所谓“场景五力”，是由罗伯特·斯考伯和谢尔·伊斯雷尔在他们合著的《即将到来的场景时代》一书中所提出的与场景时代相关的 5 个要素，即大数据、移动设备、社交媒体、传感器和定位系统。他们认为：“五种原力正在改变你作为消费者、患者、观众或者在线旅行者的体验。”[①] 这五大原力为人们建构了随时参与传播、体验传播的新语境。

移动设备主要指智能手机和各种移动终端如 iPad 和可穿戴设备。除了

① 〔美〕罗伯特·斯考伯、谢尔·伊斯雷尔：《即将到来的场景时代》，赵乾坤、周宝曜译，北京联合出版公司，2014，第 11 页。

智能手机外，作为移动终端的可穿戴设备也在快速发展中，如谷歌眼镜、谷歌即时、Apple Watch、燃料腕表等大量涌现。朱尼普研究公司预测，可穿戴设备的年销量将由2013年的1500万台增加到2017年的7000万台。未来几年人们的主要移动设备将有可能由智能手机变为可穿戴设备；社交媒体是基于移动设备的社会性应用媒介。全球有15亿用户在使用社交媒体Facebook和Twitter。2014年7月，中国微信官方公布的数据显示，微信用户数接近4亿，微信公众号为580万个，日增长量为1.5万个；[①] 在场景传播时代，数据就如同空气中的氧气一样，无处不在又不可或缺。只要上网，我们的相关数据就会被收集；2001年，凯文·阿什顿首先提出“物联网”的概念，即无生命的物体可以通过全球网状网络与人或其他无生命物体进行交流。这一交流的媒介就是传感器。传感器就像人的神经感觉系统。2007年1月，史蒂夫·乔布斯推出的苹果手机标志着传感器成为场景的五种原力之一；定位系统可以帮助人从一个地方到另一个地方，并选择最佳路径。

正是这“场景五力”把场景从常量场景转换为了变量场景。变量场景是一种以如赛博空间或者虚拟空间为主体的新的实在空间，特别是智能手机上的各种APP，诸如微信（WeChat）、QQ等，突破了时间和空间的限制，对人体感觉器官进行了不同程度的延伸，将人们部落化于不同的变量场景中，形成了一种新的实在场景。诚如麦克卢汉所说：“每一种新的传播媒介都以独特的方式操控着时空。”[②] 麦克卢汉所谓的操控时空，虽然仅是一种隐喻式修辞，但媒介能够引起人们对时空感知的变化是真实的。媒介发展的历史，事实上是信息传输速度的历史，是人体感觉器官延伸的历史。“速度会取消人类意识中的时间和空间”。[③] 每件事物都在加速，无情地压缩一切人类活动领域中的时间。压缩时间直到极致，形同造成时间序列以及时间本身的消失。[④]“无时间的时间”，不仅消灭了时间，而且也消灭了空间。克服了常量场景的物理时空束缚的变量场景使得人们无比自信。可以说，正是这无数变量场景的聚合构成了所谓的“地球村”。

---

① 刘瑞生：《微信等网络新应用的安全影响及治理对策》，《信息安全与通信保密》2014年第9期。

② 转引〔英〕尼克·史蒂文森：《认识媒介文化：社会理论与大众传播》，王文斌译，商务印书馆，2001，第127页。

③ 陈力丹：《精神交往论》，开明出版社，1993，第109页。

④ 〔美〕曼纽尔·卡斯特：《网络社会的崛起》，夏铸九、王志弘等译，社会科学文献出版社，2003，第530页。

二　场景传播：从注意力到意向性

从起源学意义上追溯场景传播，很难找到一个绝对化的历史事件，而移动互联网技术（如智能手机）也仅在现实意义上被视作场景传播的历史性拐点。在移动互联时代，之所以特别强调场景传播，正在于移动互联技术在发生学意义上为场景传播之观念孵化打造了媒介史上空前的最佳语境。更为重要的是，移动互联技术所带来的分享场景的便捷性，也促成了场景传播从吸引注意力到意向性投射的转向。如经济领域的场景传播，正在发生从注意力经济到意向经济的转向。场景传播，特别是其中的变量场景传播，一方面极大地丰富了视觉文化，另一方面也产生了大量的符号冗余甚或泛滥。符号资源在某种程度上说，已经不成为稀缺资源，而稀缺的是人们的注意力。

这意味着以卖家为中心的注意力经济范式，正在遭受意向经济范式的挑战。这种挑战表现在两方面：一方面，虽然商家花费巨资，采用大规模、大范围的广告轰炸和兜售方式，但因其目的性、针对性很弱，效果甚微；另一方面，因消费者对于这种轰炸型广告的极为反感和抵触，广告投放和广告的效果严重失衡。

2006 年，道克·西尔斯在一篇文章中明确地提出了“意向经济”理论。所谓“意向经济”是指围绕着消费者意向进行的经济活动。它是一种需求导向型而不是利润导向型的经济样式。“意向经济”理论的核心思想是变卖家广告为买家广告，即买家通过媒体向卖家发布自己需求和意向的信息，商家围绕着买家的购买意向进行竞争，完全颠覆了之前的广告形式和思维模式，一个逆向广告时代正在来临。[①] 也就是说，意向经济是买家主导的经济，即以满足买家意向为导向的经济。经济学中的营销本身就是一种整合传播营销，这种意向性传播理念显现于经济领域就不足为奇。前文所述的“场景五力”作为网络生产力，为这种意向经济发展提供了后坐力，而经济的发展反过来又夯实了后坐力的发力基础，使其为当今场景传播的普遍性提供了实在性支撑。

除此之外，场景传播之所以发展迅速，还与场景所具有的符号现象学

① 梁旭艳：《场景传播：移动互联网时代的传播新变革》，《出版发行研究》2015 年第 7 期。

的深层意味分不开。在移动互联时代，作为符号场景的变量场景相当普遍地存在。之所以如此遍在，与这些变量场景的生产和传播离不开人们的意向性有关。从符号现象学角度来分析变量场景的生产可知，人们的意识借助拍摄把获义意向活动投向常量场景，把常量场景转化成获义意向对象，在这个过程中获得意义。无论是常量场景，还是变量场景，都具有形式直观[①]的意味，而意识的形式直观，却是意识获得意义的最基础活动。

在很大程度上，人类的原始思维几近场景思维，即视觉化的图像思维。图像思维是人类未受到教育熏习之前的原始思维。这种原始思维在普遍意义上具有人类共相的特征。所谓“人类共相”（human universals）是从两方面排除的结果：一方面，排除与动物或一般生物相同的特征；另一方面，与各种文明的多样性、特殊性相区别。[②] 人类文明是在人类与物世界以及人与人打交道的过程中，由各方面的经验符号化的产物。在这一过程中，因为四方习俗各有不同，而且符号化过程中所使用的符号也各有不同，特别是“规约符号”（convention symbol）不同（如汉语、英语、法语、德语等），故此形成了不同的文化与文明。本文虽然提及了不同的语言，但并不讨论语言共相的问题。

皮尔斯（Charles Sanders Peirce）认为，根据与对象的关系，符号可以分成三种：“像似符号”（icon symbol）、“标示符号”（index symbol）和“规约符号”（convention symbol）。像似符号指向对象靠近的“像似性”（iconicity）：“一个符号代替另一个东西，因为与之像似。”[③] 指示符号是“以对象为原因”而形成的，皮尔斯说：“指示符号是在物理上与对象联系，构成有机的一对，但是解释者的心智无须关心这种联系，只是在这种联系形成之后注意到它。”[④] 规约符号是与对象之间没有理据相连接的符号，是社会文化约定俗成的。前两种是有理据性的符号，即像似和邻接，而第三种是无理据性的，即具有规约性。规约性是社会性的，不同社会的规约不同，不能通用，而像似符号与指示符号，各个社会有可能是相通的，如厕所不用文字而用图案则更能避免误会。这说明，图像的确具有世界通用性。“任何

① 赵毅衡：《形式直观：符号现象学的出发点》，《文艺研究》2015年第1期。

② 赵毅衡：《论人类共相》，《比较文学与世界文学》2015年第1期。

③ Charles Sanders Peirce, ed., *Collected Papers*, vol. 3, Cambridge Mass: Harvard University Press, 1931 - 1958, p. 362.

④ Charles Sanders Peirce, ed., *Collected Papers*, vol. 3, p. 299.

感知都有作用于感官的形状，因此任何感知都可以找出与另一物的像似之处，也就是说任何感知都是个潜在的像似符号”。[①] 变量场景传播所依赖的正是移动智能终端（如智能手机）对人眼形式直观感知能力的延伸。

皮尔斯把符号的可感知部分称为“再现体”（representation），这相当于索绪尔所说的能指；但是索绪尔的所指，在皮尔斯那里分成了两个部分：一是“符号所代替的”“对象”（object）；一是“符号引发的思想”，即符号的“解释项”（interpretant）。[②] 在场景传播中，如下图所示，对象即人类所能够及的物世界，被人们通过移动互联网终端转换为再现体（或变量场景）即意义世界［n=1、2、3……k、k+1，k∈N（自然数），表示不同的意义维度，如不同国家的文化等］。不同的意义世界基本由皮尔斯的三类符号（像似符号、标示符号及规约符号）混合构成。其中，由像似符号和标示符号所表征的部分，具有世界通用性，最有可能被全人类所共识，即形成“共同解释项”（common interpretant），进而成为人类共相。

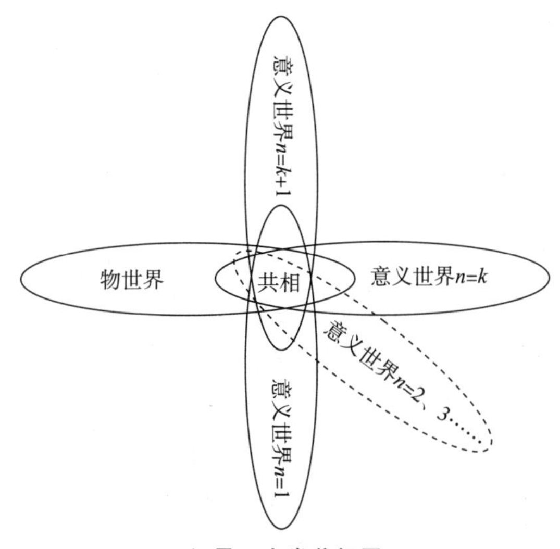

场景－人类共相图

场景传播时代，亦是图像时代，正如影视成为全球通用艺术门类一样，场景传播已然或也正在成为全球通用传播技艺。承前文所言，全球有 15 亿用户在使用社交媒体 Facebook 和 Twitter，近 4 亿用户在使用 WeChat。这三

① Ernst H. Gombrich, *Art and Illusion*, London: Phaidon, 1968, p. 12.

② “The Idea to Which the Sign Gives Rise,” Charles Sanders Peirce, ed., *Collected Papers*, vol. 2, Cambridge Mass: Harvard University Press, 1931－1958, p. 228.

种媒介都是基于场景传播的媒介，它们都能满足人们的获义意向性，且能以形式直观为出发点，将自己的所见、所闻及所感传至网络形成变量场景，从而促发视觉文化向更加多元化与更具共享性发展。

三　场景之争：中项挑战正项

在“场景五力”推动下，场景传播几近成了全民行动。只要手中有一部智能手机，人人都可以进行场景传播。communication 一词，中文译为“传播”。“传播”一词在中文中的意义更多的具有单向的、一对多的意味。在前互联网媒介时代，“传播”具有单向的、一对多的义项，这并无大碍，毕竟能够真正成为信源的，确实更多的是主流媒体；但是在互联网时代，特别是在移动互联时代，“传播”依然作为信息流通的中文命名术语，实在有失偏颇。在移动互联时代，信息流通的拓扑结构绝非仅仅为树状模式，而是远比树状模式复杂的网络状拓扑模式。

网络状拓扑结构不仅是一种硬件组织结构，而且背后有着深层的精神内涵。美国《时代》周刊曾刊载的一篇文章中认为，今天的个人计算机革命和互联网之所以成为这样，乃是继承了20世纪60年代的嬉皮士精神。在1968年前后，“二战”之后出生的一代美国青年进入了美国所有的大学，但他们对富足而平庸的市民社会产生厌倦，于是纷纷起来反抗。从西海岸开始，美国爆发了一场以性解放、摇滚乐为主题的嬉皮士运动。例如，康奈尔大学的反抗口号是“不要告诉我世界是怎样的，告诉我如何创造世界。”这个口号曾风靡一时。

石油危机的到来，虽然让嬉皮士运动很快画上了句号。但是嬉皮士精神长久地在音乐、电影及装置艺术领域中徘徊。而那些吸食过大麻的工程师们则将它带进了信息革命的世界，他们渴望用新的、更自由的技术打碎福特·亨利们所铸造的机器王国。自互联网诞生以来，网络世界里一直崇尚并流行着“自由平等，随心所欲”的网络文化与精神，这是一种类似于20世纪60年代美国流行的嬉皮士运动的文化内涵。从乔布斯、杨致远、贝佐斯，到布林、扎克伯格，在这些人的身上无不流淌着嬉皮士的血液——辍学、叛逆、崇尚自由。[①]

---

① 吴晓波：《互联网对中国到底意味着什么?》，http://mt. sohu. com/20151013/n423081418. shtml，2015/10/18。

“互联网并非是一种价值中立的所谓纯技术，它产生于美国与前苏联冷战的需要”。[①] 但是，这种对于互联网的认识，仅停留于对互联网技术与政治意义关系的解读上，而互联网民用化后的内在精神则更倾向于这种嬉皮士精神——开放、去中心化、对等、公平。吴晓波在一篇文章中谈到，由嬉皮士精神催生出来的互联网，在中国可谓“魂不附体”。虽然这种认识具有正确的向度，但是这仅仅是看到了互联网与中国正在发展的商业结合的世俗化方面。而事实上，这种嬉皮士式的互联网精神在中国也获得了极大的发展。

基于对互联网精神的认识，communication 的中译“传播”已然错位，而更为准确的相应的中文表达则应为“交流”。这也正如对 psychology（心理学）认识的世界性错位一样，虽然相沿成习使用“心理学”这一术语，但是人们非常清楚的是，知、情、意并非产生于心里，而是原发于大脑与周遭事物的相遇、相激中。是故，在互联网时代，虽然 communication 的中译符号为“传播”，但是解释项则理应为“交流”。

老百姓的俗话说得好：“人生开门七件事，柴米油盐酱醋茶。”这句话最早出现在宋朝，它出自南宋吴自牧《梦粱录·鲞铺》：“盖人家每日不可阙者，柴、米、油、盐、酱、醋、茶。”这些都是与老百姓生活密切关联的必需品，生活就是衣、食、住、行、吃、喝、玩、乐，生活就是由各种琐事组成的。对于传媒而言，能被媒介化的事件，都是小概率事件。“狗咬人不是新闻，人咬狗才是新闻”，这就是主流媒体的报道逻辑。生活琐事，按照这种逻辑，在常态下不可能成为媒介事件，唯有生活的日常性被打破了方才有可能。如 2011 年日本大地震导致的福岛核电站核泄漏，引起的中国出现“抢盐风波”，这样的生活琐事才能成为媒体报道的焦点。

然而，移动互联技术催生的场景传播正在悄然改变传统媒体“一言堂”的局面。从交流起源学意义上来看，“拍照分享 + 文字描述”的出现是媒介功能发展史上的一个大事件；从交流发生学意义上来看，人们出于表达的需求势必会对这种交流方式产生极大的兴趣，进而形成惯性化思维。场景传播不仅仅是对生活细节的放大，而且通过“链文本”[②] 的不断追帖，使生活从精细走向深广。

---

① 刘利刚：《互联网文化衍义逻辑试推》，《湘潭大学学报》（哲学社会科学版）2015 年第 3 期。

② 赵毅衡：《符号学》，南京大学出版社，2012，第 144 ~ 152 页。

目前正处于互联网发展的第三个阶段。第一个阶段是Web1.0的门户时代，用户数、点击率、流量为其追索的最大目标；第二个阶段是Web2.0的社交时代；第三个阶段是Web3.0的场景细分时代，以用户为中心（user center）。① 这是学者胡正荣提出的互联网发展的三个阶段。本文认同这种划分，特别是对Web3.0的场景细分时代特征的概括。但是，这种划分与概括是从商业目的出发服务用户的角度来说的。而本文是从昔日的受众今日接过了话语权的角度来看待的。

当今视觉文化当道，其中一个重要的原因就是原来视觉文化的生产与传播主要控制在艺术家和主流媒体的手中，而如今人们可以随时随地通过移动终端上的各种APP进行创作与传播。“拍照分享”功能在成为智能手机的基本配置之同时，也成为人们日常交流的基本手段。例如，在微信中，每个人都有一个“朋友圈”，而每个“朋友圈”中的朋友又都有一个“朋友圈”，每一次拍照分享，都会以“圈圈相套”的几何级数在网络中病毒式地传播开来。

依靠于智能移动终端特别是智能手机的整合性功能，社交媒体获得了极大的发展，进而成了场景传播的集散地。故此，主流媒体的正项地位正在受到处于中项地位的社交媒体之场景传播的挑战。从上至下的金字塔状的传播格局正在被网络状的传播格局所对抗甚至替代。对于这一现象级问题，运用赵毅衡提出的“标出性”理论，便能给予充分的阐释和理解。所谓“标出性”理论，是指在对立的两项中，导致不平衡的是第三项，即“非此非彼，亦此亦彼”的中项。携带中项的非标出项是正项。中项的特点是无法自我界定，也没有自己的独立符号，必须靠非标出项来表达自身。中项所排斥的是异项，即标出项。也就是说，标出项之所以成为标出项，就是因为被中项与正项联合排拒。这种论述中项偏边现象的理论，就是“标出性”理论。②

在“标出性”理论中，正项和标出项（或称异项）是处于对立的两项，中项靠着偏向正项而表达自身，也就是说，中项是偏向正项而排斥标出项的。在前互联网时代，这种情况是实情，但是自互联网时代以来，这种情况正在悄然发生变化。处于中项地位的大众通过智能移动终端取得了话语

---

① 胡正荣：《移动互联时代传统媒体融合战略分析》，http://news.xinhuanet.com/zgjx/2015-02/11/c_133987203.htm?utm_source=tuicool，2015/10/18。

② 赵毅衡：《符号学原理与推演》，南京大学出版社，2011，第285页。

权，也可以说，具有了自我表达的工具，他们并不需要处于正项地位的主流媒体来代言，而且这种自我表达是随时随地的场景传播，真可谓是“有图有真相”，充分地朝向了场景本身。然而，主流媒体也逐步地认识到了场景传播的重要性，如前文所说，截至 2014 年 7 月，微信用户数接近 4 亿，而微信公众号仅为580 万个，但是微信公众号日增长量为1.5 万个（目前有说日增 3.5 万个）。这说明处于正项地位的媒体与处于中项地位的媒体的“场景之争”已然正酣。

与此同时，处于标出性地位的异项媒体也依然存在，它们并没有因处于正项地位的媒体联合处于中项地位的媒体的抵抗而偏居一隅，甘愿沉默，相反，处于标出性地位的异项媒体借助移动互联终端之场景传播的便利与流行，正与处于正项地位的媒体展开争夺处于中项地位媒体的斗争。例如，“网络痞雄”和“网络氓众”现身于网络。“网络痞雄”是随着网络论坛、博客、微博、微信等互动社区和互动平台的发展而出现的一类网民，这些人在网络互动社区和互动平台展现自己不同寻常的行为或观念，对日常行为规范或伦理标准造成一定冲击。“网络痞雄”如范跑跑、郭美美等。“网络氓众”是与“网络痞雄”相伴而存在于网络的，是网络上充满着观看欲望的群体。[①] 我们每个人都有成为“网络氓众”的可能。从“标出性”理论来看，“网络氓众”是处于中项地位的并偏向处于异项地位“网络痞雄”的部分网民。“网络痞雄”通过网络乌合伦理吸引部分处于中项地位的网民而成为“网络氓众”。“网络氓众”是一个变量，是处于“三态”（正项、中项和异项）之间的网民。本文不讨论网民在“三态”之间的关系转换，旨在澄明移动互联时代，场景之争已然成为常态。

结语：对视觉传播新格局的省思

传播研究历来沿着“传播与国家、社会发展主题”而展开，“没有或者较少涉足传播与人的发展这样的人文命题，这使得传播学作为一个学科缺

① 王峰：《“痞雄”现象与网络乌合伦理——从“范跑跑事件”谈起》，《“新媒介与当代文论转向”研讨会暨中国中外文艺理论学会新媒介文论分会成立大会论文集》，在线出版，2014 年11 月25 日。

乏灵魂所在”。[①] 但是，作为传播研究重要组成部分的视觉传播，有力地弥补了这一缺憾，更多的涉及“传播与人的发展”这样的人文命题。就当代中国传播研究的沿革而言，向来是将施拉姆（Wilbur Schramm）作为中国传播研究的“意见领袖”，而施拉姆建构的传播研究神话却主要集中在经验效果研究和管理研究上，并且这种量化的实证研究也特别适合于“传播与国家”及“传播与社会”这样的研究性命题，而像“受众的现代视觉经验建构”这样的人文命题则相对地被边缘化了。

然而，随着图像时代的到来，视觉文化及其传播研究异军突起，极大地拓展了传播研究的视野。许多不同学科背景的学者涉足了视觉文化及其传播研究。仅就国内而言，从文艺美学介入的学者有周宪、陶东风、周计武等；从符号学介入的学者有赵毅衡、段炼、胡易容等；从传播学介入的学者有盛希贵、顾铮、孟建、任悦等；从影视艺术理论介入的学者有聂欣汝、黄文达、李兴阳等。复数视角的介入，刷新了传播研究的刻板成见，扩大了传播研究的知识边界，增加了传播研究的新向度。

许多学者从复数视角介入视觉文化及其传播研究，虽然对处于社会转型时期的视觉传播新格局产生了正相关的影响，但是本文所关注的由大众所参与的场景表征、场景传播以及场景之争等问题，亦更不可小觑。在移动互联时代，人人都可参与场景建构和场景传播，并可能引发处于中项地位的大众视觉文化建构对处于正项地位的精英视觉文化建构的挑战。而与此同时，值得重视的另一个问题是，处于标出项地位的异项视觉文化的建构者，也可能会积极地借助互联网参与争夺处于中项地位的大众的战斗中来。异项视觉文化的建构者，如“网络痞雄”，通过对民意的绑架，使网民站位发生滑动后偏边，变为“网络氓众”，进而可能引发更为复杂的场景之争。

移动互联时代，场景之争的直接后坐力之一是媒介技术变革所引发的视觉文化建构方式的转向，包括主体性转向和媒介形式转向。前者指原来视觉文化的建构与传播在很大程度上受处于正项地位的精英（如艺术家）控制，而当前大众通过各种APP就能够自己生产视觉符号文本，这意味着，意义获取方向或者传播方向发生转向，即从注意（传者主导）到意向（受众主导）的转向；后者指转向后的图像化意义获取方式切近人类从形式直

① 姜飞：《中国传播研究的三次浪潮——纪念施拉姆访华30周年暨后施拉姆时代中国的传播研究》，《新闻与传播研究》2012年第4期。

观出发的获义意向活动，更易于达成共识。

经历转向之后，势必会迎来视觉传播的新格局。与此同时，新一波的场景表征、场景传播、场景之争会继续搅动原有的传播格局，使其发生演变。那么，如何演变？关键要看新媒介技术的创新与扩散的程度以及新媒介的操控权是在精英、大众还是“网络痞雄”手中了。质言之，媒介技术革新着实是推动视觉传播格局发生演变的一个后坐力。

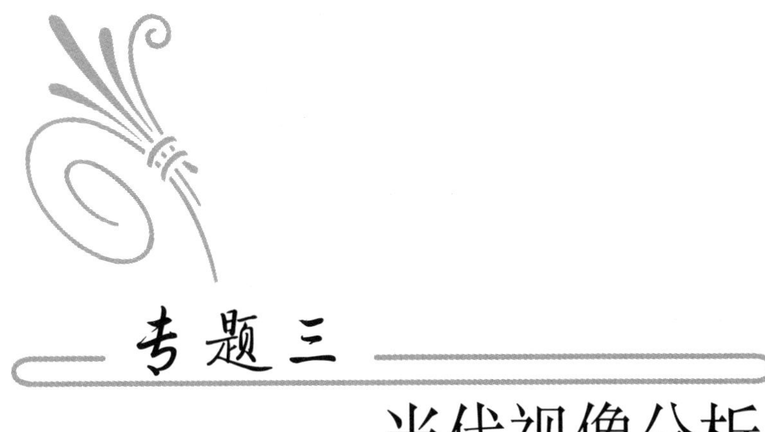

专题三

当代视像分析

后现代的视觉幻象与形象工业

阎 嘉*

摘要 后现代的形象工业在第二次世界大战之后悄然出现，在近半个世纪的发展历程中制造出了种种视觉幻象和视觉奇观，极大地改变了图像时代的地形图。摄影艺术、绘画艺术和博物馆陈列，是后现代形象工业的重要生产线。它们分别以自己不同于现代主义艺术的方式制造了碎片化的、拼贴式的视觉形象，改变了我们的感知方式和观看之道，折射出了后现代社会转型中时空快速转换和压缩所造成的感知与表达方式的深刻裂变。

关键词 后现代 视觉幻象 形象工业 视觉奇观

Abstract The image industry of postmodernity arose quietly after the Second World War. In nearly half a century of development, it has produced a variety of visual illusions and spectacles, which greatly changed the landscape in the postmodern age. Photography, painting and museum display have become the important production lines of the image industry of postmodernity. They produced the fragmented and collaged visual images in the way distnguised from the modernist art and changed our perception and viewing, which reflected the deep fission of the modes of perception and expression

* 阎嘉，文学博士，四川大学文学院新闻学院教授、博导，主要研究方向是文艺理论和美学。本文为国家社会科学基金重大招标项目“西方新马克思主义文论与空间理论重要文献翻译和研究”（15ZDB085）、四川大学中央高校基本科研业务费研究专项（哲学社会科学）重点项目“当代西方后现代文学理论专题研究”（SKQY201320）、四川省“美学与美育研究中心”重点项目“时空压缩与现代审美体验研究”（15ZD01）的阶段性成果。

caused by the fast conversion of time and space and time-space compression in the social transformation of postmodernity.

Key words postmodernity visual illusion image industry visual spectacle

自文艺复兴到19世纪晚期，西方视觉艺术的传达大体上沿着视觉中心主义的固定视觉原则来呈现图像空间，力图通过透视法则使呈现图像最大限度地接近真实物象。随着摄影术的兴起和普及，人们开始反思视觉呈现与真实物象之间错综复杂的关系。从印象派的马奈开始，经过塞尚，直到毕加索，人们不仅深刻意识到视觉呈现无法还原、也无法接近真实物象，而且意识到了视觉空间呈现与意义表达之间的内在联系，竭力探索不同的空间呈现方式，及其与意义表达之间的关系。在视觉艺术的空间呈现和意义表达方面，必定会涉及创作者对空间的感知、体验和理解，也会涉及不同的表达方式和技巧。对所有这些问题的解答，完全可以依托不同的学科和专业背景，同时，也会受到不同历史传统、社会语境、价值立场等因素的影响。

自20世纪下半叶以来，伴随后现代主义艺术的出现，视觉艺术在空间影像的呈现方面走得更远。真理、永恒、意义等先前艺术所关注的焦点，在形象工业的驱使下，已逐渐被新的时空体验、商业利益、金钱关系、社会名利等关注点所取代。因而，艺术理论和批评的着眼点亦随之相应地发生了变化。在今天，传统艺术理论和批评方法正在逐渐丧失阐释力，而形象工业竭力制造的各种视觉幻象，正以前所未有的规模强烈冲击着人们的视觉感受。正如戴维·哈维所说："审美实践与文化实践对于变化着的对空间和时间的体验特别敏感，正因为它们必需根据人类体验的流动来建构空间的表达方式和人工制品。"①这个不同于艺术理论家和美学家的视角，不仅突出了物质空间、个人体验与艺术表达之间的复杂关系，而且还触及了它们背后所隐含的历史和社会变迁所造成的文化表征等重大问题，值得我们认真关注。

① 〔美〕戴维·哈维：《后现代的状况》，阎嘉译，商务印书馆，2003，第409页。

一 后现代摄影术：制造高度逼真的虚拟幻象

自1820年代摄影术在法国诞生以来，在不到200年的发展历程中，摄影术取得了令人惊异的巨大成就，并且催生了迄今为止最大的影像和幻象制造业——摄影、电影和电视行业。从技术和艺术的角度看，摄影术曾经被认为可以精准地呈现被拍摄的影像，因而对两千多年来以“模仿论”为根基的西方传统视觉艺术构成了强有力的挑战和冲击。戴维·哈维在《后现代的状况》中敏锐地指出了这一点：“看待空间和运动的新方式（起源于摄影术和探索透视法学说的局限）开始被人们彻底思考，并被运用于都市空间的创造……热气球旅行和高空摄影改变了对于地球表面的感知，而新的印刷技术和机械复制技术使得传播新闻、信息和文化制品跨越了人口边界的包围。”①

其实，这种“彻底思考”的结果，从现代主义艺术运动一直延续到今天的后现代主义艺术运动。那么，在以摄影影像来呈现对象世界方面，到底发生了怎样的变化？这种变化的实质在于：过去，艺术理论认为，摄影术可以面对拍摄对象进行客观的、准确的、无可辩驳的再现；摄影所呈现的影像与绘画等视觉艺术所呈现的影像相比，具有无可比拟的真实性；质言之，摄影术呈现的影像与其指涉对象是同一的。然而，现在，摄影影像已然变成了一种虚拟的幻象，它完全可以同指涉对象分离开来，已不再是被拍摄对象的精准再现，而是指向了被拍摄对象以外的其他事物。影像与拍摄对象的分离，指涉与被指涉物构成了一种想象性的虚拟关系，视觉影像与被拍摄对象再也不是同一的。可以毫不夸张地说，摄影术在后现代时代已经发生了根本性的改变。

这方面的经典例证就是美国声名显赫的女摄影艺术家辛迪·舍曼（Cindy Sherman，1954～）。这位后现代摄影艺术家30多年如一日地致力于通过摄影术来制造各种视觉幻象：电影明星、乡村女孩、愤怒的家庭主妇、疲惫不堪的交际花、文艺复兴时期的女郎、滑稽小丑，乃至罗马酒神巴克斯等。在舍曼的作品里，被拍摄对象就是她自己，几十年从未变过。她最有名的代表作是1970年代后期的“无题电影剧照系列”，以及后来的“屏幕

① 〔美〕戴维·哈维：《后现代的状况》，阎嘉译，第329～330页。

后的投射”系列、“粉色浴袍”系列、“童话故事”系列、“灾难”系列和以古典绘画为基础的“历史肖像”系列、“面具”系列等。其中，《无题96号》在2011年5月11日的佳士得拍卖会上创造了摄影作品交易的最高纪录——389.05万美元。

舍曼通过各种化装术来不断变换被拍摄的角色，以期展现同一个人经过刻意乔装打扮之后所呈现的不同面孔的可能性。舍曼最经常采用的拍摄对象是化着浓妆的不同外表；其风格为人物面部经常呈现无意识的、近乎麻木的表情，画面的色彩经常过于饱和，并且常常故意采用舞台般的光线效果，显现一种散发出霉味的仿古赝品的感觉和强烈的舞台效果。舍曼拍摄照片时所使用的道具非常简单：全身镜、假发、戏装、假肢、假乳房和幻灯投影仪等。

从舍曼的摄影艺术作品中，我们可以提取出几个关键词：女性身份、化妆、表演。通过化妆和表演，刻意呈现各种媒介上流行的或曾经流行的女性形象。她所涉足的媒体包括《艺术论坛》《采访》《浮华故事》《时尚》等，合作公司有欧美和日本的时装公司、文化公司等。因此，虽然舍曼一直坚持自己独自工作，不愿组建或参与拍摄团队。但是，她通过与各种媒体的密切交往，始终活跃在时尚流行幻象的第一线，甚至引领制造各种幻象的潮流。她深谙媒体的认同之道，为了化妆经常到便宜杂货店去淘购各种旧式服装和首饰，“所以当我购买的这种东西越来越多时，许多形象突然浮现出在我的脑海，因为这些碎片可以构成许多完整形象”。① 舍曼一语道破天机：利用废弃物进行拼贴、虚构和表演，从而以摄影影像制造出各种女性身份的幻象，让人们通过幻象去想象自己的角色和身份，从而获得某种虚假的满足。她的作品试图告诉人们：“我们好像隐藏了另一个自我，一个未显露的受到压抑的一面……因为我们生活在对它的恐惧中，我们知道它有可能在任何时候爆发。”②

由上所述，我们可从舍曼的创作历程和特点中大致看出后现代的摄影艺术早已加入了竭力制造真实幻象的形象工业之中，将意义的指涉引向了影像之外的其他方面，尤其是与媒体和时尚合谋，创造出种种符号化的虚

① 〔美〕阿马赛德·克鲁兹：《电影、怪物和面具——辛迪·舍曼的二十年》，张朝晖译，《世界美术》1999年第2期。

② 〔美〕阿马赛德·克鲁兹：《电影、怪物和面具——辛迪·舍曼的二十年》，张朝晖译，《世界美术》1999年第2期。

拟幻象。对于这种虚幻影像空间所产生的效果，戴维·哈维一针见血地指出：“我们的主观体验可以把我们带入感知、想象、虚构和幻想的领域，它们产生了内心的空间和图像，就像很多想象上‘真实的’事物的幻象。”①戴维·哈维在《后现代的状况》一书中多次谈及辛迪·舍曼的摄影作品。他认为，舍曼的作品典型地体现了后现代主义与面具和多重伪装的关系，这位后现代主义艺术运动中的重要人物的作品，不仅成了很多电影或媒介的鲜明参照，而且具有后现代文化生产“无深度”且关注外表瞬间视觉冲击力的特质，因而，“毫不令人意外的是，舍曼运用摄影去唤起各种流行的形象，好像它们就是来自于固定在胶片上的、她所设想的各种姿势里”。②

所有这些都提醒我们：后现代摄影术已经改变了它原本真实呈现物体客观形象的宗旨，加入了制造各种虚拟幻象的形象工业之中。随着技术和新媒体的迅速发展，人们拥有了更多的利用摄影影像来制造幻象的手段和便捷工具，诸如 photoshop 软件技术、3D 技术、各种动画软件等，都为迎合虚假空间体验，混淆真实物象与虚幻物象的界限助了一臂之力，使我们日渐被海量虚幻、浅表、似是而非的视觉幻象和视觉奇观所包围。

二　后现代绘画图像：拼贴出来的视觉奇观

艺术家如何表达空间，要受诸多因素影响和制约，他们未必能通过对空间的表达而洞悉到自己的空间体验背后复杂多变的社会历史和语境因素。一些敏感的艺术家在自己呈现的空间体验中捕捉到的某些特质，往往会把理论思索引向空间体验变化背后的深层原因和实质性问题。19 世纪法国诗人波德莱尔把时代、风尚、道德、情欲等当成现代性的各种表征。他对当时日常生活方式中所蕴含的现代性因素的关注，导致他“从流行的东西中提取出它可能包含的在历史中富有诗意的东西，从过渡中抽出永恒”，并且断言：“现代性就是过渡、短暂、偶然，是艺术的一半，另一半是永恒和不变。”③对具有自觉意识的艺术家来说，对空间的体验也应当包含着深厚的物质性、历史想象和现实关怀等内容。从某种意义上说，艺术家空间体验的

① 〔美〕戴维·哈维：《后现代的状况》，阎嘉译，第 253～254 页。

② 〔美〕戴维·哈维：《后现代的状况》，阎嘉译，第 12、13、81、83 页。

③ 〔法〕波德莱尔：《波德莱尔美学论文选·1846 年的沙龙》，郭宏安译，广西师范大学出版社，2002，第 424 页。

生动性和丰富性，在很大程度上决定其作品的成功与否。

然而，在视觉艺术领域，塞尚从19世纪晚期以来就开始尝试运用各种新方法分解传统绘画的空间，毕加索和勃拉克在塞尚的启发下进行了立体主义的试验，抛弃了从文艺复兴时期以来占主导地位的线性透视空间，而德洛奈则以分解后的空间来表达运动中的时间。马奈、毕沙罗、马蒂斯、康定斯基、杜尚、克利、契里柯、布朗库西、波洛克等艺术家都极度关注表达空间之代码的创新、意味和隐喻。对艺术表达之新语言的探索和追求，在持续了大半个世纪之后，在1970年代前后出现了新的转折："对时间与空间的体验已经改变，对科学判断与道德判断之间的联系的信念已经崩溃，美学战胜伦理学成了社会和知识关注的主要焦点，形象支配了叙事，短暂性和分裂的地位在永恒真理与统一的政治之上，解释已经从物质与政治经济学的基础领域转向了思考自主的文化和政治实践……"①在强调短暂、他者的不可测知性、文本、近于虚无的解构、偏爱美学等方面，后现代主义却走得过远。所有这些，实际上都表明了一个非常重要的信息：后现代对于"时空压缩"的体验，在灵活积累的生产方式的压力之下，已然在各种艺术形式和美学中产生了一种表达的危机。

以绘画为代表的视觉艺术似乎比其他艺术门类走得更远，它成了后现代主义致力于制造视觉幻象的形象工业的一支重要力量。在美国，最为典型的是以劳森伯格（Robert Rauschenberg，1925～2008）等人为代表的波普艺术。劳森伯格深受现代主义艺术运动中达达主义的影响，将达达主义开创的拼贴手法加以拓展，创造了"综合绘画"（combine painting）。达达主义的拼贴手法，率先打破了以颜料等材料在二维平面的底子上描绘物象的传统绘画方式，将报纸、广告、火柴盒等现成物品与颜料一起并置、拼贴在画面上。这种手法不仅彻底颠覆了传统绘画的媒材和技巧，而且也根本颠覆了观众对视觉形象的感受。观众的注意力不再集中在绘画所呈现的幻象之上，而是集中在异质性的不同媒材之上，媒材的异质性成了引导观众想象力的路标，由此形成了全新的视觉奇观：传统绘画由颜料等媒材呈现的视觉幻象，被实物本身的特性所取代；那些实物与日常生活的联系，成了观众想象的纽结点。

劳森伯格的代表作有《床》（1955）和《组字画》（1959）等。在作品

① 〔美〕戴维·哈维：《后现代的状况》，阎嘉译，第410页。

《床》里，艺术家使用了枕头和被子，被子上溅满了色彩。《组字画》使用了一个经过剥制后的公羊头，将它套进一个汽车轮胎里，再加上绘画和拼贴的底盘。这样的作品显然对观众的视觉和理解力造成了巨大挑战。劳森伯格用来创作综合绘画的材料几乎是随意的，大凡报纸、布料、时钟、照片、广告、商标、影视图像、封面女郎、快餐、卡通漫画乃至山羊等都可以成为他的媒材，他用这些毫无关联的媒材来制造“偶然相遇性”，延续了达达主义使用媒材的随意性，意在强调媒材的真实性和自然性。虽然劳森伯格最后要用色彩将不同媒材连接起来，“以此给他的绘画一种特定的性质”,[①]即为作品增加一种统一性，但毫无关联的媒材之间的不连续性和差异性引人瞩目，即刻产生的不是视幻觉，而是视觉上的震惊。

该如何理解劳森伯格等人为我们制造的视觉奇观？按照他自己的理解，绘画是艺术也是生活。他所要做的，是在艺术与生活之间进行努力，创造出连接艺术与生活现实片段的某种东西，却不对现实进行解释。[②] 然而，我们可以从艺术家极为简单的语言表述中提取出几个关键词：艺术、生活、随意性、真实性、偶然性。这些关键词表明，劳森伯格等人试图用人工随意拼贴的真实生活材料，把观众引向对生活片断的随意联想，而非精心构思之后制造出来视觉幻象。这几乎就是利用真实生活材料来制造真实生活的幻觉，打破生活与艺术的界限。表面上看似随意的拼贴，背后却有着明确的主观动机。戴维·哈维曾说，后现代主义者“把空间看成是某种独立自主的东西，要根据各种美学目的和原理来塑造，它们与任何重要的社会目标都没有必然的关系，或许也避开了达到永恒和其本身作为一种目标的‘无关利害的’美”。[③]

事实上，劳森伯格的波普艺术，不仅没有为我们表现为大多数观众所能认同的美，而且将生活实物随意切割成碎片，碎片之间没有关联，没有逻辑纽带，没有连续性，还没有深度、符号性的指涉，更没有凭借媒材制造的视觉幻象，当然也难以用抽象的逻辑语言来阐释。画面上所呈现的，完全是没有关联的现成物的并置和拼贴。如果用戴维·哈维的观点来看，艺术家要通过内心体验，借助特定的符号和含义、代码和知识，以特定的

---

① 〔美〕H. H. 阿纳森：《西方现代艺术史》，邹德侬等译，天津人民美术出版社，1986，第619页。

② 参见陈建军《在波普艺术语言的因果链上》，《文艺争鸣》2011年第8期。

③ 〔美〕戴维·哈维：《后现代的状况》，阎嘉译，第92~93页。

物质性媒介把流动变化着的空间体验凝固下来，哪怕他在这么做时对试图表达的东西有所歪曲："美学理论要在流动和变化的旋涡之中寻找出使永恒不变的真理能够传达出来的各种法则。以最明显的情况为例，建筑师试图通过建造一种空间形式来传达出某些价值观。所有的画家、雕塑家、诗人和作家都这么做。就连书面词语也要从体验之流中抽取出各种特性，并把它们固定在空间形式之中。"①显然，劳森伯格的波普艺术所强调的随意性意图，实际上就是要割断艺术表达与事先体验和思考之间的联系，反对艺术创作有明确的指涉。这种倾向是一些后现代主义艺术区别于现代主义艺术的显著特征。

很有意思的是，1985年劳森伯格来到中国，在中国美术馆举办了个人展览。此举被认为直接影响了"85美术新潮"。而我觉得，此举也证明了西方后现代主义艺术的基因已然输入了当代中国美术的肌体之中，视觉艺术的全球化之风早在30多年前就刮到了刚刚改革开放不久的中国。因此，我们似乎有证据说，从30多年前开始，我们在艺术领域就已经开始和国际接轨，开始了走向全球化的征程。但是，我们还是缺乏对这一历程的认真反思和总结。

三　后现代博物馆文化：制造穿越历史和不同文化的幻觉

后现代文化生产体制中的形象工业是一架庞大的、不断运行和膨胀的机器，几乎把所有制造形象和幻象的艺术门类都裹挟在其中，甚至连算不上艺术生产的博物馆业也难以幸免。

在《后现代的状况》一书中，戴维·哈维敏锐地抓住了形象工业在建筑、广告、时装、电影、电视、摄影、绘画、博物馆展示、筹划多媒体事件、宏大表演等文化生产方面的显著表征："时间维度的崩溃和专注于片刻，部分地产生于当代强调有关事件、表演、偶然和各种媒介形象的文化生产。文化的生产者们已经学会了探索和运用新的技术、媒介以及最终的多媒体的各种可能性。不过，效果却是要重新强调现代生活流变的特质，

① 〔美〕戴维·哈维：《后现代的状况》，阎嘉译，第257页。

甚至还要赞颂它们。”[1]目标一致，美学效果一致，只有方式和手段不同。在这个过程中，形象工业刻意制造的参与性成了招徕大众的噱头，而在其中到底是谁影响了谁，始终都不清楚。

最近几十年来，世界各地的博物馆如雨后春笋般不断涌现，以至于形成了规模巨大的形象展示工业，并且在人们对时空快速转换的体验中扮演着不可小觑的角色。有研究者指出：“在过去的几十年中，博物馆在数量、规模和种类上呈幂数增长，现今去博物馆参观的人比任何时候都多。仅仅是美国的美术博物馆每年就会吸引大约一亿人次的参观者，它在过去的几年中花费了大概三十亿美元的资金来扩展其规模。”[2]据戴维·哈维在1980年代晚期的统计，在英国，每三个星期就有一家博物馆开张；在日本，15年内有500多家博物馆开张。伴随着博物馆的迅速增长，与之有关的遗产工业也开始起飞。它们将历史与文化、艺术形式联系起来，为商业化的文化增加了一种“平民主义的花样”，历史由此被变成了一种“当代的创造，更多的是古装戏和重新演出”，博物馆成了当下生活与历史之间的肤浅屏幕。[3]

在博物馆这个特殊的建筑空间里，观众通过面对各种静止的陈列物品来想象历史与过去。然而，博物馆的建造者和设计者却照样可以借助虚构、拼贴和复制的手段来呈现一种分裂、短暂、多元和平面的历史。因此，从博物馆的建造者和设计者的角度来看，他们可以利用观众天真的对权威的信赖，运用各种现代材料和技术手段复制古董，制造出真实的物质幻象和高仿真的赝品，制造穿越和重现历史的幻觉。因而，“毫不令人吃惊的是，艺术家与历史的关系……已经转变了……已经出现了对外表而非对根源的依附，对拼贴而非对有深度的作品的依附，对附加的复述形象而非对经过加工的外表的依附，对崩溃了的时间与空间的意义而非对牢牢获得的文化制品的依附”。[4] 在博物馆里，历史就像被切取下来的植物切片一样被陈列出来——连续性、不同传统错综复杂的交织、各种文化的相互影响和互动、过去生存的真实状态与物质性等重要性，统统被切掉，再按设计者的意图被重新安排和呈现。

---

① 〔美〕戴维·哈维：《后现代的状况》，阎嘉译，第82页。

② 〔美〕珍妮特·马斯汀：《新博物馆理论与实践导论》，钱春霞等译，江苏美术出版社，2008，第4页。

③ 〔美〕戴维·哈维：《后现代的状况》，阎嘉译，第87页。

④ 〔美〕戴维·哈维：《后现代的状况》，阎嘉译，第85页。

因此，我们可以就正在迅速扩大的博物馆文化提出各种质疑：谁能决定陈列物品的权威性？如何解释不同时代、不同民族、不同文化的陈列物之间因果联系的链条是怎样形成的？陈列物与历史之间指涉与被指涉的关系是如何建构起来的？按照珍妮特·马斯汀的看法，人们可以把博物馆设想为圣地、市场主导产业、殖民化空间和后博物馆等场所或空间，因为在博物馆展品与观众之间会构成一种理解和阐释的框架。她援引德里达的观点来说明这种框架："德里达认为框架不仅设置界限，它们还提供了一种设立在意识形态基础之上的叙事语境，从而歪曲了我们对包含其中的意义的真正理解。实际上，塑造框架并非把作品与一个更广大的世界隔绝开来，而是将两者紧密联系在一起。建筑特征、灯光设计、音频耳机、馆内的咖啡馆以及较大的博物馆自身都是塑造框架的手段。行政流程如注册、分类等，至少和管理与设计同样重要，这些要素对公众来说透明如薄纸。"①

在后现代文化中，博物馆成了一种社会技术和一种发明；它可以将历史和文化打包供观众消费，从而按博物馆建造者和设计者的意图去理解历史与文化，在幻象迷惑之中去感受和解读历史。当我们身处法国卢浮宫的埃及馆中，面对那些从埃及各处搬来的棺椁、面具、石碑、雕塑等物体之时，我们很难将几千年前埃及社会的真实生活与那些物体联系起来，我们会迷失在令人眼花缭乱的、碎片化的陈列物之中，恍如匆匆过客。当我们在意大利佛罗伦萨的乌菲齐美术馆里面对波蒂切利（又称为"波提切利"）的《维纳斯的诞生》时，我们很难辨认出那些是否高仿真的赝品。当我们置身于雅典卫城博物馆时，同样很难将那些文物与古代雅典城邦的历史联系在一起。历史到底在哪里迷失了？它就迷失在博物馆里碎片化陈列的物品和高仿真的赝品之中。正如戴维·哈维指出的，在博物馆中，幻象会产生一种被强化了的作用。"运用现代建筑材料可以使复制古代建筑达到很精确的地步，以至于真实性或原物都可能受到怀疑。古董和其他艺术品的制造完全成了可能，这使高级赝品成了艺术收藏行业中的一个严重问题"。②

客观存在着的物质空间是我们可以触知、感觉和体验的世界，其中的各种要素是按特殊的物质性关系建构起来的。然而，当我们在对客观的物质空间进行表现时，不能以任意的方式来设想或呈现，"而要寻求某种适当

---

① 〔美〕珍妮特·马斯汀：《新博物馆理论与实践导论》，钱春霞等译，第6页。

② 〔美〕戴维·哈维：《后现代的状况》，阎嘉译，第362页。

的即便不是精确的反思，通过抽象的表现（词语、图示、地图、图表、图画等）来反思围绕着我们的物质现实……我们也试图呈现这种空间在情绪和情感方面的状态，以及在物质方面依靠诗歌意象、摄影构图、艺术重构生活的状态。梦境、幻想、隐蔽的渴望、失落的记忆，甚或我们沿街步行时的一阵特殊震颤、恐惧的刺痛感等奇异的时空性，都可以通过艺术作品得到表现，那些作品最终都在绝对空间和时间中有着普通平凡的存在”。[①]类似的道理，完全可以运用来理解博物馆文化中设计者与观众之间的阐释框架的问题。

博物馆文化中的陈列物到底是为了呈现视觉奇观，还是为了唤起观众各种真切感受而反映出物质现实？答案无疑是后者。然而，后现代主义的博物馆文化迷失在了制造历史的幻象之中。

① David Harvey, "Space as a Keyword," in Noel Castree and Derek Gregoryeds, *David Harvey*: *A Critical Reader*, Oxford: Blackwell Publishing Ltd. , 2006, p. 279.

合拍片电影形态的内在觉悟
——基于当代中国电影“走出去”的思考

周安华　宣　宁*

摘要　合拍片是中国电影“走出去”战略的主要方式。瞄准域外主流市场，以合作间性为形态属性的和而不同的主流商业合拍片，无疑是践行这一战略的主体。而基于域外观众碎裂化与整合化的接受现状与前景，中国合拍片借鉴西方高概念电影，以高认同感与高亲和力的民族文化概念和娴熟、高效的商业表现方式作为制作策略，无疑是开拓国际市场，传播民族文化的有益尝试。将朝气蓬勃的当代中国投影在世界影坛，必须强调以更开放的文化心态，更精湛的制作技术，拍摄让域外观众易于理解，更乐于接受的中国民族电影。

关键词　合拍片　和而不同　主流商业制作　域外接受　中国式高概念电影

Abstract　The co-production is the main way employed by the “going-out” strategy in Chinese films. Targetting the oversea mainstram market and holing the principle of harmony but not sameness, the commercially co-produced mainteam movie practiced this strategy and present the nature of inter-subjectivity during this collaboration. Based on the situation and prospect of fragmentation and integration in foreign audiences, Chinese co-productions draw lessons from the western high-concept movies. It is a beneficial attempt

* 周安华，南京大学亚洲影视与传媒研究中心主任，教授、博士生导师；宣宁，四川音乐学院戏剧影视文学系讲师，南京大学戏剧影视艺术系博士生。

for developing international market, with the national concept of high-identity and high-affinity and the commercial expression of high-efficiency. If you want to show a contemporary China in the oversea market, it is supposed to emphasize on producing movies that are more open with the socio-cultural reflection, more sophisticated with technology and more acceptable for foreign audiences.

Key words co-productions harmony but not sameness mainstream commercial production foreign acceptance Chinese high-concept movies

推动我国电影产业跨越式发展，实现由电影大国向电影强国的历史性转变，需要积极实施电影“走出去”战略，由此，不断提高国产影片的国际影响力、竞争力和市场占有率，迫在眉睫。在资本、技术、人力、文化跨国流通的当下，合拍不仅是国产大片越来越倚重的制作方式，而且是国产电影走向全球市场的一大捷径。在“走出去”的战略视野下审视合拍片的制作现状，对方兴未艾、活跃而略显失序的合拍片现状会得出一些更切实的思考。

一　和而不同的主流商业制作：“走出去”战略下合拍片的实践主体

2012 年《环形使者》合拍转引进的身份闹剧不仅点破片商逃避进口配额，觊觎 43% 票房分层的驱利心理，而且凸显了当下“合拍片”这一通用术语嘈杂声势下的内涵空泛。市场实践中林林总总的合作方式①，官方政策说明的边缘与含糊②，学术话语里围绕着“跨国电影”“跨国华语电影”“民族/后民族电影”等众多相互纠缠、重合的阐释空间，都让合拍片的内

① 詹庆生：《产业化十年中国电影合拍片发展备忘（2002—2012）》，《当代电影》2013 年第 2 期。作者指出，合拍片的制作模式分为 5 种类型：内地主投主创，境外参投，部分参与或不参与创作；内地主投，境外主创，内地部分参与（演员表演）或不参与创作；境外主投，内地主创；境外主投主创，内地参投，部分参与创作（演员参演）；规模化混合制作。

② 虽然官方出台的相关文件与说明里不乏对中外合拍片合作方式的规定及细化要求，如 2004 年《中外合作摄制电影片管理规定》就明确地将“联合摄制”界定为：由中外双方共同投资（含资金、劳务或实物）、共同摄制、共同分享利益及共同承担风险的制作形式。甚至对此细化，要求外方主要演员比例不得超过主要演员总数的三分之二。但是除了资金、设备等物质投入外，对情节叙事、演员表演、影像建构、文化传达等艺术、文化层面的交流、合作，文件的生硬表述显然是含糊而无力的。在以资本为主导的市场实践中，官方的政策指引常常处于边缘而弱势的境地。

涵显得异常驳杂。因此，当我们反思合拍片的实践得失时，合理而准确的概念界定反倒成了当务之急。也只有在明确的内涵限定内，作为反思对象的合拍片主体才能浮出水面。

合拍是不同主体在资金、技术、文化上的交流、合作。借用德国思想家哈贝马斯的“交往行为理论”，合作拍片的过程便是不同文化主体的“合作解释过程”，在此过程中“没有哪个参与者能垄断解释权。对于双方来说，解释的任务在于，把他者的语境解释包容到自己的语境解释当中”。[①] 因此，凸显这一“解释过程”的合作方之间的主体间性便成为合拍片形态属性的决定要素。而推崇主体间性无疑有效地将合拍片的概念内涵由“广义合拍”大而无当的论述聚集于资本、技术、人力与文化真正交融互动的合作形态上来。由此，虽然合作的方式、程度多种多样，那些缺乏实际的互动交流，没有凸显制作方的主体间性的合作方式，如分支机构自我投资的自抬身价式合拍，逃避配额的挂名式合拍（贴拍），一方完全主导的协拍、委拍，都应该被排除在外。这一对合作间性的强调甚而在各国、国际组织的官方文件里不乏生硬地被表述为投入比例与文化身份测试的各种量化标准。而以合作间性这一合拍片形态属性为标准判断，则追求高层次文化互动的和而不同的主流商业合拍片理应成为当下中国合拍片的实践主体。

华裔学者鲁晓鹏先生以“跨国电影”的称谓涵盖了三种合拍电影类型：“商业跨国电影”（commercial transnational cinema）或“全球电影”（global cinema），“独立艺术片跨国电影”（independent art-house transnational cinema）或“国际影展电影，”“放逐跨国电影”（exilic transnational cinema）。[②] 本文所谓“中国合拍片”的语指对象自然是前两者。然而小众的艺术电影显然无法承担“走出去”文化战略所追求的规模化、产业化地抢占域外市场，提升中国文化软实力，以民族个性打破全球化文化同质性的文化与产业抱负。故而域外主流市场的主流商业合拍片成为我们必须关注的焦点，而其中尤以彰显文化间性的和而不同的合拍方式更值得推崇。

合作间性是合拍的形态属性。这一间性不仅贯彻在合作的方方面面（资金、技术、文化），而且呈金字塔形的层级结构，由基础的资金、技术、

① 〔德〕哈贝马斯：《交往行为理论》第1卷，曹卫东译，上海人民出版社，2004，第100～101页。

② 〔美〕鲁晓鹏：《卧虎·藏龙·娇娃——好莱坞、台湾、香港和跨国电影》，车琳译，《电影新作》2015年第2期。

人力的交融，聚合出更高级的文化效应。以这一层级的结构标准来判断，国产主流合拍片表现出两大形态。

其一，停留于较低层级的合作，在文化表征上保持固执的保守姿态，强调文化主体性纯洁不受影响的不同而和的制作方式。这一合作方式着力于“和”，极力吸收各路资金，使用先进技术，号召跨域明星，利用各国对本地电影的优惠政策，表现极大的商业目的。在扩展市场，追求利润最大化的生意眼下，“和”是唯一的目的，“不同”只是手段。在保守的文化主体的掌控下，资源的调配并没有引起文化的碰撞与交流。就这一类型的国产合拍片而言，民族文化的个性与诉求，要不被域外资本无情地整合进普泛性的商业故事里，要不被自我束缚为民族故事的豪华铺演。《木乃伊 3：龙帝之墓》借用中国的外景、资金、文化资源继续西方惯有的东方想象。《大腕》虽然有哥伦比亚公司的注资，但仍是一部地道的冯氏喜剧，难以融入域外市场，无法外宣当代中国的社会景况。

其二，由低层级间性而上，追求在文化间性的交流中彰显自我文化色彩的和而不同的制作方式。和而不同着力于“不同”，制作者抛弃了在资本与文化霸者面前弃权或保守的态度，在集合各种资源的基础上，仍然追求彰显不同的文化个性，表现极大的文化自觉与开放心态。“和”是物质手段与市场支撑，在“不同”文化语调的碰撞交流中完成本民族文化内涵的顺畅传达才是影片的目的。《霍元甲》在表达民族感情的同时在域外市场获得成功，不仅是此类合拍片而且是中国电影走出去的成功案例。①

我们固然不能忽略不同而和的合拍片在培育市场、更新技术与电影理念方面的基础作用，但是要提升中国电影在域外市场的影响力，传播民族文化，需要更自信与开放的合作心态。而这正是和而不同的制作方式所具有的文化姿态。显然，以壮大产业力量，提升文化软实力，彰显民族文化精神为目标的“走出去”战略，其实践主体理应为和而不同的主流商业合拍片，而它无疑也是全球化浪潮里文化同质性与文化个性化这一张力场的自然选择。其中的佼佼者不仅努力表达民族文化，而且能打入域外主流市场。因此后文更细致的文本分析将主要以在域外市场取得不错成绩的合拍影片为例。

---

① 该片在北美获得 2400 万美元的票房，名列 1980 年以来北美市场外语片票房第 7 位。

二　由碎裂到整合：合拍片域外接受的两种状态

“走出去”不仅逐渐使我们思考在文化间性间彰显文化个性的和而不同的主流商业合拍片，而且指出了我们的思考理路。“走出去”意味着对域外观众的重视，意味着对影片文化传达的接受美学的分析，意味着直面跨域交流中文化折扣的难题。在为合拍片的制作策略开方施药之前，对其在域外市场的接受现状来一番细致的把脉，无疑是极具必要性的前提。而来自域外观众的观影反馈[①]与相关的观众接受研究则显示当下中国合拍片在域外市场的两大接受状态：碎裂化接受与整合化接受。

文化间性标志出本土文化与域外文化之间的中间地带。这一地带被鲁晓鹏表述为“民族身份（中华民族）、母国语境与民族国家的深刻感伤”的“分离”。[②] 高伟明将其称为基于“翻译”之上的文化“污染”。[③] 而英国电影学者裴开瑞则以更动态的方式将这一间性描述为“民族性不再以一种单一的面目出现，而是变成各种不同的观念，有着各种不同的表现方式”。[④] 而对这一与本土游离的情形的消极表达则是对本土色彩丧失的隐忧。

处于本土与域外的张力场中，制作者与域外观众的自我翻译，使影片里文化内涵的发出与接收呈现碎片化、流动化与间接化的特点。所谓“碎片化”是指域外观众不一定能全盘准确地接收影片的文化内涵，但也许能就他们所欣赏的部分进行片面的理解。《霸王别姬》故而很容易成为西方观众眼里的东方奇观，但是它对传统艺术的表现，对中国近现代史的表达也多少为域外观众所接收。韩国学者有关中韩观众对中韩合拍片接受态度的实证研究表明，韩国观众“对电影背景的评价比较好。由此，推断出韩国

① 文中域外观众的观影反馈除特别注明外均来自IMDb电影网。

② 〔美〕鲁晓鹏：《卧虎·藏龙·娇娃——好莱坞、台湾、香港和跨国电影》，车琳译，《电影新作》2015年第2期。

③ 高伟民：《将背叛用于拯救》，陈犀禾主编《当代电影理论新走向》，文化艺术出版社，2005，第318～332页。高伟民在文中主要分析了导演的翻译功能。实际上观众主动的翻译对影片内涵也有着巨大的污染作用。

④ 〔英〕裴开瑞：《跨国华语电影中的民族性：反抗与主体性》，尤杰译，《世界电影》2006年第1期。

观众愿意观看拍出中国传统美的合拍电影”。[①] 对韩国观众而言，影片中具有民族色彩的影像显然是最易被接受的。而“流动化”是指同样的影片在不同地域与不同观众间流动传播时，基于不同的文化环境与文化素养，会引起不同的观影反馈。对于《色·戒》不仅有观众将其单纯地解读为爱情与人性悲剧，而且有观众注意到它所处的“二战”上海的历史文化背景，甚至引申到张爱玲的原著。而“间接化”则表现为域外观众也许无法与制作者（国内观众）产生同样的、深入的文化理解，但也许通过其他方面他们仍能间接地感受中国文化的魅力。《英雄》的牺牲自我以保太平的主题在域外充满歧义，甚至被解读为宣扬“法西斯主义”[②]，但这并不妨碍观众通过欣赏影片极度唯美的武术（舞术）段落来间接体会中国文化的诗境。总之，碎片的、流动的、间接的文化体验是合拍片目前在国际市场的主要接受方式，且将长期存在。在中国电影能以更为整合的模式对外输出民族文化之前，这些曲折而零星的文化传达无疑起到了培育域外观众市场，提升中国文化认可度的作用。

整合民族文化的清晰表达与接受是国产合拍片所欲达到的理想且可期的文化交流状态。对文化间性与本土（民族）文化的离散的过于关注其实是西方学术界自 20 世纪 80 年代以来打破民族本质主义之后的逻辑延伸。实际上鲁小鹏、裴开瑞等学者都曾对民族电影的本质主义提出过质疑（虽然他们拒绝认为民族电影完全消弭）[③]。而这种对民族主体的消解无疑是与文化“走出去”背后的民族动力相矛盾的。这提醒我们，不能停留于支离破碎地传达民族文化，必须寻求对文化内核更完整清晰的表达与接受方式。虽然不乏论者对这一几无折扣的文化交流状态抱怀疑甚至悲观态度，[④] 现实的成功案例却展露曙光。虽然《建国大业》星光熠熠的宏大叙事让香港观

---

① 〔韩〕丁圣雅、林大根：《韩中两国观众对合拍片的观看与接受》，《电影新作》2012 年第 6 期。

② 〔英〕裴开瑞：《跨国华语电影中的民族性：反抗与主体性》，尤杰译，《世界电影》2006 年第 1 期。

③ 相关论述参见 Sheldon Hsiao-peng Lu, “Historical Introduction: Chinese Cinemas (1896 – 1996) and Transnational Film Studies,” in *Transnational Chinese Cinemas: Identity, Nationhood, Gender*, Sheldon Hsiao-peng Lu, ed., Honolulu: Hawaii University Press, 1997；〔美〕鲁小鹏：《跨国华语电影研究的接受语境问题：回应与商榷》，《当代电影》2014 年第 10 期；Chris Berry, “If China Can Say No, Can China Make Movies? Or, Do Movies Make China Rethink National Cinema and NationalAgency,” *Boundary2*, Vol. 25, No. 3 (Autumn, 1998), pp. 129 – 150。

④ 丁甫荣：《合拍片是否只是幻想？——以中韩合拍片为例》，《北京电影学院学报》2014 年第 1 期。

众不以为然，《风声》却在香港影界获得了极大认同。[①]《太极侠》虽然票房失利，但是就观众留言来看，不少观众都理解了影片里中华太极无欲而刚的文化内涵。《霍元甲》所欲传达的民族精神也被域外观众广为接收。

这些成功的文化交流案例表现两个特征。其一，文化亲和力的提升。《霍元甲》《太极侠》文化传播的成功基于民族文化所具的亲和姿态。《霍元甲》一改悲壮而略显生硬的民族说教，以温情的个人叙事中和民族抗争的血气。《太极侠》则将深邃的道家无为思想包裹在鲜活、动感的都市生活中。此外，随着全球高速的文化流动，尤其是随着诸如孔子学院、中国文化年等软硬皆备的文化“走出去”战略的推进，在域外受众中开始出现中国文化更浓郁、亲和的接受氛围。而这些既对中国历史和民族文化不断深入的了解，又为未来中国电影的文化传达，搭建了更广阔坚实的理解平台。其二，制作技术的提升。《风声》之所以引起香港影坛的关注，很大程度上源自影片本身极高的电影素质。而不少域外观众表达了对《霍元甲》的情节、摄影等技术环节的称赞，称其达到了好莱坞的标准。实际上在域外观众的留言里，情节（plot/story line）、表演（performance）、剪辑（edit）等制作技术是他们极为重视的地方。由此看来，技术的成熟不仅是影片素质的保证，还是观众理解影片内涵的基础。

正是固执的文化保守姿态与低劣的制作技术，导致了中国合拍电影在国际市场长期遭受冷遇。而古装武侠片则因其模糊的古代背景、舍故事而重打斗的技巧成为唯一引起域外观众兴趣的电影类型。要冲破古代中国与武侠中国的固有形象，将朝气蓬勃的当代中国投影在世界影坛，就必须以更开放的文化心态、更亲和的文化面目、更精湛的制作技术（好莱坞标准），拍摄出让域外观众易于理解、更乐于接受的中国电影。而这也将我们的论述拉回到合拍片的制作策略上来。

三　中国高概念电影：合拍片制作策略的有益尝试

乐视CEO张昭强调，合拍片应以全球视野，依托域外雄厚的资本和成

---

① 陈林侠：《香港的焦虑：政治意识、“再殖民”及其身份认同的前瞻——以〈建国大业〉、〈风声〉在香港的传播为核心》，《戏剧》2010年第2期。

熟的影片制作与营销策略赚取域外票房收入。[①] 美国电影协会中国区总裁冯伟则表示，中美合拍片不必瞄准北美，而应立足本土市场。[②] 一个对外，一个对内，一个牺牲本土文化而迎合域外市场，一个牺牲域外市场而迎合本地观众。在赢利的同一驱动下，或丧权或保守的文化姿态，显然都不是"走出去"的中国合拍片理想的制作策略。"走出去"意味着中国电影不仅要在跨域的市场流通，还要将纯质的现代的民族文化投射在世界银幕上。

上文对合拍片域外接受状态的分析显示，合拍片如要想打入域外主流市场，且完整、有效地传达民族文化，就必须既有高认同感和亲和力的文化概念，又有为域外观众熟悉和喜爱的高效、商业的表达方式。简而言之，中国合拍片必须即易懂又好看。如此，以成熟的商业词语高效传达核心概念且在全球电影市场所向披靡的西方高概念电影，无疑为国产合拍片提供了有益的制作经验。有学者从影片的文化观念与美学风格解析高概念电影，强调其理念的简洁、原创与市场性，表现风格的商业消费性。[③] 中国式高概念电影正是要在文化凝练与商业表达这两方面向其取经。

中国式高概念电影首先要学习西方高概念电影以极具冲击力的核心概念获得观众认同的主题策略，以凝练纯质且有高认同感和亲和力的民族文化概念来赢得域外观众的理解。中国文化博大精深，现代生活更是五光十色，凝练哪些文化概念无疑基于制作者个人的文化体悟和生命感受。但所谓"普泛性"确实是必须避免的陷阱。在不少论述里普泛性被视乎为跨越文化障碍的一大法宝。基于普泛的人性、人情，不同地域的文化语调似乎可以同处一堂，其乐融融。然而，世界大同的普泛性颂歌在张扬民族文化个性的差异性表述里显然是一个毫无价值的伪命题。在上演人间大爱的普泛戏剧里，民族个性被降格为吸引眼球的异域背景。尤其在文化霸权主导的文化同质性进程里，看似中立博爱的普泛性很容易成为掩盖其话语霸权和文化殖民的遮羞布。

中国式高概念电影还要学习西方高概念电影极具消费性的商业表现手段，以商业电影成熟、流行的电影词语弥补国产片缺乏消费性的顽疾，增

---

① 《"中美合拍片"遭遇困境　未来发展之路全解析》，时光网，2012 年 11 月 1 日，http://news. mtime. com/2012/11/01/1500448 - 3. html，（2015 - 10 - 07）。

② 《美国电影协会高管看合拍片：不需去攻破美国市场》，时光网，2013 年 11 月 13 日，http://news. mtime. com/2013/11/11/1520435. html，（2015 - 10 - 07）。

③ 邱章红：《高概念电影：形式、风格与市场》，《电影艺术》2001 年第 4 期。

加影片的市场潜力。西方经典的商业类型电影为中国合拍片提供了一系列成熟的表现方式。问题在于如何在借鉴这些方式的同时又避免磨蚀影片所传达的民族文化内核。德国美学家黑格尔强调："概念本身就已经是概念与实在的统一，就从它本身中生发出实在，作为它自己的实在，这实在就是概念的自生发。"[①] 美国电影学者托马斯·沙兹则指出，作为神话制作，好莱坞类型电影中"每一种类型都有它自足的世界，其中某种规律和一种特殊的'现实'感是适用的……叙事发展是人为的，形式主义的，并且像它的人物一样定型的"。[②] 由此可见类型叙事模式本身即着染了一定的文化底色，从而有抵触、磨蚀另类文化的可能。因此，合拍片对类型表现策略的借鉴不能停留于简单的套弄，而要掌握其吸引观众的消费特性，进而努力创造更贴合本民族文化个性的商业表达方式。

综上所述，中国合拍片必须以更开放、更自信的文化姿态崛起于影像资源不断融通的全球市场。在免额、退税、资助等政府红利搭建的先天市场优势上，以中国式高概念电影等制作策略，外融国际资本、技术与人力，内凝民族文化精髓，以熟练、高效的商业叙事技巧讲述地道而现代的中国故事，这不仅是中国合拍片"走出去"抢占国际市场的产业出击，还是超越市场、技术而传播民族文化的精进之旅。

---

① 〔德〕黑格尔：《美学》第1卷，朱光潜译，商务印书馆，1996，第135页。

② 〔美〕托马斯·沙兹：《新好莱坞·旧好莱坞：仪式、艺术与工业》，周传基、周欢译，北京大学出版社，2013，第70页。

技术依赖与过度仿制
——析华语古装片中技术先行后的伦理失范

杨俊蕾　王　旭*

摘要　近年来华语古装影片由于过度依赖非原创技术而导致形象重复、文化混杂、绘景空洞、空间失序等诸多误区。同时，缺乏自省的过度仿制更是造成叙事脱节、情节虚假的根本原因。

关键词　华语古装片　技术　仿制

Abstract　Due to the high dependence on the unoriginal technology, Chinese costume movie have misled to some mistakes, such as, the figures'repetitions, cultural confusion, empty landscape and the spatial disorder. Meanwhile, the over-imitation without self-reflection is crucial reason for narrative gaps and fake plots.

Keywords　Chinese costume movie　technology　imitation

在任何一个国家的电影版图上，古装历史大片和当代热点问题电影都是最吸引眼球的。后者直接关切到此时此地的自我立场，前者的故事虽然在时间上遥远难以触摸，而在空间关系上却和现在的人们共享同一块土地，因而持续塑形甚至引领整个民族的历史认知和艺术情感的审美方式。近年来华语电影中的古装大片之所以笑料频出，令人失望，处境日益尴尬，归根结底就是没有理解和处理好古装故事中的时空关系与物象呈现。21 世纪

* 杨俊蕾，复旦大学文学院教授、博士生导师；王旭，复旦大学文学院博士研究生。

第一个十年里，几乎所有的高投资、大制作都采用古装大片的形式，[①] 争抢贺岁档的几大导演也无不轮番选择古装片上阵，一度出现唐朝故事被多段截取的“历史重复”和“n 个孙悟空 + 几个白娘子”的“影像拥堵”，以致同质化观看的审美疲劳极为迅速地到来。反观 2010 年以来的华语古装片制作可知，其题材已经从“中国历史人的故事”，大规模地转向“无历史而穿古装的人与妖魔精怪之间的故事”，即从华夏本土元素转向各种异域元素的杂糅混合。为什么真实的历史会消隐？为什么人的作用会萎缩？为什么发自人伦五常的情感会退位？技术依赖和过度仿制是最重要的原因之一，一边是特效技术大行其道，一边是缺乏自省的仿制层出不穷。[②]

一　过度依赖技术造成的文化苟且与奇观混杂

自从文艺复兴时代确立人在艺术中的中心主义地位开始，人的一举一动就被各种艺术类型反复歌咏、表现，五花八门也不能穷尽其万千变化。自在特效技术日臻成熟之后，华语古装片中的角色有了巨大的异动，随着欧美玄幻电影中的魔兽类型和“打怪”模式对华语古装片产生越来越深的影响，妖、魔、精、怪，次第登场。

最近一次刷新中国电影票房纪录的《捉妖记》（2015），以及曾经夺一时票房之冠的《画皮Ⅱ》（2012），加上更早些的《画皮Ⅰ》（2008）、《画壁》（2011）、《倩女幽魂》（2011），等等，都围绕妖/人之变、妖/人之战来生成矛盾并推进故事。晚近的如《西游降魔篇》（2013）、《非狐外传》（2014）、《钟馗伏魔：雪妖魔灵》（2015）等，都或直接或隐约地建构人性与魔性的天然敌对。对于这类古装片，首先不能再以“历史”二字绳之，其次也不得不正视人的中心地位渐渐让渡给妖魔的叙事新策略和角色新分级。无论是有原形、有真身、会变化的妖，还是无来处、无具象的魔，它们得以充斥银幕的最大倚助就是 CGI 技术（电脑生成动画）。特效技术在塑造形象方面享有便利，表面上促成了角色形象的丰富，但表现在华语古装片中，由于本土影视特效原创技术的欠缺，起初导致各类妖魔形象的自我

① 王一川：《全球化时代的中国视觉流〈英雄〉与视觉凸现性美学的惨胜》，《电影艺术》2003 年第 2 期。

② 杨俊蕾：《华语大片的“文化斜视”——兼论华语电影制作中的混杂文化》，《电影艺术》2008 年第 5 期。

复制，继而导致情节矛盾走向单一，最终阻断了人在电影存在中的自我感知和进一步创新。

比如说，就特效技术制作的角色形象和画面效果而言，2012 年《画皮II》中被封印在寒冰地狱中的狐妖小唯和 2015 年初《钟馗伏魔：雪妖魔灵》中受冰针锥刺刑罚的雪妖晴儿，在造型上宛若双生，几乎让观众患上脸盲症；而且，两部影片同样交替使用电脑特效技术中的“碎裂”（Particle）和“崩坏”（Fracture）手法，无论银幕上呈现的是雪片飞裂，还是火炭爆裂，其动作方式和运行轨迹都毫无二致。进一步来说，相似的非人形象和雷同的动作方式暴露出来的正是该类型影片中的通病，即因技术先行而造成的叙事缺憾——服膺现有技术——和局限在成熟技术范围内重复塑造相似的电脑特效形象。

即使是号称要拍出“有创新的、属于中国动画”影片的《捉妖记》，在形象层面上确实让观众看到了诸如剪纸、符篆、麻将等民俗元素，可是深究一步就会发现，那些红彤彤的剪纸小人在形象刻画和动作路线上也分明是在重复《怪物史莱克》中的“姜饼人”，尚未体现立足华语文化的再次创新；而且，集中展现技术先行弊端的场景，莫过于影片后段捉妖天师释放火球的攻击特效。这是每看华语魔幻电影时必有的担忧，担心看到这种已经成熟到极致的“会聚”技术再次改头换面地生硬滥用。从 1999 年《木乃伊》第一部开始，由细小颗粒会聚成有形个体的沙砾特效就成为环球影业的金字招牌；到了 2004 年《蜘蛛侠》第三部，沙砾的聚合离散在索尼图形图像运作公司的研发下已经随心所欲到模拟人形的程度。于是在 2011 年古装奇幻电影《画壁》中，出现了一个不伦不类的“煤炭人”反派，它由无数细小的炭块组成，一下打散，一下聚合。到了 2015 年的《捉妖记》中，滴溜儿圆的火球仍用此技术，它由纷繁火苗组成，这一刻打散开，下一刻又聚合。

同样是使用沙砾聚合特效，为什么只批评《画壁》和《捉妖记》触犯了技术先行的误区？归根结底还是原生故事内的逻辑是否自洽的问题。对于《木乃伊》第一部来说，以故事为先导，需要在画面上打造埃及沙漠上的恶战，沙砾聚合特效呼之欲出，逐渐成熟。在《蜘蛛侠》里，因须特别交代一个普通罪犯因为偶然遭遇一台尚在调试中的“粒子雾化机”而变身为超能力的沙人，因此对沙砾聚合特效的使用便顺理成章。但在几部产自大陆的古装奇幻影片中，没有前因，没有铺垫，丝毫没有属己的特性，只是滥用同样的特效，虽然画面上同样有光怪陆离的观感变换，其实质却是割断文化根脉的只求便捷技术的取巧行径。

《捉妖记》中挪用的另一种快餐式的技术就是所谓“专破妖骨的火甲虫”特效，“火甲虫”毫无悬念地形塑自《木乃伊》第一部中的“圣甲虫”。《捉妖记》对这个原型截用和2006年古装片《夜宴》在片头使用的特效如出一辙。《夜宴》片头中那只毒蝎在爬过泛黄古卷后就再也没有现过形，“火甲虫”一共出现两次：一次是惩戒永宁村幻化成人的妖，一次是威吓迷离酣醉的小妖王。两次亮相时，它都被打造成战无不胜的降妖利器，让人不由得追问该虫的来历，为何这么厉害，怎样豢养，如何驱使……这一连串的问题切中的正是保证原生故事逻辑自洽的根脉。与之对比，《木乃伊》第一部中的“圣甲虫”的形象、踪迹则可以蜿蜒上溯到古埃及的宗教绘画以及金字塔内的木乃伊胸口上的装饰物，它的灵力则有作为文化后盾的古埃及自然神信仰予以保障。由于忽视文化根脉，强行平移技术，失去逻辑自洽的《捉妖记》，频频惹来“吐槽”：“我要山海经的妖，你却给我迪士尼的怪”。

过于依赖现成技术很容易引出混杂性的奇观，而其间的意义却空空荡荡无可填充。与如今盛行的大量不同类型古装片一样，《捉妖记》选择架空历史的亚文化路线。虽然片中大反派的衣冠鞋履隐约透露明朝的服饰特征，但其他配角的发形和服装又乱用唐朝仕女的高耸云鬓和汉代衣襦。器物上的混杂陈列，既像是低成本港片的廉价道具的集合，又传达出影片在追求奇幻色彩时向“打怪”升级的通关游戏靠拢。魔幻当道、奇观盛行的当今电影将“子不语怪力乱神”归入历史的故纸堆中。随着《哈利·波特》席卷全球，不仅好莱坞意识到“打怪”模式仍然是银幕上持久赢利的生金蛋母鸡，而且大陆影人也发现这是一条回避题材雷区的突围捷径，于是数量庞大的IP偶像+古装电影接连诞生，游走在魔幻、奇幻、玄幻之间，构成一幅似妖似怪、如魔如兽、有神有佛、多教杂陈的混合奇观。

二　空洞绘景下的空间失序

另外一种在华语古装片中被大用特用的技术就是电脑制作的环境绘景。言此就不得不说《魔戒》三部曲和《阿凡达》对华语古装片背景的全面裹挟。霍比特人生活的森林、原野和精灵们出没的深山、峡谷被华语古装片一股脑地挪用到华夏土地，不顾地理经纬度，不管内陆还是海滨，一律用夸张的景深打造 3D 或者近乎 3D 的环境背景。一方面，审美单一化的痼疾再一次反映在华语古装片的环境背景建构中；另一方面，古装片中的人物、人物行为与其所在的环境背景严重脱节。人物成为浮在技术表面上的空洞影像，环境则抽空为毫无意义可言的浮华装饰。

以《狄仁杰之通天帝国》为例，三个基本场景大部分依赖电脑成像技术。其一是东都洛阳的皇家宫室，其二是建造在登基大殿正前方的佛像，其三是隐匿于地下的水上鬼市。相应的建模技术确实成熟，但用于唐朝武后称帝的史实故事无从点解。电影将皇宫外景做成一片汪洋海港，弯曲航道中还有大船行驶，登岸码头距皇宫不远，用眼可见，让人禁不住怀疑中国历代皇家最为讲究的风水或堪舆在唐朝时是否存在。而且，这样环境的海港与该片中的人物行为没有任何联系，只是套用常见的背景模板，追求视像上的大气势、大格局，完全抽空了人物与环境的关系，割断了历史与影像的联结。

与前一层关系中的空洞虚无不同，影片重点建构的浮屠通心柱及地下的水上鬼市因炫奇而堕入纯粹的媚俗奇观中。影片借人物之口解释浮屠及通心柱的建造，名为庆祝女皇登基，实则暗藏机关，若按时倒塌能压扁正在举行大典的女皇。如有物理学的基本常识就可对这种阴谋提出诸多力学上的反证，而对历史稍作了解就会知道，影片中营造的佛像故事取材自武则天敕令对明堂/天堂与卢舍那大佛的兴建史事，但不应忘记那座举世闻名的佛像坐落于龙门山上、伊水河畔，特选青山秀水来实现“奉天”名号下的供奉。明堂/天堂的建立则是为了重现儒家礼制政教。一座城池中，世俗居所与宗教场所总是各有分属，更何况在儒、释、道三家分庭抗礼的盛唐。电影一味求大炫奇的环境设计，只能在侧面印证出一代传奇女皇其实没有真正信仰，不仅有悖宗教情感，而且缺乏基本的审美能力和判断智力，简直是愚不可及，才会让一座包含未知系数的佛像悬于头顶。至于发生激战的地下水上鬼市，即便是在溶洞中注水拍摄，演员威亚横飞，也是复现 1992 年版《蝙蝠侠归来》中企鹅人下水道的即视感，奇而不新，怪而无趣。

面对古装影片中难以呈现空间真实感的难题，在时序问题上做出精准描绘的《聂隐娘》（2015）选择了回避再现、转而写意的迂回方法。早在 1998 年，改编自清代故事的《海上花》就遇到同样的拍摄障碍。一是来自香港的演员不会苏州白话，不得不把角色身份改为广州富商，讲粤语便顺理成章。二是故事发生在旧日上海，这是一个让人非常着迷但又无力把握的历史空间。影片最终只好删除所有外景，用一场场煞费苦心的室内戏呈现晚清时沪上的样子。其实，同样的空间难题亦曾摆在《色·戒》面前，当时的化解之道是在车墩影视基地重金打造“心目中的南京路”，以期重现“悬铃木下的凯司令咖啡馆，西伯利亚皮草行，美琪大戏院”。对于《聂隐娘》来说，这个难题因为唐朝距今久远和唐代古建筑的难以复原而难以解除。在实践层面上，演绎唐朝故事时，总是习惯性地把目光投向日本，即号称保存唐风木建最好的邻国。于是，《聂隐娘》的若干空镜头，可以远望日本法隆寺在夜色中的剪影，鸟瞰时便闪过平安宫的痕迹，但是唐代传奇的人物毕竟不能活动在东洋风格的环境中，所以从日本高价采集到的空间景物仅仅充作过场镜头，没有近景，不予进一步渲染。

同样遗憾的是，在国内的取景在《聂隐娘》的空间呈现中只作为自然风光背景。武当、恩施、神农架的森林、云雾离奇，镜头带出的远山一脉和幽深峡谷美不胜收，但从根本上说，它们仍然是没有经过合理人化/艺术化的自然原貌空间，在电影叙事中丝毫不能显示这些绝美风景与人物的行为存在必然关联。在人物口中念兹在兹的“魏博—京城—河洛”一直停留在空洞的古语对话中，没有任何有效的外景对环境做出相应的呈现。继而，镜头从山林到大殿再到旷野的反复切换也只是技术使然，没有现实意义上的道路指向，这导致聂隐娘的行为像导演手中的提线木偶，这里一场搏斗，那里重复一遍。至于环境中的这座山林或那方空谷，都是臆想出来的江湖空间，流于炫美写意，完全搭配不上精准写实的时间维度。在结局部分，影片以一个所谓远方的“新罗国”来结束混沌，结果再次堕入空茫之中。

在化解空间再现难题的过程中，以写意代替写实显然是避难就易的方法，简言之就是“宫殿不够，帷幔来凑”。无论是藩主田季安的殿宇内闱，还是官宦聂锋或武将田兴的府邸，凡是聂隐娘需要隐身的室内，必然有轻纱帷幔，重重叠叠。从影像语言的艺术水准来说，一番长镜头加主观视角的光影变幻确实值得好好把玩，但是对于再现历史空间而言，重视实地拍摄的《聂隐娘》仍然没有达到写实高度的历史空间再现，只能以写意来替代。仅就空间表达与调度来说，出自大师之手的《聂隐娘》竟不如“80后”的动漫之作《大圣归来》，历史上的长安古道和妖孽滋长的深山老林竟然可以借助先进的CG技术进行言之有物的空间建模。这也从侧面印证，电影中再现空间的困难不能依靠回避的方式来解决，更不能依靠在内景中堆砌物象的方法来解决，否则只会南辕北辙。

《海上花》剧组曾经在美工与服装方面下了汗漫功夫，《聂隐娘》剧组也是如此，片中的物象堆叠处处夺目。满坑满谷的精品器物多得似乎要溢出银幕，且不时会有某个奇怪物件突然抢镜抢戏，生生造出物大于人的间离感。比如，田兴贬谪时的野外践行一场中，空间处理上依然是方向缺失，镜头处理上依然是中景，而在细节处理上却让众人手中的觥筹闪光夺目。考究的螭龙造型、贵重的黄金质地，无不显现聂、田两家的高贵门阀和雄厚财力，然而问题接踵而至：如果两家在离乱之际连送别的酒杯也要如此精心准备，为什么不把这份心思和精力用在思考路途中怎样保住性命呢？这是典型的物大于人的逻辑错误，其结果往往使人物行为的合理性陷入无边的物象泥淖中，能动的人物反而沦为静止器物的奴役，成为一种拜物教的注脚。

类似的物象重叠设置在《聂隐娘》中屡屡可见。譬如，为了展示珠光宝气，前后竟然有两场如出一辙的上头梳妆，即贵妇聂田氏和藩镇主母田元氏都在梳发上妆时接受禀报，并在说话的同时不间断地往高大发髻上插别饰品。另外，为返家的聂隐娘准备沐浴水时也是如此，一个不知名的仆佣接二连三地向盆中投放香料、花草、药物，且用了一个漫长而无声的固定镜头，它已经远远超出洗尘的需要，成为“为展示而展示”的无聊物象。犹如古人所批评的：七宝楼台，炫人眼目，碎拆下来，不成片段。炫目又破碎的物象堆叠恰恰印证了今人在想象古代空间时的碎片化思维和潜意识中的拜物教观念，因为物恋本身就“意味着缺失和抵御缺失”，① 不仅无法挽救失序的空间，而且会更多地暴露当前影像再现与历史认知/想象之间存有的难以消弭的鸿沟。

三　过度仿制导致叙事脱节、情节虚假

如前文所示，近些年来的华语古装片过度依赖技术，尤其是海外电影公司的特效技术，已经造成了外表虚矫华丽、内在空虚软弱的现状。即便是积累了很多优势经验的动作影片、战争影片，也逐渐流露颓势，如《龙

① 〔法〕克里斯蒂安·麦茨：《摄影与物恋》，吴琼编译《上帝的眼睛：摄影的哲学》，中国人民大学出版社，2005，第83页。

门飞甲》（2011）、《赤壁》（上2008下2009）、《天将雄师》（2015），连续暴露掣肘技术和仿制西方的严重问题。

《龙门飞甲》是由不同特效公司的技术产品拼接完成的，因此整幅画面上的比例参差不齐，使打斗情节的连贯性大大受损。《赤壁》中，八卦阵的设计刻意突出盾牌的功用，如前面长枪刺出，后面盾牌掩护拖入，类似的打法设计以及相应的画面呈现显然复制于好莱坞传记人物电影《亚历山大大帝》。然而"马其顿方阵"的组织和起效带有强烈的军团属性，与军团远征的利益分配机制紧密相关，而《赤壁》仅将此打斗技法做表象上的切换，令人无所适从。

再如，脱胎于迪士尼多种动画手法的《捉妖记》，已经意识到打本土文化牌是推高票房的重要策略，在影片的文化定位上反复强调灵感来自中国古代的志怪小说。一方面，一再炫示技术上的主创源于北美动画大本营；另一方面，将《山海经》的异兽图册和《聊斋志异》中的"宅妖"笔记在影片宣传中与怪物史莱克并列。这个概括有一半是真实的，比如，史莱克的招牌小卷耳就多次出现在中国大地上的各种妖怪头上；但另一半是虚构的，出现了硬性移植后的水土不服，正如整部影片的故事结构、情节动力、矛盾冲突，以及动画类型中的歌舞表现模式等，都存在同样问题。

由迪士尼开创的动画片中，载歌载舞已经固化为典范，堪称"无歌舞，不动画"。出自北美团队操刀的《捉妖记》自然不会放过这个技法，然而正是由于外接模式的端口不能无缝对接在故事主干上，所以有了不顾故事首尾，只求歌舞场面的脱节桥段。情节进展不久，姜武扮演的捉妖天师就被两只妖围绕唱歌，它们用歌舞障眼法行使逃脱大计。不得不说，脱胎于粤语原版歌曲的插曲够劲好听，面向普罗大众的俚语歌词也浸透林夕的味道，但是群舞部分出现了脱线一幕：一群长着六只卷耳的小妖突然不知从哪里冒出，在歌舞中壮大声势，迷惑恍惚中大意上当的天师，掩饰两只妖逃跑。这段劲歌热舞直接仿照《冰河世纪4：大陆漂移》中的献祭一幕。但不能忽略的是，《冰河世纪4：大陆漂移》中的群舞献祭是为了表现自然灾难到来前的大规模的民众恐慌，所以有如山如海般同种类生物作为背景参与到歌舞中来，而《捉妖记》中这群小妖在主干故事中没有来历，只在结尾作为一道开胃菜被提了一句，此时的批量出现和影片此前"妖已捉拿殆尽"的叙述自相矛盾。

同样化用北美影片中已有表现桥段的还有该片中不断宣传的"变身"

特效，即脱下皮囊露出妖的原形，其动作设计与1993年迈克尔·杰克逊《鬼怪》MV如出一辙。20多年前北美巨星在歌舞中撕脸，脱下皮肉尽显骷髅，多年过去，这个“战栗”效果由中国电影市场进行了“复刻”，而它压抑并取代的正是中国志怪中特有的“变身/变形”。这类电影一般都有出色的演员班底，无论主配，每位表演都可圈可点；都有CG创制的各式妖怪，或萌或猛，总有一款戳中感动穴；都有劲爆的动作场面，从野外打入酒楼，架势花哨；还都有多支插曲，旋律动人，湿人眼眶……看似一部部无可挑剔的“暑期档爆米花”电影，满足了观众轻松观影与投资方利润满盈的双重诉求，然而，表面热闹的流畅叙事在卖萌耍宝结束之后渐渐开裂出无能弥合的缝隙，究其原因，不仅有技术先行、压抑文化表达而导致的意义空洞，还有过度仿制造成的情节脱线、叙事失当。

另外一个采用环境建模技术（modeling in environment）的电影是《天将雄师》，它的故事源自《汉书》记载的真实征战，具体场景则用特效渲染，再现了著名的古罗马军团机械造城的奇迹。但影片中所造的边城除了在画面上展示以外，没有什么实际的叙事功用。与其他华语古装片仅仅用特效环境昭示大场面一样，建模完成的边城同样不是人物真正活动的空间。更加离谱的是影片结尾处的关键对决，完完全全模仿美国梦工厂出品的《角斗士》。成龙扮演的都护和罗马皇帝用刀剑决斗，进击动作和几度起伏，都照搬了罗素·克劳扮演的罗马角斗士马克西姆斯与罗马皇帝的角斗。相同之处是：罗马皇帝兵器落地后向围观将士求助却无人拔剑，不得不亮出暗藏在身上的短剑，以近身攻击方式进攻对手，并被对手杀死。美国梦工厂半在虚构古罗马传奇人物时，一系列的动作设计其实在传达“平民终将战胜暴君”的恒久理念，故事背后有漫长的政治史作为支撑。如齐泽克所言：“一个行动并非在一个似乎可能的给定地平上发生。”[①] 相较之下，《天将雄师》的移花接木之举，仍然是不顾因果、只求效果的过度仿制。

笔者希望，华语古装片应放弃对西方玄幻史诗或日本武士电影的简单仿制，不再重金购入并不合适的现成特效，即既不在情节上张冠李戴，也不靠技术剜肉补疮。

---

① 〔美〕巴特勒：《齐泽克宝典》，胡大平等译，江苏人民出版社，2007，第89页。

视觉音乐的视觉性表征

陈 芸*

摘要 20世纪以来，视觉音乐成为现当代艺术家争相追捧的创作形式。艺术家将音乐的抽象语言引入视觉表象，扩展空间结构的律动形式，从而实现音乐与视觉元素的融合与对话，开辟视觉文化的新境。本文聚焦视觉音乐的审美问题，从观者的角度切入，深入剖析彩色风琴、抽象音乐绘画、动画音乐影像等视觉音乐及其表现特征，从中探索视觉技术与观看模式的转变，揭示视觉音乐的视觉性表征及其现实意义。

关键词 视觉音乐 律动形式 视觉性 表征

Abstract Since the start of the twentieth century, visual music has become a popular form of art for contemporary artists. Artists apply music language to visual imagery to realize the integration of music and visual elements in this art. This paper focuses on the aesthetics of visual music, and analyzes the forms and features of visual music such as the color organ, abstract music painting, and animation music from the viewer's perspective in order to explore the changes in visual technology and seeing patterns, reveal the representation of visual music, and its practical significance.

Key words visual music the form of rhythm visuality representation

---

* 陈芸，浙江理工大学艺术与设计学院副教授，主要研究音乐美学。本文系浙江省教育厅高校访问学者教师专项课题“音乐的视觉化阐释：当前新媒体背景下的动画音乐及其审美研究”项目（13086218－F）的成果。

引　言

在过去的一个多世纪里，人们亲历了有关社会变革、经济转型、科技发明、文化觉醒、艺术创新等诸多重大事件，并由此引发了社会生产方式和观念形态的历史性转变。在艺术领域，随着摄影术、电影、抽象绘画、装置艺术、光学艺术、数字新媒体等众多视觉艺术的兴起与发展，一股基于心理学学科的“联觉”（synaesthesia）效应而展开的关于人类视觉与听觉相融合的“视觉音乐”（visual music）研究热潮席卷了欧洲大陆，继而在美国得到空前发展并在世界范围内受到广泛关注。越来越多的科学家和艺术家们热衷于探索色彩、光影、声音、图像（视像或影像）等物质媒介与人类感知觉的相互关系。可以肯定地说，把音乐的抽象语言与视觉元素相融合的视觉音乐跨界研究从未像今天这样呈现蓬勃的生机！艺术家们对视觉音乐的探索和发现，以及西方文化学者对视觉音乐文化现象的批评与研究，不能不说是为现当代艺术研究领域开辟出的一道独特而亮丽的风景线。因此，如何看待并考察视觉音乐及其视觉性表征的问题，必将成为视觉文化研究领域中一个绕不开的话题。

笔者基于当前视觉文化的时代背景和艺术发展的历史进程来探讨视觉音乐及其视觉性表征问题。深入思考如下问题：视觉音乐何以产生？视觉音乐、视觉传媒技术、观者的观看方式这三者之间在社会历史发展中处于何种动态关系？视觉音乐的视觉性表征是什么？视觉表征的意义何在？它如何在当代图像表征的视觉竞技场中脱颖而出？在具体的视觉音乐作品中如何实现视觉与听觉、视觉性与音乐性之间复调式的对话？想必，以上这些问题会是每一位研究视觉文化的学者所关注的话题，也正是本文所要探讨的关键问题。

一　视觉音乐

什么是视觉音乐？杰瑞米（Jeremy Strick）认为：“‘视觉音乐’可以溯自过去一个世纪的抽象艺术的发展历程……‘视觉音乐’包括绘画、摄影技术、彩色风琴、电影、摇滚音乐会、装置艺术以及数字媒体。”“事实上，在20世纪初，适用于音乐与视觉艺术之间的联觉观念对于抽象艺术的发展被证明是不可或缺的。”①他认为，赋予这些艺术作品以生命形式的前提是具有联觉观念，即一种由不同的感觉器官所产生的“感知觉的融合”（the unity of the senses），亦即修辞学上的“通感”。2005年4月，洛杉矶当代艺术博物馆在举办视觉音乐展览会上如此阐述：“对于先锋派艺术家来说，音乐为视觉艺术提供了一种启发性的模式：一种基于抽象形式的语言，它暗示了无限的空间与进展中的时间。一言以蔽之，这种艺术就是视觉音乐。”②可见，视觉音乐广泛运用于抽象艺术，是由音乐形式造就的视觉形象，它基于两个重要因素——一是联觉效应，二是现代科学技术——并通过现代科技革新的物质媒体实现感官联觉的审美活动。从美学角度来看，联觉效应是审美主体达到至高境界的审美意识。从心理学层面上来看，联觉效应是感知器官之间的多重动态的意识转换，它为观者提供了一个全新的审美体验。

当然，这还不足以使我们停止探询的脚步。艺术家如何发现、创作、传达进而推动视觉音乐的发展？视觉音乐在当代视觉文化中如何呈现？艺术批评家又是如何看待这一文化现象？若要回答这些问题，我们要把视觉音乐纳入艺术史的语境中进行梳理、剖析、考察、解读，使视觉音乐问题在艺术史语境的照亮下得以显明。

1902年，卡米尔·莫克莱尔（Camille Mauclair）发表了一篇名为《音乐绘画与艺术的融合》（“Musical Painting and the Fusion of the Arts”）的文章，他结合莫奈的绘画作品和德彪西的音乐创作得出如下结论：“色度、和声、明暗度、主旋律以及主题动机是可以被音乐家和画家共同采用的。”③1912年，英国艺术批评家罗杰·弗莱（Roger Fry）第一次提出“视觉音乐”（visual music）术语，并以该术语描述俄罗斯现代艺术画家康定斯基（Wassily Kandingsky）的抽象绘画作品。康定斯基对联觉现象，尤其是对颜色和声音的联觉深感兴趣。作为前卫的画家，康定斯基同时还是一位造诣颇深的大提琴家。在他看来，音乐的情感力量是抽象画创作的灵感源泉，他将

① 转引自 Kerry Broughher, Olivia Mattis and more, *Visual Music: Synaesthesia in Art and Music Since 1900*, New York: Thames & Hudson Co., 2005, p. 15, 16。

② 引自2005年4月洛杉矶当代艺术博物馆举办视觉音乐的展览会指南。

③ 引自 Christopher Scoates, Brian Eno, and Roy Ascott, *Brian Eno: Visual Music*, San Francisco: Chronicle Books Co., 2013, p. 18。

点、线、面的抽象形式融入色彩并创造出极具音乐意味的视觉形式。康定斯基曾在他的著作《论艺术精神》（*Concerning the Spiritual in Art*）中指出："画家发现纯粹的表现已不能满足创作需求，然而今天的艺术家渴望表达自己的内心生活，他们不由自主地引入音乐——这一非物质的（non material）艺术来实现自由的创作。他们自然寻求音乐方法运用于自己的作品，如此，他们才得以在绘画中实现节奏、重复、结构、运动等现代抽象艺术创作的内心需求。"[①] 在康氏看来，音乐就是艺术家的精神意义所在，现代艺术应该把音乐这种非具象的表现方式融入绘画，以此造就绘画的节奏形式、律动的色彩，以及抽象的结构。

视觉音乐十分强调视觉形式的情感表现经验。"现代技术已经让我们摆脱徒手复制的手段，这也促使我们的艺术创作要根据审美冲动寻求更高的创意形式。"[②] 所谓"更高的创意形式"是指从具体物象的束缚中解脱来探求纯粹灵动的审美和谐。对于先锋派艺术家们来说，模仿与再现的理念早已告别新世纪的艺术舞台，温克尔曼（Winckelmann）倡导的"高贵的单纯，静穆的伟大"之古典形式理想不再是现代艺术家们恪守的艺术准则。当黑格尔提出"艺术终结论"哀叹古典艺术范式的终结时，他何曾预料到现代主义运动开启了艺术形式的新篇章呢？先锋派艺术家将创作手法由模仿与再现外部世界及其秩序的统一性转向对绝对精神的探求并发出个体心灵的和谐对话；由发现客观事物的必然规律转向关注生命本体的内在觉醒。他们不懈地探寻某种直接抵达心灵深处的表达方式。音乐，正是以其抽象的结构形式和最直接的情感力量激发了艺术家的创作灵感与审美想象！不论是抽象派绘画大师康定斯基、蒙德里安（Piet Cornelies Mondrian）、保罗·克利（Paul Klee），还是先锋派摄影大师曼·雷（Man Ray）；不论是抽象电影大师维京·埃格琳（Viking Eggeling），还是电影史学家威廉·莫里兹（William Moritz）；不论是当代新媒体艺术家珍妮佛·施泰因坎普（Jennifer Steinkamp），还是视觉音乐家谭盾……他们共同的创作特征是——打破音乐与视觉艺术的界线，把音乐固有的、抽象的、动态的形式渗透到视觉艺术创作领域，将节奏、旋律、和声、调式、调性等音乐词语与视觉形式中的线条、色彩、形状、图案、结构等要素相结合，进而将时间进程、空

① Wassily Kandingsky, *Concerning the Spiritual in Art*, Translated and with an introduction by M. T. H. Sadler, New York: Dover Publications, Inc. 1977, p. 19.

② 〔俄〕康定斯基：《点线面》，余敏玲译，重庆大学出版社，2011，第3页。

间形式与人类的情感结构相融合，创造出一种由空间与时间互为对话的情感形式的新视觉图像：有声或无声、立体或平面、复杂或简约、动态或静态、真实或虚幻的活泼泼的视觉生命形式，从而唤起人们内在生命的情感力量。这就是视觉音乐！

那么，在视觉音乐作品中，如何理解音乐形式与视觉符号两者之间内在的逻辑关系呢？毋庸置疑，音乐的律动性母体孕育了视觉音乐这一抽象而又感性的生命形式，并赋予其强有力的动态特征。苏珊朗格曾指出："事实上，有关艺术的这一整套理论都是从音乐的'意味'这一个问题中派生出来的。"[①] 她所言的意味正是音乐的动态形式，即富有生命力和情感表现的律动性特质。它激活视觉符号的表现性系统，赋予视觉图像以内在的音乐精神，使音乐形式与视觉符号之间达成稳定的逻辑关系：一是内在与外在的关系，即前者是传达有机生命力的内在机制，后者则是审美观照的对象，音乐形式的情感向心力将观者从视觉符号的路径逐渐引向对人类精神世界的终极探索。二是个性与共性、特殊性与普遍性的关系，图像、影像、装置艺术、数字媒体等视觉符号的个性特征和多样化形式为艺术家提供了丰富的创作体裁、灵活的创作手法，唤发了艺术家独特的创造力和想象力。但是，不论是何种形式的视觉符号，都蕴含人类普遍的情感内质、统一的生命主题。三是两者互渗互融、相辅相成，共同构筑视觉生命形式的有机整体。人们通过观照视觉符号系统的整体性结构而抵达生命形式的情感状态，获得自由、和谐、圆融、开放的音乐精神。事实上，视觉音乐的真正魅力正源于此！其视觉表征的审美意义就在于将律动的音乐形式呈现为力的空间场域，营造一个以视觉的和谐秩序与观者的审美趣味交互对话的强大的生态性磁场，以此邀请观者感受律动形式本身的灵动趣味，携领人们去探索并发现蕴藏于这一节奏形式中的无比鲜活的生命力！

诚然，视觉音乐并非是现当代艺术运动和风格演变的结果，而是伴随着现当代艺术发展演变的整个历程。正如上文所述，视觉音乐源自过去一个世纪的抽象艺术的发展历程。从某种意义上来看，视觉音乐还充当了现当代艺术发展的助推器的作用，这在以下的论述中可以寻得答案。

① 〔美〕苏珊·朗格：《艺术问题》，滕守尧、朱疆源译，中国社会科学出版社，1983，第34页。

二 视觉传媒技术与观看模式

视觉仪器或传媒技术与视觉性的建构密切相关。作为载体和手段，视觉传媒技术的革新必然会引起观看模式即视觉性的转变。这里的"'视觉性'是指图像及其视觉意义的视觉表达。'仪器'是指手段或媒体，通过媒体技术，图像得以产生并传播。在我们当今这个电子复制、影像和控制论技术的时代，视觉媒体逐渐趋于复杂、精致"。[①] 无疑，视觉传媒技术及其历史演变对视觉音乐的视觉性表征起到了重要的作用。

视觉传媒技术是视觉音乐在传播过程中强大的媒介载体和技术输导。一方面，视觉音乐依赖科技力量实现艺术的视觉性表征，为观者提供直观的视觉图像；另一方面则反映了观者的审美眼光。具体来看，视觉传媒技术不仅决定了艺术家所要体现的创作内容、表现形式、物质媒介、视觉传达方式等方面的倾向性，而且也反映了观者是以何种眼光来看待艺术品的审美取向问题。也就是说，视觉传媒技术的发展把观者最初表现的"好奇的眼睛"逐步转化为富有视觉经验和艺术鉴赏力的"锐眼"，进而促使观者的主观反应不断地增生。其结果是，观者的看不再是一般意义上的观看，而是富有觉察力和思考力的洞见，亦即审美眼光。但与此同时，观者的审美眼光和审美趣味又反过来影响了艺术家的创作实践并推动视觉传媒技术的进一步改良，两者相辅相成，为构建景观社会的视觉艺术文化添砖加瓦。因此，研究视觉音乐还需考察它所处历史时期的视觉传媒技术的发展状况，以及它所决定的观者的审美方式问题。笔者从摄影术、电影与动画影像、数字新媒体这三者视觉传媒技术的发展来揭示视觉文化时代中的技术现代化与审美现代性之间的复杂交互关系。在此，笔者并无意陈述这三者的发展史，而是借这一历史语境廓清观者、视觉媒体技术、观看对象三者之间的关系问题，从而理解人类视知觉模式的转换过程。

首先，值得关注的是摄影术的形成和发展。早在16世纪，艺术家们就利用"照相暗箱"（camera obscura）来记录光影，直到18世纪末，暗箱成像技术的广泛应用拓展了人类认识外部世界的视野，为人们提供了观看外

① Jessica Evans and Stuart Hall, *Visual Culture: The Reader*, London: SAGE Publications Ltd., 2005, p. 4.

界事物的新视角，并建立了观者与外部世界的古典视知觉模式，即对整体的、统一的、有秩序的、稳定的外部世界的视觉感知和理性认知。关于暗箱的历史意义，哥伦比亚大学艺术史教授克拉里（Jonathan Crary）在《观者的技术》（*Techniques of the Observer*：*On Vision and Modernity in the Nineteeth Century*）中提出："暗箱不纯粹是一件无生命的、灰暗的零部件或组装的技术设备……而是通过它可以抵达深广的知识系统和观察对象。……（它）体现了观者及其感知外界事物的关系。"① 这种关系意味着观看模式与知识建构的递增关系。到了19世纪上半叶，摄影术的发明促使观者与观看事物之间建立了新型的关系。"建立在暗箱成像技术之上的有关人类视知觉的古典模式，开始被一种新的生理模式所代替。在其中，主客体之间一种稳定空间的二元论经验主义再现模式，转化为主客体之间一种不稳定时间的分镜头剧本模式。在这种模式中，主客体之间进行着不间断的生理与心理互动"。② 在现代主义时期，人们看到的不再是完全真实的世界。图像和符号的复制、转换、激增与扩散使观者与真实的世界分离，观者的观看方式转为一种更适应现代环境的、自主的、多重的、建构性的观看方式。

其次，电影的发明以及动画影像制作使传统的视知觉模式发生重大改变。1895年，法国的卢米埃尔兄弟发明的电影技术，使观者的观看方式发生了裂变性的转折。其一，电影画面的运动特征引起观者视觉的动态感知，人们的观看方式由原来的凝视静态的单一图像转换为对分镜头的、连续性的、动态影像的视觉捕捉，形成分镜头剧本模式的观看方式。其二，拓宽了观者的视野，观者的视野不再囿于照相机暗箱拍摄出的图像画面，而是呈现系列性的连续镜头的有序承接和转换，这为建立空间意义上的观看方式提供了故事性发展的时间维度，增强了逻辑性、叙事性的视觉内容。其三，有声语言的进入使观看行为不仅仅是依赖视觉功能，而且还有听觉功能的介入和伴随，单纯的观看方式被视听的双重性所取代；其四，观者的主体意识失去重心，由于电影呈现的是虚构的动态幻象，电影的情境式叙述容易使观者进入虚拟的幻象世界而迷失了现实中真实的自我，削弱了观者主观感知的中心地位。可见，电影的发明改变了传统单向度的看以及观

---

① Jonathan Crary, *Techniques of the Observer*: *On Vision and Modernity in the Nineteenth Century*, Cambridge: MIT Press, 1990, p. 27.

② 沈语冰：《注意力与视觉性的建构：乔纳森·克拉里和他的视觉研究》，《美术研究》2011年第1期。

者的主体意识，并由此改变了观者的审美眼光。对此，芝加哥大学教授罗伯特·皮平（Robert B. Pippin）乐观地评价："现代主义运动带来了富有活力的艺术新形式，比如，电影和摄影术就足以证明艺术并非已成往事。"①

最后，当今数字新媒体的高科产业引发了集体性的精神和感觉的狂欢。"我们今天的视觉经验大都是一种技术化的视觉经验"，② 数字新媒体的出现使观者的视觉经验越来越趋向对技术的依赖。人们被迎面而来的各种图像重重围困，观者的视觉经验已不同于以往基于客观真实的看见，而是各种虚拟的仿像、幻象。针对当前社会视觉文化现象，克拉里在分析观者与表现两者的关系时指出："在近 20 年里涌现的电脑绘图技术的迅速发展改变了观看主体和表现模式之间的关系，它有效地废止了传统文化意义上建立起来的关于观者和表现这两个术语的基本含义。计算机生成图像的形式化及其扩散预示着虚构的视觉'空间'无处不在的植入，这完全不同于电影、摄影术和电视的模仿。"③ 克拉里想要说明的是，相较于电影、摄影术和电视，电脑图像技术彻底颠覆了观者的视觉经验，因为它不再基于真实的"空间场域"（real space）而是基于技术，由于电脑仿真图像是由电子数码技术和数学模型产生的而并非通过观者对真实世界的视知觉的把握。因此，视觉性将被束缚于一种抽象视觉的电磁领域和"控制论"之中，如此一来，观者的视觉经验以及由此形成的视觉模式逐渐转向对电脑技术的依赖，其结果必然导致作为观者的人类的认知论和知觉力的逆转：从对真实的光感世界的认知模式转向以虚拟图像表征的视觉竞技场的感知模式。

值得注意的是，在视觉音乐艺术中，不论艺术家运用何种技术手段，也不论观者采取何种观看方式，有一点都是值得肯定的，那就是视觉音乐的律动形式犹如开启生命情感之旅的引擎，终将实现视觉形式与内在精神的和谐对话，揭示人类共同的情感主题。

三　视觉音乐的视觉性表征

在研究视觉音乐的表征问题时，倘若仅是截取式地采集某些视觉音乐

---

① Robert B. Pippin, *After the Beautiful*, Chicago: The University of Chicago Press, 2013, p. 36.

② 〔德〕瓦尔特·本雅明等：《上帝的眼睛：摄影的哲学》，吴琼等译，中国人民大学出版社，2005，第 12 页。

③ Jonathan Crary, *Techniques of the Observer: On Vision and Modernity in the Nineteenth Century*, p. 1.

的标本做简单的切片分析，那就必将会陷入表面化、局限性的认识误区。我们不妨将具体的视觉音乐作品纳入特定的时间坐标体系中，综合考察视觉音乐的个性化特点及其视觉性表征。

（一）音与色：联觉效应的符号象征

视觉音乐亦称为“色彩音乐”（color music），这是因为科学家和艺术家们试图从颜色着手把音乐音响与视觉艺术相联系，实现视听知觉的共同感知。早在古希腊时期，亚里士多德在《论感觉》中就曾提出“共同感觉”（common sense）的概念，18世纪的科学家牛顿最早尝试把视觉艺术中的颜色与音乐中大调音阶的固定音高（7个基本音名）一一对应。阿恩海姆认为：“无论如何，在具有共同的表现性质（比如冷与暖、强烈与温和等等）的基础上，颜色和声音之间的确存在着从知觉上令人信服的对应。”① 也就是说，音与色具有感知形态的相似性，基于联觉的理论分析，人类具有艺术审美的音与色对应关系的知觉力与判断力。这可以通过先锋艺术家谭盾的音乐视觉钢琴装置艺术的案例分析得以阐明。

2005年，《谭盾音乐视觉2005》以“解体—重建—再生”为主题的钢琴装置艺术展览在上海沪申画廊举行。这是他通过收集废弃的钢琴，拆除它们残缺的零部件和朽烂的木头，保留钢板和钢弦的“内脏”，并将这些堆积的“废墟”重新设计、组装、涂色，建造出可以由人或电脑MIDI系统演奏的“视觉音乐雕塑”（visual music sculpture）。他运用即兴演奏、现场录音、视频剪辑等种种实验性的音乐创作手段和空间布置手法营造音乐视觉现场，使整个展厅融入多种视听元素：色彩、旋律、空间、节奏、影像、光造型等彼此间的碰撞与对话，使观众穿梭于声与色、光与影的奇异空间，体验视觉符号与音乐形式的联觉效应，达成多维度的精神升华。显然，谭盾是联觉理论的实践者，在视觉音乐创作中，他深受西方现当代艺术思潮的影响，跨越视觉与听觉的固有界限，糅合东西方的音乐文化质素，不断尝试将视觉与听觉元素互渗互融。这种多纬度、多媒介的创作方式必将赋予当代艺术的当代性以新的阐释。事实上，谭盾的钢琴装置艺术的创作理念一方面为艺术表现方式的多元化发展注入活力，另一方面则承袭了彩色

① 〔美〕鲁道夫·阿恩海姆：《艺术心理学新论》，郭小平等译，商务印书馆，1999，第283页。

风琴的“音—色”对应原理。早在1737年，法国牧师卡斯塔尔（Loius Bertrand Castel）发明了彩色风琴。1893年，物理电学开启了彩色风琴的新旅程，英国画家雷明顿（Alexander Wallace Rimington）利用灯光投射的照明技术进一步改良彩色风琴，将不同颜色光束的投射灯放入一个大灯箱并且和键盘组合，当演奏者碰触琴键时，灯箱的窗口便会打开，投射相对应的颜色光束，从而实现音色对应的同步呈现（见图1）。

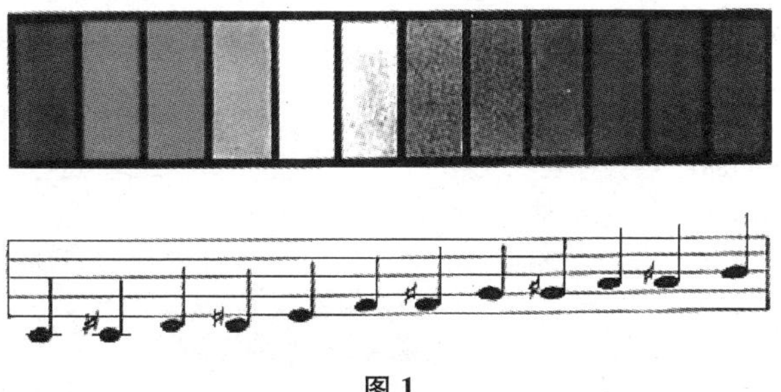

图1

1915年，彩色风琴的原理在音乐会表演中得到了应用。俄罗斯象征主义作曲家斯克里亚宾（Alexander Scriabin）创作了“通感交响曲”《普罗米修斯：火之诗》在纽约首演，该乐谱上标有颜色和音名确切相对应的标示（见图2）。

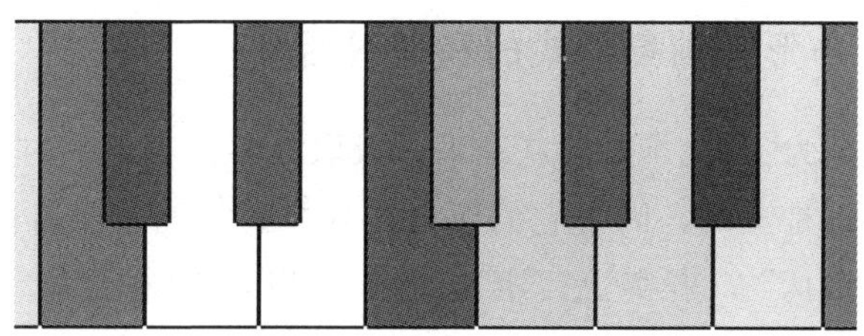

图2

在20世纪六七十年代，由于电子高科技的发展，彩色风琴与电子设备的结合成为当时流行的现象，这些电子设备通过调节多彩的灯光实现了音与色的对应。此时的彩色风琴已逐渐被调节声、光、色的电子设备“调光器”（light organ）所取代。谭盾则大胆尝试把彩色风琴的传统理念运用于废弃的钢琴上，并把钢琴的琴键按照音与色的联觉效应进行涂色加工，设计出了独特的彩色钢琴装置艺术。

因此，从牛顿最初尝试音与色相对应的实验，到21世纪今天的对电子光学和纳米技术的运用，从巴洛克时期的彩色风琴音乐到如今的彩色钢琴装置艺术，音与色的对话以及各自符号的象征性关系（见图3）已经历经了3个多世纪的探索。彩色风琴的每一段历程中的视觉性呈现就如同历史学家对历史遗迹的探索与发现那般，给研究视觉文化和视觉音乐的学者带来诸多惊喜与期待。

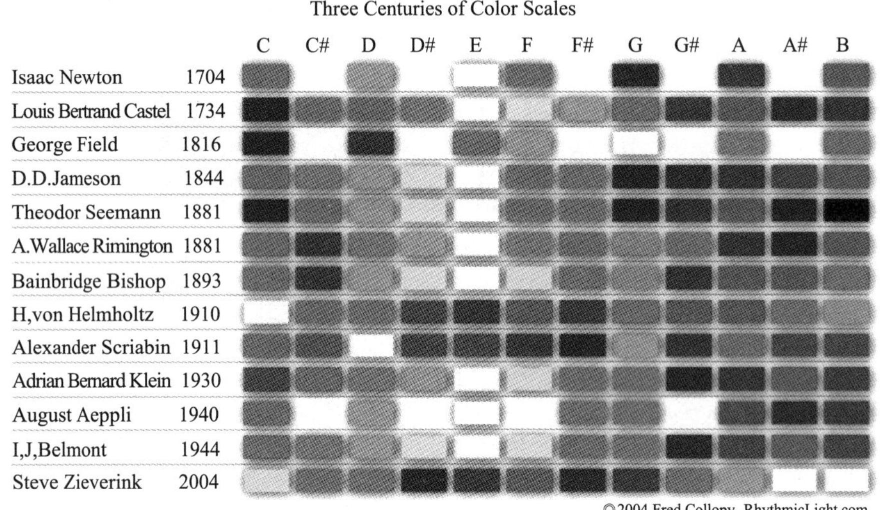

图3

（二）音与形：抽象形式的和谐对话

康定斯基认为："艺术必须从音乐中汲取养料，音乐中的每一处和谐与不和谐的音符都是美的，因为它们源自内在精神，而且只有内在精神才是它们的唯一动力。"① 事实上，康定斯基是以非物象绘画（non-objective painting）表达内在的音乐精神，它与视觉形式的逻辑关系不仅是"内在与外在"（inner-outer）的关系，而且还意味着"什么与怎样"（what-how）这一深层问题的哲学思考。在他看来，"what"是指"艺术的内在真理"（the internal truth of art），"how"则是物体"个性品质"（personality）的视觉性表征，他试图通过形状与色彩的视觉形式来呈现纯美的音乐精神，并以此揭示艺术的真谛。在他的作品里，音乐与视觉形式异乎寻常地达成了完美的和谐——一种统一于内在精神的音乐之和谐。想必这是对黑格尔在1828

① Wassily Kandingsky, *Concerning the Spiritual in Art*, Translated and with an introduction by M. T. H. Sadler, p. 51.

年讲演中提出的“绘画最根本的特征是（表现）‘爱’”[①] 这一观点所做的最强而有力的新时代的回应！

我们可以将视线聚焦于他的一幅视觉音乐作品《构图 8 号》（Composition Ⅷ, 1923）[②]（见图 4）。

图 4

《构图 8 号》是康定斯基在 1923 年创作的油画作品，该作品不同于他早期的浪漫式风格，而是以空间布局的动态的几何图形呈现出来的。在他看来，抽象的几何形状各自都具有内在的“暗示力量”（inner suggestion）。当这些色彩与形状按照一定的比例进入空间时，彼此之间就会产生相互作用，即制约、调解、平衡、适应等对抗力或吸引力关系，并在彼此的对抗与吸引中达到自在的和谐秩序。

该作品名称中的“构图”（Composition），可以分三个层面来理解：一是，各种几何形状可视为不同形式的基本构图成分，这些成分直接或间接地体现了几何形状的力量和效果；二是，各种几何图形以运动的形态相互作用，共同构筑一个动力性的、和谐的、有机的视觉生命形式；三是，康定斯基曾将颜色与乐器的音色做了象征性的比拟，例如，蓝色象征大提琴，红色象征小提琴，紫色象征英国管，等等。于是乎，画布就如同待演的乐池，不同色彩的几何形状犹如管弦乐器奏出的和谐鸣响，一支音乐狂想曲

① Robert B. Pippin, *After the Beautiful*, Chicago: The University of Chicago Press, 2013, p. 21.

② 《构图 8 号》（Composition Ⅷ），康定斯基，1923，油画，藏于美国纽约古根汉美术馆。

跃然于画布。诚然，从音乐性的角度来看，该作品里重复出现的各种形状很容易使人想起瓦格纳的“主导动机”（leitmotiv）①，不同的是，瓦格纳运用的主导动机是固定的音乐乐句，而康定斯基则采用几何形状象征精神价值，但两者之间有着异曲同工之妙。此外，该作品中还存在两种迥异的乐声——无序的对抗与诗意的和谐。画面中的锐角、钝角、半圆形，以及一些散射状的粗细不一的直线等，形成不规则的布局，充分表现了勋伯格式的紧张、无序、对抗和解体。画面右侧不规则的黑色、白色、灰色、红色方块则让人感觉听见了斯特拉文斯基节奏中的重音和弦，使人在画面空间里感受到了正在进行的时间进程。然而，大大小小的圆形散落在画面的不同角落，这与其他形状既形成对比又达成某种和解。画面左上方的紫色和黑色相间的环形格外引人注目，它外围的红色显得温馨朦胧，如散发着迷人的光晕；弥漫在画面中的浅蓝色和淡黄色的色调隐隐约约，这与法国印象派作曲家德彪西的音乐风格“诗意的和谐”相呼应。倘若将这幅作品作为音乐文本来分析，我们在其中就不难听到瓦格纳的主导动机、德彪西的精神性和谐、勋伯格的无序对抗、斯特拉文斯基的诡异狂野……在如此这番音乐精神与视觉形式的对话中，艺术审美的趣味性便油然而生。正如康氏所言：“此作品源自形与色的和谐交响。”②

显然，康定斯基把音乐的时间性、动力性、情感性特征转变为直观的、抽象的、空间的视觉性呈现。他运用简约的结构形式和色彩的变化构筑丰富的精神生活，通过对线条、色彩、形状的不同方式的组合、叠加、对比等空间构图，赋予三者元素在结构形态、空间布局、色彩变换方面以抽象形式的互动对话和生命情感的动态表征，凸显爱与和谐的基本主题。他借以音乐的抽象形式和动态结构描摹、映照内心世界，每一条线条，每一个色块，每一种形式都直接抵达心灵深处，康定斯基不愧为视觉音乐家！对此，萨德勒（Michael T. H. Sadler）中肯地对他做出评价：“康定斯基是在画音乐（painting music）。那就是说，他已经打破了音乐与绘画的界限，分离出纯粹的情感……当人们聆听优美的音乐时都会感到心情愉悦，但同时

---

① 德国作曲家瓦格纳在他的“乐剧”中倡导的一种戏剧性的音乐乐句。瓦格纳采用此种手法为他的歌剧人物或事物创作了特定的音乐动机来象征该人物或事物在剧中的出现，比如，英雄、宝剑等。

② Wassily Kandingsky, *Concerning the Spiritual in Art*, Translated and with an introduction by M. T. H. Sadler, p. 43.

又有一种难以言表的激动……想必这些线条和色彩也如同音乐中的和声和节奏那样极具（难以言表的）音乐效果。”①

20世纪初，康定斯基的《音乐会》（Concert，1911）、《赋格》（Fugue，1914）、《沉重的圆形》（Heavy Circles，1927）等一系列作品掀起了视觉音乐的浪潮。乔治·布拉克的《向巴赫致敬》（Hommage à J. S. Bach，1911–1912），库普卡的《两种颜色的赋格》（Fugue in Two Colors，1912）、《一号热爵士》（Hot-Jazz No. 1，1935），凡·杜斯堡的《俄罗斯舞蹈的节奏》（Rhythm of a Russian Dance，1918），蒙德里安的《百老汇爵士乐》（Broadway Boogie-Woogie，1942–1943，见图5）②，曼·雷的《管弦乐曲》（Symphony Orchestra，1916），保罗·克利的《新和谐》（New Harmony，1936）、《复调音乐》（Polyphony，1932）等无不深受这位视觉音乐大师的影响。

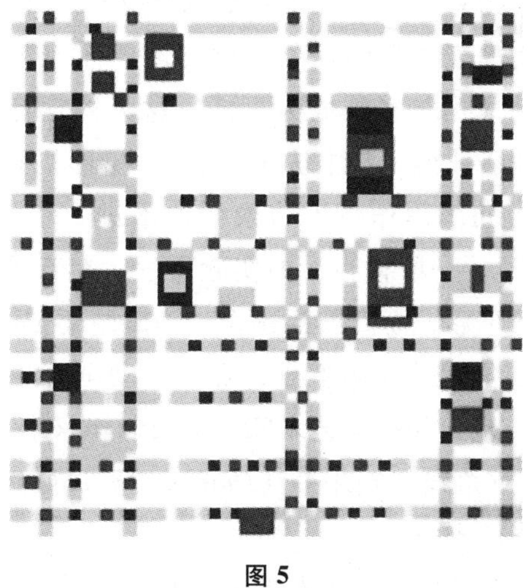

图5

（三）音与像：同构关系的拟态表征

20世纪以来，随着摄影术、电影和数码新媒体技术的迅猛发展，视觉图像一跃成为这个时代的文化表征。“可视性和视觉理解及其解释已成为当

① Wassily Kandingsky, *Concerning the Spiritual in Art*, Translated and with an introduction by M. T. H. Sadler, p. xix.

② 《百老汇爵士乐》（Broadway Boogie-Woogie），1942～1943，油画，藏于美国纽约现代艺术博物馆。

代文化生产、传播和接受活动的重要维度”。[①] 视觉音乐伴随着现代主义和后现代主义艺术的文化运动蓬勃发展。

视觉传媒技术的革新和网络媒体的普及使视觉音乐的传播和发展获得了更为广大的空间。其中，动画音乐影像作品（动画音乐电影、电视及其网络视频）可谓是当前最流行的视觉音乐。它不仅是基于音与色的联觉效应，而且是遵循了乐音与影像的运动形态的相似性原理。法国哲学家、剧作家马塞尔·马尔丹认为：“运动正是电影画面最独特和最重要的特征。”[②] 法国电影理论家让-米特里也同样认为：“电影主要还是以运动的幻象来显示一个虚构的模拟生命态。”[③] 而音乐恰恰能使虚拟的动态影像获得时间维度上的音响的动力性支持。例如，音乐的节奏、旋律、和声等动态特征可以与人体的运动、步态、举止以及姿态等之间存在类似性。“正是在运动形态上的这种同构关系，为音乐以类比性或比拟的方式表现人的心理与感情运动以及部分外界事物的表象运动提供了可能性。”[④] 音乐音响所具有的现象学属性使同构原理的应用与实施成为可能，这为视觉音乐在影像传媒领域的发展开辟了新天地。彼得·基维认为：“自从摄影机和投影仪发明后，我们就有了视觉音乐；动画制作技术与录像技术进一步扩大了这种可能性。在20世纪，人们走过了一段相当长的实验历程，在音乐中使用一连串完全抽象的非具象图案与色彩，简直被描述为‘为眼睛而作的音乐’。”[⑤] 彼得·基维所描述的视觉音乐就是动画音乐，那么，动画音乐的视觉性表征如何呈现？20世纪初期，瑞典先锋派艺术家、电影制作家维京·埃格琳（Viking Eggeling）的作品《对角线交响乐》（*Diagonal Symphony*，1924）可谓是开了电影史上视觉音乐的先河。

在影片画面中，随着小鼓奏出典型的奏鸣曲式的节奏型动机𝄾♫ ♫ ♩ ♩（这是该片固定的音乐节奏），黑色屏幕的各个角度依次出现了如竖琴形态的白色条纹几何图形。音乐进行了4个小节之后，电贝司响起了沉重的低音旋律，渐渐的，画面的图案开始变得丰富起来（见图6）。当电钢琴的高音

① 周宪：《视觉文化的转向》，北京大学出版社，2010，第5页。

② 引自宋家玲、李小丽《影视美学》，中国广播电视出版社，2007，第59页。

③ 引自金丹元《电影美学导论》，复旦大学出版社，2008，第60页。

④ 周海宏：《音乐与其表现的世界：对音乐音响与其表现对象之间关系的心理学与美学研究》，中央音乐学院出版社，2004，第9页。

⑤ 〔美〕彼得·基维：《纯音乐：音乐体验的哲学思考》，徐红媛、王少明等译，湖南文艺出版社，2010，第1页。

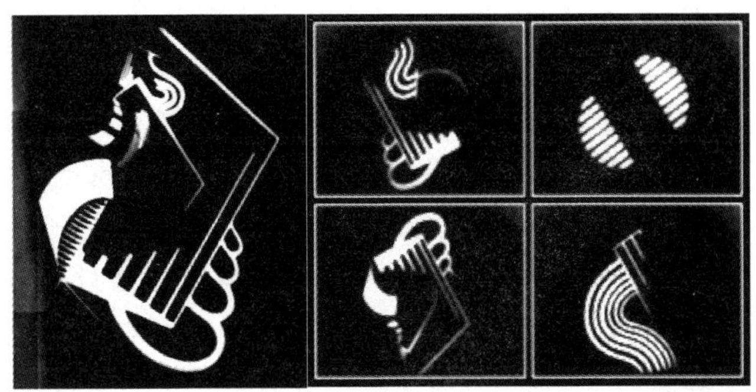

图 6

旋律奏响时，圆圈、线条、三角形以及流线型的图案就开始交错、隐现，各种几何形状和奏鸣曲节奏产生了戏剧性的相互效果。随着音乐声部与和声织体的逐渐丰富，几何图形也显得复杂、变幻……此时，动力性的音乐节奏与抽象的几何图形交相辉映，影像成了音乐的拟态表征，一场音乐与影像的时空对话就此拉开序幕。在 20 世纪初的默片年代，《对角线交响乐》显然是颇具结构主义特点的抽象影像画作，这些几何图像的作用不是简单地再现事物，而是把纯粹的形式结构（音乐节奏与几何图形）作为整个系统的一部分来共同构建影像。戏剧设计师基斯勒（Frederick John Kiesler）说："《对角线交响乐》是我所认为的最好的抽象电影作品，它尝试在电影媒介中发现时间进程中系统的基本原则。"① 此外，奥康诺（Louise O'Konor）评论道："对于埃格琳来说，音乐从来不是作为听觉元素来构成完整的电影，他旨在设计一套与音乐形态可以比拟的视觉构图系统。"② 这一同构关系的拟态表征则使《对角线交响乐》成为最复杂且具有美学价值的早期抽象电影。

结　语

综上所述，视觉音乐已然成为当前景观社会重要的文化现象。这一方面是社会政治经济和艺术文化发展的客观必然性所致，另一方面则是艺术家与观者之间长期形成的关于艺术的创作与审美二重关系的主观能动性使

① 引自《对角线交响乐》影片开始部分的文字内容。

② 引自 Peter Vergo, *The Music of Painting*, London: Phaidon Press, 2010, p. 275。

然。渴求标新立异的主观愿望驱使艺术家把音乐的抽象语言引入视觉表象，于是，律动形式一跃成为视觉音乐最耀眼的一张名片，它扩展了空间结构的动态进程及其张力表现，创造出音乐的视觉性与视觉的音乐性这一无限的空间与时间互为对话的情感形式的视觉图像——视觉音乐。从彩色风琴、抽象绘画、动画音乐到数字新媒体艺术，视觉音乐如同一张张生命情感的X光透视片，它将人类最深奥、隐秘、复杂的情感状态通过音与色的联觉、音与形的同构、音与像的拟态等视觉音乐形式透射出来，使视觉性表征的现实意义得以彰显：一方面，启发艺术家开启多元化的创作思维和表现形式，以个性化的作品反映新时代的创作理念和艺术风格；另一方面，则为观者提供了全新的审美视角，使观者与视觉符号、音乐形式产生关乎生命主题的和谐对话，并从诸多形式秩序中体味丰沛的情感力量。

随着传媒技术的革新，观者的目视对象逐渐由照相机的暗箱转向新媒体时代的数码影像。如今，大众传媒声势浩大地造就一个个空幻而又疏离现实的虚拟空间，观者与审美对象之间的传统二元模式关系随之发生了逻辑性的转变。那么，这种基于虚拟形象的观看模式究竟是丰富了观者的视觉经验，还是导致人类本有的视觉官能的退化和直觉力的衰减？究竟是蒙蔽了事实真相，还是会唤起观者更具理性的判断？究竟是导致一场场观者的视觉狂欢，还是令人陷入虚无的精神灾难？想必这是值得每一位视觉文化研究者深思的问题。但是，我们始终不要忘记："观者不是天生的，或自然的，而是历史地形成的。"① 如果说"视觉文化打开了一个完整的互文本世界"，② 那么，视觉音乐所呈现的线条、色彩、形状、节奏、和声、光影、空间、图像等诸多元素的对话与融合，以及由此引发的人类对于内在精神世界的探求不正是互文本中最富有生命活力的篇章么？

① 沈语冰：《注意力与视觉性的建构：乔纳森·克拉里和他的视觉研究》，《美术研究》2011年第1期。

② 罗岗、顾铮：《视觉文化读本》，广西师范大学出版社，2003，第2页。

电商时代的视像盛宴
——论当下城市服饰审美中的复古风尚

艾秀梅*

摘要 近年，中国当代城市中出现一种视觉景观，就是大众在着装上对传统风尚的追求。这一风尚既反映在对少数民族情调的追求上，又反映在对以汉族服饰为主体的古典服饰的追求上。后者形成一种中国古风时尚，其复杂与深邃远胜于前者。这一风尚在技术上借鉴了古典服饰的形式特点或精神特质，并大量挪用古典文化符号，从而构成一种复杂的视觉表意符号系统。在更深层次上，它一方面折射出全球化时代中国人对自身民族身份的认同焦虑，另一方面寄托了许多当代人虚幻的审美生活理想。

关键词 视觉文化　古典服饰　身份认同

Abstract A visual landscape has emerged in contemporary Chinese cities. Many people are wearing the traditional costumes, especially the Chinese traditional clothes of the Han nationality. This trend has many characteristics, for example, which drawing lessons from the forms and characteristics of classical costumes in technologically, or getting ideas from the ancient spiritual culture. Fashion designers apply a large number of classical culture symbol to build a visual signification system. This phenomenon reflects people's national identity anxiety and the illusory aesthetic ideal of life.

Key words visual culture　classical costumes　identity

---

* 艾秀梅，南京师范大学文学院副教授，主要研究文艺美学及大众文化。

近20年来，随着新媒体技术的发展和普及，视觉文化在中国勃然兴起，视觉性已经成为文化的主导因素，这一点极大地影响到人们的生活方式。从前具有一定隐私性和局部性的衣食住行一旦成为公共的、可视的生活方式，就强烈地吸引公众的注意，产生社会性影响。正如在《舌尖上的中国》中，美食不仅是拿来品尝的而且是被观看和欣赏的。而进入公共平台的生活经过视觉再现手段的包装不但更美了而且看起来也更有意味了。如果我们仔细观察视觉文化时代的衣食住行，就会发现总有一些特别的风尚会使可视的生活呈现某种独特的面孔，以一种跟庸俗生活相疏离的审美姿态存在于世间。其中，一种现象尤其值得关注，那就是对中国古典情调和韵味的追求。这种追求不仅体现在普通市民的饮食领域中，如餐馆对中式装修风格的热衷，对民间传统饮食风味的尊崇，而且体现在普通市民的服饰领域中。

需要指出的是，本文所提及的这种服饰审美风尚并不是人们熟知的民族风。民族风特指一种以少数民族特色服饰为代表的流行风格与审美情调，而本文所说的服饰风尚则是以古代汉民族服饰和汉族审美情调为特征的新中式服饰。

一　当代古风服饰的诞生与发展

起初，服饰上的古典美只是对象的，而不是主体可实践的。在刚刚实行改革开放的1980年代，即在大陆居民还处于西方人所说的蓝蚂蚁形象的时代，人们只能偶尔在文艺作品中一窥古风服饰之美，如在席慕容作品中，有些取材于古代文化的作品往往会塑造出充满古意的动人形象。如她在《青青的衣裙》中写道：

我是一条清澈的河流
绕过你立的沙洲
在那个晴朗的夏日
有着许多白云的午后
你青青的衣裙
在风里飘摇
倒映在我心中

又象一条温柔的水草

……

这首诗浓缩了《诗经》中多篇作品的意象，如《关雎》中的“在河之洲”“参差荇菜”，《子衿》中的“青青子衿”，等等。这个穿着青色衣服的少年人承载了作者对古典爱情的许多浪漫幻象，也令读者油然而生向往之情。另外，在古装影视剧作品中，古代服饰之美也得到一定程度的呈现，例如，电视连续剧《红楼梦》就因其人物造型的古典美而大受欢迎。但是那个时候，对于服饰上的古风之美，公众只能在文艺欣赏时进行远观、领略，这种服饰与普通人的现实生活并无关系。

进入21世纪以后，这一现象发生了深刻的变化，一种提倡在生活中身体力行地穿着本民族服饰的汉服运动在中国兴起。

汉服是汉民族传统服饰的简称，其款式以“交领、右衽、束腰，用绳带系结”等为主要特征。清军入关以后，逼迫中原人剃发易服，这种服饰已经近乎失传。在21世纪，一些具有深厚民族情怀和复古理想的人开始制作这种服饰。在起初时，这只是极少数人的个别行为。2001年在上海APEC会议上，各国领导人穿唐装一起亮相，以至于许多人以为这是中国民族服装，而穿汉服上街的人则被视为日本人。这种对中国传统文化认知的匮乏使一些人痛心疾首，于是从2001年起便出现了个别人穿着自制汉服上街的现象。2005年以后，各地的汉服爱好者开始结成社团，甚至在民政部核准登记，以谋求官方认可的和更为公开正式的发展环境。各地的汉服社团及协会还频繁地举行各种古典文化交流和推广活动。例如，穿着汉服实践古礼（如成人礼、笄礼、射礼等）的活动，穿着汉服集体过古代流行的节日（如上巳节、端午节等）。近年来，由于互联网交际平台的发展，汉服QQ群、微信群更是多如牛毛，汉服组织已经成为一种极具普遍性的常规性社团组织。

可以说，在21世纪伊始，古风服饰的复兴仅仅是在传统及民族文化爱好者之中，虽然每次出现都引起很多人的关注，但对于都市的亿万民众而言，仍然属于一少部分人的个性行为，其表演性、象征性突出。幸运的是，汉服运动生逢其时，得到两个因素的助推，很快地在中国城市生活中掀起一股古风服饰的热潮。这两个助推因素，一是大众文化中的古装题材热，二是消费经济领域的电子商务热。

盘点最近20年间有影响的大众文化产品，古装题材的占很大比例，特别是在影视剧和流行音乐当中，此类艺术一直在塑造一个非常唯美的古典中国的形象。为了营造理想的审美效果，在投拍影视剧或者排演古典剧目的时候，制作方开始不惜血本地在人物造型上投资，尤其是服饰方面，常常聘用具有国际知名度的设计师为人物设计戏服。有些古典题材作品的制作方遍地寻找民间老手艺人，请他们为剧中人物加工、缝制衣服。这些手工制作的美丽服饰经过具有新意的舞台包装后，给人们带来极大的审美震撼。如白先勇策划的昆剧青春版《牡丹亭》就曾经邀请绣工绣出十二花神衣服上的花朵。手绣的图案层次丰富，色彩可以自由调制，看起来比机绣的平面图案要华美许多。而在人物的服饰设计上也是煞费苦心，既要古典，又要合乎当今年轻人的审美观念，并力求与人物当时的情感契合。如在杜丽娘的服饰设计上，“训女”一节中穿粉色牡丹花裙，端庄淡雅；“游园”一节中穿鹅黄色衣裙，活泼轻盈，“寻梦”一节中穿淡蓝色衣裙，略带忧伤；“写真”一节中穿淡青色衣裙，幽情落寞；“离魂”一节中则一身缟素，令人震撼。这些饱和度较低的色彩在格调上摆脱了传统戏装浓艳夸张的陈窠，非常合乎当代人的审美情趣。

有些古典题材的作品从思想性角度来讲，并不见得都有很高的造诣，有的甚至是贫瘠的、站不住脚的。例如，《英雄》为暴君秦始皇张目，《夜宴》则极力渲染宫廷内外的阴谋、仇杀和情欲。这些内容都令观众的审美体验备受压抑，但是作品中美轮美奂的霓裳之美则令人心旷神怡，由此形成了内容和形式、丑恶与美之间的巨大张力，增强了作品的审美感染力。这些精心打造的古典题材作品在给观众提供视听盛宴的同时，也把一种唯美的古典生活理想、古典生活形象置入人心。在这个虚拟的古代时空中，人们衣着华美，爱情浪漫，性情雅逸。这些都与此时此地的生活大异其趣，其强烈的视觉冲击力使受众一下子就心醉沉迷。在这样的背景下，流行文化就在大众中培育了一批心仪古典和古风的“粉丝”，为汉服等带有复古色彩的民族服饰创造了消费群体。

二　古典服饰美的重生路径

有需求，就有生产。

在对古典服饰的态度上，一部分人主张原样复制，严格按照古籍中所记录的各类服饰的款式、尺寸进行剪裁、缝制，拒绝改良。如汉服爱好者，大多强调尊重古典服饰的历史原貌，保留其原汁原味风格。但是，古代服饰峨冠博带、宽袍大袖，很难适应现代快节奏的生活。因此，对于一般消费者来说，具有古典民族特点的服饰必然要经历一个改良的过程，必须成为可以居家劳作和工作出行的日用服装，这些服饰才能够重获新生。从目前中国服饰设计与生产的现状来看，这种古为今用、改良重生的实践思路主要有两种。

一是在大众化路线的层次上，许多服装在款式、面料、图案配饰上采用中国传统服饰元素，形成一种亦古亦今的新古典主义风格。如太极拳、瑜伽爱好者的练功服，通常选用舒适性强的棉麻布料，裁剪为小立领的唐装样式，袖子做连肩袖处理，稍微讲究点的均配以传统的盘扣。一些适合茶道、禅修和日常家居的禅意服装，则喜欢在领口的设计上采用右衽交领。在春秋套装的设计上，对于内层衣服，有些设计会直接使用古人的中衣打底。在外搭服饰方面，则借鉴古代褙子、半臂（唐朝后流行的一种半袖上衣）的样式设计开衫，不过去掉了衣缘。这种古意盎然的款式与从前流行的西式风衣大不相同，体现一种简约古朴的美感。同时，许多古风衣服乐于借鉴具有民俗性祥瑞意蕴的图案，如在袖口、领口或下摆手绣或手绘梅、兰、竹、菊、莲等图案。这一层次的古风之美是直观的、外显的。

二是在个别较为高端的品牌服饰中，则出现一种古典风尚，即对古典服饰不是在款式上的搬用、图案上的罗列，而是在审美精神和设计灵感上的效法。

有宋以来，深受庄禅文化影响，在绘画、诗词、书法等诸种艺术门类中，中国人对简约、淡泊的推崇变得越来越突出。苏轼曾盛赞“发纤秾于简古，寄至味于淡泊”的作品，黄山谷也在《与王观复书》中说：“简易而大巧出焉，平淡而山高水深，似欲不可企及。”这种崇尚简约、淡泊的艺术精神对今天的中国设计师仍然有极大的影响。南京设计师吉平生曾经这样阐述自己的设计理念：“我从不强调对中国元素符号的直观展示，而是秉承了中国画‘不可多一笔，不可少一笔’的简约主义。这才是这个品牌设计理念的‘艺核’。甚至可以说，MOUSE JI 只有设计思想是中国的。正因为我所运用的不是简单的文化符号，不是中国元素的堆砌，因此我也就不必担心作品的重复。这与欧洲的设计师在某一时段采用的短期的、暂时的中国元素是完全不同的概念。”① 这种特别的艺术精神使吉平生所创立的

① http://news.sxxl.com/html/2011/0426/58969.html。

MOUSE JI品牌服装在巴黎、米兰这样的时装设计之都独有一种不可复制的东方韵味。

又如在无用品牌女装中，有的作品在款式上并没有很明显的中国元素，但是其格调传达出浓厚的道家文化气息：崇尚自然，无所用心。无用品牌的设计初衷即在于：在一个人人讲究实用、强调有用的时代里坚持一种无用的追求。这在当今时代的确具有一种浓厚的理想色彩。在2007年巴黎春夏高级时装周上，无用创立者马可借用一个中学的篮球场展出了她的作品《土地》。这是一场非常独特的时装秀，模特们不是在舞台上走来走去，而是或坐，或站，或卧在灯箱上，像沉默的兵马俑雕塑一样等待观众来探索。他们身上的衣服撒满泥土颗粒，实现了设计者要与大地一同完成作品的艺术理想，服装的实用性大为减弱，在看似大线条少技法的随意裁剪中体现着浓厚的自然与无为的气息。

MOUSE JI和无用两个品牌服饰所代表的古风之美并不是直观的、外显的，但是其内在的设计理念和艺术格调更为古老，更为中国。

三 表意性视觉符号的赋魅

无论如何，复古都很难成为一个当今时代的热流。因为人们生活在当下，在时尚消费中一直追逐着日韩和欧美风格，古典风尚如何能够赢得青睐？在中国古典美被发掘和成为人们衣食住行的现实这件事上，电商的参与功不可没。对于消费者来说，网购物品不能亲手验货，不能亲自试穿，相对于实体销售有着许多局限；但是，有一点是电子商务的拿手好戏，是任何实体店不能比肩的，那就是电子商务可以最大限度地实现产品宣传的视觉化，在第一时间内吸引受众的注意。

早在古希腊，哲学家们就发现，人的诸种感官中视觉是最重要的，正如亚里士多德所说的："求知是人类的本性。我们乐于使用我们的感觉就是一个说明；即使并无实用，人们总爱好感觉，而在诸感觉中，尤重视觉。无论我们将有所作为，或竟是无所作为，较之于其他感觉，我们都特别爱观看。理由是：能使我们认知事物，并显明事物之间的许多差别，此于五官之中，以得于视觉者为多。"① 在人类历史上，视觉提供的信息构成了关

① 亚里士多德：《形而上学》，吴寿彭译，商务印书馆，2009，第1页。

于世界的知识，形成了一种视觉中心主义的世界观。当代社会更是一个充满各种视像的奇观社会。借助发达的视觉传达技术，资讯的传播越来越多地以视觉信息的形式实现，网络平台上的电子化购物就是一种视像消费。当消费者在网络上购物的时候，他（她）不是通过肉眼直接面对服饰，而是通过屏幕获取关于服饰的信息，衣服本身是一个被呈现的形象。这就给了商家极大的可以包装和赋魅的空间，他们会利用各种手段把原本具有实用性的日常消费品打造为一件件富有文化意义和扮靓魔力的神器。在古风服饰的销售中，这一点体现得尤其充分。

霍尔在谈到文化表征的时候曾经说过："任何具有某种符号功能的、与其他符号一起被组织进能携带和表达意义的一种系统中去的声音、词、形象或客体，都是'一种语言'。"① 这种特殊语言的功能就在于可以表征某种意义。电商销售中的古风服饰实际上就是这样的"一种语言"，这种语言的符号是服饰商品本身以及围绕着它的诸多古典文化符号，而它所要传达的意义则是一种古典诗性生活的虚假理想。

在具体的操作中，电商通常采取两种措施来营造古风衣服的文化意义。首先是情境的设计。古风服饰的广告文案通常会把背景设计在中式庭园里。在粉墙黛瓦、亭台楼阁等典型中式风格的环境中，模特着衣后或行，或坐，或沉思，或执卷，或手拿折扇，或端茶，显得非常古雅、隽永。其次是赋魅。电商卖家会大量地剪取历史悠久、意蕴深厚的古典文化符号用于产品包装即赋魅。古老的华夏文明给我们留下了浩如烟海的典籍、遗迹、传统，精美的文学艺术经典更是不胜枚举。其中具有霍尔所说的符号功能的词语、形象非常之多。古风服饰的卖家在广告文案设计中尤其善于剪取这些古典文化符号，借助古典文化符号本身深厚的意义积淀给自己的产品增添魅力。例如，给产品取一个带有浓厚古典意味的名字。设计师马可就曾给自己的衣服起名字，如一件麻质中式上衣叫玉，某条裤子叫疏。② 一个卖发簪的商家，用古代戏剧作品给自己的簪子命名，如游园惊梦、汉宫秋月。这每一个名字的背后都有一个动人的文学故事，簪子借由这样的命名变得来历不凡。同时，商家把簪子放在打开的竖排的印有工尺谱的古卷上或竹简上，并对古卷或竹简做了虚化处理。

① 〔英〕斯图尔特·霍尔：《表征》，徐亮、陆兴华译，商务印书馆，2003，第19页。

② 张卓等：《马可：衣以载道》，《人物》2014年10月号。

这样，工尺谱、竹简烘托着居于醒目位置的簪子，一起构成表征意义的信码，在簪子和古典生活、古典美之间建立起了联系。似乎消费者戴上它就可以立刻体会线装书、工尺谱时代的生活。借助各种努力，电商卖家力求达到的目标是：商家所卖的绝不仅仅是一件古风衣服，而是一种古典的生活方式，消费者通过购买所得到的，绝不是一件商品而已，而是一个充满审美意味和文化格调的体验过程。

四 视像游戏中迷失的消费主体

尤其值得注意的是古风审美时尚中的消费者。古风服饰最初的拥趸是一批生活在互联网时代而深具怀旧情调或民族情怀的人。他们身处资讯和经济发达的都市中，在丰富的国际交往信息中有感于主体中国人民族身份的湮灭不明，希望为此找一条出路。因此，我们可以把这种服饰风尚的心理动因归结于民族认同的焦虑。关于身份认同，道格拉斯曾有一个意味深长的说法："后现代的认同性是通过角色扮演和形象塑造从而戏剧性地完成的。如果说现代的认同性是围绕个人的职业、个人在公共领域里的功能这一中心转动的，那么后现代的认同性的中心则是闲暇，注重的是外表、形象和消费。"① 对于中国服饰近20年的复古新风来说，这一观点切中要害。汉服运动最初的文化诉求就是要在世界面前亮出自己的文化身份：我是汉人！我的衣服就是我的身份表达！

可是，令人深思的是，当汉服运动逐渐被电商平台上的古风服饰销售热所取代时，消费主体的审美心理也在发生着奇妙的变化。比较高蹈的民族认同情结不再是一个突出的诉求，购买更多的是因应虚假的古典美诱惑。汉服爱好者喜欢自己动手做古式服饰，但是普通的古风粉丝则通过网购得到服饰。这二者之间，前者强调身体力行，后者则只是移植嫁接一种自己心仪的形象风格。

古代风格的生活本身就是一个属于过去时的生活理想。从历史角度来看，这种生活早已经结束。是什么样的深层根源促成了手持最先进电子生活设备的弄潮儿与古风服饰的因缘际会？细究则可以看到，视觉技术支持

① 〔美〕道格拉斯·凯尔纳：《媒体文化——介于现代与后现代之间的文化研究、认同性与政治》，丁宁译，商务印书馆，2013，第413页。

下的媒介诱导是勾连二者的至关重要的因素。

正如前文所揭示的，古风服饰的流行建基于影视等虚构性艺术的渲染，它们塑造了一个并不存在的古典乌托邦，引起许多接受者对古代生活和服饰的痴迷。但这仅是第一个步骤的视觉诱导。古风服饰销售文案则是第二个步骤，也是力度更大的一次视觉魅惑。

商家在网页上展示的商品是如此细致，甚至每一个针脚和细部的花纹都如此清晰，看起来关于商品的一切都是那样真实可靠，其着装效果也一目了然。但是，消费者仍然跌入一场精心制作的拟像游戏中。保罗·梅萨里就总结过摄影过程中通常对观众造成影像欺骗的人为因素。他认为这些人为因素表现为如下几种方式：第一，在镜头前刻意摆拍；第二，照片后期制作中的剪辑、粘贴或通过电脑技术进行修改；第三，照片编辑中打破次序，给观者造成错觉；第四，拍摄和编辑时为追求戏剧性效果而对拍摄形象进行艺术选择；第五，通过给照片添加错误的文字说明来误导受众。[①] 通过诸如此类的方式，商家可以打造出完美的身体。模特的每一个身姿仪态无不尽善尽美，经过 PS 的细节经得起任何挑剔。模特们在亭台楼阁间的移步换形被拍摄剪辑，并辅以古诗词等旁白说明，一件商品展示就是一个微型场景剧。

呈现在消费者面前的是诸多美的形态的综合，有商品本身款式质地色彩的美，有环境背景的美，有模特展示体态的美，又有诗词升华服饰的美，这一系列的或自然或社会的美融会在一处，其诱惑是极大的。相对于奔波劳乏的实体店购物，网购犹如看一场秀，斜倚沙发，清茶在手，尽情徜徉。一个热衷古典情调的消费者在此状态下很容易对穿在模特身上的产品发生移情，如里普斯所说的“把自己投射到审美对象里面去”了，情不自禁地幻想自己穿着衣服在那个唯美的环境中行走。而每当一部古装剧播出，淘宝商家就会立刻推出与剧中人同款的服饰，帮助消费者把自己的生活打造成一场角色扮演游戏。

结　语

然而，无论是对民族身份认同的诉求，还是只想玩一场角色扮演游戏，

① 〔美〕保罗·梅萨里：《视觉说服——形象在广告中的作用》，王波译，新华出版社，2004，第 144 页。

古风风尚的追随者都在自己的服饰选择中寄予了一种虚幻的满足。汉服运动爱好者是在生活中穿戴着古风服饰的人，然而他们的目标绝不仅仅是换上古人的服饰，或者近似古装的衣饰，而是企图在生活的各个方面恢复古典风气，比如，按照周朝的模式举行婚礼，按照唐朝的模式过节，我们在各类媒体的相关报道中常常可以看到这样的努力和尝试。可以说，借由服饰，他们在企图建立一种带有审美乌托邦色彩的民族的古典生活。这样一种寄托显然超过了一件衣服或饰物所能够承载的价值和意义。如此纠结下去，薄纱飘逸的古典服饰真的要遭遇生命中不能承受之轻了！

而那些把自己假想和打扮成古装剧中的人物的古风“粉丝”们，诱惑他们的其实是视觉技术建造的空中楼阁。正如爱德华·赛义德在《东方学》一书中所指出的那样，东方并不是真实的东方，而是西方的东方学家想象中的东方。这样的观点在当代中国人的古典想象中同样成立。那些在现代化的写字楼里通过互联网工作和交际的时尚男女们对于真实的中国古代生活，并无真正的认识：亲身经验固然是不可能的，就连对正统的历史学了解也大多止于中学历史教科书所授知识的范围。他们对于古代的想象主要是借助古装剧和其他古典题材的文艺作品、游戏作品建构起来的，这是今人渴望和虚构中的古代，不可避免地带有主观臆测色彩。他们“膜拜逝去的客体，但这客体已经不是再现的客体，而是……成了超真实”。① 充其量这只是文化商人通过影视拍摄、剪辑、电脑合成等技术呈现的完美身体、完美风格。因此，这场视觉文化时代的服饰盛宴看起来耳目一新，却终究只是一场符号主导下的拟像游戏。

可以想见，就像曾经风靡一时的列宁装和曾经火爆大江南北的黑色健美裤一样，今天的古风风尚在暂领风骚三五年之后就会被新的风尚所淹没。也许这就是时尚的生存法则！而那些为民族身份感到焦虑的人们，则有可能发现另外的有形寄托，开拓出另外的表达领域，在一个现代乃至于后现代的文化阵痛中继续寻找他们心仪的精神家园和心灵归宿！

① 〔德〕让-鲍德里亚：《象征交换与死亡》，马海良译，汪民安等编《后现代性的哲学话语》，浙江人民出版社，2000，第325页。

论见与不见的辩证法

——从《琅琊榜》中的视而不见说起

郑从容*

摘要 本文从《琅琊榜》中的看说起，通过对剧中各种视而不见的现象进行分析，试图揭示此剧颇具现代性的视觉教育意义。文章认为，剧中的视而不见虽然有的是无意为之，有的是有意为之，但都体现了见与不见之间的辩证关系。而此剧的核心目标真相，与英国批评家阿诺德“如实看清事物之本相”的现代性目标恰好一致，反映此剧在视觉性上隐含的颠覆性意义，也让它成为一个建构现代公民视觉性的优秀范例。

关键词 视觉文化　见　不见　辩证法　阿诺德

Abstract Through a thorough analysis of various kinds of invisibility manifested in “Langya List”, a hot TV show of 2015, this paper attempts to show the instructive visual indications of the TV series towards modernity. The invisibility in “Langya List” is made either intentionally or unintentionally, revealing a dialectic relationship between visibility and invisibility. The pursuit of truth, as the central goal of the TV series, is right in accordance with Matthew Arnold’s modern notion: “seeing things as they are.” With its subversion to the visual uniformity of Chinese tradition, “Langya List” is a good example of building modern civility through viewing.

---

* 郑从容，南京大学大学外语部讲师，先后在南京大学外国语学院、文学院攻读硕士、博士，主要从事文艺理论、英美文学和英语教学研究。

Keywords visual culture visibility invisibility dialectics Matthew Arnold

2015年秋热播的《琅琊榜》被誉为本年度最佳良心古装剧，播出之后，网上好评如潮，大多剧评者从技术、服饰、剧情、角色、风格等角度来分析此剧，称赞它构思巧妙、制作精良，无论主角、配角的表演皆一丝不苟、举止有度，而且整部剧的风格统一，对细节关注到了极致。尤其是扮演梅长苏、靖王、霓凰郡主等几位主角的演员，不仅颜值颇高，而且个性鲜明、气质高贵，令人过目难忘。甚至有人戏称在剧终有种失恋的感觉，希望该剧能再拍一百集。

说到看，《琅琊榜》的看剧过程就像是经历了一场全方位的中国古典美的视觉文化培训。从清逸脱俗的中国水墨风景，到“深山不见人，但闻人语响”的高远意境，从“不识庐山真面目”的迷茫、惶惑，到“只缘身在此山中”的彻悟、释然，动静交相呼应、相得益彰，配以古筝与箫演绎出的悠然古风以及剧中人精准细致的发型、妆容和服饰（如汉服的右衽）设计，再加上对中国古代生活礼仪的逼真复现，整部剧让人感到清新、典雅，不落俗套。甚至有人发现，就连剧中不同角色的衣纹图饰，也大有考究，按不同人物的身份、地位和出现场景而各不相同。从构图来看，剧中呈现的许多画面均严格遵守了古典的美学标准——如对称型、三分法、对角线、黄金分割和黄金螺旋（又称斐波那契螺旋线）等构图原则——使观众的看更为舒适、愉悦。该剧导演和剧组好像是下决心要在视觉上彻底征服观众，将他们导入一幅富有韵味的中国山水画中，充分感受中国古典文化的魅力。看来，此剧在视觉技术和审美效果上无疑都已经取得了巨大的成功，对此本文并不想再多赘言，却想另辟蹊径，借该剧对看的隐喻化处理来谈一谈它的视觉现代性及对公民的教育意义。通过对剧中各种视而不见的现象进行分析，本文试图说明这些视而不见不论是无意造成的，还是有意为之的，都极好地体现了见与不见之间的辩证关系；而此剧的核心目标真相，与英国批评家阿诺德的“如实看清事物之本相”（seeing things as they are）[①] 的现代性目标恰好吻合，揭示此剧在视觉上所隐含的颠覆性意义，也让它成为一个建构现代公民视觉性的优秀范例。

---

① 〔英〕马修·阿诺德：《文化与无政府状态》，韩敏中译，三联书店，2002，第25页。

一 《琅琊榜》中的视而不见

细观此剧，《琅琊榜》可以说是一部充满了视觉隐喻的电视连续剧。主人公梅长苏（即被冤为叛军、满门抄斩的赤焰军主帅之子林殊）的真实身份，在很长一段时间内被许多故人视而不见。在争权夺位的誉王和太子眼里，他是琅琊阁主锦囊中的“麒麟才子”，“得之可得天下”。在宁国侯府公子景睿眼里，他是一位潇洒飘逸的江湖奇士：一袭白衣、弱不禁风、不会武功，却能号令江左，雄居琅琊榜首，令王公贵族竞折腰。在后妃等人眼里，他只不过是个混饭吃的江湖布衣、侯府客卿。就连一心想为赤焰军翻案的林殊发小靖王，在很长时间里也只把他当成一个野心勃勃、可以利用的谋士而已。剧中最后看出林殊身份的人，不是别人，正是当年赤焰军血案的幕后制造者——疑心重重、恩将仇报的梁王。不过，深居后宫的太皇太后却与众不同，她一眼就认出了他是她曾心心念念的外重孙儿小殊，而彼时除了霓凰郡主外，谁也没把她的话当真，都以为她是老眼昏花，认错了人。倒是靖王之母端妃，不久便识破了林殊的真实身份，并暗中协助他，支持儿子与他的平冤行动。正是这些相互交织的见与不见，才使得梅长苏的身份扑朔迷离，变成了一个颇具神秘色彩的传奇。

总的来说，对这位昔日策马扬鞭、名满京城的英俊少年，许多故人视而不见，其原因主要有三。

一是纯视觉意义上的看不见。从视觉原理来说，虽然人大都有穷尽所见、看穿真相的欲望，但由于人眼生理构造和视线本身的局限性，如没有经过特殊的培训，所见总是难免有很大的局限性。林殊经过生死劫，早已脱胎换骨，从相貌到气质都发生了质的改变，何况他处处小心、深藏不露，所以仅靠普通肉眼着实很难辨认出来。后宫诸位妃后的视而不见，盖因于此。

二是个人视觉“盲点”（scotoma）所造成的不见。人眼因其所处位置、投射方向、视野大小和视力好坏等原因，所见自会有所不同，而且无论如何努力，客观上总是存在一些视线不能抵及之处，这便是盲点。尤其当目光过于集中之时，焦点外的东西便很容易被人忽略。人眼如此，心眼亦然。人若心存执念，又过于执着，便可能只看得见自己的想见之物。剧中的誉王和太子，一心只想争宠夺权，眼睛只盯着梅长苏的雄谋远略，对其百般拉拢，自然很难察觉他与林殊之间的关系。而霓凰郡主、太皇太后和端妃心中充满了对小殊的思念，所以梅长苏与小殊的任何相似点都逃不过她们的眼睛，而他与小殊明显的差异却可能被她们视而不见。以上两种不见均非源自观者的主观意愿，也很难被观者自己所察觉或纠正，因而皆可冠以“无意”之名。

三是与人为因素脱不了干系，尤其是通过设蔽或强制手段有意造成的不见。这种不见相对宽泛，包括出于政治、审美和文化等方面的考虑，或是由于某种个人因素（如恐惧或自私），有意对自己或他人的看设置屏障而造成的各种不见。比如，剧中争权夺利的皇子、朝臣和嫔妃们（除了太皇太后、霓凰郡主和端妃）为了个人私利，都在不断给政敌设蔽，明争暗斗、不亦乐乎。而设蔽最彻底的莫过于身处权力巅峰的梁王。在梁王的朝堂上，通过嫁祸、屠杀和禁言，在短短12年间，便使昔日名震四方的赤焰军以及与之相关的一切消失得干干净净，仿佛他们不曾存在过一般。而皇权的对立面——“江湖”——也几乎被完全排斥在朝堂的视野之外，因为梁王的皇权容不下这个代表乡野民间的权力符号，也根本没有把它放在眼里。这一方面造成了朝堂人士对赤焰军冤魂的悲愤视而不见，对江湖的智慧和力量估计不足；另一方面也保护了梅长苏，使他得以利用梁王等人所设的蔽，虽身处虎狼之地却安然无恙，就在梁王眼皮子底下有条不紊地展开自己的洗冤行动。除了对权力设蔽之外，从剧本上讲，《琅琊榜》本身也可以说是一个设蔽的高手。该剧云环雾绕、悬念重重，大大激发了观众的解蔽之欲和解蔽之乐。在导演的刻意安排下，该剧开端所设的蔽（如故意设置悬念，使梅长苏的真实身份和入京目的扑朔迷离）随着剧情发展谜底一步步被揭开，不仅让观众享受到了解蔽的快感，而且赋予了他们一种超越梁王等人的眼光和一种看的优越感。与梁王不同，观众们可以静观这个表面死水一潭的朝堂下如何暗流涌动，一个个愚蠢、贪婪的王公贵族如何引火自焚，倒在梅长苏的江湖算计之下。不仅如此，朝堂和江湖鲜明的视觉对照，还让观众不仅看到而且深刻体会到权力的盲目、愚蠢和虚妄，以及江湖的飘逸、灵动和自由。“问题出在朝堂，而答案却在江湖”，琅琊阁主一语成谶，观众们随着导演安排，逐渐加入梅长苏的江湖之中，变成了他的同谋，一起来期待最后的真相。

梁王与小殊的朝堂对决一幕，是观众期待已久的一场真相“总揭露”戏，也是导演安排的一场“总去蔽”戏。梅长苏以往的所有谋划，即导演之前的一切铺垫，都是在为此打下伏笔：所有不见都将揭秘于此时，一切遮蔽都将于此刻彻底消散。从视觉意义上说，小殊便是梁王的“他者”（the other），从梁王的“视觉消失点”（vanishing point）逐步向其视点靠近，并最终取代梁王成了新的“视觉中心”（the center）。[1] 当梁王跌落了象征着最高皇权的王冠，小殊脱去了江湖术士的伪装，二人单独会见于寥落的后殿，他们彼此终于看清了对方，也让其他人和观众看清了他们。这场戏中，梁王的失魂落魄、欲盖弥彰正好与小殊的坚定沉着、冷峻自然形成了鲜明的对照。在观众眼里，两人这场旷日持久的“对视”也终于落下了帷幕。小殊一直是小殊，不管他的相貌、身份及处境发生过多大的改变；而梁王无论如何掩饰，却早已不再是当年那个小殊父亲拼死相救的兄弟和曾对小殊疼爱有加的舅舅。眼中之物，即是心中之物。小殊眼中看得到梁王，梁王眼中却早已看不到小殊，因为那个心中放着小殊的梁王早已不复存在了。

二　见与不见的视觉辩证法

梁王这样的视而不见，其实对于视来说，无异于一种反讽：因为从某种意义上说，视即是不见，[2] 一个人愈是执着于身外的可见之物，便愈有可能看不清事物的本质；而如果视的欲望过于旺盛，竟至于想要穷尽天下可见之物，将一切都收归眼下，便极有可能导致观者自己的失明或迷失。梁王的巍巍朝堂为何会顷刻败在他一直所漠视的江湖之下？这与梁王视的欲望过于急切不无关系。剧中的悬镜司，是梁王私设的间谍机构，也是其视欲的一个极好的象征。悬镜司的名称和属性都暗示着它本应成为梁王眼睛（视线）的延伸物，悬镜者，高悬明镜也，悬此明镜意在为梁王拨开迷雾、照见真相。而在此剧中，悬镜司却恰好成了蒙蔽梁王双眼的罪魁祸首，它

① 这几个概念均出自萨特《存在与虚无》中使用的一个隐喻“公园中的观望者”（the watcher in the park），主要讨论了他者的出现对观望者主体性所造成的威胁。See Norman Bryson, “The Gaze in the Expanded Field,” in *Vision and Visuality*, Seattle: Bay Press, 1988, pp. 88 - 90.

② 关于眼光的选择性和排他性，波普尔、贡布里希和梅洛 - 庞蒂都有过类似的论述。波普尔提出了“探照灯理论”，意味着在光照不到的地方，便是黑暗；贡布里希认为，看总是受到观者既有视觉图式的影响，是一个复杂的筛选过程；而梅洛 - 庞蒂则相信画家总是旨在“揭示形形色色能见的方法”，说明不见其实是个常态，大多数人的眼光都会有盲区。周宪：《视觉文化的转向》，北京大学出版社，2008，第 72 ~ 75 页。

仅靠伪造书信（也是一种视觉蒙蔽手段）便给赤焰军定下了叛逆之罪，并勾结宁国侯谢玉乘赤焰军在新败外敌、疲惫不堪、毫无防备时残忍地将其几乎全部剿杀。而悬镜司胆敢捏造罪名，说到底也是因为梁王对林燮这个昔日扶他上位的兄弟和民心所向的长子祁王都产生了嫌隙和怀疑，欲除之而后快。可见，这悬镜司实际所起的作用，并非是照出佞臣的罪恶，而只是反射了梁王的某种心理。在赤焰军一案中，它之所以照不出真相，是因为梁王并不想要看到真相，而梁王皇权在握，对见与不见有绝对的话语权，悬镜司的镜子当然就只能歪曲事实，否则便会引火烧身。不仅是悬镜司而且整个朝廷的情况也大抵如此。因此，梁王的视而不见是必然的：他的视原本就是盲视，或者至少是受到了很大屏蔽的视。换句话说，在权力的宝座上，梁王真正能够看到的，除了他本人之外，别无他物；任何不受他待见之人（或物），迟早都会被他从眼前移除；而设置这道视觉屏障的不是别人，正是他自己。事实上，他愈是觉得自己可以洞察一切，便愈显得盲目无助。而要看出隐藏在种种表象之下的真相，他就必须具备强大的反视能力，这种反视能力首先就能看清自己。可悲的是，这种反视能力他直到最后也不曾获得——在察觉到败局已定之后，梁王终于停止了暴怒，但接下来他所关心的并非是真相，而是如何才能继续自欺欺人。他哀求小殊不要以真实身份回到朝堂，在他眼前现身，并要小殊相信自己过去冤枉赤焰军乃是受了蒙蔽。其实蒙蔽他的就是他本人：他不仅过去蒙蔽了自己，还企图在真相大白之后继续蒙蔽下去，只不过这一次他再也蒙蔽不了他人，而只能安慰一下自己了！福柯说过："一种权力形式，如果它主要由'看'构成，那么，它就不能容忍黑暗区域的存在。"[①] 梁王想把一切都掌握在他的视线里，因而最终他将看不到黑暗；但与此同时，他也将看不到真正的光明。

光明总是伴随着黑暗，见与不见也往往如影随形，这便是视觉的辩证法。看不见的东西，或者说隐藏在黑暗中的东西，有时才是最真实、最重要的存在。而光明也只有在黑暗的反衬下才会愈加绚烂夺目。以林殊为例，在一步步设计接近梁王并进入梁王视线的过程中，林殊首先采用的既是彰显法也是遮蔽法。一方面，他愈是以梅长苏的形象和身份昭显于人，他小殊的身份便愈能得到很好的隐匿，从而在实施计划时给他减少羁绊，使他

① 包亚明主编《权力的眼睛——福柯访谈录》，严锋译，上海人民出版社，1997，第157页。

行动自由如风；另一方面，正因为他的小殊身份深藏不露，才使得梅长苏这个角色在剧中显得神秘莫测，充满了魅力。两个身份之间反差愈大，他最真实的东西便愈加显得可贵：明里他是梅长苏，将这个既文弱多病、又叱咤风云的江左梅郎演绎得淋漓尽致；但在内心深处他一直是小殊，时刻不忘林家的血海深仇和赤胆忠心，也从未改变对太奶奶、霓凰郡主和靖王等至亲好友的深情厚谊。而那些被权力、阴谋和时光深埋于黑暗中的陈年往事，如同他深藏于心底的柔情与痛苦，不断地从地狱中透出缕缕微光，逐渐点亮了整个世界。每当这两个身份发生碰撞时，他便会旧疾复发，往昔的彻骨之痛也会如潮水般涌来，但欲见真正的光明，就必须先忍受无尽的黑暗。经受了烈焰寒冰、生死考验的小殊，在反复的遮蔽和去蔽之后，临近剧终方得以重见光明。从视觉意义上讲，林殊在赤焰军覆灭之际，便已经失去了他的存在①（无论是长相还是身份），所以一直等到靖王揭下了罩在他牌位上的红布时，他才重新被大家所看见，回到了现实的存在。

在对林殊/梅长苏这一人物的塑造上，可以说此剧已经将视觉辩证法用到了极致。林殊与梅长苏，似乎永远处在见与不见的悖论之中，或者说，处于两者的此消彼长之中。一种身份的不见总是使另一种身份变得更为彰显。应该说，正是由于小殊之前的不可见，才更好地成就了他作为梅郎的可见，使其生命焕发出某种深刻、有趣和审美的意蕴，充分得到了观众的喜爱和认可。而在剧末，虽然梅长苏已经沉冤得雪，并且有足够的理由（治病）和机会（蔺晨飞的云游邀请）飘然离去，但他选择了带兵出征，战死疆场，这无疑给爱他的人（包括众多梅粉们）留下了失恋般的无尽怅惘。因为，作为卫国英雄的林殊虽然终于实至名归，但那名震江湖、足智多谋、飘逸如风的梅郎，将从此消逝不见，只能在人们心中和《琅琊榜》这部传奇故事里成为永久的回忆了，这比先前小殊的不见更加难以让人接受。从某种意义上讲，梅郎在人们心中已经取代并超越了他作为小殊的存在，因此当他不得不复归于不可见之时，观众的心灵才会受到如此强烈的震撼，才会表现得如此恋恋不舍。而该剧真正的悲剧意义也许便在于此。

① 关于存在与看见的关系，王尔德曾说："事物存在是因为我们看见它们……只有在这时候，这事物方始存在。"〔英〕王尔德：《谎言的衰朽》，赵澧、徐京安主编《唯美主义》，人民大学出版社，1998，第133页。

三 真相的视觉性意义

如果说梅长苏的自我包装是为了掩盖他的叛逆身份，那么《琅琊榜》也可以说是在用中国古典美的包装来掩盖它以追求真相为主导的颠覆性意图。事实上，自该剧开播以来，聪明的观众便察觉到它与其他古装剧有着很大的不同。比如，它不像大多数中国历史正剧那样，仅仅要求皇帝能够明察是非、拨乱反正，给冤臣平反；也不像《甄嬛传》等宫廷剧那样只一味展现宫廷内斗、尔虞我诈、胜者为王的残酷事实；更不像其他古装剧那样简单重复中国古典戏曲中“善有善报、恶有恶报”的因果轮回宿命观。在某种意义上，它是对以上所有古典戏剧主题的质疑或颠覆，因为它所关心的核心问题是真相本身，其他问题与之相比则都在其次。比如，对于梁王是否真的在乎12年前的真相，是否真的愿意面对真相，剧中给出的答案好像是“否”。但不同于其他古装戏的是，该剧并未因此而终结于蒙冤者的怨天尤人或以牙还牙，因为正如剧末所揭示的：也许“梁王怎么看”并没有那么重要。虽然他曾使许多人如履薄冰、胆战心惊，但到后来除了梅长苏、靖王和长公主外，就连昔日唯梁王马首是瞻的嫔妃、皇弟、大臣、侍卫和太监们，也都站到了他的对立面。朝堂揭秘那场戏中，偌大的宫殿上，陆续跪下了一地要求重审赤焰军案之人，怒气冲冲的皇帝终于变成了真正的孤家寡人，他跌跌撞撞地走下宝座，踉踉跄跄地穿过人群，狼狈不堪地逃到了殿外。整个大殿上一片肃静，只有梁王愈来愈弱的声音还在孤独地回荡：“乱臣贼子！乱臣贼子！……”很显然，在众目睽睽之下，皇帝已经从至高无上的唯一看客跌落至被人审视的对象，他的看也因此而彻底失去了分量。这种视觉身份的对调，昭示着梁王掩盖真相之企图最终破产，可以说是真相与正义对于皇权的胜利。虽然皇帝仍然是人们所熟悉的那个皇帝，皇权仍然是人们所熟悉的那个皇权，但一旦天地洞开，人们在利益、权谋之外看到了某种更加重要的东西时，便会放下恐惧，获得一种由衷的释然。这种释然能让人摆脱常规思维，拥有一种清晰的确认感：皇帝承认真相自然很好，但即使他执意不认便又如何？真相始终还是真相！而且，在赤裸裸的真相面前，先前无比强大的皇帝顷刻间便成了“纸老虎”，不仅在朝堂上大失尊仪、威风扫地，而且也显出了本相：他无非是个任性多疑、脾气乖戾的孩子罢了！而此时替代他权威的，不是某种超自然力量（这种力量在中国古典戏曲里经常出现，如《窦娥冤》中的“六月飞雪”①），而是一种新鲜、真实的力量，即简单、纯粹、清楚的事实真相，以及人们对它的关注和体认。这种对于真相的重视，极富现代科学的认知意味，正是中国古典文化中所缺少的现代精神的核心要素之一，也与英国批评家阿诺德提倡的“如实看清事物之本相”这个原则如出一辙。终于，观众从剧中看出了某种超出传统思维的东西，而这一看出，正如剧中对梁王所造成的震动一样，也会在中国观众心中引发强烈的震撼，瓦解中国历史文化深植于他们心中的对于真相的盲目与恐惧。这样一来，人们在观剧时，只要对梅长苏有钦慕、共鸣，就会更多地反思自己。人们也许会发现，视而不见的悲哀其实并不仅仅属于梁王。

《琅琊榜》中的种种视而不见，大大突出了真相的重要性，召唤着人们努力去看出真相。用海德格尔的话来说，真相就是去蔽。② 如前所述，《琅琊榜》似乎也在昭示人们：即便看的主要目的是去蔽，如看的方式不对或看到的东西过多，也会造成遮蔽。这种遮蔽，有的是对视觉对象的遮蔽，即使人看不清或看不见对象；有的是对视觉主体本身的遮蔽，即自我的迷失或错位。比如，今天各种媒介将图像或视像传送到人们眼前，为看提供了大量机会，但人们在眼花缭乱之际，一个普遍的感觉是：看得多了，真正能看见的却变少了。看见需要聚焦和取舍，需要观者保持某种独立、稳定、清晰的视角，还需要有良好的反观能力，即能及时察觉自己的盲区或误区，或者发现自己的目光局限之所在。要明白，既然任何看都有选择，看见就必然意味着不见。见与不见本来就是一对相生相克的辩证存在，若把看见的东西统称为真相，真相便不可能是一个绝对的概念。

由上述视觉辩证法推演下去，当一种见被泛化，就必然会导致大量的不见。这正是全知视角（或上帝视角）和普遍性视角存在的主要问题。某种视角一旦被人为扩大，就很容易形成福柯所说的视觉暴力，即对不同视角尤其是对相反视角进行屏蔽、压制或缔除。《琅琊榜》中的梁王是如此，而那些为帝王将相歌功颂德的历史剧又何尝不是如此。与之相比，《琅琊榜》的成功便在于它提供了一种多视角的呈现方式，尤其是提供了江湖视角和朝堂视角，使之交错互补。更为重要的是，在呈现这些视角时，虽然

---

① 关汉卿：《窦娥冤》（第三折），蒋星煜主编《元曲》，上海辞书出版社，2014，第112页。

② 〔德〕海德格尔：《存在与时间》，陈嘉映、王庆节译，三联书店，1999。

该剧主次分明，却并没有像一般电视剧那样，为了突出主要视角便对其他视角做过多地人为地的切割或转换。这样，在主角之外，观众还看到了众多其他“立得起来”的银屏形象，对不同视角的可见与不可见之处才有了更为清晰的体认，而说到底，这种识别能力也正是梅长苏战胜梁王的重要法宝之一。现实生活中，如果人们也能像梅长苏那样，在全世界皆被统摄于某种全知视角时，仍可以选择并坚持自己的视角，从所谓“全知视角”中看出盲点或错误，他们便可以离真相更近一步。反之，如果执政者能够克服梁王那种视欲，通过更加具有包容性的看来反观自身视角之局限，或许能减少一些冤案和悲剧。

这种视觉能力的建构，正是视觉文化在今日中国所承载的现代性使命之一。周宪教授在题为《当代视觉文化与公民的视觉建构》[①] 的发言中指出，中国当代视觉文化与社会转型的重点应在于如何“通过视觉实践，建构人们的现代视觉经验及其公民性”。落实到视觉建构的问题上，其核心正是要视觉文化影响并帮助中国人建立起符合现代社会需要的视觉性。与传统社会相比，首先现代公民的视觉性应该肯定的是公民视角的自律性。换句话说，就是个体公民应当具有自由选择看什么和怎么看的权利，并且可以很好地约束自己的看，不去侵扰他人。其次是应当培养、提高公民的视觉分析能力，包括审美能力、对不同视角的识别能力和对自己视角的反观能力。最后是对现有视觉文化产品的识别和反思能力，以及具有批判性的理解和接受能力。[②] 而归根结底，这种反思能力和批判能力都建立在对真相的重新思考和界定的基础之上，也就是说，从按既定模式转变到按公民自己的方式来如其本然地看待事物。

要想真正看到事物的真相，首先便得适度“去魅”，[③] 即去掉观看中可能造成不见的各种人为的社会政治历史因素，包括业已造成或可能造成视觉障碍的某些传统价值观。这曾是西方现代主义艺术在19世纪末20世纪初的首要任务，为了获得看的权力和自由，先锋艺术家们几乎对整个西方传

① 周宪：《当代视觉文化与公民的视觉建构》，《文艺研究》2012年第10期。

② 福斯特在论述视觉的现代性问题时也指出，要着重研究视觉个体的生理基础和心理机制、视觉的社会历史性，以及视觉在主体性和主体间性方面出现的新问题等，这样便打破了传统意义上的“笛卡尔式透视主义”（cartesian perspectivalism）。可见，视觉现代性的关键是打破传统视觉性的大一统局面，强调个体性和多样性。See Hal Foste, “Preface of *Vision and Visuality*,” in *Vision and Visuality*, pp. ix - xiv.

③ 〔英〕约翰·伯格：《观看之道》，戴行钺译，广西师范大学出版社，2015，第15页。

统文化进行了激烈的颠覆和反抗。落实到今天的中国，由于传统文化在“文化大革命”和商品经济的冲击下已经岌岌可危，视觉文化便不得不面临着文化传承和文化重建的双重任务。因此，在新视觉的建构过程中，对于传统文化，便不能只是一味强调“去魅”，还要考虑如何在保持、恢复传统文化魅力的基础上对其进行扬弃，让其适应现代性时代。在这一点上，笔者认为《琅琊榜》做得相当不错。在尽可能忠实而唯美地呈现中国传统文化的同时，该剧大胆地提出了一个相当具有现代性的问题：微不足道的个体在一个权大遮天、利欲横流、真相无人问津的世界里，究竟应该如何选择和行动，才能最终完成让真相大白于天下的现代使命。有人称《琅琊榜》是一部“一个人的史诗”。的确如此，与中国传统文学影视作品中的忠君爱国、民族主义等宏大叙事不同，这部剧将焦点集中于一个个体（即梅郎）身上，随着其计划一步步从不可能变为可能，人们会惊异地发现，这位文弱书生之所以尽心竭力、费尽周折地执行计划，原来并不像他自己所预料的那样是为了报仇雪恨或篡位夺权，而是想要一个真相！其实，观众的这种惊诧与梁王的震怒一样，都是传统影响下的惯常思维受到巨大冲击的表现。也许有人会觉得真相并不那么重要，的确，对于权欲熏心的梁王父子来说，真相也许压根就不值一提，但对于林殊来说，对于每个生活在今天的、有良知的中国公民来说，也许再没有比真相更重要的事情了。在剧中，12 年前发生的事情，在梁王铁腕统治下已经淡出了大多数人视野的话题，但对于当年顷刻间从天堂坠入地狱的林殊来说，其重要性超越了其他一切。今天深陷各种媒体中的我们，心中也不免会发出同样绝望的追问：在一片喧闹与色彩之中，我们到底看到的是什么，我们又能看到些什么。

真相以其固有的现代性，成了当代中国视觉文化研究无法绕开的一个话题。中国公民的视觉性构建，少不了对视觉真相的探求。可见与不可见的悖论、视而不见的无奈，以及事物真实性在图像暴力或视觉暴力中可能的隐遁，都让现代人充满了看的焦虑。一旦真相真的变成了奢侈之物，消失于图海之中，令人可望而不可即时，越来越多的人便可能迷失于对技术和形象的追逐，不可避免地产生视觉疲倦，逐渐失去看的兴趣和能力。不过，正如《琅琊榜》所喻示的那样，无论人们如何掩盖或逃避，真相总会像一个赶不走的幽灵，在不远处徘徊，它在寻找一个合适的机会跳将出来，将人们从犬儒主义的迷梦中惊醒。

专题四

视觉形象与主体建构

背道而驰的妇女解放与性别平等

——中国女民兵宣传画（1958～1978）的图像政治学分析

王海洲[*]

摘要 基于对毛泽东时代160幅女民兵宣传画的图像政治学分析，本文探讨了在当时性别意识的构建中，性别平等话语为何和如何被妇女解放话语所替代、引导和控制。第一，群体女民兵宣传画展现她们结成的新姐妹群体并不是为了追求两性之间的权利平等，而是以积极向革命献身的方式争取解放。第二，个体女民兵宣传画中的男性化身体和中性化穿着体现了女民兵的身体力量和能力，显示的是对国家意志的遵从而非致力于性别平等。第三，男女混合民兵宣传画突显的是劳动关系和阶级关系而非性别关系，隐于其中的性别不平等并不意味着性别权利的失衡，而是体现被一种新性别权力等级制所掌控的妇女解放话语的强大。

关键词 妇女解放 性别平等 中国女民兵宣传画 图像政治学

Abstract Based on an iconic political analysis of 160 posters of militiawomen from 1958 to 1978, this article discusses how and why the discourse of gender equality was replaced, guided and controlled by women's liberation in the construction of gender consciousness from three aspects: 1) The posters of militiawomen present that women formed a new sisterhood for struggling

---

* 王海洲，南京大学政府管理学院副教授，主要研究方向为政治记忆、政治仪式和政治象征等。本文系国家社科基金重大项目“现代中国公共记忆与民族认同研究”（13&ZD191）的阶段性成果。

for liberation by dedicating themselves to revolution instead of seeking equal rights with men. 2) In the posters of individual militiawomen, the masculine body and androgynous apparel that exhibit her physical power and capability reveal that she serves the needs of national willpower rather than devote herself to the pursuit of gender equality. 3) The posters with mixed gender figures doesn't highlight the gender relations, but the labor relations, business relations, and class relations among them. Even the concealment of gender inequality in these posters does not imply an imbalance of gender rights, but the strength of the discourse of women's liberation, which is controlled by a new gender hierarchy of China.

Key words women's liberation gender equality Chinese militiawomen posters iconic politics

引 言

在中国妇女问题的理论研究和日常陈述中，"妇女解放"和"性别平等"是两个被广泛使用的概念。西方学者们常基于两者都重视个人权利而将两者视作同义词，[①] 因此，虽然 1980 年代以来妇女研究者对妇女解放或性别平等有着汗牛充栋的讨论，但其差异与关系作为不重要的学术问题而乏人问津。[②] 中国大陆的理论界也由于官方话语将两者视作具有连贯性的概念而普遍地混用它们。[③] 这两个概念的等同或混用，在理论上导致了学者们在评价毛泽东时代中国妇女的社会地位时分歧重重，更为重要的是，在实践意义上，它们所潜藏着的截然相反的政治价值观，对毛泽东时代社会性别意识的构建也产生了巨大的影响力。直到今天，中国女性仍没有充分理解这两者的背离意味着什么，由此，她们在改善自己的政治和社会地位的道路上步履维艰。

---

① Harriet Evans, "The Language of Liberation: Gender and Jiefan in Early Chinese Communist Party Discourse," In Jeffrey N. Wasserstrom (ed.), *Twentieth-Century China*, New York: Routledge, 2003, pp. 193 – 220.

② Gail Hershatter, *Women in China's Long Twentieth Century*, Berkeley and Los Angeles, California: University of California Press, 2007, pp. 2 – 3.

③ 参见李小江《告别昨天——新时期妇女运动回顾》，河南人民出版社，1995，第 52 ~ 89 页。

30余年来，主流观点认为，中国妇女在解放之路缺乏自我意识，她们只是被男性霸权话语占统治地位的国家解放；[①] 她们在现实生活中弱于男性则主要是因为性别平等中存在着的诸多问题。[②] 两者被合成了一个看似完整的故事：国家意志引导下的妇女解放自上而下地“塑造了一个男女平等的性别蓝图”。[③] 然而，如果国家意志如此强大，那么如何理解基层组织在执行国家政策时常有的懈怠和违背之举？如果男女平等只是未曾实现的理想，那么如何理解女性权利在一定程度上得以提高的现实？对这些问题的解答有赖于对妇女解放和性别平等进行更为精确的分析。21世纪以来，一些学者提出了重要的观点，大致有两种方向：一是重视女性的自然性别特征在政治变迁中的处境；[④] 二是强调社会性别意识所具有的中国特色。

白露（Tani Barlow）在系统地分析了历史向度中的中国女性主义后，对“毛泽东主义在强制性地解放妇女时背离了自然”的观点表示赞同。[⑤] 她所谓的“自然”不是“自然权利”，而是以“性”（sex）和“生育”为中心的女性自然特征。戈玫（Kimberley Ens Manning）更为准确地指出，女性自然特征的背离是因为男女的生理差异在毛泽东主义革命伦理的重压下遭到忽视或抹平，[⑥]“女性的平等、生育健康和家庭和谐等，与民族、国家建设的宏大计划联系在一起”。[⑦] 她用简单的分类法涵括了毛泽东时代极为复杂的女性问题，但其中存在着很大缺陷，毕竟社会性别的存在是个难以忽视的事实，[⑧] 而且，即便中国女性面对着相似的身体政治情境，她们的感受也千差万别。[⑨]

---

① 揭爱花：《国家话语与中国妇女解放的话语生产机制》，《浙江大学学报》（人文社会科学版）2008年第4期。

② Gail Hershatter, *The Gender of Memory: Rural Women and China's Collective Past*, University of California Press, 2001, p. 5.

③ 吴小英：《市场化背景下性别话语的转型》，《中国社会科学》2009年第2期。

④ 这种取向在1970年代就已显露端倪，参见 Claudie Broyelle, *Women's Liberation in China*, Atlantic Highland, NJ: Humanities Press Inc., 1977, p. 138。

⑤ Tani Barlow, *The Question of Women in Chinese Feminism*, Duke University Press, 2004, p. 295.

⑥ Kimberley Ens Manning, “The Gendered Politics of Woman-work: Rethinking Radicalism in the Great Leap Forward,” *Modern China*, Vol. 32, No. 3, 2006, pp. 349 - 384.

⑦ Kimberley Ens Manning, “Embodied Activisms: The Case of the Mu Guiying Brigade,” *The China Quarterly*, 2010, Vol. 204, pp. 850 - 869.

⑧ Sandra Harding, *The Science Question in Feminism*, Cornell University Press, 1986, pp. 17 - 18.

⑨ See Xueping Zhong, Wang Zheng, and Bai Di, *Some of us: Chinese Women Growing up in the Mao era*, Rutgers University Press, 2001.

更加重视社会性别概念的左际平（Jiping Zuo）构想出一种中国式性别平等，即“义务取向的”（obligation-oriented）平等，以区别西方以“个人权利为基础”（individual rights-based）的平等。其主要观点是：妇女的个人自由让位于国家的整体利益，由此使男女平等和妇女的个体解放相分离。[①] 基于这个创设的概念，左际平认为，社会主义意识形态中的中国妇女解放的真正状况是国家需求和个体主动承担的双重义务抑制了对个体权利的追求，这是个人及其家庭与中国半殖民地的历史、新中国的平均主义单位体制，以及传统儒家文化之间互动的结果。她比较确切地描述了当时中国妇女的生活情境，但宽泛而含糊的解释未能触及本质性的原因。受国家控制或诱导的义务，其实是一种权力集体化并实体化的表现，相对弱势的个体则以追求个体权利以免于集体权力干涉为旨归，这两者之间的根本冲突造成了左际平所言的个体权利让位于义务的现象。本文也将对这一观点提供更为具体和详细的论证。

中国本土女性主义学者李小江则认为，必须承认存在一种中国式解放：马克思主义妇女解放观与西方女权主义在政治上是对立的，应对中国的妇女解放理论和实践进行反省，将属于女性的所有特质都从国家和阶级话语中抽离出来还给女性，否则中国的妇女解放只是一种乌托邦式的理想。李小江揭露了国家权力和女性权利之间的本质性冲突，但她的解决方案是强调用女性个体的社会行动去解决两性之间的冲突，即她所言的“性沟”[②] 方式，未意识到在中国情境中还存在另一条更为重要、也更为根本的解决之道：妇女个体和群体的政治参与，尤其是对所有可能与社会性别意识的构建相关的公共政策施加影响。

做出这一判断是因为毛泽东时代中国的妇女解放和性别平等之间存在着难以调和的内在矛盾，并且从政治权力的角度来看，前者完全压制和控制着后者。在此，以赛亚·伯林（Isaiah Berlin）的“积极自由和消极自由”理论特别有助于我们厘清和阐明这对概念之间的关系。这一经典理论不仅为辨别政治社会的具体发展方向提供了一个极具可信度和可用性的标尺，而且始终关注政治生活中的意识形态冲突。对这些冲突的强调同样是毛泽

---

① Jiping Zuo, “Women's Liberation and Gender Obligation Equality in Urban China: Work/Family Experiences of Married Individuals in the 1950s,” *Science & Society*, 2013, Vol. 77, No. 1, pp. 98 - 125.

② 李小江：《女性/性别的学术问题》，山东人民出版社，2005，第56~65页。

东时代的显著特征。“积极自由”关注“谁具有统治权”，“消极自由”则关注“主体在何种情形下自主独立”。[①] 对统治权的终极关怀会使得追求“积极自由的自我”有“膨胀成某种超人的实体——国家、阶级、民族或者历史本身”之虞。而在这种超人实体的被解放中，个人的自由会受到极大的限制。[②] 由此，当国家话语在毛泽东时代的性别政治中占据绝对主导权时，妇女解放实际上呈现的真正状态正是一种妇女被国家所解放的情形。我们也基于此观点，将“积极自由”视作妇女解放的隐含方向。“消极自由”意味着主体拥有一个免于强制的行动领域，它强调的不是主体随心所欲的能力，而是主体只有在这种保护中才能获得自我选择的机会。这种机会在以“公共善”为目的的民主国家中必须由所有公民平等享有。[③] 在以赛亚·伯林看来，平等是能够展现“消极自由”精髓的最明显的例子之一。[④] 据此观点，性别平等强调妇女作为行动主体能够与男性在相同领域内获得自主选择的机会。这种机会如果为国家或阶级所影响甚至掌控，那么它就不再是“消极自由”，而属于“积极自由”的范畴了。综上所述，妇女解放和性别平等隐含着完全不同的政治诉求，甚至是背道而驰的政治原则。这是毛泽东时代性别平等所具有不可见性的根本原因。

为揭示妇女解放与性别平等之间的这种本质冲突，本文以女民兵宣传画为研究对象，探讨性别平等话语为何和如何被复杂的妇女解放话语所替代、遮蔽和操控，这是毛泽东时代社会性别意识塑造中的主要特征，其影响力持存至今。首先，本文介绍女民兵及其宣传画的基本情况，并简要构建一条分析这些宣传画的图像政治学路径。其次，分析群体女民兵宣传画，论证她们结成的新姐妹群体旨在通过向革命献身的方式争取解放，而非追求两性之间的权利平等。再次，分析个体女民兵宣传画，论证女民兵身体的男性化和装束的中性化体现的是妇女解放的国家意志导向和性别平等的异化。最后，阐明男女混合民兵宣传画突显的是两性之间的业务关系和阶级关系，而隐藏其中的新性别等级制完全掌控着性别平等的议程设置。

---

① 〔英〕以赛亚·伯林：《自由论》，胡传胜译，译林出版社，2003，第189页。

② 〔英〕以赛亚·伯林：《自由论》，胡传胜译，第203、231页。

③ John Rawls, *Political Liberalism: Expanded Edition*, New York: Columbia University Press, 2005, p. 192.

④ 〔英〕以赛亚·伯林：《自由论》，胡传胜译，第243页。

一 研究对象和资料：女民兵及其宣传画

中华全国妇女联合会通常被认为是毛泽东时代规模最大、持续时间最长、影响力最深远的女性组织。[①] 但作为妇女中积极分子和政治领袖的大本营，它的规模有限，在“文革”期间几乎停摆，而且在工厂中的影响力很小。[②] 与之相比，女民兵群体的规模庞大，持续活动时间从1920年代直至现今，在几乎所有地方都颇有影响。同时，“组织落实”作为民兵工作的首要原则，从1962年制定以来已经被中共奉为圭臬超过半个世纪。因此，女民兵并不是一个高度松散的群体，其活动具有严格的组织特性。此外，女民兵身份还具有复合型的特征，她们不仅是国家的建设者（民）和国家的保卫者（兵），还是国家的领导者。依靠其政治上的先进性，大量女民兵在基层党组织和政府中担任模范和领袖，少量女民兵甚至获得了国家层次的政治地位。规模庞大、地位显赫的女民兵对当时社会性别意识的构建有着举足轻重的影响力，但其相关研究几乎是空白的。在为数不多的中国近现代男民兵的研究中也对她们缺乏关注。[③]

中国古代的个体女性从事军事活动并不罕见，花木兰和穆桂英等人的故事更是广为流传；女性群体介入战争通常发生在特殊时期，作为战备劳力参与守城诸事，被纳入正规军队建制的情况极为罕见。19世纪中叶的太平天国运动中曾短暂地存在女营制度，女营类似于民兵，承担日常劳动和战备工作。[④] 清末民初的妇女解放思潮开始鼓励妇女介入军事领域，从军的

---

① Ping-Chun Hsiung, Maria Jaschok, Cecilia Milwertz, and Red Chan, (eds.), *Chinese Women Organizing: Cadres, Feminists, Muslims, Queers*, Oxford and New York: Berg, 2001, p. 11.

② Jude Howell, "The Struggle for Survival: Prospects for the Women's Federation in Post-Mao China," *World Development*, 1996, Vol. 24, No. 1, pp. 129 – 143.

③ See June Teufel Dreyer, "The Chinese Militia: Citizen-Soldiers and Civil-Military Relations in the People's Republic of China," *Armed Force and Society*, 1982, Vol. 9, No. 1, pp. 63 – 82; Jonathan D. Spence, *The Search for Modern China*, W. W. Norton & Company Inc., 1990; Edward A. McCord, "Local Militia and State Power in Nationalist China," *Modern China*, 1999, Vol. 25, No. 2, pp. 115 – 141; Elizabeth J. Perry, *Patrolling the Revolution: Worker Militias, Citizenship, and the Modern Chinese State*, Rowman & Littlefield Publishers, Inc., 2006.

④ 《中国军事史》编写组：《中国军事史（第三卷）·兵制》，解放军出版社，1987，第514～515页。

妇女甚至被视作未来女性的发展方向。[①] 不过，各种女性军事团体极少直接参与大规模战事，更多的是在地方事务上发挥作用。[②] 中国共产党在1921年成立之后很快开始在城市和农村中分别组建工人纠察队和农民自卫军，部分地区吸纳女性加入，她们是中共女民兵的真正原型。在抗日战争和解放战争时期，女性被毛泽东视作珍贵的人力资源，在妇女解放的旗帜下被动员进民兵和人民自卫军（队）等各种形式的人民武装中。到1945年底，民兵达220万，[③] 人民自卫军（队）达1200多万；[④] 到1949年底，民兵则扩展至550万，其他形式的群众武装约在3000万至4000万。[⑤] 从新中国成立初期到"文革"结束，女民兵数量的变化起伏极大，最低时只有100万左右，而最高时则接近1亿，一些年份的数据参见表1。

表1　中国女民兵人数统计一览[⑥]

单位：百万人

	1953年	1955年	1958年	1962年	1979年	1981年
女民兵（百分比）	1（5%）	2（4%）	96（44%）	58（31%）	80（30%）	1（1%）
民兵总数	20	45	220	190	270	100

新中国成立后，随着大规模战争的结束以及民兵组织主要征召年满18~40岁的男性公民，女民兵的数量急剧下降。中共在1951年开始推行普遍民兵制，到1955年民兵总数又恢复到1949年前期的数量，但女民兵的数量并没有出现显著增长，在1953年颁发的《民兵守则》中还特别规定了民兵要"尊重妇女"。1958年迫于紧张的国际形势，毛泽东发动"全民皆兵"运动，[⑦] 到当

① Joan Judge, *The Precious Raft of History: The Past, the West, and the Women Question in China*, Stanford University Press, 2008, p. 10.

② Paul John Bailey, *Gender and Education in China: Gender Discourses and Women's Schooling in the Early Twentieth Century*, New York: Routledge, 2007, p. 74.

③ 毛泽东：《抗日战争胜利后的时局和我们的方针（一九四五年八月十三日）》，《毛泽东选集》第4卷，人民出版社，1991，第1123~1136页。

④ 傅秋涛主编《中国民兵》，人民出版社，1983，第247页。

⑤ 《当代中国》丛书编辑部：《当代中国民兵》，中国社会科学出版社，1988，第10页。

⑥ 主要数据来源参见《当代中国》丛书编辑部《当代中国民兵》，第78、102、122~123页。女民兵数量除1958年和1981年的外，1953年的根据1950年战斗英雄代表会议中的民兵性别比例测算，1955年的根据1953年的比例计算，1962年的根据第二次全国人口普查的年龄段数据估算，1979年的根据1962年的比例计算。

⑦ 毛泽东：《关于国际形势问题（1959年9月5日、8日）》，《毛泽东文集》第1卷，人民出版社，1999，第407~419页。

年底，能使用武器的成年女性公民（16～50 岁）几乎都被编入民兵组织。女民兵数量的剧增很快影响到正常的生产工作，这迫使国家做出调整，1960 年举行的全国民兵代表会议重新将“积极参加社会主义建设”确定为民兵的首要任务。次年颁发的《民兵工作条例》将女民兵的年龄上限降低了 15 岁，人数估计减少了 40% 左右。在“文革”期间，民兵数量又出现了巨大的反弹，女民兵总数到 1979 年已经占全国人口的 12% 左右。“文革”后很快对民兵数量进行控制，1981 年确定了仅在有需要的情形下才吸纳 18～28 岁的女性公民加入基干民兵，数量占基干民兵总数的 1% 左右，约为 100 万人。中国女民兵的数量从 1958 年巅峰时期占全国总人口的 14% 左右锐降至 0.1% 左右。毛泽东时代女民兵数量的变化直观地反映妇女和政治动员之间的密切关系，尤其是国家对人力资源的需求成为最主要的决定因素。贺萧（Gail Hershatter）曾指出，共存于同一个房间中的从事性别研究的学者应摆脱门户之见，尽可能呈现更为新颖和多样化的研究领域。[①] 毫无疑问，女民兵作为国家政治生活中的组成部分之一，[②] 正是一个还未开启但值得探索的重要领域。

由于重要的女民兵档案主要由军事部门管理，不易获得，而且女民兵的规模极大、分布极广、社会身份复杂，访谈法难以呈现其普遍性特征，因此本文以政治宣传画为主要分析资料，其最大优点在于，不仅能起到“图像证史”的作用，[③] 还在政治意义上有着特殊的真实性，从而对观察和分析政治生活极有助益。首先，在政治效用上，宣传画重在准确、直接地传达出具有鼓动性的政治信息。[④] 其次，在政治原则上，画家必须遵从毛泽东关于“文艺服从于政治”和“以人民大众语言为学习对象”的指示，[⑤] 不仅承担着向普罗大众忠实转译国家话语的责任，而且反映民众的真实生活状况。[⑥] 最后，在政治影响上，新国家通常都会面临“形象和现实之间存

---

① Gail Hershatter, "Disquiet in the House of Gender," *The Journal of Asian Studies*, 2012, Vol. 71, Iss. 4, pp. 873 - 894.

② Sara L. Friedman, *Intimate Politics: Marriage, the Market, and State Power in Southeastern China*, Harvard University Press, 2006, p. 9.

③ See Peter Burke, *Eyewitnessing: The Uses of Images as Historical Evidence*, Reaktion Book Ltd., 2001.

④ 夏洪：《怎样画宣传画》，上海人民美术出版社，1959。

⑤ 毛泽东：《在延安文艺座谈会上的讲话》，《毛泽东选集》第 3 卷，人民出版社，1991，第 847～879 页。

⑥ 江丰：《美术工作与提高技术的问题》，《文艺报》1951 年第 11～12 期。

在着的不容忽视的尖锐分歧”的问题，[①] 而宣传画的亲民风格有助于消解这种分歧。如现实主义风格所展现的实践的真实，为受众提供了一种日常政治生活的可及性，革命浪漫主义风格则展现一种想象的真实，让受众“信以为真”。正如布尔迪厄（Pierre Bourdieu）所言：与那些将艺术表征形式凌驾于被表征的内容之上的知识分子不同，大众只期望支配着他们的艺术表征形式或惯例能够让他们“天真地”相信被表征之物。[②] 此外，毛泽东时代是宣传画的高峰期，出版社、政府部门、企事业单位、民间团体甚至个人都广泛地参与到宣传画的创作和发行中，其种类和数量皆如恒河沙数。宣传画是当时传播范畴最广、效果最好和影响最大的艺术形式之一，成为催生政治话语和信仰以及相关政治活动的源泉。[③]

女民兵在 1958 年全民皆兵运动之后逐渐成为宣传画的热门题材之一。毛泽东在 1961 年发表《为女民兵题照》一诗，[④] 1966 年革命小说《海岛女民兵》得以出版，1975 年由该书改编的电影《海霞》在邓小平的支持下突破“四人帮”的阻力获准公映，[⑤] 这一系列事件对女民兵宣传画的发行不断起到推波助澜的作用。女民兵宣传画绝大多数集中于这一时期，1958 年之前和 1978 年之后的女民兵宣传画数量较少。“文革”结束之后，大量的宣传画被视作无意义之物而遭毁弃。[⑥] 在改革开放的宏大背景下，政治宣传画作为一系列政治运动的副产品逐渐走向衰落。

目前世界上收藏并研究中国政治宣传画的学术机构主要有三个：一是中国中央美术学院藏有 7000 多种；二是荷兰国际社会史研究所收集了 5000 种左右；三是英国威斯敏斯特大学藏有 800 余种。本文以“除女军人之外的携带或使用武器、身着武装带的女性”为女民兵的识别特征，收集整理

---

① Rupert Emerson, “The Problem of Identity, Selfhood, and Image in the New Nations: The Situation in Africa,” *Comparative Politics*, 1969, Vol. 1, No. 3, pp. 297 – 312.

② Pierre Bourdieu, *Distinction: A Social Critique of the Judgment of Taste*, Cambridge, Massachusetts: Harvard University Press, 1984, p. 5.

③ Murray Edelman, *From Art to Politics: How Artistic Creations Shape Political Conceptions*, University of Chicago Press, 1995, p. 2.

④ 见毛泽东《诗词十首·七绝·为女民兵题照（一九六一年二月）》，《人民日报》1964 年 1 月 4 日，第 1 版。

⑤ Ezra Feivel Vogel, *Deng Xiaoping and the Transformation of China*, Harvard University Press, 2011, p. 158.

⑥ Shengtian Zheng, “Brushes Are Weapons: An Art School and Its Artists,” Richard King, ed., *Art in Turmoil: The Chinese Cultural Revolution 1966 – 1976*, Vancouver: UBC Press, 2010, pp. 93 – 106.

了160幅女民兵宣传画，其中有125幅来自中国中央美术学院，占总数的78%左右；来自荷兰国际社会史研究所的有8幅；其他27幅中大多来自各种美术图册，少量来自互联网。此外，本文还搜集了200余幅其他身份的女性宣传画，在必要时作为补充和参照。

表2 女民兵宣传画基本信息一览

单位：幅

年代		角色		人员		
1958～1965	1966～1978	主角	配角	女多	女单	男女混合
80（50%）	80（50%）	101（63%）	59（37%）	27（17%）	20（13%）	113（71%）

表2中是160幅女民兵宣传画的一般性统计数据。具体到每个年份，则以1964年（15幅）、1965年（45幅）和1975年（20幅）的较多，其他年份的都在2～9幅间。这与女民兵人数的变动没有显著的对应关系，但“文革”之期和“文革”末期的数量较高，显示大规模政治运动的动员和宣传之间有着密切的关联。绘有群体和个体女民兵形象的占到30%左右，既显示当时女性作为一个独立的性别阶层得到了普遍的承认，也有助于我们观察女性的自我意识和群内关系。女民兵作为配角的所占比例接近40%，更有70%左右的画面兼有男女形象，则为分析两性关系提供了丰富的资料。本文将按照女性群体、女性个体和男女混合这三种分类形式，分别探讨其中的社会性别意识建构问题。

20年来关于中国政治宣传画的研究大多属于艺术研究领域，或以介绍性内容为主，① 基于政治学或社会学角度的分析非常罕见，与女民兵政治宣传画相关的学术分析更是付之阙如。在毛泽东时代的性别研究中，学者们

---

① Julia F. Andrews, *Painters and Politics in the People's Republic of China, 1949－1979*, University of California Press, 1994; Stefan Landsberger, *Chinese Propaganda Posters: From Revolution to Modernization*, Armonk, NY: M. E. Sharpe, 1995; Katie Hill, ed., *The Political Body Posters from the People's Republic of China in the* 1960*s and* 1970*s*, London: University of Westminster, 2004; Lincoln Cushing and Ann Tompkins, eds., *Chinese Posters: Art from the Great Proletarian Cultural Revolution*, Chronicle Books, 2007; John Regan, Weijiang Zhang, Kejian Pan, *China: A Moment in Time: Chinese Political Posters and Recollections*, Claremont Graduate University Press, 2008; Stefan Landsberger, Marien van der Heijden, *Chinese Posters: The IISH-Landsberger Collections*, Prestel, 2009.

偏爱的艺术资料是电影和戏剧的，以静态图像为分析对象的不多。[①] 与这些艺术形式相比，宣传画具有显著的优势，即不仅主题更杂、发行量更大、受众更多，而且其成本低廉、创作迅捷并易于展示。为了有效地分析160幅女民兵宣传画，本文在方法论上以“图像学”（iconology）和政治学为基础，构建出一条图像政治学的路径。在对艺术作品的政治意义的研究中，一个世纪以来不断发展的图像学具有得天独厚的优势。这一源自阿比·瓦尔堡（Aby Warburg）的研究方法因为从一开始就关注图像与政治的关系而自诩为“政治图像学”。[②] 其研究范式的奠基者潘诺夫斯基（Erwin Panofsky）认为，艺术史和政治史的研究可以互相借鉴，彼此验证。[③] 近年来威廉·米歇尔（W. J. T. Mitchell）和汉斯·贝尔廷（Hans Belting）分别以图像的政治心理学和图像人类学为标签，细化了他们的政治关怀，强调关注意识形态和政治权力操控下的媒介。[④] 图像政治学路径则与上述各方法都有所区别，它既阐释图像本身的意义，也分析图像中所呈现的政治关系的生成和发展，尤其关注对图像的制作、传播和接受起决定作用的政治文化、政治制度和意识形态等。我们将“政治”概念的重心放在权力的性质及其实践之上，尤为关注权力的生产和再生产以及合法性的构建。具体到本文中，我们以女民兵宣传画的统计和描述为基础，结合图像创作的政治社会背景，围绕妇女解放和性别平等的不同政治价值倾向，重新反思女性与国家、女性群体内部，以及女性与男性之间的政治关系，并在毛泽东时代的社会性别意识构建中对她们进行重新定位。

二　革命大家庭中的新姐妹

在27幅群体女民兵宣传画中，所绘的人数超过5人的有12幅，占

① Wang Zheng, “Creating a Socialist Feminist Cultural Front: Women of China (1949 - 1966),” *The China Quarterly*, 2010, Vol. 204, pp. 827 - 849.

② 〔德〕乌韦·弗莱克纳：《政治图像学的历史、现状和未来——汉堡瓦尔堡图书馆的艺术理论研究》，李双志译，《世界美术》2007年第3期。

③ Erwin Panofsky, *Studies in Iconology: Humanistic Themes in the Art of the Renaissance*, Westview Press, 1972, p. 16.

④ 参见〔美〕W. J. T. 米歇尔《图像学：形象、文本、意识形态》，陈永国译，北京大学出版社，2012，第51、192、208页；Hans Belting, “Image, Medium, Body: A New Approach of Iconology,” *Critical Inquiry*, 2005, 31 (2), pp. 302 - 319。

44%。低于3人的只有6幅，占22%。参与群体活动的女民兵们走出了家庭，在公共领域内结成了非亲缘性的新姐妹关系，表明妇女们从宗族制的传统家庭结构转中移到奉行集体主义的社会主义大家庭中来，或者说一种血缘共同体为一种意识形态共同体所替代。在传统家庭结构中，女性角色“由家族和婚姻系统派给”,[①] 主要负责管理和服务于家庭内部事务。户外活动则有损于女性名声,[②] 因此“良家妇女从不属于任何户外的同性群体”。[③] 女民兵完全违背了传统社会规范，走出家庭从事户外劳动和军事活动。在27幅图画中，武装训练和作战等军事题材的有22幅，超过了80%。更加强调组织性和纪律性的军事活动显然比生产劳动更加有助于强化新姐妹关系的构建和巩固。生产劳动虽然没有强调她们的协作关系，但将她们与国家的革命建设直接联系起来，为其提供了更加广阔的构建好姐妹关系的场所。就此而言，女民兵之间的姐妹关系既与1949年之前农村的各种“非血亲群体”不同,[④] 也与城市工厂中的“姐妹会”有着本质上的差异：后者作为以保护个体日常生活为首要目标的小规模团体，受限于较小的地域和行业范围，即便在中共的组织下“走向解放”，也没有建立起以阶级意识为基础的意识形态。[⑤]

女民兵们的笑与怒直观地展现她们对新姐妹关系的态度。代表友善的笑容和展示敌意的怒容与毛泽东关于敌我关系的论述完全吻合，在此意义上，它们是最能展示革命态度的表情。在27幅宣传画中，有20幅画所描绘的女民兵们面带笑容，神色和姿态都非常轻松，展现她们在新姐妹关系中的自如和喜悦。另有7幅所描绘的是表情严肃的女民兵，她们大多处于敌对状态，怒容营造出一份同仇敌忾的气氛，将这种新姐妹关系升华为一种“命运共同体”。

---

① Patricia Buckley Ebrey, *Inner Quarters: Marriage and the Lives of Chinese Women in the Sung Period*, University of California Press, 1993, p. 44.

② Gail Hershatter, “Local Meanings of Gender and Work in Rural Shaanxi in the 1950s,” in Barbara Entwisle and Gail E. Henderson (eds.), *Re-Drawing Boundaries: Work, Households, and Gender in China*, Berkeley: University of California Press, 2000, pp. 79 – 96.

③ Susan L. Mann, *Gender and Sexuality in Modern Chinese History*, New York: Cambridge University Press, 2011, p. 12.

④ Shanshan Du and Ya-chen Chen (eds), *Women and Gender in Contemporary Chinese Societies: Beyond Han Patriarchy*, Lexington Books, 2011, p. 8.

⑤ 〔美〕艾米莉·洪尼格：《姐妹们与陌生人：上海棉纱厂女工1919—1949》，韩慈译，江苏人民出版社，2011，第231～235页。

例如在《田间休息》（图 1）中，8 名年轻女子在田间劳作的休息期间比赛投掷手榴弹。无论是观众还是参赛者都笑容满面，劳作和训练的艰苦荡然无存，她们像是一群正在享受游戏欢愉的好姐妹，五颜六色的衣着和脚下的花朵也有力地渲染了这种愉悦的气氛。[①] 这不能被视作画家制造出的虚假气氛，实际上对于当时的传统女性而言，“在每日的集体劳动和集体政治活动中会有一种欢聚的感受”，她们“在劳动强度和身体疲劳同时增加的前提下”加深了彼此的感情，因此这种集体活动有如“革命的庙会”，带来了“节日的气氛和开放的感受”。[②]《女炮兵》（图 2）中则完全是另外一种情境，7 名女民兵正在操作一门大炮，4 名露出脸庞的女民兵俱神情肃穆，稍显怒色。她们动作连贯和有条不紊，显示曾受过长时间的艰苦的配合训练。虽然她们的衣着与《田间休息》一样色彩丰富，但其中的红色别有意味。位于画面左下角的红色封面的毛泽东著作，与右上角作为指挥者的红衣女民兵手中的红旗形成了显著的视觉呼应。[③] 正如图中配诗所言，在毛泽东的领导下，这些女性转变为“中华儿女”，“干革命，搞建设”，保卫国家。作为“想象的共同体”的民族国家也正是通过这种集体活动在女民兵心中显露真容，成为一个可被直观感受到的实体。

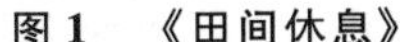

图 1　《田间休息》

图 2　《女炮兵》

这 27 幅宣传画反映的是女性自我与社会之间的关系，刻画出女性作为

---

① 申申：《田间休息》，辽宁美术出版社，1964，中央美术学院图书馆索书号：宣/L4613－653＋57。

② 郭于华：《心灵的集体化：陕北骥村农业合作化的女性记忆》，《中国社会科学》2003 年第 4 期。

③ 李百钧：《女炮兵》，人民美术出版社，1965，中央美术学院图书馆索书号：宣/L4613－653＋37。

一支独立的社会力量在国家生活中发挥着重要的作用。男性作为性别平等的对应者，在这些画中不见踪影。在国家的引导和强制之下，女性从事的建设和斗争与阶级统治的权力归属相关，而这正是解放的焦点所在。实际上妇女并非总是处于被解放状态，她们也具有主动解放自身的观念和行动，这通过她们对武器的持有和使用得以表现出来。按照雷金庆（Kam Louie）的解释，“文武”是中国男性的性别特质，尤其是“武”，自古以来就与女性不相容，即便如替父从军、获得战功的花木兰，也必须在与“武”相关的场所中隐匿自己的性别。① 社会主义女性观则将这种“武”的特质也赋予了女性。毛泽东曾在1936年写给丁玲的词中赞颂女性从“文”到“武”的转变：“昨天文小姐，今日武将军。”② 在1961年他又写诗赞扬女民兵：“不爱红装爱武装。”武器作为传统中国男性的专属物成为女性证明和获取独立身份的重要工具。在群体女民兵宣传画中，她们并未用这些武器与男性分庭抗礼，而是展现她们有能力与敌人争夺统治权力。拥有和使用武器在新领域中为妇女们提供了独立的机会：依照毛泽东“枪杆子里出政权”的逻辑，这种独立就是政治独立。对于毛泽东时代的绝大多数公民来说，政治独立的解放意味更强，在必要的情形下甚至情愿为之牺牲经济独立的机会。③

这种牺牲正意味着女性的“消极自由”领域遭到了侵袭，新姐妹群体作为国家的缩影在其内部建构了一种“积极自由”领域，将为群体争取独立自主的统治权力视作第一目标。从一些女性领袖身上可以明显看到权力导向发挥作用的痕迹。在宣传画中，她们通常具有生理上或社会身份上的优势。她们的身材更为高大壮硕，以精干的短发为主，显得比那些梳着发辫的成员要成熟一些。④ 这种身体的强度和魅力是女性从事革命事业的能力

① 雷金庆：《男性特质论》，刘婷译，江苏人民出版社，2012，第66页。Kam Louie and Morris Low, eds., *Asian Masculinities: The Meaning and Practice of Manhood in China and Japan*, Routledge Curzon, 2003, p. 4.

② 毛泽东：《临江仙：给丁玲同志（一九三六年十二月）》，载于蔡清富，黄辉映编著《毛泽东诗词大观》，四川人民出版社，2009，第230页。

③ 王政：《居委会的故事：社会性别与1950年代上海城市社会的重新组织》，吕芳上主编《无声之声（Ⅰ）：近代中国的妇女与国家（1600—1950）》，台北，中研院近代史研究所，2003，第165～198页。

④ 周国岩：《钢厂铁姑娘》，上海人民出版社，1975，中央美术学院图书馆索书号：宣/L4613－653＋17；刘生展：《草原女民兵》，河北人民出版社，1973，中央美术学院图书馆索书号：宣/L4613－653＋36。

的象征。女工人或女战士经常是群体中的领袖，她们在阶级地位和革命积极性上都要高于女农民，或者说是在政治权力等级上要高于女民兵。宣传画对妇女领袖的能力和力量的着重描绘，实际上是对群体权力优先于个体权利的强调。在毛泽东时代，的确有一些妇女领袖在有些情形下会在无视“姐妹情谊”的基础上鼓动群体发挥献身精神，这正是“积极自由”倾向或者国家权力实体化的表现。当然，这并不意味着妇女完全地“被父权制国家所愚弄”，“而是意味着整个革命统治阶层服从于一套共享的启蒙叙事”。[①] 同时，她们也“没有意识到‘解放’的过程很可能是另一压抑机制的开始，尽管可能会是一种缓和的形式”。[②]

三 国家意志：个体女民兵的男性化与中性化

个体女民兵宣传画数量较少，仅有20幅，这与当时具有浓厚集体主义倾向的意识形态占据统治地位有关。此外，盛行于“文革”期间的“三突出”创作原则要求用反面人物和不重要的正面人物来突出最主要的英雄人物，于是画家们往往选择多人场景来迎合这一要求。个体女民兵宣传画并没有挑战主流意识形态和创作原则，而是为了凸显更加精细的局部特征，增强其感染力。在个体女民兵宣传画中，除了1幅肖像画和3幅以生产劳动和晚婚晚育为题材的画外，其余16幅中的女民兵都在进行训练或直接参战。对军事身份的强调更加彰显她们的“男性之武”的特征：被刻意遮盖起来的胸部以及强壮的胳臂、有力的双手和棱角分明的脸庞等。同时，她们普遍穿着单一色彩如蓝灰色系的中性化服装，武装带成为重要的标准配饰。正如琼·W. 斯科特（Joan W. Scott）所言：“揭露那些看上去似乎是中性的分类以及其掩盖妇女被排除的事实，在很多方面对女性主义研究具有重要性。”[③] 这些宣传画表明，女民兵的男性化和中性化并非为了证明、也无法证明女性和男性处于平等状态，而是表现社会主义国家在塑造一种符合其要求的、无性别特征的“标准人”上的强大力量。这表明在当时的性别

① Kimberley Ens Manning, “Making a Great Leap Forward? The Politics of Women's Liberation in Maoist China,” *Gender & History*, 2006, Vol. 18, No. 3, pp. 574 - 593.

② 刘复生：《记忆与变迁——从红色娘子军看海南女性文化》，《文艺争鸣》2006年第3期。

③ 〔美〕琼·W. 斯科特：《对社会性别和政治的进一步思考》，钟雪萍、劳拉·罗斯克主编《越界的挑战：跨学科女性主义研究》，上海社会科学院出版社，2002，第1~21页。

意识构建中，个体与国家之间的关系而不是两性之间的关系占据着最为核心的位置。

在这20幅宣传画中，除一位非洲女民兵外，有6位女民兵胸部轮廓不明显，其余13为女民兵的胸部则以各种方式被直接遮挡起来，其中抬起的手臂是最为常用的遮挡物，这种情形在当时以成年中国女性为对象的政治宣传画中比比皆是。如果说遮掩女性特征只是迎合了毛泽东时代禁欲主义的要求，[①] 那么对女民兵身体的一些艺术处理，如对她们身体的某些部位进行夸张的描绘，正是为了表现她们的强大力量，由此将她们直接与阶级斗争联系在一起。身体上的变化正是为了展现她们在这些斗争中的坚定立场和巨大力量。在国家的支持下，她们从权力的对象变为权力的主人。在《杀陈再道狗头，祭我烈士英灵》画中，魁梧的身材和所提的相对于头颅显得格外巨大的拳头，使得持刀女子极为勇武，再加上浓眉阔鼻，男性特征十分明显，几乎只能依靠发辫来确定其性别。[②] 她的形象与角落中时任武汉军区司令的陈再道上将被丑化的面孔形成了鲜明的对比，这是在革命的名义下实现的权力翻转，而不是女人对男人的胜利。

女性身体被男性化的宣传画往往因过于脱离现实而无法得到民众的普遍欢迎，人们对风格优美、色彩鲜艳和人物生动的宣传画更有兴趣——从实用主义的角度而言，这些宣传画在很大程度上被他们当作家庭中的装饰品。因此在宣传画中，衣着的中性化——其显著标志是武装带——比身体的男性化更为多见。武装带不仅有助于显露挺拔、威严的身姿，而且也是显示军事人员身份的功能性装备。对于女性而言，它既凸显了她们的飒爽英姿，也凸显了她们是比普通人更为进步的“革命者”。例如，在《英雄女民兵》（图3）中，一名身穿蓝衣蓝裤、短发浓眉的女民兵正在穿戴武装带，抬起的手臂恰好遮住了胸部。她背后的奖状点出了其“英雄”之名，桌上的笔记本

图3 《英雄女民兵》

① 李银河：《禁欲主义与中国女性访谈录》，《中国青年研究》1996年第1期。

② 钢工总红艺兵团的《杀陈再道狗头，祭我烈士英灵》，绘画稿印刷，发行时间估计在1960年代末到1970年代初。

和毛泽东著作表明她“又红又专”，背后窗外的向日葵则隐喻着她永远朝向太阳（毛泽东）的方向。[①] 她对镜整理衣装的情形令人想起《花木诗》中的句子“对镜贴花黄”，但这位新时代的花木兰非但没有“脱我战时袍，著我旧时裳”，反而在“战时袍”外加上一条武装带。她的微笑表现她与花木兰回归家庭完全相反的“走出家门”、融入国家生活的喜悦，这种自我满足的状态来自其特殊的身份以及与革命领袖之间建立起的关联。在妇女解放的意义上，这既是接受国家的支持而被解放，也是心甘情愿地支持国家服务于解放事业。这种中性化着装并没有任何指向性别平等之意，不仅画面中缺乏作为参照物的男性，而且她作为英雄得以拥有的独立自主也先于和高于与男性之间的权利分配。图画中唯一留有印记的男性是毛泽东，但他作为国家的象征显然不同于、也超越了他作为一种性别角色的意义。

个体女民兵宣传画通过凸显个体的细节强调了这一角色所具有的模范力量。女性模范作为“新秩序的价值、政治和道德象征，是中国共产党希望取代旧有女性形象的新形象”，她们之所以被描绘成肌肉强健的形象，是因为其“身体形态象征着新中国的力量”。[②] 服装上的同化并没有“夸张地呈现党对性别平等的承诺”，[③] 而是对性别议题的隐匿，即性别平等被性别一致所遮掩。因此，毛泽东时代女性身体的男性化和衣着的中性化，与其说是以男性为标准，不如说是以一种不考虑性别特质的“国家人”为标准。[④] 这一标准要求女性全面介入国家生活，在国家与其敌人的权力之争中发挥出应有的作用，这无疑是一种“积极自由”的导向。在此导向下，所有的个人权利都要服从国家权力的安排，因此很多以“为革命实行晚婚和计划生育”为题的宣传画甚至鼓动女性应该乐观地为革命做最大程度的牺牲。

在个体女民兵宣传画中，个体女性既不生活在同性共同体之内，也缺乏与异性个体或群体的交往，她们的存在总是与国家紧密地联系在一起。在革命的名义下通过强大的政治压力锻造出的“国家人”只是国家意志

---

① 吴哲夫：《英雄女民兵》，上海人民美术出版社，1965，中央美术学院图书馆索书号：宣/L4613－653＋28。

② Tina Mai Chen, “Female Icons, Feminist Iconography? Socialist Rhetoric and Women’s Agency in 1950s China,” *Gender & History*, 2003, Vol. 15, No. 2, pp. 268－295.

③ Susan L. Mann, *Gender and Sexuality in Modern Chinese History*, New York: Cambridge University Press, 2011, p. 120.

④ 谭深：《从“国家的人”到“自主的人”》，《东方》1996 年第 3 期。

的作用方式之一。在宣传画中更为常见的作用方式是通过个体女性与“祖国”的直接关联，塑造出她们是“中华儿女”的意象——社会主义国家中的女性既不是传统时代的“臣民”，也不仅是现代政治社会中的“国民”，而是一个全新的民族国家的“子民”。虽然“祖国”经常被赋予父亲或母亲的形象，但在中国，无论是传统家庭中“祖母”的权力，还是新中国的政权，都来源于父权。女性们在国家的引导下将其“女儿的激情转变为政策的支柱”，来自国家的父母之爱被用来“交换她们盲目的支持”。[①] 在女性与国家之间这种全新的关系定位中，女性生理性别上的特征和社会性别上的女性气质向男性的转变就不仅是一种性别同化，而且是两性在国家面前的儿童化——这种两性关系的异化既可以通过对国家进行人格化（即父母角色）的形式来实现，也可以通过个体自身的去人格化来实现。如在极为著名的《做一颗红色的种子》中，国家与女性之间的“父母－子女关系”被转换为一种生态关系：作为土地的国家提供空间让作为植物的女性得以成长，最终结出果实。[②] 对于这种社会主义生态系统而言，一味追求个体权利的性别平等显然是巨大的威胁，因为拒绝国家的要求就意味着破坏了环境的平衡。

四　两性的社会关系与性别等级制

在160幅女民兵宣传画中，有113幅绘有男性角色，他们在其中93幅中是行动的主要承担者、指挥者或督导者。这种男女失衡的现象似乎揭示毛泽东时代女性在性别关系上的弱势地位，但是我们通过两条路径来反思这种现象。一是准确定位画作中两性之间的社会关系，证明政治权力的归属而非性别权利的分配才是国家最为关心的。二是探讨画作中两性之间的潜在等级差异的根本原因，证明国家权力系统中的父权制文化控制着社会性别意识的形塑，固化着个体权利对集体权力的服从。这两条路径实际上都表明了自上而下的妇女解放与自下而上的性别平等之间是背道而驰的。

在男性作为主角的宣传画中，男性基本上属于三种身份，即农民民兵、

① 〔法〕朱丽娅·克里斯蒂娃：《中国妇女》，赵靓译，同济大学出版社，2010，第76、171页。

② 哈琼文：《做一颗红色的种子》，上海人民美术出版社，1963，中央美术学院图书馆索书号：宣/L4612＋20。

军人和工人民兵。如果群体中只有女民兵和男性农民民兵的话，那么后者通常承担着具体行动的主要责任，或是通过身体姿态和行为表现他们能够承担更为主要的责任。例如，在《练硬功》中，一群男女民兵在果园劳动，利用休息时间进行军事训练，画面中间是一位男民兵趴在地上单手托举五块青砖，而旁边蹲着的女民兵则拿着砖块准备往上放。[①] 这显示女性虽然已经从传统家庭中走出来，但其作为男性助手的身份并没有得到根本性的改变。虽然她们在内外两种空间中可以通过“当家”和“翻身”两种路径去争取解放，但仍然无法普遍地与男性共享政治领导权。[②] 在经济上也是如此，即便毛泽东一再强调的同工同酬得到普遍执行，也无法在整个社会主义经济体系中实现劳动分工的真正平等。[③] 这种政治和经济利益难以公正分配的直接原因似乎是男女权利失衡，但有漫长积淀的中国传统父权制政治文化与当时的生产力结构和水平才是根本原因所在。

图 4　《练硬功》

如果男女农民民兵的群体中加入了军人的角色，那么军人就会成为其中的指挥者。在民兵最主要的三项任务中，有两项是在军队的领导下进行的，即协助巩固国防和直接参与作战。就此而言，对于这样的女民兵宣传画来说，不能简单地用男性对女性的统治来涵括，因为其中的男性与女性之间的关系不是性别关系，而是职业分工或者说业务关系。这种关系由于民兵系统接受中国共产党和中国人民解放军的双重领导而变得复杂，因此在具体的历史情境中有所变化。[④]

当男女农民民兵和军人的群体中加入男性工人民兵后，他们的位置又

① 全祝明：《练硬功》，河北人民美术出版社，1965，中央美术学院图书馆索书号：宣/L4613－653＋58。

② Kimberley Ens Manning, “Embodied Activisms: The Case of the Mu Guiying Brigade,” *The China Quarterly*, 2010, Vol. 204, pp. 850－869.

③ 李金铮，刘洁：《劳力・平等・性别：集体化时期太行山区的男女“同工同酬”》，《中共党史研究》2012 年第 7 期。

④ June Teufel Dreyer, “The Chinese Militia: Citizen-Soldiers and Civil-Military Relations in the People's Republic of China,” *Armed Force and Society*, 1982, Vol. 9, No. 1, pp. 63－82.

会有所变化。在同时出现男性军人、男性工人民兵和女民兵的15幅宣传画中，有11幅画中的男性工人民兵站在群体的最中间，在其他几幅画中，他们做出的是指挥前进的手势，或者是手持毛泽东著作这一比军人手中的武器更为神圣有力的武器。在这些宣传画中，女性接受男性领导的图像体现出的不是性别关系而是阶级关系，图像的核心旨趣是“工人阶级是无产阶级革命的领导者”。

整体来看，在这93幅男性处于中心位置的女民兵宣传画中，男女之间的关系并非旨在呈现社会性别上的差异，图像内容也没有表达性别不平等之意。另外20幅以女性为主或男女平分秋色的女民兵宣传画也与性别平等无关，它们的主题大多是建设和保卫国家，用两种性别的民兵形象是为了塑造出一个完整的“人民”概念。男性与女性之间的业务关系和阶级关系在实践意义上为当时的女性提供了一条解放的路径，即依靠领导阶级的带领介入整体的革命事业中，从而得以摆脱政权、族权、神权和夫权这四条绳索的绑缚。

这些宣传画在创作意图上不是为了表达社会性别差异，但可以从中辨别社会性别意识遗留的痕迹。究其原因就在于1949年之后，新国家权力系统只是迅速填满了四条绳索断裂后留下的权力真空，传统父权制政治文化却没有被消磨殆尽。[①] 在混合性别的女民兵宣传画中，父权制的潜在影响主要体现在新权力系统的四个组成部分中，其主要表现是权力的主导者通常是男性，而从属者是女性。

首先，传统政权的替代者是建立在阶级斗争基础上的人民民主专政制度。传统社会中垂直的士农工商结构被彻底打乱，在新社会中，工人成为政治上的领导阶级，农民则是工人阶级最大的同盟者，两者共同行使领导权。同时，工人作为先进生产力的代表，在经济地位上优越于农民。工人之于农民的这种政治和经济优势也反映在同时绘有工人和农民形象的21幅女民兵宣传画中：76%的画作呈现的是男性工人和女性农民形象，前者在画面中总是充当着领导者。其次，族权的替代者是农村中的集体制和城市中的单位制，它们包括了当时个体所在的绝大多数工作组织，如农村中的生产小组、生产队和合作社，城市中的厂矿企业、事业单位和社会团体，

① Judith Stacey, *Patriarchy and Socialist Revolution in China*, Berkeley: University of California Press, 1983, p. 155.

等等。这些组织同时履行着经济生产功能、社会管理和服务功能，以及政治教化和控制功能，它们往往带有“清晰的父系继嗣偏见”（农村）或家长制风格（城市）。[①] 基层女民兵的管理机构是人民武装部，其管理者均为现役军人。在女民兵宣传画中，军人作为人民武装部的象征几乎是男性，充当女民兵的教导者、指挥者或是监督者。在政治制度、集体制和单位体制以及意识形态中占据主导地位的男性，在小家庭之外的“大家庭”和“国家”中继续扮演男主人的角色。当妇女们走出家庭时，其丈夫便向户外的其他男性成员移交了管理权和奖惩权。这种夫权的转移普遍存在于包括女民兵在内的各种身份妇女生活的社会中。

我们将社会主义权力系统中的这种隐含着的父权制称作“新性别等级制”。需要注意的是，父权制不能被理解为男权制，[②] 否则会轻率地得出毛泽东时代的女性是男性世界的从属者的结论。即便妇女们在性别等级制中获得了部分收益或者拥有了某种自主选择的空间，那也是“积极自由”的福利之一，在妇女们的欢迎之中反而会成为“消极自由”的“不能承受之重”。

结　语

在对毛泽东时代的中国妇女的研究中，绝大多数案例是以特殊职业或地域的女性为分析对象的，并且都将她们的主要活动区分为户内劳动和户外劳动两种。女民兵与她们有着显著的差别，不仅涵括所有的女性职业身份，还在从事家庭内外生产劳动的同时承担保家卫国的任务。就此而言，女民兵比大多数职业更适合充当中国女性的代表，而且她们与国家之间的关系也比大多数女性群体更紧密。在中共谋求政权和建设国家的近百年历程中，女民兵一直都根据国家的需要而发挥作用，尤其在毛泽东时期，依靠其极为庞大的规模、高度的组织性和政治性，成为影响政治社会发展的重要力量。这主要表现在三个方面：在经济建设中，女民兵不仅积极完成其本职工作，还广泛参与大型工程建设；在政治社会的管理中，女民兵是

---

① Ellen R. Judd, *Gender and Power in Rural North China*, Palo Alto: Stanford University Press, 1994; Ching Kwan Lee, *Gender and South China Miracle: Two Worlds of Factory Women*, Berkeley: University of California Press, 1998.

② 〔法〕朱丽娅·克里斯蒂娃：《中国妇女》，赵靓译，第70页。

国家维持社会秩序的重要力量，很多女民兵还担任基层政府组织的领导人；在军事活动中，女民兵是国防和战备的核心力量之一，尤其在少数民族地区和边疆地区作用显著。

女民兵在国家生活的各个方面如此重要，成为我们观察社会性别意识塑造的最有价值的对象之一。由于难以获取重要的女民兵档案，而访谈法在分析这一庞大群体时又有局限性，因此本文聚焦于政治宣传画中的女民兵形象。由于绝大多数正式出版的宣传画需要同时迎合意识形态和民间话语的偏好，因此我们可以在一定程度上认为，其中反映的性别状态和关系与现实相符。图像政治学这一跨学科路径有助于我们更好地分析这些宣传画，其中图像学负责处理画面的内容，政治学负责解释图像的政治意义。

毛泽东时代的社会性别意识深受妇女解放和性别平等这两种话语的影响，无论是中西方学术界，还是中国的官方和民间，都要么将两种话语视作没有龃龉的统一系统，要么认为两者之间的差异或分歧只是国强民弱的表现。但是，本文认为这两个概念之间存在不可调和的本质性冲突：妇女解放处理的是阶级斗争中的敌我矛盾，在革命意识形态的指引下获取统治权力是其首要目标。在追求这一目标的实践过程中，以个体权利为基础的性别平等话语并不是妇女解放话语的附属物，而是被其所替代、引导和操控，从而成为一种变质或看不见的平等。这种冲突之所以如此突出，是因为它实际上是最为根本的政治价值层面的冲突，反映了积极自由和消极自由之间的背离。对于努力提升社会性别地位的中国妇女而言，唯有认识到这一点，才不会在“被解放”中迷失自我；才不会再怀有幻想，即通过以个体行动还原女性特质的方式可以实现两性平等。

在后毛泽东时代，虽然中国的经济、政治和社会等各个方面的体制都发生了巨大的变化，但解放话语的主导地位丝毫没有变化。1995 年中国承办了联合国第四届世界妇女大会，该大会致辞一方面赞同国际社会的共识，即平等是妇女解放的首要目标，另一方面依然强调妇女解放必须同民族的独立和人民的解放联系在一起，妇女也只有在积极参加建设自己的国家中，才能提高其地位。[①] 简而言之，只有参与“积极自由”的权力战场，才能扩展和维护“消极自由”的权利家园。

① 江泽民：《在联合国第四次世界妇女大会欢迎仪式上的讲话》，《人民日报》1995 年 9 月 5 日，第 1 版。

从毛泽东时代到后毛泽东时代，在官方、学术和民间三种话语系统中，性别平等一直被妇女解放所约制，两者的混用让女性追求权利之路陷入迷途，削弱了女性在性别意识上进行自我反思的力量，进而增强了国家对女性进行治理和动员的能力和权力。这种约制并不总能对国家利益和集体主义意识形态产生积极作用，它对于当前正在大力推进政治体制改革的中国而言，存在着潜在的、不可轻视的消极影响。例如，国家利益和女性的个体权利之间的冲突，可能对女性的国家认同或社会认同构成严重的冲击；[①] 女性将男性而不是将父权制文化及其制度设计视作最大的敌人，从而在权力和权利的分配中选择以零和博弈的方式替代协商与合作；[②] 市场主导劳动力分配所营造出的性别平等错觉，会间接地弱化国家影响社会的力量，并为束缚女性的新性别等级制提供新的强大支持。[③] 在一个多元化、碎片化和全球化的社会情境中，这些威胁都已经在中国显露端倪。

---

① Tamara Jacha, *Rural Women in Urban China*: *Gender Migration*, *and Social Change*, M. E. Sharpe Inc. , 2006, p. 241.

② Susan Stanford Friedman, *Mapping*: *Feminism and the Cultural Geographies of Encounter*, Princeton University Press, 1998, p. 35.

③ Pun Ngai, *Made in China*: *Women Factory Workers in a Global Workplace*, Duke University Press, 2005, p. 134.

从红高粱到茉莉花

——中国当代影视中的中国形象

李　勇*

摘要　中国形象是一种跨媒介的文化建构，当代中国以影视为主的视觉文化文本是在国家形象的话语谱系与集体想象的文化语境中建构中国形象的。只有那些在视觉特性上与民众对国家的集体想象相契合的视觉文化文本，才可能成为国家形象的表征。1980 年代中国电影中的红高粱形象与 1990 年代以来的影视作品中的茉莉花形象是当代中国形象的不同表征。红高粱形象以其夸张的视觉张力展示了 1980 年代冲破困境的中国形象，茉莉花形象则以其精致的异质性展示了 1990 年代以来初富时期富庶与躁动并存的中国形象。

关键词　中国形象　红高粱　茉莉花　视觉文化

Abstract　The image of China is constructed in many different media. In contemporary Chinese film and TV series, the image of China is constructed based on the discourse of China image and the Chinese people's collective imagination of China. Only the visual text that its visual features match to the cultural context can be part of the representation of this country. Red Sorghum (the Hong Gao Liang image) in 1980s take the north China landscape as its visual sight, and Jasmine (the Mo Li Hua image) since 1990s took south China landscape as its visual sight to represent the different images of

* 李勇，苏州大学文学院教授，主要研究方向为文学理论跨文化研究和审美文化研究。本文为江苏省社会科学基金项目“文化研究：以他者形象为方法”（15ZWB008）的阶段性成果。

China respectively. The Hong Gao Liang visual image is the symbol of 1980s reforming China, while the Mo Li Hua visual image is the symbol of new rich China since 1990s.

Key words image of China Hong Gao Liang Mo Li Hua visual culture

20 世纪 80 年代以来，中国当代影视作品中影像的演变与中国人想象的中国形象的演变在基本走向上呈现了复杂的一致性。我们无法将当代中国所有的影视作品笼统地与中国形象对应起来，但是仍然能从丰富的甚至是庞杂的影像文本中找到中国形象演变的线索。1980 年代的影像相对而言个性鲜明，在《一个和八个》（1984）、《黄土地》（1984）、《老井》（1987）、《红高粱》（1988）等作品中的以西北地理景观为视觉标志的影像，我称其为红高粱影像，这些文本表征了那个时代的“改革的中国”形象。经过 1990 年代的调整过渡，进入 21 世纪以来，中国影视作品的影像特点出现了明确变化，与 1980 年代的西北影像对应的是以南方的（江南）地理景观为背景的影像，我把这些影像称为茉莉花影像。电影《茉莉花开》（2005）和电视连续剧《茉莉花》（2005）等这些以茉莉花命名的作品自不待言，还有以电影《红粉》（1995）为代表的大量的影视作品也把南方的地理景观突显在观众的视野中。这样的视觉文化现象与中国形象建构之间有什么关系？这两种不同的影像如何表征中国形象？在讨论这些问题之前，我们必须先解决一个理论预设问题：什么样的影像才是国家形象的表征？

一 表征国家形象的影像

从最宽泛的意义上讲，任何一个国家生产出来的影像文本都是这个国家文化中的一个组成部分，这些影像文本当然也就传递出这个国家的或隐或显的信息。这些影像文本当然也就可以看成这个国家形象的载体。我们所说的可以作为国家形象表征的影像文本是特指的文本，这些文本在一个特定的历史文化语境中形成了某种与国家形象相契合的视觉特征。这些文本的视觉形式特征是在特定的国家形象建构的话语系统中产生意义的。

什么样的影像适合于表征国家形象？对这个问题的回答，要从国家形象的特性分析入手。讨论视觉文本对国家形象的表征，区分不同类型的国家形象是一个关键问题。国家形象从性质上说是一个国家的民众对于自己国家特性的想象。正如本尼迪克特·安德森在《想象的共同体：民族主义的起源与散布》一书中所说："事实上，所有比成员之间有着面对面接触的原始村落更大（或许连这种村落也包括在内）的一切共同体都是想象的。区别不同的共同体的基础，并非他们的虚假/真实性，而是他们被想象的方式"。① 我们至少可以区分出两种不同类型的国家形象。

其一是基于现实的认知或感受形成的国家形象。首先是在政府层面制作出来的对于国家的总体定位。这样的国家形象是一种政策的宣导，它是政府对于自己的国家是一个什么样的国家的总体表述，在领导人的讲话、政府的文件、大政方针的论述中都有明确的表述，相应的，在政府的各种宣传文献中也得到形象化展示。其次是普通民众基于自己的生活感受对于自己的国家是什么样国家的想象。这种国家形象与前者相对应。这种由民众自发想象的国家形象可能受到政府宣传的国家形象的影响，但仍然是以自己的生活感受为基础的，不可能与政府的宣传完全一致。这样的国家形象并不是由政府主导的宣传片塑造出来的，民众如果不是自己创造出（比如，通过民谣、俗语或当代社会中的自媒体）国家形象，也会借用公共文化中的形象来表征他们所想象的国家形象。这样的国家形象的基础是民众的社会心理、社会思潮，表达出来的是民众的思想动态。

其二是以乌托邦想象为基础建构出来的国家形象。对现实的想象是对想象主体所处的特定时代的国家特性的想象，其基础是对现实生活的感受。当大多数民众对于自己当下的生活不满意，对政府的方针政策不接受时，民众对国家现实的想象就处于批评的立场，对国家的现实就形成负面的或称意识形态的印象/想象。当然，这种批评的立场也可能采用曲折的间接的方式来表达，那就会形成一种乌托邦形象，以一个更加美好的异邦的形象来反衬出现实的丑恶、黑暗。这种乌托邦形象是对一个美好未来的期许，与民众对于理想目标的想象不同，与政府为凝聚民心而规划的奋斗蓝图也不同。理想的目标和奋斗的蓝图都是正面的积极的国家形象，是对现实形象的补充与引导，不是对现实形象的否定与嘲讽。指向未来的理想目标或奋斗蓝图的国家形象是对国家未来发展走向的形象化呈现，这样的国家形象是对

① 〔美〕本尼迪克特·安德森：《想象的共同体：民族主义的起源与散布》，吴叡人译，上海人民出版社，2003，第6页。

一个可以预见的未来的规划。乌托邦形象是以批判现实为基础的，这种想象只是曲折地表达了对现实的不满，而不是对未来的规划。

当然，国家形象是在与其他国家形象或他者想象的对比中形成的。想象主体对自己国家的想象背后都有参照对象，这个参照对象就是他者想象。这种参照系主要包括两个类型：一是对其他国家的想象与对自己国家的想象形成对比/对照关系，以此来确认自己的国家形象，对自己国家的特点形成更清晰的认识。二是其他国家（如美国）对于正在想象自己国家形象的想象主体（如中国）也塑造出一个形象（如美国的中国形象）。这些外人眼中的形象也会成为一种参照，警示国人保持清醒头脑，避免夜郎自大或妄自菲薄。

本文所讨论的中国形象是中国民众想象出来的，是来自现实生活感受的现实形象。这种作为集体想象的国家形象是中国民众对中国国家特性的总体印象，也可以说是民众集体形成的用来表现国家特性的意象。这种意象以形象的方式表达了民众对自己国家特性的理解、感受与想象，因此就是一种表意实践。这种国家形象作为一种意象是以不同的文本为载体的，是一种超越文本媒介界限的互文性建构。在视觉文化中，某些影像一旦表达出了民众对于自己国家特性的集体想象，这样的视觉文本就成为这个时期的国家形象的表征。一个影像文本要成为国家形象的表征，至少要具备三个基本条件：一是文本的视觉特征要具有适合表达特定国家形象的表意功能。文本的视觉特征是有差异的，不同的文本基于特定的特征可能更适合于表达某种语义。因此，文本的视觉特征在其表征国家形象时是会起到关键作用的。二是文本的视觉特征必须纳入集体想象物中的国家形象系统之中。国家形象是一种文化想象，是一个国家的国民对于自己国家的特性的想象。集体想象物中的国家形象谱系是民众想象国家形象的基本资源，视觉文化的视觉特征必须与这个集体想象物的总体格调相一致，才可能成国家形象的表征。三是一个视觉文本的特征必须具有可传播的冲击力，在受众群体中产生广泛的影响，才可能成为国家形象的表征。因为国家形象不仅仅是一个国家特性的形象化（视觉化）呈现，还是一种集体想象，是一个群体的共认。

我们所设定的表征国家形象的视觉文本的这些条件是以其视觉特性为基础的，其中的核心问题是视觉特性与文化语境/集体想象之间的关联或契合程度。如何判断这种契合度？有两个基本依据。

其一是文化代码，具体的视觉文本与文化语境都是按文化代码的规则运转的。所谓“文化代码”是一种文化意义生产的规则或运行规律。霍尔说：“信码（code，即代码——引者注）使我们说和听的可理解性成为可能，并且在我们的概念和语言间建立起可转换性，这一可转换性能把意义由说者传送到听者并使之得以在一种文化内有效地传播。这一可转换性并不是自然赋予的或神确定的，它是一套社会惯例的产物。它是由社会确定的，在文化中确定的。”① 掌握这套代码的主体才能理解文本在这个文化中的意义，当然也才能判断一个文本与语境之间的关联度，根据语境的状况来理解文本的意义。在视觉文化与国家形象的关系问题上，我们一方面在特定的语境之中依据文化代码理解自己国家的特性，另一方面依据文化代码理解视觉文化文本的含义。当我们说一个视觉文本表征了某种类型的国家形象，只要是符合文化代码规则的就可以说是合理的。

其二是主体对文本意义的建构能力。主体是按照自己的知识储备或期待视野来重新建构文本的，并根据自己对文本的重新建构来阐释文本的意义。因此，一个视觉文本的视觉特性到底与文化语境之间有什么样的关联，它在文化语境中到底能产生什么样的意义，都是由主体的能力决定的。在视觉文本对国家形象的建构过程中，主体对国家形象的关注程度、知识背景以及对视觉特性的感知能力与想象能力都会对主体产生至关重要的影响。这种主体的能力是一种综合的能力。与文化代码不同，主体对视觉文本与国家形象关系的解释可以是独特的、个性化的、创造性的。当主体敏锐地捕捉到某个视觉文本可以表征国家形象，将视觉文本的影像特征与国家的特性建立起联系，并得到民众的普遍认可时，这样的视觉文本就成为国家形象的表征。

视觉文本对国家形象的表征是通过视觉文本特性完成的。能够成为国家形象表征的视觉文本是那些与社会文化语境、国家形象的集体想象相契合的文本。

二　倔强的红高粱：改革时代的国家形象

红高粱只是笔者对1980年代以西北黄土高原为背景的一系列电影的视

① 〔英〕斯图尔特·霍尔：《表征》，徐亮译，商务印书馆，2003，第22页。

觉特点的概括。这些影像文本都具有如下几个显著的视觉特征。首先是色彩的冲击性。《红高粱》中泛滥的红色是它的视觉标志，而其他几部作品中，黄土高原的大面积黄色带给观众较大的视觉冲击，这是它们打破观众视觉习惯的主要方式。其次是画面的内在张力或冲突。这些影像文本中大量存在着不对称构图或平面化构图，使画面产生内在张力，如《老井》中在旺泉背石块路遇巧英求水喝的桥段中，远景中的大山被平面化处理，消除了景深，产生一种巨大的压迫感。再次是画面的油画般的凝重风格。《一个和八个》中的人体的雕塑感，《黄土地》中的仰拍所形成的崇高感、厚重感，都使得其视觉效果脱离了常态的平视，给观众带来新奇而又具有挑战性的视觉体验。最后是大量的非叙事性镜头。如空旷的土地、天空，破败的窑洞、村庄，干枯的树干，等等，这些镜头的大量使用，割断了故事的流畅性、连贯性，暴露了摄影机的存在，影像的视觉性得到突显。这些视觉特点早已为人们所熟知，但是这些特点到底具有什么意义则是需要认真思考的。无论是从色彩、构图还是从内在的韵味来看，这些视觉文本的总体特征都是冲突。

这种冲突意味着什么？从历史的脉络来看，它们突破了中国第四代导演以前所导演的作品中那种以平视为基础建立起来的规范化的拘谨的视觉特性。特别是那种被革命现实主义教条规训的视觉话语系统，在第五代导演的这种夸张的冲突的画面冲击之下迅速暴露了其僵化与贫乏的特质。在视觉文化场域之内的这种矛盾成为一种隐喻，当然也是一种转喻。这种冲突正是1980年代文化与政治变革的一个组成部分（转喻），同时也是一种象征（隐喻）。在革命现实主义教条背后是一套维护政治正统性的意识形态观念，当然还有一种坚持专制统治的政治理念。革命现实主义视觉文本中的高、光、正、亮是意识形态的正确性/正统性的视觉呈现，也是维护某种政治权威神圣性的政治意图的视觉呈现。与此相对立的那些红高粱影像却以冲突的视觉形象挑战这种革命现实主义的教条。红高粱视觉文本中的冲突、张力，以自我矛盾、冲突的方式对抗高、光、正、亮的视觉规训，挑战一种正统的视觉话语体系及其背后的意识形态的正统性与政治权威的神圣性。戴锦华在分析第五代导演的作品时指出："它以新的观念、形式美学撕裂了为人们所熟悉的银幕神话世界。跳切式的叙事句段，大量的固定镜头，俯瞰与仰观式的全景机位选择，自主的、游移于叙镜之外的摄影机运动，超常造型意象的运用，切割或将人物挤压向边角的画面构图，共同完成了历史神话的‘陌生化过程’，并以一种过度表达的形式将历史推至于时代景深处，从而呈现出一种理性的叙事距离。过度表达暴露了‘先验主体’及摄影机的存在，暴露了历史神话的意识形态效果及影片叙事的超意识形态图谋。”① 本文所说红高粱形象，正是由戴锦华所说的第五代导演的作品塑造出来的。在戴锦华看来，这些作品讲述革命历史故事只是获得合法性的权宜之计，它们的突出特点恰恰在于以这些奇特的视觉语言来讲述。当然这些革命历史故事已非革命现实主义作品中的那种经典叙事，而是一种表达个人体验的象征或寓言。

在观看的层面上，红高粱视觉文本的矛盾冲突是对观看方式以及视觉感官体验的冲击。就观看方式而言，大量的近景和大面积的色块对于观众对故事内容的接受进行冲击，观众的视野被拉近了，变成了对视觉形象的凝视，电影中的故事所包含的意识形态结构在这种视觉形象的冲击之下被削弱了。这种凝视成为一种突破故事框架进行沉思、反省的途径。新奇夸张的影像逼迫观众从具有文学性的故事情节与意识形态话语系统中突围，进入一个视觉意义生产领域。这种突围是视觉文本对观众的主动进攻与胁迫，推动或催促观众完成其主体建构。就感官体验而言，这种影像的轰炸煽动了观众的原始情绪冲动。观众在大面积色块（特别是红色）的冲击之下调动起难以名状的激动情绪，观影成为一种亢奋的情绪体验。《一个和八个》的视觉特性可以说是一个典型的例证。倪震在回忆这部电影的摄影风格时说：“构图平面，单纯，视点离奇和线条清晰，嗜好大片天地中极小的人影，偏爱静止的画面和时间的停滞。这一切与其说是他（指张艺谋——引者注）摄影风格的流露，毋宁说是他生命意识的投射：天之苍苍，人生渺小，沧海一叶。”② 这些画面的视觉特性已超出了叙述故事的工具性功能，带有强烈的冲击力了。倪震记录了这部电影第一次观摩放映后的情景：“片子放映完毕，灯光刚刚放亮，在一片掌声中同学们扑上来，热泪满面地拥抱张军钊、张艺谋、肖风、何群他们4人。欢呼、握手、拥抱，由衷地为这部处女作而庆贺。老师们也纷纷上来表示道喜。老导演陈怀皑，摄影师聂晶，评论家钟惦棐都兴奋不已。‘你们没打过仗的人，拍了一部让我这个参加过抗日战争的人震惊的影片……’钟惦棐说。”③ 这些观众都是电影界的

① 戴锦华：《雾中风景》，北京大学出版社，2000，第31～32页。

② 倪震：《北京电影学院故事——第五代电影史前史》，作家出版社，2002，第178页。

③ 倪震：《北京电影学院故事——第五代电影史前史》，第180页。

行家，他们的兴奋与震惊说明了这种影像的冲击力已超出一般意义上的电影了。

当然，这些问题不是社会心理学的问题而是文化问题。从国家形象建构的角度来看，红高粱视觉文本正是在1980年代中国改革开放语境中产生意义的，这些文本中所呈现的矛盾冲突，所调动起来的亢奋情绪，都是改革开放大潮的组成部分。这些文本所表征的正是一个不断冲破束缚、走向理想目标的改革的国家形象。简而言之，这些视觉文本中的矛盾冲突是这个国家突破旧体制束缚的象征，而这些文本所调动起来的亢奋情绪是这个国家满怀信心走向新征程的象征，这些文本所带来的视觉体验是走出僵化的教条所设置的藩篱之后，踏入新领域时的新鲜与兴奋体验的象征。

红高粱形象所表征的国家形象至少有四个方面的特征。一是充满活力与激情，二是不断冲破传统的勇气，三是个体意识或主体性的觉醒，四是矛盾冲突中潜藏着失控的危机。1980年代的中国是这样的国家吗？我们如何为1980年代的中国塑造一个总体形象？王一川将1980年代后期中国文学新潮中塑造出来的中国形象的特点概括为“奇异或新奇性”，他指出：“这些奇异的中国形象的出现，从审美上看，正是为了挽救中国形象创造上的审美想象力的颓势。当那唯一神圣、庄重、崇高或雅正的‘中国’，以一种‘元叙事’的姿态，在长期里有意识或无意识地支配并制造人们的审美想象力，而不给其它‘中国’形象留下想象空间时，就需要有一种特殊的强大的力量出来，为中国形象寻求新的转机。于是，我们看到了奇异的中国形象。奇异中国形象的出场，正是要更直接而迅速地打破正统中国形象的一统天下，为审美想象力的解放制造获胜的良机。”① 王一川所说的“奇异”是中国形象在形态上的特点，如果从正奇矛盾关系来看，这种“奇异”的中国形象正是冲破束缚的改革的中国形象。换言之，1980年代中国的总体特性是一个冲破各种束缚的改革的国家。在1980年代，不断突破禁区，造成轰动效应，是那个时代的文化特征，也是国家的总体特征。张旭东在回顾1980年代时对这种不断冲破束缚的特征进行过这样的描述：“在‘新时期’文化时尚的频繁更迭中，我们既忘我地追逐嬉戏在每一轮新潮的最前面，又时时陷入一种儿童式的忧郁和心不在焉，仿佛这一切不可救药地偏离了我们幻想深处的目标。这种体验的双重性使我们所经验的一切带上了

① 王一川：《中国形象诗学》，上海三联书店，1998，第457～458页。

一种寓言性，仿佛每一个瞬间在沉溺于自己的同时都在梦想着下一个时代，每一个词语在寻找指涉物的同时都暗恋着另一种语言。”① 这是1980年代年青学者的体验，也是那个时代冲破束缚的寓言。文化时尚的频繁更迭，正是束缚被不断突破的直观呈现。那个时代就是一个不断冲破束缚的时代，不管那种束缚是来自传统还是来自新的时尚。当然，这种冲破束缚的冲动存在着隐患。在1980年代，李泽厚就已提出“今天中国需要理性”的警告，他批评当时的争论中存在着非理性、情绪化现象，“这种貌似急进的高调的确容易投合好些年轻同志不满现实的急躁情绪。但是，在一片鼓噶声后，又会是什么呢？如果没有科学，没有理性，只剩下情绪性的原始吼叫，我看那是很危险的”。② 李先生的批评从反面印证了冲破束缚已成为1980年代的普遍社会心理，也印证了冲破束缚的确是1980年代中国的总体特性。

1980年代是一个复杂的历史时期，仅就那个时代社会上产生广泛影响的各种思潮来看，也可以发现不同的中国形象。比如，随着经济改革大幕的开启，中国人开始大胆地追求经济利益。为什么我们不说1980年代的中国是一个经济至上的国家？我们当然不否认1980年代的中国的确是一个以经济建设为中心的国家。但是，发展经济仍然只是1980年代中国的一个侧面，而不是总体的特征。换言之，发展经济只是经济领域中呈现的中国形象。比发展经济更具根本意义的还是冲破束缚，这种特性在各个领域都存在，是一种普遍的、总体的特性。如果我们要追溯这种冲破束缚特性的根源，那么非解放思想这个战略意义上的指导思想莫属。解放思想实际上鼓励了各个领域对陈旧、僵化教条的大胆突破，也可以说冲破束缚是这个国家的民众在不同领域中对解放思想的积极实践。解放思想是一种元叙事，而冲破束缚是其具体化呈现。在解放思想方针的引领下，1980年代的中国就成为一个不断冲破束缚的改革的国家（当时的说法是“突破禁区”）。研究口号的学者郑为汕在分析解放思想的口号时写道：“当一位历经沧桑，几经起落的老人发出‘解放思想’的呐喊后，在航途中徘徊了两年之久的共和国之船终于驶出雾障的地平线，解放思想冲开了通向未来时间隧道的大门，汹涌澎湃的改革大潮使中华民族焕发出了无限的生机与活力。”③ 这种对解放思想的历史作用的认定说明解放思想是改革时代的思想基石，也是

---

① 张旭东：《批评的踪迹》，三联书店，2003，第106页。

② 李泽厚：《走自己的路》，安徽文艺出版社，1994，第293页。

③ 郑为汕：《时代口号》，天津人民出版社，2000，第140页。

1980 年代中国各种冲破束缚的重大变革的根本动力，1980 年代的改革的中国形象正是在解放思想的基础上形成的。

总之，在 1980 年代，中国是一个充满理想的中国，一个亢奋而激情澎湃的中国。作为那个时代国家形象表征的不是各种官方宣传，而是这些以黄土地为背景、以红高粱为核心形象的视觉文本。红高粱在贫瘠的黄土地上顽强生长的生命本能正是中国走出“文革”阴影，走向新时代的国家形象的最恰当的表征。

三　暧昧的茉莉花：初富国家的文化表征

1980 年代以来的“突破禁区”运动为中国当代文化打开了一个潘多拉盒子。随后出现的是文化的多元化，呈现的是不同类型的文化生产的繁荣与混杂。在视觉文化领域中，影视作品的品类之繁杂，令人眼花缭乱。如果沿着红高粱形象所表征的冲破束缚的改革的中国形象这样的思考路径来分析 1990 年代以后的中国影像文本，那么茉莉花形象则是这个时代富庶与危机并存的初富时代中国形象的表征。

就像红高粱形象是 1980 年代以西北黄土高原为地理景观的一系列形象的总称一样，茉莉花也不是单个文本中的单一形象，而是南方（特别是江南）影像的总称。与红高粱形象相比，茉莉花形象至少有两种不同的类型：一是被主流话语征用的象征真善美的正面形象；二是在民间话语中作为危机和潜在异质力量象征的负面形象。但无论是哪一种类型，在视觉特性上都有着共同性。其一，色彩的清新淡雅、平淡和谐，与红高粱形象中大面积的色块冲击有明显差异。茉莉花形象以南方的地理景观为主，粉墙黛瓦、青山绿水的清雅色调成为视觉形象的基调。其二，构图的平衡、精致，不再像红高粱形象那样具有冲突与奇异。茉莉花形象的构图又回归到了平衡的、平视的常态化规则之中。其三，从影像叙事的方式而言，茉莉花形象的表达方式更加多样化。如《茉莉花开》中三个不同段落都以摇镜头方式从上到下地扫过照相馆的阳台来表示一个新的开始。对女性或匆忙或零乱或坚定或执拗的脚步的关注等，都说明视觉文本中观察（看）的角度更加多样化与复杂化了。

茉莉花形象所具有的这些南方特性已经明显失去了红高粱形象中的冲击力。如果说红高粱形象是男性的、阳刚的，那么茉莉花形象无疑是女性的、阴柔的。这种南方的、女性化的形象与国家形象建构有什么关系？它为什么会成为1990年代以来中国形象的表征？首先，茉莉花形象中精致淡雅的色彩、平衡的雅致的构图，以及多样化的流畅、纯熟的表达方式，都是与社会经济的发展密切相关的，它是一个初富时代人们的心理状态和精神面貌的表达。精致是富庶的象征，是追求经济利益的价值观在文化品位方面的直接体现。当然，这种精致又是以竞争或各种方式的较量为前提的。其次，在国家形象建构的话语系统中，1980年代的亢奋激情所欲描述的目标已经逐渐清晰。从1980年代的实现四个现代化到1990年代的实现中华民族的伟大复兴，再到随后更加具体化的建成小康社会，中国的国家建设目标越来越清晰，中国的国家特色也越来越明显。国家特色的形象化表达就是江南水乡的安逸、富庶、优美、精雅。《茉莉花开》中的上海没有展现其摩登的高楼大厦，而是聚焦在中式的小康之家的家居场景，并以之作为上海形象的表征。这种内敛的视角暗含着中国形象定位的变化，中国形象回归到中国自身的特性上，而不是以西方想象来塑造/改造中国。最后，茉莉花形象所代表的正是中国传统文化中世俗生活的理想境况，它成为国家安定团结的意识形态话语与普通民众追求个人幸福生活的一个交叉点或一种共识。国家所需要的稳定与民众所追求的安逸在茉莉花形象中形成了完美的耦合。这种耦合使得茉莉花形象不仅出现在个性化的叙事视觉文本中，还出现在香港回归仪式、奥运会开幕式那样的国家仪式之中（以歌曲的形式），这种跨媒介的互文性强化了茉莉花形象的国家形象意义。

然而茉莉花形象并非只有正面的美好的意义，它对富庶生活的表征中也隐藏着不安与危机。《茉莉花开》中，章子怡一人分饰的茉、莉、花三个角色就可以看作茉莉花形象暧昧性的象征。我们所看到的不仅有三代人不同的命运，还有视觉形象含义的暧昧性与复杂性。在故事中花与莉已没有血缘关系，她只是莉领养的孤儿，没有必要由同一个演员扮演。不管导演的意图如何，从视觉文化研究的角度来看，这种视觉形象的同一性表达的是意涵的复杂性与暧昧性。在文化语境中，埃及的“茉莉花革命”一度使这种娇俏的小花成了危险的象征；《茉莉花》歌曲的起源地之争也为其美好的形象抹上一层阴影。① 在中国当代的影像文本中，茉莉花形象也存在着异

① 自1997年在香港回归仪式上演奏了《茉莉花》之后，这首歌曲的起源地到底是江苏还是安徽就一直争论不断。争论的目的除了学术研究的求真意志外，还存在着地方文化软实力与经济利益的因素。相关报道见《好一朵茉莉花源自凤阳花鼓》，《安徽商报》2013年11月12日，第31版。

质性意涵。电影《茉莉花开》中的画面虽精致、优雅，却难免让人感到灰暗、压抑。这个缺少男主人的照相馆因女人之间的缠斗而变得更加诡异。那个一辈子守着自己的明星照片和茉莉花牌花露水生活的名叫茉的女人，成为一个异质的力量，主宰着这个空间。个体生命力的激情似乎被一种无法逃避的暗灰色调笼罩着，处于被压抑却又不安分的状态。三代女性各自唱的《茉莉花》也是意涵丰富的。茉的演唱因孕期的恶心反应而中断，舞台上的光鲜形象被这种生理反应损毁了；莉在婚礼上唱《茉莉花》被一群看热闹的孩子打断，她后来的命运也因一个领养的孩子而彻底改变。这两代人重复的是同样的故事：美好的外表隐含着难以察觉的危机。花作为第三代终于在遭遇类似的厄运后在合唱完整的《茉莉花》歌曲声中露出了灿烂的笑容。然而这个曾打算与负心的丈夫同归于尽的女子如何在一个初富时代单独抚养女儿仍然令人忧心，她的名存实亡的婚姻也是一个潜在的危机。因此，影片结尾处花的久久的笑容是一种对危机的美化。

茉莉花形象把初富社会/国家的那种安稳与危机并存的微妙状态生动地呈现出来。表面上是精致、优雅的，内在的矛盾与冲突却是激烈的。它可能是一种生命的激情、文化的动力，也可能是一种危机、一种反叛的力量，随时存在着失控的危险。就像电视剧《茉莉花》中的晴宇（陶虹饰）一样，外表美丽却工于心计，名为天下第一香的花茶却是引发各种血雨腥风的危险祸根。第四集中晴宇在薄雾中摇着小船哼唱《茉莉花》的画面也许最为完美地诠释了茉莉花形象的暧昧性。那个诗情画意的唯美画面却暗藏危机。

这种外表的光鲜亮丽与内在的危机四伏的矛盾状态，不正是初富社会/国家的普遍现象吗？或者说这种矛盾性、暧昧性不正是初富社会/国家的内在特征吗？1990 年代以来的中国正处在这样的矛盾状态之中。戴锦华在分析 1990 年代女性写作的文化状况时写道：“90 年代女性文化乃至整个中国文化的遭遇，都犹如置身于一处镜的城池之中。无数面光洁、魅人的镜像，彼此折射，相互映照，形成了众多的幻象，它混淆了可能的方向与方位，颠倒了墙与门，出路与阻断，每一处呼唤，都可能是一份诱惑，每一种可能都间或是一个陷阱。一如卡罗尔的小说《阿丽斯镜中奇遇》，在这处镜城之中，对目标的逼近，间或成为一次远离；自觉的反抗常成就着不自觉的陷落。”① 这种对 1990 年代文化状况的描述，正是一个光鲜的镜像下暗藏危

① 戴锦华：《涉渡之舟》，陕西人民教育出版社，2002，第 506 页。

机的国家面貌的生动写照，戴锦华至少说明了1990年代的文化中潜藏着各种矛盾，远不像表面上看到的那么美好。

问题是，戴锦华所描述的这种镜城幻象与初富社会或初富国家有什么必然联系？这种令人眩晕的镜城真的是初富社会/国家的症候吗？要回答这个问题的关键是如何理解初富社会或初富国家。在笔者看来，初富社会或初富国家远远不是一个经济学概念，它当然是以从贫困走向富裕这种经济发展的状况为基础的，但是，这种社会财富的增加所带来的社会文化问题也同时存在，看得见的繁荣遮掩着潜在的危机是初富社会/国家的总体特征，更能说明这个概念的内涵。首先，初富社会/国家是一个文化虚幻的社会/国家。社会财富的增加是以追求财富为价值取向导致的结果。然而，这种对财富的追求迅速动摇了历史传统中形成的对文化价值的信念。通俗地说，当人们把赚钱作为人生理想和目标的时候，人们反而不知道赚钱是为什么了。更为麻烦的是，如果人们不赚钱就更不知道应该干什么了。于是人们陷入追求不值得追求的目标却又无法不追求的矛盾与危机之中。欲望的对象成为不值得欲望的，欲望却又无法消弭，剩下的只有空洞的欲望。这种文化虚幻性的形象化表征就是在光鲜的外表之下的危机，所有公开的冠冕堂皇的形象都变得不可靠、不值得信任。就中国的具体状况看，中国的初富社会/国家是在十年“文革”乃至更长时间对文化传统的破坏之后的废墟上建立起来的，同时又是在全球化的体系中形成的，混杂的来自不同国家的文化对中国传统也带来冲击，但是冲击之后尚未在中国扎根。初富的中国处于一种文化的空隙之中。其次，初富社会/国家是价值失控的社会/国家。就社会的历时性变化而言，初富社会/国家虽然在经济上摆脱了贫困，却在文化心理上尚未改变贫困时代留下的阴影。不管把这个初富社会/国家称为转型时期也好，称为土豪社会/国家也好，总之，社会财富与其文化品位都是脱节的，审美标准都是混乱的甚至是颠倒的，道德观念也都是错乱的。说到底，初富社会/国家的文化代码出现了紊乱，社会的意义生产中缺少基本共识。文化传统中残存的共识只是空洞的能指，飘浮的能指。戏谑是怀疑的躯壳，任何一种崇高都被质疑、亵渎了。维系社会的被作为目标追求的财富也显得空洞而不真实。再次，初富社会/国家是美化危机的社会/国家。初富社会/国家的财富作为一个其合法性的强大理由，遮掩了潜在的危机与矛盾。在财富的光鲜外表之下，似乎所有的危机与矛盾都是微不足道的，都是为了获得财富（作为成功的标志）而必须付出的代价。在经济领域，不正当竞争缺乏监管；在政治领域，过渡膨胀的权力缺乏约束；在社会生活领域，诚信缺乏，公德缺失；在文化领域，低俗盛行，美丑不分。但所有这些问题在漂亮的经济增长数据面前似乎都不值一提了。总之，初富社会/国家是一种被美妙的幻觉遮掩的危机四伏的社会/国家。最后，初富社会/国家是一个脆弱的社会/国家。迅速积累起来的财富也随时可能得而复失，因为不可持续的发展是没有根基的，也没有出路的，没有优秀社会文化价值观念作为支撑的经济发展注定是脆弱的。民众的不安全感、社会的群体事件、媒体的轰动性热点都是这种脆弱性的具体表现。随着社会财富持续增加，初富社会/国家可能重新找到一种统一的社会价值、统一的社会理想，那时就是中国梦实现之时。

1990 年代以来中国影视作品中的茉莉花形象正是这种初富社会/国家的表征。清新雅致的外表下潜藏着不安分的异质力量，它的光鲜外表不可靠、不可信，潜在的危机才更真实。但是这种潜在的真实也只能潜隐着，有一种神奇的强大力量在支持着那个看上去很可疑的美丽外表。

视觉文本与国家形象之间的关系是复杂而微妙的，那些形象宣传片并不一定能真正建构起国家形象。从历史的角度来看，一个特定历史时期的国家形象是由那些个性化的文本在无意间被集体想象和国家形象话语系统捕捉之后共同塑造出来的。

专题五

图像晚清的视觉生产

近代图像印刷资本主义

——以《点石斋画报》插页画为中心的考察

唐宏峰[*]

摘要 《点石斋画报》插页画与其中的“卧游图”系列，长久以来一直被学界所忽视。本文以点石斋插页画为中心来考察晚清绘画与图像的机械复制和公共传播，分析照相石印技术带来的图像印刷的新特点与绘画形态的新变，指出新技术使得图像实现广泛传播，由此形成一种公共性的视觉空间与共同体感受。本文提出一种“图像印刷资本主义”，将图像纳入近代性印刷文化的研究中，思考机械复制和公共传播这两个近代印刷文化的根本特性对晚清绘画史和图像文化产生的意义。

关键词 印刷资本主义 《点石斋画报》 机械复制 再媒介 视觉性 公共空间

Abstract The editors of *Dianshizhai Pictorial* inserted one or two printed Chinese paintings into the journal every issue along with the regular news pictures. *Dianshizhai Pictorial* accumulated huge amount of inserted Chinese paintings, while scholars ignored these pictures for long. This essay makes a survey of these pictures and shows how the pictures, both fine and vernacular, were mechanical reproduced and publicly circulated in late Qing China.

---

* 唐宏峰，北京师范大学艺术与传媒学院副教授，2011～2012 年哈佛燕京学社访问学者，主要研究领域为视觉文化理论、近代中国视觉文化与文学思想、艺术理论与当代电影批评等。本文系国家社科基金艺术学项目“近代中国视觉文化研究”（10CC077）、中央高校基本科研业务费专项资金资助项目（SKZZX2013084）的阶段性成果。

This study also analyses what new characteristics photolithography brought to image printing and Chinese painting. The mechanical reproduction and public circulation of pictures suggested a pictorial print capitalism in late Qing China that helped cultivating a visual public space and community.

Key words print capitalism *Dianshizhai Pictorial* mechanical reproduction remediation visuality public space

中国美术史的研究向来以绘画为主，中国画以水、墨、颜料在纸或绢上敷展，形成或工或写的山水、花鸟与人物，美术史研究的主体对象为此，主要的研究方法是适用于解释此种媒材与形态的方法。从唐宋、元明至清，乃至近代，美术的主流对象与方法基本不变。但近代美术发展实有新的特殊性，即图像的机械复制蔚为大观，由于近代印刷技术的引入，绘画的复制与传播极为广泛，绘画之图像有了新的被普遍传播和接受的媒材与载体。所以对近代美术的研究，应该更加重视此种图像文化，它主要表现为种种印刷图像，如画报、单独复制出售的作品、画谱/画传/图咏、广告、文学插图等，注重考察图像的机械复制与公共传播，因为这是晚清以来中国美术与视觉文化中的重要内容。

如果我们将近代美术史研究与其他的历史、文化史、文学史研究相比较，就会看到美术史在这方面的薄弱。近代史学界对报刊文化高度重视，近代报刊研究早已是近代史（包括文学史、文化史）研究中的重头。新式机械印刷术及在此基础上形成的连续性报刊，构成了近代性（也称“现代性”）的基础，这是近代文化区别于古典文化的重要内容。“印刷资本主义”（print capitalism）正是近代文化的重要内容，学界对这一问题的研究甚夥，但文字之外的图像印刷则很少被纳入研究视野。事实上，美术史并未在这一范围之外，相反，图像并不逊于文字，也是近代印刷的重要内容。近代图像之机械印刷，并不限于画报、广告、民间美术、初级画谱等通俗图像领域，而是比此前任何一个依赖于木刻的朝代，都更大规模地进入了高级美术作品的领域。因此，笔者提出一种“图像印刷资本主义”（pictorial print capitalism）的概念，将图像纳入近代性印刷文化的研究，思考机械复制和公共传播这两个近代印刷文化的根本特性对晚清绘画史和图像文化产生的意义。

本文将以《点石斋画报》的插页画为中心来考察晚清绘画与图像的机

械复制和公共传播，分析照相石印技术带来的图像印刷的新特点与绘画形态的新变，指出新技术使得图像实现广泛传播，由此形成一种公共性的视觉空间与共同体感受。

一 《点石斋画报》插页画概况

晚清画报之兴盛建立在新式印刷术基础上，有了快捷、保真、批量复制的照相石印术，图画才能从一种具有难度的主要表达精神趣味的方式变为一种描摹转瞬即逝的现实的手段，并进入公众传播领域，这就是画与报的结合——画报。《点石斋画报》是晚清中国持续时间最长（1884～1898年）①、发行量最大、影响最广的新闻画报，这一观点为学界公认。实际上，不仅于此，《点石斋画报》还是晚清图像种类最丰富、具有高雅文化追求、带有美术杂志性质的画报，这一点则几乎无人关注。《点石斋画报》含有大量丰富的插页画，这些插送的图像以海派名家作品为主，照相石印术不仅使新闻成为图画有了可能，而且带来了高雅美术图像的批量复制与公共传播，这些插页画使《点石斋画报》具有了不可忽略的美术意义。在对晚清海派绘画的研究中，商业性是公认的特征，许多海派画家偏离了传统文人画家与市场的关系，成为熟谙市场趣味的以卖画为生的职业画家，晚清上海乃至江南的书画市场繁荣，对此研究甚夥，但很少有研究关注另一种图像市场，即印刷图像市场。机械复制带来的是公众传播，凭借照相石印技术，晚清上海和江南的图像市场达到了前所未有的规模，高雅美术图像开始成为大众文化的一部分。《点石斋画报》中的插页画正是晚清美术图像市场的一份重要档案。

虽然《点石斋画报》研究成果颇丰，但对其所包含的300余张插页画则很少有研究者关注，这主要是由材料搜检不易所致。现在普遍使用的《点石斋画报》版本是以1897年点石斋自己重新装订整理的版本为底本的。这份重订本符合《点石斋画报》体例设计者的预想，将每一期画报按照顺

① 关于《点石斋画报》的闭刊时间，学界尚存在很大争议，有1894年、1896年、1898年和1900年等不同说法。参见裴丹青《〈点石斋画报〉研究综述》，《河南图书馆学刊》2007年第2期；苏全有、岳晓杰《对〈点石斋画报〉研究的回顾与反思》，《重庆交通大学学报》（社会科学版）2011年第3期。本文以下“画报”“点石斋”如无特别说明，分别指《点石斋画报》和点石斋书局。

序连续装订起来，形成书籍样式。但这一重订本并非当年读者所收到的画报原貌，抽掉了每一期的封面和附赠的插页画、笔记、附录、广告等内容，而这些内容实际蕴含了丰富的信息。点石斋被减缩为一份时事画报，后世研究受蔽于此。事实上，《点石斋画报》从第6号起就经常在常规9幅新闻画后面刊发连载的笔记小说、戏曲、谜语等文学作品，如王韬的《漫游随录》。大致每期一则，配以比新闻画绘制得更为精细的插图一张，绘图文学作品的加入，使得《点石斋画报》具有了文学意义。同时，在此一册图画和文字之外，经常会有一至三张尺寸通常大于画报的插页画夹在当中，是点石斋附赠的另一种文化产品，读者能抽出它们，单独收藏。这些插页画主要是当时活跃在上海乃至江南一带的被后世称为海派画家群体所作的人物、花鸟、山水画，总计300余张。因此，人们基于重订本而得来的对《点石斋画报》基本面貌的印象，跟原始的真实面貌相比，实在是单薄得多。在新闻时事画的主体之外，《点石斋画报》通过长期稳定地提供小说附录和插页画，为自己增添了重要的文学意义和美术意义，有力提升了自己在文化产品层级上的位置。《点石斋画报》的这些文学与美术附赠品是其吸引力的重要来源，几乎每一期《申报》广告都必然提及插页画的具体信息包括作者介绍和内容，这说明该画报主人对此高度重视。这里笔者首先就所见的《点石斋画报》插页画情况做一简要描述。

1885年新年伊始，《点石斋画报》采取了新的营销手段。《申报》上的第30号画报出售广告称，新年万象更新故图画皆选“古时吉利事”，全部由吴友如作，同时“附送岁朝清供横屏一幅，系子详先生所绘，兹仍以洁白棉料纸印就墨花，以便诸君随意着色，装入画报之首，不加分文，末附淞隐漫录图说一则”。[①]点石斋书局石印书画事业的蓬勃发展，使得美查与彼时沪上及江南的画家与藏家形成越来越紧密的关系。美查邀请张熊为画报绘开篇的插页画，是很正确的选择，其人时年82岁，在沪上享有盛名，为海派画家巨擘，善花卉，风格富于装饰意味，与画报读者的审美惯习相吻合。此插页画印制精美（图1），尺寸是笔者所见插页画中最大的。画面呈现黑白“墨花”，等待读者“随意着色”，画面中的瓶插牡丹、盆栽水仙怪石、梅枝、佛手，符合传统的花果清供题材，寓意吉祥，且构图规整均衡，符合典型的市民趣味。在同一天《申报》上还有《分送画谱预告》：“苏杭

① 见《申报》1885年2月24日。

图 1　张熊《岁朝清供》，《点石斋画报》1885 年第 30 号

两省名画如林，兹先托任伯年、任阜长、沙山春、管劬安分绘工细人物花卉鸟兽，准于新正第二期即三十一号画报之首增入两图，不加分文，以后按号分送，亦不间×分之×奄有众长，联之亦可成合璧，将来集有成数装成册页，不独临摹家可用作画谱，即明窗净几展玩一通，亦雅人自深其致也。”① 此广告即为该画报长期赠送插页画之告白，表示从第 31 号起，该画报将开始赠送沪上名家画稿，但实际上，不知何故，此期画报并无插页，而在接下来的第 32 号画报上，读者就见到了两幅任熏所绘的罗汉图（图 2）。② 随后第 33 号画报继续赠送画谱两图，为任伯年的山水画（图 3）与沙馥的儿童人物画（图 4）。第 34 号继续任熏的罗汉图，还有管劬安的仕女图（图 5）。这一批插页画作品后来持续随该画报奉送。我们可以推测，美查在甲申年末开始筹划为该画报增添新的内容，约请了

图 2　任熏《释迦牟尼佛》，《点石斋画报》1885 年第 32 号

图 3　任伯年《茂陵风雨病相如》，《点石斋画报》1885 年第 33 号

① 《申报》1879 年 7 月 20 日。×表示无法识别的文字，以下同。

② 参见第 32 号画报出售广告：“不惜重资求得时下大名家如任阜长、任伯年、沙山春、管劬安诸公，分绘人物花卉翎毛山川诸画谱，笔墨奇奥迥异凡庸，从此次三十二号画报为始，先将任君阜长所绘罗汉印就两图装入画报之首，以后按号分送，绝不间断，可装册页，可作××，画报仍然九图亦不少，末附淞隐漫录图说一则，价洋照旧不加分文。”（《申报》1885 年 3 月 12 日）

图4 沙馥《平地一声雷》，《点石斋画报》1885年第33号

图5 管劬安《邯郸女子》，《点石斋画报》1885年第34号

一批沪上画家，积攒了一定数量的作品，在新一年定期放送。这一批作品包括任熏的罗汉图12张和动物画14张，任伯年的山水和人物画共12张，沙馥的童戏图8张，管劬安的仕女图6张，吴友如的陈圆圆像2张（图6）。[①] 发送体例大概是每一期两图（有没有的时候，也有一图的时候）。这批画作持续赠送了将近一整年。进入1886年，这些沪上画家作品似乎已经发送完。1887年未见插页画。这两年美查似乎断了供应源，或是在积累作品。到1888年，插页画继续出现，但数量不多，美查开始邀请画报自己的画师作插页美术作品，我们可以见到金蟾香的不少人物画，同时开始出现吴友如所做的系列平定太平天国功臣肖像画和战绩图。进入1889年，功臣战绩图更多，同时也可偶见金蟾香画作、徐详人物画（图7）。此外，徐家礼的"卧游图"系列开始连续地出现，成为该画报插页画的主体。1890年，赠送的几乎是徐家礼的"卧游图"。1891年，"卧游图"继续赠送，间有吴友如功臣像和胡璋、陶咏裳等海派画家的人物画（图8）。另外，此年《点石斋画报》重印《皇朝直省地舆全图》陆续放送。1892年，"卧游图"仍是主体，间以画报画师金蟾香、何元俊的人物画和海派画家顾旦的花鸟画（图9）。1893年，"卧游图"继续放送，点石斋画师何元俊、张志瀛、符艮心、金蟾香等人的作品大量出现，逐渐成为主体。1894年，点石斋画师作品继续放送，"卧游图"不再出现。1895年，仍然是点石斋画师的作品在继续放送，偶见钱越荪的人物画（图10）等。插页画的整体数量逐渐减少。1896年及以后的插页画作品，笔者几乎没见到过。

① 哈佛燕京图书馆存有一册《点石斋画报》别册，为这些图画的集合。

图6　吴友如《陈圆圆像》，《点石斋画报》1885 年第 57 号

图7　徐详人物画，《点石斋画报》1889 年第 177 号

图8　陶咏裳《一曲阳春谁得识》，《点石斋画报》1891 年 280 号

图9　顾旦花鸟画，《点石斋画报》1892 年第 290 号

图 10　钱越荪《弌径松风稳跨牛》，《点石斋画报》1895 年第 410 号

通过这样一个简单的描述，我们可以一窥《点石斋画报》原初的丰富性。在点石斋所提供的图像世界中，展现域外新物、新事和中国城市与乡村新闻异事的时事画自然是主体，也是《点石斋画报》成为一份备受学界重视的文化与历史材料的根由，但这方面遮盖了《点石斋画报》在晚清美术生产与传播中的意义。美查的经济头脑与市场意识，使《点石斋画报》成为一份集合了新闻、美术和文学的视觉文化产品。《点石斋画报》的广大读者定期收到尺寸不一、风格各样的白描山水人物之精美复制品，可以赏玩，可以装饰。其美术插页画的数量、种类与风格丰富驳杂，是晚清图像市场的重要组成部分。我们在此将《点石斋画报》看作晚清上海文化艺术综合场域的一个缩影，而非单纯的新闻时事画报，这才是《点石斋画报》的真正面貌，是《点石斋画报》提供给晚清国人的一个完整的视觉世界。

二 机械复制与公共传播

在《点石斋画报》插页画中出现的画家主要有张熊、任伯年、任熏、沙馥、管劬安、徐家礼、顾旦、何煜、胡璋、谈宝珊、陶咏裳、郦馥、沈镛、顾夔、钱越荪、陈春煦、吴友如、张志瀛、田子琳、何元俊、符节、金蟾香等。这些人均为彼时活跃在上海以及江浙地区的画家，其中，有人时已收获盛名。这些画以人物花鸟为主，主要表现历史人物、仕女、佛陀、花卉、翎毛、山水，传达传统的观念；画法主要为墨线白描，也有偏重用墨写意者，它们在题材内容与表现手法方面，基本符合普通市民趣味，体现典型的海派绘画风格。绘画在这里首先是一种令人愉悦的视觉装饰产品，是日常生活的补充；其次才是传统文人精神与画家内在自我的表达。其中，仍有艺术追求更高者如任伯年等，在此类专门为《点石斋画报》复制而创作的作品中表达较为深沉的含义。任伯年在光绪乙酉年正月二月间创作了12张白描册页，现存中国美术馆，这12张画全部被《点石斋画报》使用，成为插页画。这12张画的内容分别为：《欧阳子秋声赋意》，表现欧阳修《秋声赋》的意境；《茂陵风雨病相如》（图3），表现李商隐的诗意；山水小品《广成子仙阙》；历史人物《漂母舍饭》；历史人物《龙山落帽》；历史人物《韩信受辱》；山水小品《浣纱石》；山水小品《雨打梨花深闭门》；山水小品《西江竹楼》；山水小品《仿丁云鹏画意》；人物《焚香诰天》（此图任伯年同时期另画了一张更大尺寸的设色立轴）；山水小品《蜀主王衍词意》。这里主要是对古诗词秋景悲境的表现，历史人物故事的描绘，田园山水小品的临摹，而少有花鸟、动物和仕女题材，文人精神气氛浓厚，重装饰与寓意的市民趣味较弱，体现一种沉静厚重的视觉内涵。笔法基本是墨线白描，但笔墨之浓淡粗细润枯的变化丰富有致，线条流畅自如。

前述插页画画家大部分都为《点石斋画报》创作了系列作品。这些插页画则在在显示了画报与海派画家群体之间的密切的互动关系，其中很多人的作品都曾被点石斋书局（或称“点石斋石印书局”）单独印刷出售。在《申报》上，我们也可以时见点石斋求书求画的启事。[①] 点石斋插页画中数量最大的当属徐家礼的“卧游图”系列，在其第一图题跋中，有名为《山

① 如《点石斋访书启》，见《申报》1888年9月20日。

窗读画图》的序言，它为我们提供了点石斋与沪上绘画圈子之间交流互动的实在线索。

> 卧游图奚为而作哉？余友点石斋主人癖嗜书画，犹长于鉴别，尝以石印法印行各种画谱，莫不精妙入神。于是海内收藏家乐以其所得名人真迹或出诸行箧或寄自邮筒，六法二宗，互相讨论，长帧大卷，寸纸尺缣，几乎美不胜收。前后十余年间，得饱眼福者不下千数百本。约其家数，自元明以下得百数十家。主人评赏之余，爱不忍释，属余随时临摹。阅岁既多，遂成巨册，援宗少文语名之曰"卧游集胜"，仍付石印，以共同好。①

在徐家礼的叙述中，美查是中国书画的"赏鉴藏家"，与沪上画家和藏家有着充分的互动交游。点石斋高质量的图像印刷技术与较广范围的传播方式，对画家构成了巨大吸引力，有许多画家主动请求这个出版大鳄复制和传播他们的画作，并在《点石斋画报》上留下了宝贵的记录。这份文字为我们解释了《点石斋画报》之所以能持续提供插页画的原因。

在晚清，海派绘画与中国历代绘画的区别之一，就是海派绘画利用现代报刊实现广泛传播。《点石斋画报》插页画正是这一区别的有力证明。《点石斋画报》作为申报馆的附属产品，初期是随《申报》发售。《点石斋画报》的封二长时间标有"上海申报馆申昌书画室发售，外埠由卖《申报》处分售"。在画报创立之时，申报馆早已凭借强大的实力，成为近代中国的报业帝国，建立了全国性的新闻采集和发售网络。借此便利，《点石斋画报》自然也播散广发。在 1888～1889 年间，《点石斋画报》建立了自己的全国发售体系。《点石斋各省分庄售书告白》（午三，十七）称："机器印书创自本斋，日渐恢阔极盛于斯，历计十余年来自印代印书籍，凡称书房习用者，检点花名，应有尽有。兹于戊子己丑间各省皆设分庄，以便士商就近购取。"随后列举了各地的发售处，包括北京、浙江、湖南、广东、江西、贵州、广西、江苏、湖北、河南、四川、山东、陕西、甘肃、福建、山西、云南等 20 处。这意味着，主要由海派画家作品构成的画报插页画，被定时定量地传送至相当广泛的地区，甚至到达偏远的地区。传统的书画

① 徐家礼：《山窗读画图》"叙"，《石印卧游图集胜》，点石斋书局，1891。

市场和收藏体系并无公共展览与传播的制度，只有私人环境下的赏鉴，而即使是刻本印刷之画谱、画稿在书肆的流通，也无法与建立在定期定点广泛发售制度基础上的现代报刊的传播力度和广度相比。

吴友如的“功臣战绩图”系列（图11），让我们可以进一步思考图像公共传播的问题。1886年5月，吴友如接受了清廷邀请，为平定太平天国的功臣和战绩绘制稿本，在一年多的时间里，他顺利完成任务，绘制了12幅战争图和42幅肖像画。[①] 吴友如返回上海后，声名陡增，这促使其离开《点石斋画报》，另行创办《飞影阁画报》和《飞影阁画册》。吴友如的画稿是否被清廷使用，学界有不同的意见，[②] 但这批画稿立即被点石斋复制，成为画报的插页画系列，则是确定无疑的事实。紫光阁收藏的功臣战绩丝绸画少有人可以接近，而吴友如的石印图像则在1888年和1889年两年内随

图11　吴友如《赠太子太傅原任协办大学士四川总督一等轻车都尉骆文忠公》，《点石斋画报》1888年第168号

着画报的发行在全国范围内广泛传播。上述清廷的国家艺术项目以纪念为目的，这一目的最终在《点石斋画报》那里得到更有意义的实现（清廷显然默许点石斋对这批画稿进行复制），即以一种公共记忆方式来实现。这一系列画作的广告《战绩图石印告白》称：“自军务肃清以来迄今垂三十年，当时之谋臣勇士伟绩丰功，虽二三父老犹能追述，未若是图之详且实者。维是进御深宫非草野所能窥也，而铺张骏烈，亦盛世所许可也。谨以此稿

① Hongxing Zhang, *Wu Youru's "The Victory Over the Taiping": Painting and Censorship in 1886 China*, PhD dissertation, University of London, 1999.

② 张红星认为，吴友如的稿本并没有被宫廷画家庆宽使用：瓦格纳则认为，吴友如的作品得到了清廷的赏识。参见 Hongxing Zhang, *Wu Youru's "The Victory Over the Taiping": Painting and Censorship in 1886 China*, PhD dissertation, University of London, 1999；〔德〕鲁道夫·瓦格纳《进入全球想象图景：上海的〈点石斋画报〉》，《中国学术》第8辑，商务印书馆，2001，第93页。

付诸石印，自六月十六日起冠列画报，按期出书，俾薄海内咸知我国家武功之盛，震铄隆古，未始非润色鸿业之一端云。”①用“详且实”的图来巩固人们的记忆是国家此举的目的，但点石斋深知宫廷艺术的缺陷——“进御深宫非草野所能窥”，因此发挥自身复制传播的长处，使“海内咸知我国家武功之盛”。点石斋对自身事业的长处有着充分的自觉意识，它使神圣而神秘的宫廷艺术成为大众文化产品，将高层的纪念活动变为有着广大和普通受众的公共记忆。实际上，刊载时人肖像是《点石斋画报》的一贯传统，清廷重臣、将领以及外国总统、将军等都在《点石斋画报》上留下过身影。公共人物和公共事件以视觉形态得到广泛传播，印刷图像营造了一种公共的视觉空间。

吴友如将精心绘制的画稿交给《点石斋画报》复制印刷，同众多插页画的作者一样，他信赖点石斋的“精妙入神”的图像复制能力。照相石印通过照相而非刻工完成绘石，使其忠实于原作，对原作笔墨细节的表现更加精致和细腻。在点石斋 1885 年出版的画谱《点石斋丛画》的跋中，美查自信地声称：“观画之术，惟逼真而已，得真之全者绝也，得多者上也，循览斯谱，可谓逼真赏鉴之家。”② 这里可以看出，点石斋为自己的精确复制技术自豪，认为其做到了“逼真”的地步。图像复制要保真，同时真还是美查对图像再现本质的确认。他在《点石斋画报》序言中强调新闻画报的要义在于真，为达到真实则须放弃不重真实的中国画传统而采取西法。西法注重技术中介，“西法娴绘事者务使逼肖，且十九以药水照成，毫发之细层叠之多，不少缺漏，以镜显微能得远近深浅之致……故平视则模糊不可辨，窥以仪器如身入其境中”。这里显然在讨论摄影技术，美查有“技术化观视”（technologized visuality）的自觉，他的图像印刷帝国也确实采用了最新式的照相石印术。美查希望经过新技术而达到对对象的真实再现（复制）。若比较前述任伯年册页原稿和画报上的插页画，便可见后者对用笔的表现相当细致，笔触之润枯、快慢的差别清晰可见。照相石印术对毛笔线条特有的墨韵、笔法以及质感有更好的表现，较大可能地保留了毛笔线描的原貌，并对用墨的表现较为细腻，墨色渲染的形态也不呆板，这是传统刻印很难达到的水准。

但照相石印术并非真正的照相制版技术，它对可用于复制的图像有相

---

① 见《点石斋画报》第 168 号，1888。

② 《点石斋丛画序》，《点石斋丛画》，上海点石斋书局，1885。

当高的要求。照相石印技术并不能原样复制印刷所有的图像，比如，一般的照片、西方油画、设色中国画、依赖墨色丰富变化而造型的水墨画等就不能复制印刷，而只能复制以线描为主的水墨画或版画。正如傅兰雅所说："凡石板所能印之画图，不能用平常所照之像落于石面印之，须有浓墨画成之样，或木板铜板印出之稿，画之工全用大小点法，或粗细线法为之。"① 《点石斋画报》在招募画师的广告上请投稿者"以上白纸新鲜浓墨绘成画幅"，② 这同样是强调浓墨。照相复制是照相石印的第一个步骤，摄影技术本身可以翻拍各种图像，玻璃底版的形成没有技术上的问题，问题在于晒片之后的着墨过程只能根据曝光与非曝光来区别墨色与空白，而无法区分墨色深浅浓淡，即无法再现灰度色调。因此，照相石印术强调浓墨与线条，它的要求使其形成了一种特殊的石印风格。适于直接复制的中国画只能是墨线白描，对于水墨写意、晕染、积墨层次等各种用墨效果等则无法表现，当然也无法表现颜色。《点石斋画报》的第一张插页画是张熊的《岁朝清供》，它"以洁白棉料纸印就墨花，以便诸君随意着色"。这里，着色只能依靠手工，不过被广告宣称为优点，即允许读者自由着色。就墨色表现来说，如果对比原稿与石印品，我们可以看到两者的差异，这是一种媒介对另一种媒介的改变。1885年第43号插页画为任伯年《浣纱石》，对比原稿和插页画（图12-1和图12-2），尤其是几处细节，便可见石印品无法表现墨色的浓淡，特别是淡墨与浓墨叠合的层次，被平面化为一体。另一幅任伯年的《雨打梨花深闭门》也是如此。在真正的照相制版之前，图像印刷只能局限于此，点石斋的照相石印与传统的刻印在依赖白描画稿这方面是一致的。

任伯年在1885年创作的12张白描作品，全部成为《点石斋画报》的插页画。任伯年擅长白描笔法，但很少作真正的白描画，显然，这12幅作品是专门为《点石斋画板》作的，这正是本雅明所谓的"为了可复制性而设计出来的艺术"③。不同于明清时期专门为刻印图画提供白描粉本的民间画家与刻工，与点石斋有密切交往的海派画家都是能诗能文的高雅人士，他们的作品是被点石斋挂名出售的。他们为点石斋这一图像印刷帝国源源不断地提供自己的作品，采用墨线白描，避免晕染、着色和墨色变化，使

① 傅兰雅：《石印新法》，《格致汇编》1892年秋季卷。

② 《点石斋画报》（甲五，告白一）。

③ 〔德〕本雅明：《机械复制时代的艺术作品》，〔美〕汉娜·阿伦特主编《启迪：本雅明文选》，张旭东译，三联书店，2008，第240页。

作品经过照相石印的媒介而依然准确表现。白描艺术在晚清的兴盛和海派画家对白描技术的发展——如任熏和任伯年都创作过一些非常简约的带有速写意味的作品，钱慧安在晚年也越来越强调线描而忽略色彩——应该与照相石印这种新的复制技术和媒介有着一定关系。

图 12 - 1　吴友如《浣纱石》，纸本水墨，中国美术馆藏

图 12 - 2　吴友如《浣纱石》，《点石斋画报》1885 年第 43 号

另外，因照相石印术而发展的绘画技术还体现在点法的广泛应用上，正如前引傅兰雅介绍照相石印技术所说的“画之工全用大小点法，或粗细线法为之”。“大小点法”的使用广泛存在于画报当中，当画家无法表现晕染和墨色变化的时候，他们用细密的点组合起来，表现一种质感和纹理。大小粗细不同的点的搭配，表达一种不同于画面中的墨与白的特殊质感：既可以形成一种具体的特定空间（如图 13），也可以表现为衣服的质地和纹理（如前图 6），还可以创造性地成为造型的手段表现凸显明暗关系（如图 14）。可以说，此种点画技法，在照相石印技术之前，是基本不存在的。印刷媒介对近代绘画和视觉的影响并非外围的，而是触及核心的。

图 13　吴友如《红线》，《闺媛丛录》（卷一，三）

图 14　《英姿凤彩》，《点石斋画报》（元八，五十七）

三 视觉性与公共性："卧游图"系列

"为了可复制性而设计出来的艺术"这一点在前文所引的"卧游图"系列中体现得更为明显。《点石斋画报》插页画中数量最大、持续时间最长的是徐家礼的"卧游图"系列。前引其序言文字表明，美查与沪上画家、收藏家密切互动，可以获得大量古画鉴赏的机会，徐家礼因此专事临摹，作品石印于画报上。笔者所见"卧游图"系列总计142幅，根据题跋和款识判断，其中临摹画作有77幅，自创的有65幅。"卧游图"系列的尺寸基本是画报时事画的两倍，折叠放在画报当中，形式有条幅、横幅、扇面、册页、镜芯等，有时一张纸上印有两幅画面。这些画大多采用墨线勾勒、堆积、皴染，描画山石、树木的轮廓和纹理，勾勒村屋、小桥、樵夫，是典型的山水、田园题材。这些画数量可观，由于许多题跋文字清晰揭示临摹对象与其收藏脉络，因此是观察晚清古画存留状态的重要材料。学界尚无人处理这批材料，本文在此进行初步研究，提出一些值得进一步思考的问题。

徐家礼是晚清时期活跃于沪上文人圈的画家、戏曲家，《中国美术家人名辞典》介绍："徐家礼，字美若，号蔼园，浙江海宁人。善山水，上溯荆、关，下接二王。"① 徐家礼与申报馆和点石斋关系密切，除"卧游图"系列外，《点石斋画报》还刊载过他的"蔼园迷胜"系列，该系列是谜语类的通俗趣味文学作品。徐家礼的画作以山水为主，石印版"卧游图"系列可谓其最主要的贡献之一。"卧游图"系列中，几乎所有的画面有题跋和款识文字，内容主要包含3种：（1）描述画面风景；（2）介绍原画的作者、绘画特征、收藏流转脉络；（3）根据山水景色作的诗词。这些文字对我们考察徐家礼临摹的画作大有帮助，先以几图为例进行说明。

第184号《点石斋画报》载《山阴泛雪图》（图15），上面题款为："一夕刻溪雪，朝看失远村。扁舟乘兴来，可是王黄门。李营丘有山阴泛雪图，余所见则西庐老人临本也。美若并识。"钤印："美若。"《山阴泛雪图》是宋代画家李成所作，在清人张庚撰《图画精意识（附论画八法）》卷二中有所著录，② 现已不存。徐家礼临摹的是明末清初"四王"之首的王时敏的

① 俞剑华编《中国美术家人名辞典》，上海人民美术出版社，1996，第710页。

② （清）张庚：《图画精意识（附论画八法）》卷二，朱氏行素州堂版，1888。

临本，现也不存。王时敏在其《西庐画跋》中曾记述花费巨资购得李营丘《山阴泛雪图》。①

图 15　《山阴泛雪图》，《点石斋画报》1889 年第 184 号

第 316 号《点石斋画报》载《少峰图》（图 16），题款为："文待诏为吴中张进士作《少峰图》，大仅尺许，极幽深蓊郁之趣，逸品也。少峰即昆峰。张记略云：昆山一名玉峰，曰少何居。昆仑出玉，山名昆仑，昆仑玉名峰，故×玉峰视昆仑少玉峰，南北两峰，南峰差小于玉峰为少，因以为号焉。美若。"钤印："美若。"明代画家文征明为张情作《少峰图》，现已不存，而徐家礼此图证明在 19 世纪末该作品曾在上海出现过。美若的题款与《清河书画舫》中的著录一致。张情之孙张丑所著的《清河书画舫》第十二卷中记载，文征明《少峰图》后有张情撰《少峰记》和《少峰歌》，称"昆山一名玉峰，峰曰少何居"，"玉峰南北两峰，南峰差小于玉峰为少"。《清河书画舫》还记载张丑对此画的描述："右文太史赠大父《少峰图》一方，广仅尺许，而极幽深蓊郁之趣，足称清逸品也……"② 徐家礼临摹此画，题款则引《清河书画舫》中之句。画面为平远视角，两段构图，远山近树，近处茅屋中两人对酌，远山中藏古寺，意境清远。

图 16　《少峰图》，《点石斋画报》1892 年第 316 号

---

① （清）王时敏：《西庐画跋》，沈子丞编《历代论画名著汇编》，文物出版社，1982，第 287 页。

② （明）张丑著，徐德明点校《清河书画舫》卷十二，上海古籍出版社，2011，第 595～596 页。

第333号《点石斋画报》载《鸣凤山图》（图17），题跋曰："黄端木《鸣凤山图》，旧藏汪念翼家，为张征君所鉴赏。端木以孝名于世，画小道，宜为至行所掩，且亦雅自矜重，不苟酬世，故真迹流传绝少，吉光片羽，旬×宝贵。案鸣凤山在旧定边县西三十里，今属蒙化境，盖其寻亲时所而身历者。读归元公《黄孝子记》，而此画盖见物以人重。美若临并识。"钤印："美若。"黄端木，名向坚，清代著名画家，以孝行昭著天下。清人张庚著《国朝画征录》记载汪念翼收藏此图。徐家礼的题跋交代了临摹对象的来源。

图17 《鸣凤山图》，《点石斋画报》1893年第333号

第335号《点石斋画报》载《小晋溪庵图》（图18），题跋曰："小晋溪庵者，萧山任氏别业也。任子功尹为竹君先生哲嗣，尝客余家，出视其家藏小晋溪庵图册，作者戴文节，×枯×流凡十余家，清寄浓淡，备诸宗法，其间赵抝朩一帧纯用浑点墨，气××先推杰构。今阅二十年，其丘壑当能约略记忆。功尹近客闽中，因背摹赵作再怀之而记以诗。永兴山色望中收，中有三层宏景楼，千里故人×也未，乱江拟挂一帆游。美若。"钤印："美若。"徐家礼叙述，20年前任功尹在其家做客时，向其展示所藏清代画家戴熙的《小晋溪庵图册》，因此得以根据记忆背摹其中一帧。徐家礼还评点了此画的笔墨特征"纯用浑点墨"。徐家礼的临摹应该是忠实于原作，这幅画的笔墨风格不同于此系列中的其他图，画面中间的树和石不用线描轮廓，而是用干墨擦点，形成褶皱粗糙的纹理。《小晋溪庵图册》似不存。

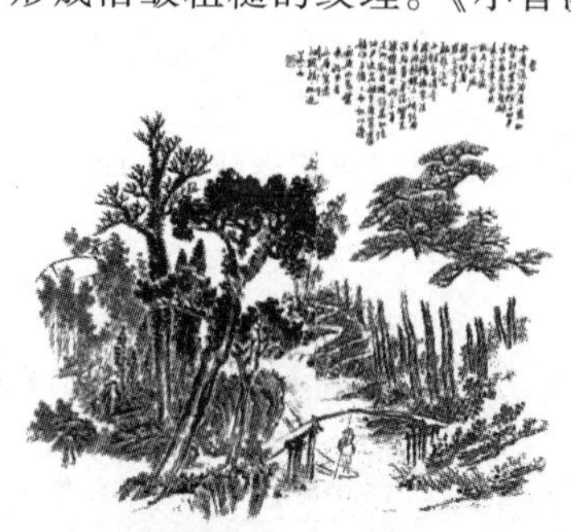

图18 《小晋溪庵图》，《点石斋画报》1893年第335号

以上几例代表了“卧游图”系列题款文字的基本内容，它们标明原作，介绍收藏，描摹风景对象，抒怀胸臆，为后人了解这些画的来源提供了宝贵的信息。“卧游图”系列以临摹古画为主，徐家礼称“元明以下得百数家”。根据笔者的查考，除以上几例外，徐家礼临摹的画家和画作还包括：唐代王维《箕山图》《峨眉雪霁图》（戴怀古临本），李思训《商山图》《若耶溪图》；宋代赵伯骕《寒坪积雪图》《鹦鹉洲图》，赵伯驹《滟滪图》，米有仁《大挑郛图》，李公麟《崆峒图》，赵千里《燕子楼图》；元代王蒙《投金濑图》《落雁峰图》，赵孟頫《石门图》《粟×图》；明代关思《嵩门待月图》，仇英《圯桥图》，宋旭《终南山图》，沈周《浣溪草堂图》，蓝瑛《广泉图》《白云寺图》，文嘉《松雪斋图》，蒋嵩《赤壁图》，钱榖《香水溪图》，黄小痴《悉檀图》，华喦《雪堂图》，王宠《濂溪图》；清代朱昂之《鸳鸯湖图》，方熏《露筋祠图》《皱云石图》，邹喆《采石矶》，王翚《浮盖山图》《天台山图》《阳关图》《黄陵庙图》，冯仙湜《曲院荷风图》《鉴东山图》，刘公基《瑞石飞露图》，汤右曾《东林抱秀》，宋骏业《监江桥图》，张奇《×矶图》《曲靖温泉图》，顾南原《剑阁图》，金俊《巫峡图》，张玉川《老人峰图》，陆日为《东龙山图》，罗烜《龙泉双月图》，钱大年《虎头石图》，上官周《异龙湖图》，沈永年《×湖图》，张鹏翀《清秘阁图》，顾昉《邓尉探梅图》，吴颖《麻姑仙坛图》，笪重光《桃叶渡图》，钱书樵《鉴湖图》，朱寻源《钱塘江潮图》，顾春甫《莫愁湖图》，项昌庵《玉笥山图》。另有少量未查明信息者的作品。

“卧游图”系列的临摹对象广泛，包括唐宋元明清诸代画作，明清时的数量最多，清代初中期的画家尤夥。这些画作很多如今已不存世，但它们都曾在19世纪的最后两个十年中出现在上海的文人交互中。徐家礼为今人提供了一份宝贵的记录，有助于我们了解晚清上海的古画存留、收藏与流传的状况，与各种书画著录相比，“卧游图”系列更可以让人一睹画作面貌。

值得注意的是，这种交互的实现，是由一种新兴的技术与资本力量——印刷资本主义所凝聚的，现代报刊的机械复制与公共传播将文人、画家、收藏家和报人聚合起来，以报刊为中心形成新的文化群体，并将这种交互体现为新式的综合性文化刊物。照相石印技术使得图像印刷更为准确和快速，但问题是，对这些古画，为何不直接复制？在“卧游图”系列开始刊发的1889年，点石斋早已复制出售了大量的古人名画，为何需要徐家礼来临摹之后再付印？显然，这里考虑的是媒介限制的问题，美查需要徐家礼先把古画转化为白描本，并以墨线为主，较少积墨和渲染，然后才可照相石印（点石斋直接复制的古人名画是适合用此种技术复制的画作，极大部分古人名画受此技术限制是不能复制限制的）。这些画作就是纯粹为了复制的艺术，徐家礼显然了解石印媒介的特性，“卧游图”系列自然是山水画，画山水而主靠墨线，因此重点表现山石、树木，用各种线描和皴法来凸显山石、树木的纹理与形状。面貌不一的各种古画，为了复制而被重新制成统一的制式与风格，在新的媒介中以另一种面貌呈现。这是一种再媒介化（remediation）的过程，即一种媒介在另一种媒介中的再现与转化。① 这种再媒介性已经成为点石斋画家的一种自觉意识，他们意识到图画在照相石印技术中的表现，并适应这种表现。在再媒介化的过程中，丧失的/增添的是什么？徐家礼、吴友如等点石斋画家的画作从开笔起就是为了照相石印，为了在另一种媒介中呈现。原作在这里并不重要，复制品成为目的，这是真正的“灵韵”（aura）的消失。“原真性”的概念本身消失了。是否可以说这是一种新的图像形态的出现，即印刷品就是原形态？当点石斋招募画稿，强调画家用“新鲜浓墨”“尽行画足”，也就印证本雅明所说的那种转变：“被复制的艺术作品变成了为可复制性而设计出来的艺术。”②

在“卧游图”系列之后，《点石斋画报》的插页画主要由点石斋画师来提供，在时事画之外，张志瀛、金蟾香等人换上另一副笔墨，虽然依旧依靠墨线和工笔，但粗细更自由，留白更多，适于在新媒介中表现，同时也为点石斋的读者们提供一个比时事画更传统精雅的视觉世界。我们强调《点石斋画报》图像世界的丰富性，这种丰富性的根本就在于图像世界是一种复杂、多样、丰富、平衡的视觉空间。而这种视觉空间，因其作为一份定期发行出售、广泛传播的图画刊物而具有了强烈的公共性，点石斋的图像世界可谓晚清中国视觉公共空间的重要样本。这种公共性首先来自时事画这一主体内容。新闻时事作为公共事件，在此以图像的形式为晚清时人提供一种关于社会的认知，描画出一幅动荡杂糅的世界图景，但笔者通过本文的描述想要证明的是，不仅于此，比时事画更高雅和传统的上层美术

① Jay David Bolter and Richard Grusin, *Remediation: Understanding New Media*, Cambridge: MIT Press, 1999, p. 45.

② 〔德〕本雅明：《机械复制时代的艺术作品》，〔美〕汉娜·阿伦特主编《启迪：本雅明文选》，张旭东译，第240页。

图像也参与到了这种公共视觉空间的建构中。点石斋的插页画以线描的田园山水、历史人物、闺阁仕女、花鸟翎毛，与时事画的中法战争、洋场新物、乡野怪胎、妓女花边等内容并置在一起。正是在一种综合文化产品的背景下，我们才会看到点石斋提供给晚清国人的完整的视觉世界，才可理解它在表现域外新知新物、乡野奇闻与家国时事时所做的调和——传统的颇具装饰性的线描图画，与杂糅了不准确的透视空间关系、新鲜未知器物的再现、充满动感与叙事性的不稳定的场面等内容的时事画一起，为画报的读者们展现一个一面破碎一面仍完整、一面动荡一面稳定的外在世界，即其身处的环境。

“卧游图”系列全为山水画，正是这一视觉公共空间中最稳定、最传统的部分，不过，在这里我们仍然可以感受到与具体时代环境相适合的氛围和信息。仔细观察“卧游图”系列的内容便可知，在高山流水、竹木山石的传统题材之外，徐家礼格外注重具体的地理信息，其山水画追求写实，处处与真实的地理风景相对照，这在其题跋文字中便可见出。其画作上的题跋，叙述地理信息与风光状貌，可作一篇山水游记小文来读。比如，“异龙湖，×江之支派也。其源自石屏州西四十里，流经宝秀山塘又东南而×州境。湖广百五十里，九曲三岛，素号名区。东岛近小水城，其在大水城者为西岛。上有海潮寺，水由东西岛汇，循南岛而东趋×江。濒湖居民以栽藕为业，红白闲开，烂灼数百亩。风来水面，月上峰巅……”文字的主要内容就是对异龙湖的地理信息进行了细致介绍，而非传统的景状描摹和诗词抒怀。在“卧游图”系列中的非临摹的画作中，这种追求更为明显。中国主流山水画偏重于精雅的意境塑造与文人精神的传达，与此传统山水画精神相比，笔者认为，“卧游图”系列所呈现的图像则意在指向一个外在的真实的地理空间。前引《山窗读画图》序言在叙述“卧游图”系列缘起之后，徐家礼称：“余于山水一道略解皴染，未窥涯涘，葫芦依画，瑟柱徒胶，阅者但玩其景之真，不必问其笔之工拙焉。”[①] 这种对“真”的自觉追求，实在鲜见，他把“景之真”看作比笔墨更高的价值标准。

“卧游图”系列中的地理风景包括了浙江的雁荡山、浮盖山、天台山、钱塘江、杭州西湖、绍兴鉴湖，贵州的白云山，江西的鸳鸯湖，南京的孙楚酒楼，山东箕山，安徽采石矶，河南嵩山，四川峨眉山，云南异龙湖等，

① 徐家礼：《山窗读画图》，《石印卧游集胜》，点石斋书局，1891。

这些风景以图像和文字叠加的形式定期传送至画报读者目前，确实不虚“卧游”之名。徐家礼对临摹对象显然是有选择的，在山水画中更侧重写实一派，注重山石树木的构型，物象丰富、构图完满，而少有空灵、淡远的写意之作。美查对这一项目的最初设想中有两个目标：一是对古画进行复制、传播，二是对自然地理空间进行呈现。后者是点石斋持续的兴趣。按照安德森（Benedict Anderson）在现代民族国家研究领域所持的观点，地理名称的累积，有助于一种“同时性”和“共同体”感觉的生成。图像所提供的景致与文字所提供的信息，在读者那里召唤一种时空共有、分享、同处的民族情感。与时事画所提供的变动不居的社会空间相比，“卧游图”系列中的山水空间稳定而少变化，以一种自然属性为读者提供一种稳固的归属感。

“卧游图”系列作为新闻画报的附赠产品，围绕在其周围的图像语境势必会影响它意义的表达。如果我们说时事画构成了一种社会空间，那么“卧游图”所呈现的是自然空间，这种自然空间最终被吸纳进社会景致中。要理解这一点，可以看画报的另一份插页产品《皇朝直省地舆全图》（图19）。在“卧游图”系列持续放送的1891年至1892年，《点石斋画报》陆

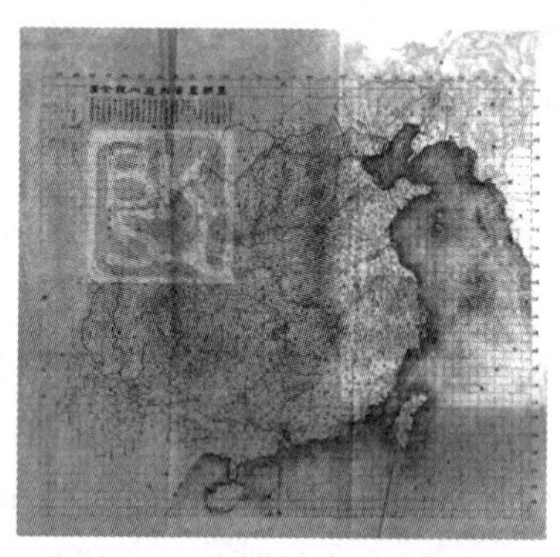

图19　《皇朝直省府厅州县全图》，《点石斋画报》1891年第261号

续刊发了一套印制十分精美的中国地图。美查还为这套地图提供了封面、目录和后记，该后记称，开朝以来领土范围前所未有，“是地必有图”，然而“藏诸内府”普通人看不到，这次连载的题图是重印已经绝版的多年前由湖北出版的一套地图。[①] 根据瓦格纳的研究，这套地图出版于1863年，

① 美查：《皇朝直省地舆全图书后》，《点石斋画报》第290号，1892。

由胡林冀等人制作，通常被认为是现代中国地图的开始之作。《点石斋画报》重印此地图并随画报广泛发行，并根据新的清朝版图变化对地图做更新修正。[①] 这套地图是在西方地理科学标准下绘制的近代中国地图，我们需要把它与“卧游图”系列联系起来看，这种联系并非一种生硬而纯粹的嫁接，而是一种互为语境的内涵与意义自释的关联。《点石斋画报》杂糅、并置各种图像，它们之间并无逻辑与意义上的实在联系，但在一种时空一致的族群共同体感受中获得相关性。如前所述，“卧游图”系列中的山水有一种外在的指向，当它们与地图这一种抽象而又指涉外部地理空间的文化符号并置在一起时，便更能呈现具体的实景，填充着后来名为“民族国家”的地理空间。地图与山水画，前者抽象，后者具体，两个结合在一起，便给人一种相互补充的新奇意义感受。《点石斋画报》以综合图像的方式，将抽象的地图具象化为一处一处风景、一座一座城市、一片一片乡村，指向一个“世俗的、水平的、横向的”共同体——晚清中国，在这个共同体中人们分享着矛盾与危机、振奋与激情、希冀与向往。

① 关于这套地图的具体情况，参见〔德〕鲁道夫·G. 瓦格纳《进入全球想象图景：上海的点石斋画报》，《中国学术》第 8 辑，商务印书馆，2001，第 93 页。

视觉、想象与现代中国的体验
——《点石斋画报》与中国的现代想象

詹悦兰*

摘要 晚清《点石斋画报》在绘画构图和技巧上融通古今中外，赋予新闻画报以独特的视角和空间展现，为近代中国民众构建了一个视觉的新空间和一个现代的公共空间，这深深影响着现代中国的发展。现代公共空间首先是现代个体感知和体验的公共空间，即视觉与想象的共同体空间。《点石斋画报》一方面以图画说新闻，以视觉猎奇，使民众日益参与到现代生活世界中来，拓展其视野和生活空间，形成一种近代中国民众放眼世界与想象未来中国的独特的现代体验；另一方面它在很大程度上逐渐形成了公众的视觉和体验的共同体，构建起近代国人对现代中国最初的印象和想象，推动了中国现代化的历程。

关键词 透视法 视觉 公共空间 想象 现代体验

Abstract *The Dianshizhai Pictorial* in the late Qing Dynasty integrated the traditional Chinese and modern western ways of picture-composition and artistic techniques, and gave newspaper pictorials particular perspectives and space of artistic expression. The pictorial constructed a new visual space and a modern public space for the Chinese people at that time, and it has exerted a far-reaching influence on the development of modern China. The formation of modern public space based on individual perception and experience. It be-

---

* 詹悦兰，南京大学文学院博士生，南京三江学院文学与新闻传播学院讲师，研究方向为文学理论、西方美学。

gan with the formation of the community of modern individuals' vision and imagination. On the one hand, *The Dianshizhai Pictorial* carried news by pictures, sought novelty with visual sense, and as a result, it involved a growing number of Chinese people into the modern world. It greatly expanded the horizon and living space of the public, opened the Chinese people's eyes for global visions, and developed their power of imagination of the future China, all of which made up the Chinese people's unique experience of the modern world. And on the other hand, to a great extent, the pictorial prompted the formation of the community of people's visual sense and their individual experience, which established the modern Chinese people's initial impression and imagination of modern China, and which pushed forward the course of China's modernization.

Key words perspective visual sense public space imagination the modern experience

一 透视法与民众的观看

1884年，申报馆《点石斋画报》的问世迎来了满堂喝彩，民众对这份画报既熟悉又新奇。以绘画或其他具象的形式说故事和展现特定的场景在中国有着悠久的历史，如汉唐画像石、民间年画、小说插图、绣像等，这一形式绵延在中国文化的脉络中，经久不衰。而以画为报对于当时的国人而言实数新鲜。一方面，在图与文的关系中，我们有着重文轻图的传统，诸如“左图右史”就是典型；另一方面，日益流行的《申报》也逐渐使当时文化阶层养成了以文字为重、以图片为辅的对新闻、趣事的阅读习惯。《点石斋画报》以画为主，以文字为辅，颠覆了传统的图文关系，也改变了民众看新闻的方式。

以画为报、以图画说新闻的方式给人一种怎样的读报感受？画报的绘画又有何特别之处？这得从新闻画报对写实的必然要求和对真实感的艺术表现方式入手来谈。绘画艺术中传达的真实感是多样的，有身临其境的真实感，有细节逼真的真实感，有超然意境般的真实感，等等。新闻画报给读者所营造的世界显然更偏重于前两者，或者说“据实而作”奠定了新闻画报的风格基础。

和其他写实绘画一样，《点石斋画报》的写实离不开透视法（即“焦点透视法”，下同）的应用。绘画要写实，要给人带来空间的真实感，这就要求在平面上表现三维立体空间，透视构图法便应运而生。《点石斋画报》的画师也巧妙运用了各种透视法在平面的画纸上给读者展示一个个如临其境的“真实”空间。比如，在《秋录大典》（图1）和《银行倒闭》（图2）两幅画中，我们能非常明显地看出画师对焦点透视法的尝试。读者的视线可以在画面上延展出一个视线的灭点，画面所展现的空间在读者面前展开，犹如真实场景一般。我们知道，焦点透视法盛行于西洋，而对于上海这个中国近代著名的“洋场”而言，由英国人美查主办的这份画报引进西洋画法并不奇怪。但如果深究，便会发现这并非简单地引进了西洋画法就能解释的。

图1　《秋录大典》

图2　《银行倒闭》

我们面临着两个问题。第一，中国古代传统的绘画如何运用透视法？第二，焦点透视法完全是舶来品吗？

有一点非常明确，西洋绘画中的焦点透视法与中国传统绘画方式并不突出。学界对此有一个共识性的解释，即在中国传统绘画中追求意境占据主流，而不刻意写实，这是造成中西传统绘画对于透视法的认识和运用有所差异的一个非常重要的原因。但我们必须清醒地认识到，这并不等于焦点透视法在中国传统绘画中从未存在过。事实上，我们在汉画像石中就已经发现焦点透视法。根据信立祥的研究，在山东省境内出土的汉画像石中已有用类似西洋焦点透视法作的画像石存在，如山东出土的宴饮画像石（图3）和山东费县潘家疃画像石墓中出土的楼阁画像石（图4）。信立祥指出："让我们惊奇的是，在汉画像石从产生到消亡的短短二百多年时间里，其透视构图法竟取得了如此巨大的进步，这是在任何其他时代都无法看到的现象。当然，这一进步，是由汉画像石、汉画像砖、汉墓壁画和帛画在各自的发展中共同取得的，但汉画像石在其中无疑起了重要作用，特别是焦点透视构图法，目前只在山东地区的汉画像石中有所发现，应是汉画像石独自取得的一大进步。遗憾的是，这种能够把握图像统一视觉空间的更为科学的焦点透视法，并没有被后世的中国美术所继承，以致到近代，中国美术界不得不重新从欧洲艺术界学习和引进这种科学的透视构图方法。"①同样，我们也能在汉画像石中看到焦点透视法之所以没能得到充分发展的

图3 山东出土的宴饮画像石

图4 山东费县潘家疃画像石墓中出土的楼阁画像石

① 信立祥：《汉代画像石综合研究》，文物出版社，2000，第54～56页。

一个原因。图5的汉画像石摹本在给我们展示焦点透视法的同时，也透露了一个重要的信息：一个让人一目了然的观感，即通过人物的大小显示人物的主次关系。在清晰的透视法和明显的比例失衡这两种画法的杂糅中，观者可以品味出其中微妙的内涵。正如巫鸿先生在研究汉代艺术中天堂图像和天堂观念时所发现的那样，这是“‘视觉焦点’（visual focus）的建立和对主次形象的构图安排”。① 相对于美而言，汉画像石更侧重于引导观者注意其通过具象和构图所传达的信息。人物的主次关系，对中心人物的表现，众人的簇拥和膜拜，才是画像石构图表意的初衷。考虑到汉画像石在祭祀等礼仪文化中的作用，这一点也就不难理解了。可以说，汉画像石在墓葬、祭祀礼仪中的作用使得当时的工匠在探索包括透视法在内的各种构图法时，必然以礼仪用途和目的为宗旨。因此，焦点透视法只是其中的一种尝试而已。一方面，在祭祀和墓葬礼仪中，在其实用性上，焦点透视法可能还不如直接以形象大小来表现人物主次关系的画法；另一方面，在展现盛大、恢弘的场景中，焦点透视法显然也不如多点透视法来得更得心应手。

图5　山东诸城前凉台孙琮墓中出土的谒见画像石摹本

这给了我们一个很大的启示，工匠或艺术家在构图法上一定是选择最合适的技法。我国传统的山水画重意境，邀约观者入画神游，或以绵延的山间松柏为径，或以若隐若现的峰峦为途，或以潺潺流水引导思绪，进入超然尘世的自然神境，显然焦点透视法不适用；写实的唐宋人物风俗画轴卷以广阔的空间展现社会生活场景和人物百态，焦点透视法也不适用，如《清明上河图》，显然不是以一定时间和一定空间的单向焦点透视法所能驾驭的；而在计白当黑的传统画境中，就更找不到焦点透视法使用的空间了。

---

① 巫鸿：《礼仪中的美术：巫鸿中国古代美术史文编》，郑岩等译，三联书店，2005，第256页。

关于此问题，此处不赘述。我们在此所要关注的是，到了《点石斋画报》这里，焦点透视法缘何变得重要而常见起来？或者换一种说法，焦点透视法为何在这份画报中变得合适、适用了？

《点石斋画报》面向社会公众发行，为民众提供了一种观看新闻、拓展视野的新途径。其画报的形式甚至为它迎来了比《申报》更广大的读者群体。这种观看的方式必然要求一种清晰、生动、主题鲜明的绘画技巧和绘画风格。陈平原在对《点石斋画报》的导读中将此画报的题材分为战争风云、中外交涉、船坚炮利、声光电化、舟车便利、飞行想象、仁医济世、新旧学堂、折狱断案、租界印象、华洋杂处、文化娱乐、西洋奇闻、东瀛风情、海外游历15大类，由此足见这份画报内容之丰富、题材之广泛。虽然画报要表现的内容多样，但我们可以发现，画报的构图和画法有一个共性，那就是满足一种近距离观看的要求，或者说读者近观画报的阅读方式决定了画师的运笔，也决定了图画的基本风格。

焦点透视法所建构的画面空间为阅读画报的读者带来了画面构图的逼真感，而这种逼真的场景再现直接撼动观者之心。视觉灭点引导着读者的视线展开，形成广阔的三维空间视野。比如，在《银行倒闭》这幅画中，透视的短缩法所带来的建筑物逐渐后退、变小的视觉效果，以及画面右侧电线杆所支撑起的一束电线从疏到密、从宽到窄的这种凌厉、鲜明的透视观感，把观者深深吸引到这个场景中来。在这样的一个画面空间中，高耸坚挺、井然排列在道路两侧和道路尽头的建筑物，与软弱无力且混乱拥堵的人群形成了鲜明的对比。同时，描绘建筑物所用的墨色清晰、分明的重笔调和描绘人群所用的弯曲、绵软的柔笔调，也形成了鲜明的对比。冰冷的市场、无奈而无助的人群在这样的构图中栩栩如生。当读者的目光停留在这张画报上的时候，所看到的不仅是银行倒闭的场景，还有内心的一种现实体验。这便是新闻画报的力量。

同时我们也必须清楚地认识到，深受欢迎的《点石斋画报》的构图法绝不仅仅限于焦点透视法，而是多种构图法的灵活运用。在《万寿盛典》（图6）这样的画作中，读者可以看到画师对传统宫廷版画风格的继承。传统宫廷版画的画面布局和绘画风格对《点石斋画报》中这类大典类题材画作影响很大，这种画面布局和风格在处理大场面、复杂场景、众多人物等方面有非常多的经验可以借鉴，其构图之巧妙有别于焦点透视法。画师要在有限的绘画平面上展现盛大场景，必然选用最合适的构图法。而画师在

《杀狐取祸》（图7）中对远处建筑、远山等景观的描绘，则让人想到了中国古代画论中的“三远”之一的“平远”。[①] 画面的空间层次感和由近及远的景致得到了充分的展现。仔细翻看，我们会发现，在这份画报中，用传统透视法来表现景物和环境的并不少见。

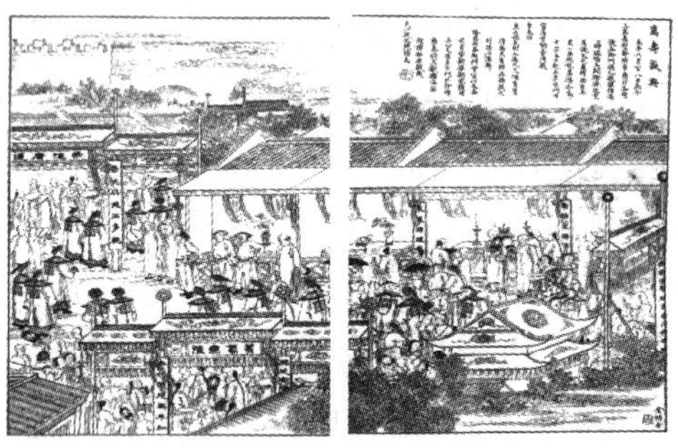

图6 《万寿盛典》

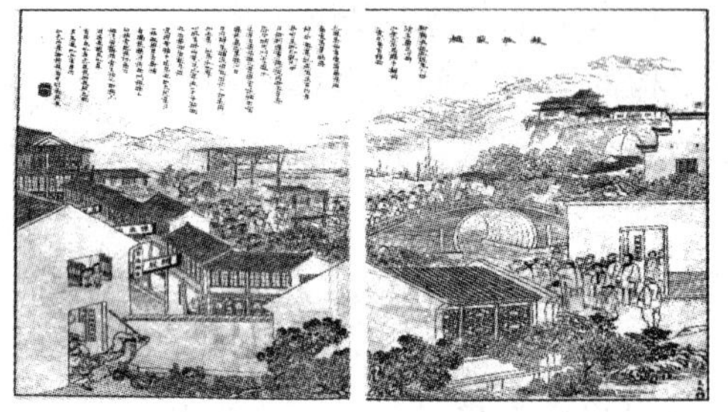

图7 《杀狐取祸》

除了构图法外，在绘画写实技巧上，读者还可以看到《点石斋画报》对中西艺术传统的融合。比如，在《曾袭侯像》（图8）和《魑魅喜人》（图9）两幅画中，传统绣像画的影响力可见一斑，画师沿袭了当时流行于绣像小说中的绣像画对人物的艺术表现手法，使人物和画面中传统的庭院景致和内景摆设搭配得天衣无缝。这样的人物画法自然区别于西洋画法，具有鲜明的本土化特征。而在有些画作中，西洋绘画技法的运用则十分明显。比如，《轮船搁浅》（图10）和《法犯马江》（图11）这两幅画中，光

① 宋代郭熙在其画论《林泉高至》中指出：“山有三远。自山下而仰山巅，谓之高远；自山前而窥山后，谓之深远。自近山而望远山，谓之平远。高远之色清明，深远之色重晦。平远之色，有明有晦。高远之势突兀，深远之意重叠，平远之意冲融而缥缥渺渺。其人物之在三远也，高远者明了，深远者细碎，平远者冲淡……”沈子丞编《历代论画名著汇编》，文物出版社，1982，第71页。

影、线条、用笔显然是受到了西方画法的影响。可见，在清末，画师对西画技法的借鉴已经十分熟练，且已突破了之前宫廷画对其的限制，逐渐使之在民间普及。用简约、清晰而生动的线条和阴影描绘出行驶在海面上的外国军舰和舰队，这对于当时的观者大众而言，实为震撼。博采众长的画师总能灵活运用一种最适合的方式来作画。

图 8 《曾袭侯像》

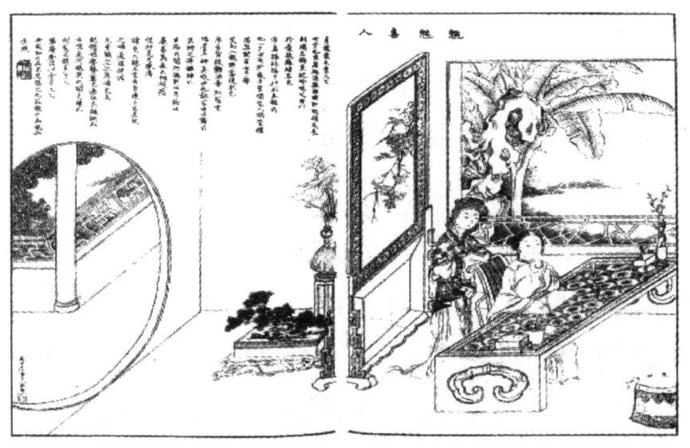

图 9 《魑魅喜人》

图 10 《轮船搁浅》

图11 《法犯马江》

其实《点石斋画报》本身就是一种奇妙的融合，英国老板美查和中国画师吴友如等这样的中西组合，使这份黑白色的石印画报呈现绚烂的色彩。美查通过办《申报》积累的经验和财富为《点石斋画报》的诞生以及日后的发展奠定了基础，这位极具文化兼容意识的实业家和文化传播者，非常清楚在那时的上海如何才能办好这一份对于中国人来说是全新的媒体。掌握多种传统中国绘画、版画等技法的中国画师，更明白如何才能让手中的画笔描绘出适合当时中国民众的新闻画报；在接受西洋画法的同时，他们也很善于拿捏火候，适时、适度、适景地使西洋画法与中国读者的观看视野相融合而不显突兀。

可以说，新闻画报生动、写实的要求及其全新的阅读模式决定了画师笔下的透视等构图法和其他绘画技法的运用。在该画报中，无论是时事题材的事实性、大政题材的庄严性、民生题材的亲民性，还是域外奇谈的趣味性，都以一种恰到好处的图画方式传达给观者。新闻报纸，对清末各阶层人士而言已是新鲜事，而通过图画看新闻更是新鲜。逐渐的，观看图画成为了解世界的一种重要方式。鲁道夫·G. 瓦格纳（Rudolf G. Wagner）指出："清朝军方的奏报在旧的信息流通结构依然存在的状况下，需要花上几个月才能判断地方官或将领的报告的真伪。现在，奇妙的是，朝廷自己也成了读者群中的一分子，只能够（而且的确）在《申报》和其他中西文报刊中读到局势的进展。"① 晚清，报纸成了官方与民间重要而及时的信息源头，在很大程度上改变了人们认知的方式。英国人美查将西方的现代媒体模式引进中国，并且在这片古老的土地上开创了新闻画报的崭新领域。我

① 〔德〕鲁道夫·G. 瓦格纳：《进入全球想象图景：上海的点石斋画报》，《中国学术》第8辑，商务印书馆，2001，第42页。

们从这份画报的发行量和受众面便可以看出其影响力。吴友如等画师创作出了既新奇又合适的图画，将该画报推向社会各阶层中。而读该画报的人们逐渐养成了通过该画报看世界的习惯。

该画报引导读者用自己的眼睛看世界，这对于近代中国来说具有划时代的意义。绘画艺术借助现代传播媒介走入了大众中，并生动而实时地与社会相关联，展现民众身边的世界，同时也让民众看到了他们生活圈外的世界万象。在中国历史上，不管是服务于祭祀、墓葬等礼仪活动的画像石、石棺、墓室壁画和雕刻，还是局限于文人、贵族阶层的传统山水、花鸟、人物或社会风俗画卷，民众观看的视野都从未被纳入。在中国古代礼仪活动中产生的艺术铭刻了一个时代、一个地区的集体风俗和礼仪习俗；历代艺术家的不同风格、题材、技法的绘画展现了艺术家自身独特的创造力；而民间传统的年画、版画或寓意风调雨顺、吉祥如意，或表现民众的审美趣味；在明清时期盛行的小说包括绣像小说中，插画、插图配合小说文字，对小说的情节描述和人物塑造起到了绝佳的辅助作用。《点石斋画报》的艺术世界是独树一帜的。其一，该画报所提供的是一种近距离观看模式；其二，它无差别地面向广泛的社会阶层；其三，表现人物和事件是其主要内容；其四，民生小事与时政大事一起出现，在画报中平起平坐，都作为新闻被观看。

《点石斋画报》以图解时事和新知为宗旨，开创了中国近代媒体的新领域，也展开了近代中国的图景。从画师的构图法到社会各阶层的观看和阅读，透过双眼，在古今、中西交汇的近代中国，一个新的时代正在降临。而眼中的变化、心中的变化、社会的变化与时代的变革，这一切必将顺势而来，将古老的中国推向世界，也推入了现代化的滚滚洪流中。

二　图像中国：在视觉与想象中体验现代

陈平原、夏晓虹在《图像晚晴》一书的导论中指出："对于《点石斋画报》的解读，可以侧重雅俗共赏的画报体式，可以看好'不爽毫厘'的石印技术，可以描述新闻与美术的合作，可以探究图像与文字的互动，可以突出东方情调，可以强调西学东渐，可以呈现平民趣味，也可以渲染妖怪鬼魅……所有这些，均有所见又有所蔽，有所得也有所失。”① 这段话既道出了研究《点石斋画报》的广阔视野，也道出了这项研究工作的困难。而这恰恰也是该画报研究工作的魅力所在，再广阔的风景最终也是靠人自己的一双眼睛来欣赏的。如果说每个研究者各自的视角和关切是论证合法性的前提，那么，这一视角所展开的视野则是其论证意义的所在。由上述，本文在此继续追问：在透视等构图法所营造的画面空间之外，我们能否进而透过《点石斋画报》解读当时的社会空间，以及由此所折射出的中国近现代社会和民心？

毫无疑问，《点石斋画报》在近15年的时间中连续推出的4000幅左右的图像，为当时的民众建构起了一个全新的视域。林林总总的画报中，“中外纪闻”“官场现形”“格致汇编”“海上繁华”等主题在人们的生活空间之外，搭建起了一个异常丰富的视觉空间。在《点石斋画报》终刊的1898年8月，《申报》上刊载了一篇名为《论画报可以启蒙》的文章，高度评价了该画报的功绩，其中写道：“上海自通商以后，取效西法，日刊日报出售，欲使天下之人咸知世务，法至善也。然中国识字者少，不识字者多，安能人人尽阅报章，亦何能人人尽知报中之事？于是创设画报，月出数册。或取古人之事，绘之以为考据；或取报中近事，绘之以广见闻。况通商以后，天下一家，五洲之大，无奇不有。人之囿于乡曲，而得以稍知世事者，亦未始非画报之益。自来淫书之有干例禁者，因无论识字不识字之人，皆得败坏风俗，沉溺心态也；而今画报之可以畅销者，因无论识字不识字之人，皆得增其识见，扩其心胸也。”② 画报为扩大受众面、拓展民众的视野、增广其见闻而创办，而就当时《点石斋画报》广为流行的盛况来看，其实际所取得的社会效果也是非凡的。民众在一幅幅生动的图像中猎奇，体验着一个全新的世界。

就民众而言，这是一种特殊的体验。对于中外时政要闻，民众通过画报中描绘的相关大场面实现了一种特殊的“观摩”；对于西方近代工业文明景观，那时的国人当然还无法切身体验，而画报上的图像就变成了他们最生动的体验方式；对于官场轶事和民生趣闻，画报通过图像的定格，使民众熟悉而陌生的见闻跃然于纸上，也许这些轶事趣闻在民间

① 陈平原、夏晓虹编注《图像晚晴》，百花文艺出版社，2006，第2页。

② 《论画报可以启蒙》，《申报》1898年8月29日。

的口头流传中并不陌生，但一旦转换为画报图像的模式，便足以让时人备感新鲜。于是，画报就这样把一个广阔的社会和时代空间成功地转化为一个可以被民众所接近的视觉体验空间。船坚炮利、声光电化、舟车便利和飞行想象等便成了国人对现代化的最初感知和想象，这成了中国现代化之路的重要构想之一。而不管是时政要闻，抑或是民生小事，都被纳入了同一份画报中，成了民众观看的对象，也成了他们共同的谈资，超越了他们原有的生活空间和见闻，进入一个日渐具有西方都市化特色的社会空间中。

郑振铎这样评价《点石斋画报》的主画师吴友如："从来没有一个画家有像他那末努力于绘写社会生活的形形式式的。他是一个新闻画家，且住在上海，故其生活画里也经常地出现着恶狠狠的帝国主义者们及其帮凶们的丑恶面目。他的《吴友如画宝》和他在《点石斋画报》和《飞影阁画报》里绘画的许多生活画，乃是中国近百年很好的'画史'；也就是说，中国近百年来半封建、半殖民地社会前期的历史，从他的新闻画里可以看得很清楚。"① 郑氏这段简短的话中提到了三个关键词，即新闻画家、生活画、画史，将该画报与社会生活的关系清楚明了地勾勒了出来。鲁迅同样也注意到了这份画报在社会上产生的巨大影响力："这画报的势力，当时是很大的，流行各省，算是要知道'时务'——这名称在那时就如现在之所谓'新学'——的人们的耳目。前几年又翻印了，叫作《吴友如画宝》，而影响到后来也实在利害，小说上的绣像不必说了，就是在教科书的插画上，也常常看见所画的孩子大抵是歪戴帽，斜视眼，满脸横肉，一副流氓气。"② 虽然鲁迅话中带着讥讽，带着对当时上海文坛颓废之气的批判，但《点石斋画报》的影响力及其对民众生活的渗透力由此可见一斑。

画报上的图像与民众的观看、阅读形成了一股强大的作用力，共同作用于社会及其风尚、文化的发展变化。那么，这种由图像与观看所进行的社会建构又是如何的？美国学者米歇尔（W. J. T. Mitchell）在视觉文化研究中提出的一个观点可以给我们有益的启示。他主张将视觉经验与社会文化建构、社会语境结合起来考察。他将"视觉文化"界定为对"视觉经验

① 郑振铎：《艺术考古文集》，文物出版社，1988，第193页。

② 鲁迅：《上海文艺之一瞥》，《鲁迅全集》第4卷，人民文学出版社，2005，第300页。

的社会建构”的研究。[1] 米歇尔的一篇名为《跨学科性与视觉文化》的文章篇幅不长，但其中扼要、犀利的见解极具启发性。他指出，艺术史必然比艺术作品的历史要宽泛得多，因为艺术史的建立或多或少都必然依赖观看、社会主体间关系等方面的理论模式基础。[2] 而社会性的、交互主体间的交融等应当被视为视觉文化研究的出发点。[3] 将视觉文化的研究置于一个更广大的文化领域和社会语境中，这是米歇尔始终坚持的立场。换个角度而言，观看与人类社会紧密联系，观看本身就是在社会语境中展开的，是社会生活的一部分。用米歇尔的话来说：“观看过程，即观看世界、观看（同时被观看）他人的过程，具有复杂性。第一步就是要知道观看并非是一个简单、自然或透明的过程，尽管它把自己乔装打扮成最自然而然、清澄透亮的经验形式。你必须在一生中的某个时刻学会观看，如果在五六岁之前还没有学会，以后再学会就很难，就像学一门自然语言一样难。”[4] 在他看来，观看并不是与生俱来的视觉能力，“观看是习得的”，[5] 是建立在双目视觉生理基础上的社会能力，即是说，观看本身就是人社会性的一种体现，是人类社会生活的一部分。

我们在《点石斋画报》中发现了两种观看模式。画里的人物在观看，或凝视或张望或眺望某个场景，这正是画面所要表现的内容，而画外的读者也在观看和品读。《点石斋画报》呈现双重的观看模式。画里画外一同在观看，这构成了一种独特的阅读体验和社会生活体验。一方面，当时人们的生活圈子在扩大，已超出了原来乡间生活的小院落而逐渐步入近代都市生活中，人际关系、社会交往已突破了传统的宗法家族社会，于是，越出自己的生活圈，观看他人已成为都市生活的一种常态，画里画外的观者正是这样观看着；另一方面，画报筑就了一个社会各阶层读者无差别观看的共同的公共空间，各阶层的人们通过阅读画报体验着共有的时代和社会情

---

① W. J. T. Mitchell, “Interdisciplinarity and Visual Culture,” in *Art Bulletin*, December, 1995, p. 540.

② See W. J. T. Mitchell, “Interdisciplinarity and Visual Culture,” in *Art Bulletin*, December, 1995, p. 542.

③ See W. J. T. Mitchell, “Interdisciplinarity and Visual Culture,” in*Art Bulletin*, December, 1995, p. 544.

④ 刘禾：《知识分子和批评思考的视域——W. J. T. 米切尔教授访谈录》，《文艺研究》2005年第10期，第87页。

⑤ 刘禾：《知识分子和批评思考的视域——W. J. T. 米切尔教授访谈录》，《文艺研究》2005年第10期，第88页。

境。正如申报馆之父美查所认为的那样，报刊应成为社会各阶层沟通的渠道。事实也的确如此，阅读《申报》《点石斋画报》成为上海市民及周边地区民众的一种日常生活，并由此逐渐形成了中国近代的一种都市文化。自19世纪中期开埠通商之后，上海从一个普通的海滨小县城一跃成为具有国际化特色的现代都市，社会各阶层包括民众的生活发生了剧变。随着近代印刷业和出版流通行业的萌生，报刊的流行，以及人们阅读条件的改善，阅读习惯的养成，新的观看极大地改变了人们的生活方式，也改变了人们的生活世界。这一变化的趋势逐渐从上海这一近代中西文化碰撞的要地扩展到周边及其他地区。不管是西洋图景还是朝政时局，不管是奇思妙想还是街头巷尾的日常生活场景，《点石斋画报》所展现的一幅幅图画经人们的阅读、传递和讨论，都大大拓展了人们的社会空间，丰富了人们的社会生活，甚至已引领近代中国率先开放的商埠进入了“全球想象的图景”（鲁道夫·瓦格纳语）中。

由乡民变成市民，由农业经济转变为商贸经济模式，都市化、商业化、近代化的进程拉开了时代变迁的序幕。现代社会的公共空间或公共领域正在形成。在《公共领域的结构转型》一书中，哈贝马斯描述了公共领域的几种历史形态，即封建时期的公共领域、自由资本主义公共领域和晚近资本主义大众社会公共领域。我们知道，西方关于公共领域的概念是建立在市民社会的基础之上的。在黑格尔关于市民社会的理论中，个体是市民社会这个共同体的基础。此外，黑格尔还敏锐地意识到市民社会具有社会经济生活领域这一特点。马克思同样也关注到了市民社会这一交往形式与生产力的密切关联。可以说，伴随着经济模式、政治体制和社会形式的变化，现代意义上的社会公共空间正在形成。哈贝马斯对资产阶级公共领域有一个界定：“资产阶级公共领域首先可以理解为一个由私人集合而成的公众的领域；但私人随即就要求这一受上层控制的公共领域反对公共权力机关本身，以便就基本上已经属于私人，但仍然具有公共性质的商品交换和社会劳动领域中的一般交换规则等问题同公共权力机关展开讨论。这种政治讨论手段，即公开批判的确是史无前例，前所未有。”① 由此并结合上述，我们可以归纳出在资本主义经

① 〔德〕哈贝马斯：《公共领域的结构转型》，曹卫东、王晓珏、刘北城、宋伟杰译，学林出版社，1999，第32页。

济、商贸体系逐渐兴盛的过程中，社会公共领域或公共空间所具有的基本特点。其一，它建立在新的经济基石之上，贸易、交换等各种交流是其先决条件；其二，与公共空间并起的是新型的人际关系和社会交往模式的形成，人们的社会角色也随之变化，逐渐从私人的家庭或家族关系中走入更大的社会群体中，并担当起一定的社会角色；其三，个人的主体意识和体验在公共空间中变得清晰起来；其四，公共空间具有明显的社会批判性。

但笔者以为，现代公共空间的形成首先是现代个体感知和体验的公共空间即视觉与想象的共同体的形成。其实对于一个逐渐步入现代的国家，特别是对于近现代中国而言，在哈贝马斯式的批判性的公共空间形成之前，首先形成的是建立在个体视觉和想象基础上的现代体验的公共空间，这融入了中国近代民众对现代世界独特的感知、想象与体验。

在《点石斋画报》中，有一个细节特别常见，即在很多画作中相似的情景都作为背景出现，那就是一扇扇打开的窗户、一条条敞开的长廊以及那倚着窗口、倚着栏杆探着身子向外张望的一双双眼睛。可以说，这是那个时代国人的一种姿态。它代表了一种视野，代表了一种关注与参与，也代表了一种期待。事实上，我们在人们的种种凝视、观望、张望、眺望中，可以感受到他们对那个突如其来的时代新奇而又担忧、震惊而又惶恐、美妙而又不知所措的复杂体验。民众通过自我个体的观看去了解这个新时代，也通过共同的关注去参与并逐渐融入这个时代。

近代中国民众独特的画报观看的视觉体验是构成国人对现代认识的重要部分。当然，这种现代体验仅凭视觉是不够的，需要延展，还需要想象的助力。王德威关于“小说中国”的说法给了我们很大的启示。他在《想像中国的方法：历史·小说·叙事》一书的序言中提道：“小说之类的虚构模式，往往是我们想像、叙述‘中国’的开端。国家的建立与成长，少不了鲜血兵戎或常态的政治律动。但谈到国魂的召唤、国体的凝聚、国格的塑造，乃至国史的编纂，我们不能不说叙述之必要，想像之必要，小说（虚构!）之必要”①，“我们如果不能正视包含于国与史内的想像层面，缺乏以虚击实的雅量，我们依然难以跳出传统文学或政治史观的局限。一反以往中国小说的主从关系，我因此要说小说中国是我们未来思考文学与国家、神话与史话互动的起点之一”，“小说不建构中国，小说虚构中国。而

① 王德威：《想像中国的方法：历史·小说·叙事》，三联书店，1998，第1页。

这中国如何虚构，却与中国现实的如何实践，息息相关”。[①] 这为我们审视现代中国提供了一条有益的路径，想象是近代中国民众独特的现代体验方式。近代中国在民众的观看与想象中形成了一种全新的社会公共空间，这深深改变了国人，改变了近现代中国的发展轨迹，正如列斐伏尔所说的：“如果未曾生产一个合适的空间，那么‘改变生活方式’、‘改变生活’等都是空话。”[②] 如前述，对于当时那个千疮百孔、风雨飘摇中的晚清中国而言，国人不可能完全真切地体验西洋现代世界，而画报的视野恰能帮助他们“观摩”和“体验”日渐临近的现代。可以说，近代国人正是通过视觉与想象建构起了最初的现代中国之图景，也建构起了中国现代最早的公共空间。在这个公共的社会空间中，或虚或实，近代国人触碰到了现代世界。

想象是一种特殊的视觉，它睁开的是“心目”。《点石斋画报》所展开的不仅仅是一个个有限的视野，还是无限的想象以及对西洋、对未来中国社会的勾画。画报也不仅仅是在描画现在的中国，也是在想象未来的中国。正是在《点石斋画报》想象的图景中，近代国人完成了对现代中国最初的建构。想象是当时国人的一种重要的现代体验，深深影响了未来现代中国的发展。今天的读者翻开《点石斋画报》都会有这样的感慨，当年国人想象的图景、憧憬的未来在今天都成了现实的生活景观。当现在的我们面对《点石斋画报》时，我们所面对的是双重的想象。一方面是在这些泛黄的图画中所想象的未来现代中国；另一方面则是现在的我们面对着这些图像对晚清的想象。

结　语

我们从《点石斋画报》对透视等构图法的灵巧运用中就已能看出近代国人的观看方式、视角、视野以及他们生活世界的变化。其中折射出国运的变迁、时代的变迁、社会的变迁、民众社会角色的变迁，以及个体感知和体验的变迁。

除了列强的暴力侵略，近代中国从上海等对外通商的商埠开始逐步展

① 王德威：《想像中国的方法：历史·小说·叙事》，第2页。

② 〔法〕亨利·列斐伏尔：《社会产物与使用价值》，包亚明主编《现代性与空间的生产》，上海教育出版社，2003，第47页。

开了曲折艰辛的现代化进程。民众的身份从乡民转变为市民，意味着从相对封闭的私人空间逐渐步入了开放的社会公共空间中，个体的感知、个体对社会的关注，以及个体间的社会交往、个体与社会的联系，逐渐形成了一个新的社会共同体。这个社会共同体的建立离不开人们的观看和想象。近代民众的个体体验通过现代报刊媒体以及日益扩大的生活圈，逐渐发展为一种具有共识性的社会公共体验和公共空间。而在《点石斋画报》这类近代中国早期的画报及其他报刊中，中国现代最早的公共空间——视觉与想象的共同体正在形成。

其实不管对于西方现代国家还是中国而言，视觉和想象都是对现代世界的一种重要体验方式，并在此基础上逐渐形成了现代社会共同体。但对于近代这样一个风烛残年的东方帝国，这样一个落后、薄弱的中国而言，民众的观看和想象具有更加重要的意义。其一，这种观看和想象在某种程度上是一种家国梦；其二，这是人们对现代的体验，也是一种憧憬，想象未来会有所不同；其三，在此基础上，观看和想象逐渐转化为变革社会的动力、革命的动因。归根到底，这背后是民众个人主体意识的自觉和勃兴，引领近代中国不断向前。

奇观化的十里洋场与中国小说插图中西方表征的兴起

——《海上花列传》吴友如派插图研究

陈晓屏*

摘要　《海上花列传》的吴友如派插图通过图像的视觉转译将晚清上海的洋场奇观予以了直观再现。其关于西方的表征，是中国小说插图对西方的第一次相对具体、全面、写实的表征，包含着近代中国社会转型期中上海的文学生产及其视觉化传播中的一种对西化的社会治理模式、日常生活方式和价值理念的认知与认同，一种对更为开放、多元、异质的现代文明的想象与追崇。从中可以看到，传统的帝制皇权所着力建构、倡导的“大一统”的同质化、一元化的生活模式及价值理念日趋分化瓦解，转型期的多元、开放与异质的日常生活形态、行为方式以及价值观念则日渐形成。

关键词　《海上花列传》　吴友如派插图　视觉转译　西方表征

Abstract　The illustrations of *Romance of Playboys and Prostitutes in Shanghai* represents a spectacle of old Shanghai in late Qing Dynasty by its image's visual translation. It's the first time for Chinese novel illustrations to present to the West in a relatively specific, comprehensive and realistic way. It's the way of representation that signifies an cognition and identification with a westernized governance mode, everyday life style and value ideas, and an imagination

---

* 陈晓屏，广东建设职业技术学院讲师，中山大学中文系文艺学博士，研究方向为文艺理论与文化研究。本文系南京大学文学院“985”项目“中国文学图像关系史”的阶段性研究成果。

and pursue of the more open, diverse, heterogeneous modern civilization in the process of literature production and visual communication in Shanghai in early Modern China. From the representation of West of the illustrations, it can be-said, the "universal", homogenizated and unified life style and value ideas that constructed by the traditional imperial power was increasingly differentiated and collapsed, and a pluralistic, open and heterogeneous everyday life style , individual behavior and values ideas were gradually formed during the social transformation era.

Key words the illustrations of *Romance of Playboys and Prostitutes in Shanghai* the spectacle of old Shanghai visual translation the representation of West

近代上海开埠后，城市化进程快速展开，租界内中西交流日渐深化，西方的铅石印技术及报刊制度传入并广泛运用，在此背景下，《海上花列传》及其吴友如派插图，[①] 成为都市的文学叙事（以"中国第一部城市小说"《风月梦》为先导）及图像叙事（以《点石斋画报》为代表）开始兴盛时的产物。

当前，学界的《海上花列传》小说研究已较为深入，但关于《海上花列传》吴友如派插图，相关研究极少，仅叶凯蒂[②]、周诗岩[③]等学者有所提

① 《海上花列传》小说作者韩邦庆（1856～1894）是晚清知名小说家与职业报人，考举不第又不适幕僚生活后，赴上海，曾为《申报》撰述文稿。1892年，韩氏创办《海上奇书》，"作为《申报》的附送品"，是中国第一份小说期刊，由点石斋书局石印，申报馆代售。其中《海上花列传》，开创了中国长篇章回小说配图连载刊行、每回自成起讫的小说报刊化生产、传播模式，其后因《海上奇书》停刊连载，至第三十回后中断。1894年，《海上花列传》出版完整单行本，补足全部插图，每回二幅，共计一百二十八幅，单面方式，石版印刷。插图作者，目前尚未有确考，但鲁迅曾于1924年1月5日致胡适信中指出："我前所见，是每星期出二回之原本，上有吴友如派之绘画，惜现在不可复得矣。"（王景山：《鲁迅书信考释》上卷，文化艺术出版社，2013，第112页）本文讨论的《海上花列传》插图，出自韩邦庆《海上花列传》清光绪二十年（1894）石印初刊本（《海上奇书》本）（上海古籍出版社出版的《古本小说集成》第2辑第83册影印本）。《海上花列传》吴派插图下文简称"海上花吴派插图"。

② 参见〔美〕叶凯蒂《上海·爱：名妓、知识分子和娱乐文化（1850—1910）》，杨可译，三联书店，2014，第11页。

③ 参见周诗岩的《晚清至民国海派插图中的亲密性叙事——由吉登斯〈亲密关系的变革〉谈起》《现代都市的亲密性之变：从〈海上花列传〉的视觉转译困境谈起》等文。

及，鲜见专门研究，殊为遗憾。事实上，《海上花列传》吴友如派插图是中国小说插图史上真正开始都市图像叙事的小说插图文本，① 其关于西方的表征，如从器物、建筑到技术、制度，更是开中国小说插图对西方进行具体、写实、可靠之图像表征的先河，在中国小说插图史上具有重要意义。

韩邦庆小说《海上花列传》，虽名为“列传”，但在其小说文本中，读者看到的不是传奇，而是日常生活，是从二月底到十一月这八个月间的缓慢、琐碎的海上欢场故事，更为突出的是各色人物频繁出入、往来于书寓堂子、酒楼茶馆、公馆洋行、公私园林等场所，进行各种社交应酬、生意往来、娱乐消费的都市生活。其叙事，则一改明清倡优叙事中江南才子章台冶游、怡情花柳的才子佳人叙事模式和传奇式写作方式，代之以以近代都市绅商买办阶层之日常交游、物用消费、欲望购买为对象的都市叙事和日常化书写。在小说文本这一都市叙事的基础上，在风行于沪上的《点石斋画报》之新闻风俗绘画及西方图像叙事的启发下，《海上花列传》的吴友如派插图，亦一改以往文学插图，如《山海经》《西游记》中的相关插图，对异域形象的夸张化、怪异化，以及中国中心主义式的想象和再现风格，开始以一种相对客观、写实的风格，对晚清上海中西杂糅的洋场奇观予以具象、直观的特写，洋场中的西方各式人、事、物，如西洋巡捕、消防技术、治安管理、灯具、钟表、玻璃镜、自来水、轮船、西洋马车、洋行、公馆、公园、医院等，无不成为插图者偏好与逐猎的对象，成为现代都市之新派日常生活模式和价值观念的符号表征。

以下，笔者将从西式的市政管理、器物、建筑、交通工具四个方面，讨论《海上花列传》吴派插图在再现晚清上海之洋场奇观时所凸显的西方符号，所构建的现代图景。

一　西人的市政管理：新的城市治理模式及国际秩序建构

秦汉以来，历代中国皇朝都致力于对一个一统化的皇权空间的想象、构建与努力维护，从这个角度看，晚清上海的开埠，尤其是洋人租界的设立及其独立的市政管理，对于曾经自诩为“天朝上国”的大清帝国而言，

① 关于这一问题，笔者有专文论述。

是一个极大的打击，标志着清王朝之国家主权迅速倾颓、华夷关系剧烈变动、个别城市区域市政管理权迅速旁落的末世时期的到来。而西方，虽然作为侵略者的形象，广受声讨，但同时亦作为科学、新知的形象，成为知识传播的一个重要内容，尤其是到了19世纪90年代，在上海租界内的大众文化传播及叙事中，西方的知识，已被称为“新学”，① 西方不仅被更多地用来表征一种开放、先进、科学的现代文明，而且被用以表征对传统皇权秩序的挑战，对传统的“一统化”的社会生活模式和价值理念的分化与瓦解。

在近代中国的视觉化传播领域，在对西方的想象与再现上，《点石斋画报》可谓独领风气之先，其开创的新闻风俗绘画对西方元素的重视与融入，深刻影响了《海上花列传》吴友如派插图的西方叙事风格。海上花吴派插图，即以一种新闻画的叙事风格写绘洋人在上海租界中的市政管理。

由于韩邦庆《海上花列传》关于洋人之租界市政管理的叙事较少，所以海上花吴派插图的视觉转译中，涉及洋人对上海租界之市政管理的插图亦不多，主要有3幅，分别为第十一回之《乱撞钟消防救火图》（图1）、第二十八回之《西洋巡丁登屋抓赌图》（图2）、第六十回之《外国巡捕勘查窃案图》（图3）。但是，从文图关系的角度，详析插图者所选取的图像叙事焦点和所采用的绘图风格，则可以看出，插图者对洋人之市政管理表现明显的叙事偏好。

韩邦庆小说第十一回“乱撞钟比舍受虚惊　齐举案联襟承厚待”中，乱撞钟叙事以1500多字的笔墨，描写了上海租界内深夜火警，在沈小红处的王莲生得知起火处是只与自家公馆一路之隔的东棋盘街东首后，慌乱回家收拾洋钱、票据、账目等要紧物事的过程。从整体上看，小说这一乱撞钟叙事主要突出了近代上海官绅买办在私人财产面对意外威胁时的应对及其对西人所主导之现代财产托管制度（如保险制度）的熟悉使用，其中，仅以300字的篇幅简略、断续地描写了外国巡捕使用消防水管（“药水龙”）灭火的情景：

① 费正清在《剑桥中国晚清史（1800—1911年）》（下）中谈及“中国对西方关系看法的延续和变化”时指出：“关键性术语使用的变化雄辩地证实了在对西方理解过程中的这种进步。与西方有关的事务在六十年代以前大体上称为‘夷务’，在七十年代和八十年代称为‘洋务’和‘西学’，在九十年代就称为‘新学’。第一个名词体现了中国中心主义；第二名词颇为不褒不贬；而最后一个名词则清清楚楚地含有赞许的意思。”〔美〕费正清、刘广京编《剑桥中国晚清史（1800—1911年）》（下），中国社会科学出版社，1993，第235页。

图 1 《海上花列传》第十一回之《乱撞钟消防救火图》

图 2 《海上花列传》第二十八回之《西洋巡丁登屋抓赌图》

图 3 《海上花列传》第六十回之《外国巡捕勘查窃案图》

只见转弯角上有个外国巡捕，带领多人整理皮带，通长衔接做一条，横放在地上，开了自来水管，将皮带一端套上龙头，并没有一些水声，却不知不觉皮带早涨胖起来，绷得紧紧的。于是顺着皮带而行，将近五马路，被巡捕挡住。莲生打两句外国话，才放过去。

……

忽又见火光里冒出一团团黑烟，夹着火星滚上去，直冲至半天里。门首许多人齐声说："好哉，好哉！"小云也来看了，说道："药水龙来哉，打仔下去哉。"果然那火舌头低了些，渐渐看不见了，连黑烟也淡将下去。莲生始放心归坐。

……

小云自己徜徉一回，不料黑暗处，好像一个无常鬼直挺挺站立。正要发喊，那鬼倒走到亮里来，方看清是红头巡捕。小云不禁好笑。当下径归南昼锦里祥发吕宋票店楼上，管家长福伏侍睡下。（第十一回）①

但在《乱撞钟消防救火图》（图1）的视觉转译中，王莲生的"受虚惊"叙事大为淡化，图像并没有直接再现火场扑救的紧张场景以及众人尤其是王莲生的慌乱情状，而是呈现了一幅洋人消防队奔赴火场、众人围观的奔救图。画幅中，右侧外国巡捕率众携现代消防设备有序奔赴火场的情景与左侧陈小云、王莲生及其管家来安等人一旁观望、商议欲行的情景共同成为视觉转译的重点，而远处模糊人影的围观及不安则已完全退居其次。显然，插图所呈现的，不是小说叙事大篇幅表现的王莲生及众人面对突发火灾而显现的慌乱无措，而是一种将身家财产托付洋人之保险制度的托付心态。可以说，其所表现的，是一种突发状况中的新秩序建构，是对洋人之市政管理、现代化技术设备的展示，以及多数民众对这种新秩序、新的城市治理方式及性质的接受与认同。

同样的，小说第二十八回"局赌露风　巡丁登屋"及第六十回"监守自盗　云水无踪"的相应图像叙事，亦表现一种明确的新秩序建构。其中，《西洋巡丁登屋抓赌图》（图2）对洋人巡捕抓赌、众人围观议论、"指点笑语"、巡丁登屋抓赌的情景予以全景式的精彩图绘；《外国巡捕勘查窃案图》（图3）则通过空间关系上的尚中、尊左及人物身量关系上的"放大—缩小"的传统人物表现手法，将人物的身份、等级关系予以直观的显示，其中，作为主要/中心人物的租界市政监管人员尤其是西洋巡捕被置于众人中心，以使其身份与形象重点突出。

海上花吴派插图的这种通过叙事焦点的转换及全景式的新闻时事画绘

① （清）韩邦庆著，典耀整理《海上花列传》，人民文学出版社，1982，第85~87页。

图风格，对洋人之市政管理的着重叙事，直接表征了西人作为上海租界之建造者和管理者的身份角色，而图像叙事对洋人形象的偏好、对洋人市政管理之井然有序的凸显，则显示租界中大多数普通城市民众，尤其是上海新知识阶层，对西方的认知与接纳，对洋人维护租界秩序的认同与信任；而这种认知与认同，则直接表征了清帝制皇权的式微，清帝国对上海租界之城市控制力的丧失，传统"华夷之辨"之族群等级区分的失效，以及社会转型期新的秩序建构及其对传统帝制秩序的威胁。从全球关系的角度来看，这种租界内部的新秩序建构显然从属于一种新的国际关系秩序，表征着新的国际政治经济关系在上海租界中的实现。

二　西方器物：对现代生活模式的认同与偏好

《海上花列传》吴友如派插图中，电灯、煤油灯、玻璃镜、洋镜台[①]、钟表、西式餐具及食物等来自西方的器具、食物几乎成为十里洋场中各类消费娱乐场所尤其是所有长三书寓及大部分幺二堂子的标配器物。如第十九回之《屠明珠书寓宴客图》（图4）、第四回之《沈小红书寓图》（图5）、第五十回之《赖公子阔手换送新灯图》（图6）等，直接而鲜明地图写了晚清上海租界中各种外洋货物"麟萃于斯，光怪陆离，奇技淫巧，非不赏心悦目，居民争购用之"[②] 的盛况。

其中，小说第十九回"错会深心两情浃洽　强扶弱体一病缠绵"中关于黎篆鸿在屠明珠书寓中宴请众人吃西餐大菜、听堂戏的叙事，几乎成了晚清上海各种西方器具物品的一次大会展。[③] 小说中，对这些西洋用餐器具、点心，作者可谓不吝笔墨详加罗列，铁床，玻璃镜，珠灯，玻罩彩花架，刀叉瓶壶架，洋纱手巾，西餐刀叉，玻璃杯，高脚玻璃盆子，外洋所产的水果、干果、糖食、牛奶、点心，外国藤椅，等等，不一而足，屠明珠书寓宴客的"大菜间"俨然一座西餐室，各种西式物品，从摆设到用具，从水果到点心，几乎应有尽有。

---

① 张爱玲注：一种尺来长的盒子，大概是日本制，内装梳妆用品，盒盖内镶镜子，可以撑起来。（清）韩邦庆：《海上花开·国语海上花列传》，张爱玲译，北京十月文艺出版社，2009，第42页。

② 胡祥翰等：《上海小志·上海乡土志·夷患备尝记》，上海古籍出版社，1989，第100页。

③ （清）韩邦庆著，典耀整理《海上花列传》，第149～151页。

图4 《海上花列传》第十九回之《屠明珠书寓宴客图》

图5 《海上花列传》第四回之《沈小红书寓图》

图6 《海上花列传》第五十回之《赖公子阔手换送新灯图》

《屠明珠书寓宴客图》（图4）对这些西式宴客用具、食物亦作了描摹，但整体上看，绘图显得差强人意。这可能是因为餐叉用具等物本来就比较小，难以成为视觉焦点，不容易制造突出的视觉效果，而其普及性亦有所局限的缘故。但从整体上看，西式餐饮开始进入晚清上海的上层社会中，成为上流阶层娱乐消费中的一部分，则已显然可见。

西式的灯具、玻璃镜等，则是海上花吴派插图所特别凸显的西方元素。如第四回之《沈小红书寓图》（图5），可谓是对兼具装饰性与功能性之西式室内器物的一次集中展示，吊灯、煤油灯、大玻璃镜、时钟等，均会聚其间。

其中，西洋灯具是海上花吴派插图特别重视、极具视觉效果的一类空间装饰元素。几乎每一幅书寓、堂子绘图中出现了西洋的煤油灯、吊式电灯，而室外绘图中则多有煤油或电力供能的壁灯、街灯出现。在这些绘图中，西洋的煤油/煤汽灯、电灯[①]等基本取代了传统的油盏灯和蜡烛，西洋的壁灯、街灯则取代了传统的灯笼、提灯，而第五十回之《赖公子阔手换送新灯图》（图6）更是对西洋吊灯做了一次极具奇观效果的集中展示。

从表征的角度看，这些来自西方、代表着现代技术文明及价值观念的煤油/煤汽灯、电灯、玻璃镜、自鸣钟等，会聚于书寓、堂子中，其所表征的，不只是一种更为新式的生活体验，更为高品质的生活质量，而且是一种超越传统、走向现代化的生活模式和商业观念，即商业逻辑下从情感到色身的更为精准、自主的换算与交易。这种换算与交易中，嫖客对欲望的购买被纳入更为精确的时间计算中，妓女对色身的出售亦获得了时间上更大幅度的延展和更为精准、自主的控制。同时，妓女对自我的容颜修饰与身体塑造亦在西洋大玻璃镜的帮助下变得更为精确高效，传统的针对女性身体塑造与规训的他者的视角通过大玻璃镜而迅速内化为女性自身的自我视角，镜前的修饰成为一种更为整体、高效、精确的规训实践，达成了对女性身体的从局部到整体的更为系统、全面的规训。

而当这些西方器物从上层社会及高级妓女的私人空间进入城市的公共空间后，如门口的壁灯、马路上的长排街灯、钟塔上的西洋大钟等，则可以说，由于这些西方器物的传入与普及，普通个体的私人空间亦出现了更为精确的、可自主把握的计算、交易和规训实践，日常生活可以不再依赖传统的官方统一规划的模式，官方的统一报时逐渐淡出日常生活，公众的个人生活逐渐进入一种更为自主、精确、可自行把握的私人模式中。

---

① “随着科学技术的发展和都市社会生活的急遽变迁，城市照明系统也随之发生剧烈的新陈代谢。煤油灯取代油盏灯，煤气灯取代煤油灯，紧接着，电灯又取代了煤气灯。1882年欧洲人立德在上海创办上海电光公司，上海城市公共照明系统由此逐渐步入了电灯时代。”熊月之、罗苏文、周武：《略论近代上海市政》，《学术月刊》1999年第6期。

可以说，从海上花吴派插图对西方器物的偏好性、集中化再现中可以见到，在近代中国的社会转型期，相对于内地普遍存在的皇权秩序规范下的单一、同质的传统生活模式，在上海的十里洋场尤其是在随着近现代工商业发展而出现的新富/新贵阶层中，其生活模式已出现新变，表现对一种相对个体化、多元化、异质化的现代生活模式的更为明确的认同与偏好取向。①

三　西式建筑：都市日常空间建构的异质性倾向

除对西方器物的偏好性再现之外，《海上花列传》吴友如派插图对西式建筑亦表现明显的再现偏好。韩邦庆的小说叙事中，叙事焦点主要在室内，对建筑外观鲜有着墨，人物进入或离开的情景，亦多一笔带过。但海上花吴派插图，则出现为了宏观展现建筑外观而舍弃小说所着眼之室内叙事，图绘人物正欲进入或离开的室外场景，以展现建筑尤其是西式建筑之总体风貌的现象。如第六回之《亨达利洋行购物图》（图7）、第三十五回之《明园观游图》（图8）、第三十八回之《史天然公馆图》（图9）等。当然，小说插图也展示了一些西式建筑的室内布局，如第十七回的《仁济医馆探甥图》（图10）。

韩氏小说第六回关于葛仲英携吴雪香及其侍女坐马车赴亨达利洋行购物的叙事中，文本对亨达利洋行内西洋商品的琳琅满目和精巧贵重从微观层面做了不厌其烦的描摹与罗列，可谓为洋行购物叙事的重点。但在插图的视觉转译中，微观的室内细节描摹被置换为宏观的建筑外观展示。插图中，亨达利洋行被呈现为一座三层的壮观洋楼，占据画幅的绝大部分，与西洋马车②、西式装扮的车夫共同成为视觉的焦点，被予以景观化的展示；作为这一洋行购物叙事之主要人物形象的葛仲英、吴雪香、小妹姐三人，

① 关于这一点，近代史研究成果多有论述。比如，费正清在《剑桥中国晚清史（1800—1911年）》（下）中谈及新兴的买办阶层时，曾指出："在生活方式和思想的某些方面，买办也与众不同。因为他们同外国人联系密切，所以他们乐于接受西式服装、陈设、娱乐和宗教信仰，并且使之同中国习俗掺合在一起而形成一种混合文化，洋泾浜英语就是一个典型事例。他们也能放弃传统的价值观念，以便使其子女接受完全的西式教育，以便捍卫他们的利润观念和发展经济的观念，并且在某些情况下，以便像郑观应那样成为制度改革的鼓吹者。"〔美〕费正清、刘广京编《剑桥中国晚清史（1800—1911年）》（下），第632页。

② 清末民初，西洋马车曾在上海滩风行一时。马车最初从西方引入，为租界洋人的代步工具。

则中式着装，退居一隅，正准备进入洋行中；洋行内的商品，被隐去不绘。同样的，在第三十五回《明园观游图》（图 8）、第三十八回《史天然公馆图》（图 9）等图的视觉转译中，亦使用采用这种以宏观的整体再现取代内部的微观刻绘的表现手法。这一手法，显然是对《点石斋画报》所新创的新闻风俗绘画手法的沿用，而其所具有的强烈的偏好性和夸饰效果，则暗示了晚清民众，尤其是插图的创作群及受众群，对西方文化的想象与好奇。

图 7 《海上花列传》第六回之《亨达利洋行购物图》

图 8 《海上花列传》第三十五回之《明园观游图》

图 9 《海上花列传》第三十八回之《史天然公馆图》

其中还需要引起特别注意的是《明园游玩图》。这一插图所再现的是晚清上海租界中一种全新的、流行于上层社会及妓女群体的都市休闲娱乐活动，即坐马车沿大马路兜风及游赏公园。

关于妓女出游是晚清上海文学叙事尤其是画报图像叙事所热衷的对象。如晚清《海上繁华梦》《孽海花》等小说中的各种欢场叙事就多次出现妓女坐马车沿大马路观光游赏或到公园游玩散步赏阅园景的故事。而以《点石斋画报》为代表的各种晚清海上画报更热衷于将妓女兜风游园情景予以图像化，直观再现十里洋场群妓出游的租界奇观。在这些关于妓女观游的文学叙事或图像叙事中，妓女群体在马路、公园、茶楼、烟馆等公共空间中的观望、游赏往往被纳入十里洋场的复杂商业逻辑中。如妓女在公园、马路等公共空间中的游玩、闲逛，是一种悠游自在乃至招摇过市的休闲娱乐，是一种全新的空间体验与空间消费，妓女是娱乐、消费的主体；同时，游玩闲逛中的妓女就是一种被消费的对象，闲逛本身就包含着通过商业化包装、展示而达成对自我加以商品化售卖的目的。从这个角度看，可以说，晚清上海的租界中，公共空间是妓女的消费对象，妓女是公共空间中等待购买或者正在被消费的商品，这种关系若转化为视觉关系，则可以说，妓女既是欲望和观看的主体，也是欲望和观看的对象。

这种从属于商业逻辑而又具有内在复杂关系的妓女的观游行为，在韩邦庆《海上花列传》小说文本中多次出现。但小说三十五回“落烟花疗贫无上策　煞风景善病有同情”中关于陶玉甫、李漱芳的明园观游叙事则显得与众不同。小说中，“陶玉甫见李漱芳病体粗安，游赏园林，亦是保养一法”，[①] 因而有了陶、李二人携浣芳、女仆阿招与陶云甫、覃丽珠相约游赏明园的叙事。但令人惊讶的是，小说中这一游园叙事竟无一字写明园，全部篇幅均用以叙述陶玉甫、李漱芳、陶云甫、覃丽娟等人的坐谈问候以及陶玉甫、李漱芳、李浣芳之间的深情和亲昵。而海上花吴派插图对“明园观游”叙事的视觉转译，则既不同于小说的游园叙事，又不同于一众沪上画报所流行的游园图像。

《明园观游图》（图8）首先奇观化地凸显了明园这一空间性的消费对象，对明园中的花木、亭台、洋楼、西洋马车等加以细致、重点刻绘；其次表现了楼下准备登车离园的病弱的李漱芳及女仆阿招，其身边还多出了

① （清）韩邦庆著，典耀整理《海上花列传》，第291页。

两个不知名的游园女子；最后表现了明园洋楼之二楼阳台栏杆边上陶玉甫、覃丽娟二人目送李漱芳等人离园的情景。显然，通过想象性的增补，小说文本中未能展开刻绘的明园成了图像再现的主要对象。

这一插图中，公园被表现为一种消闲娱乐、增长情谊、休养病体的日常性公共休闲场所，功能相对简单，不是实现身体交易的中介，公园中游玩的李漱芳、陶玉甫等妓女、狎客形象亦未如多数晚清沪上画报之妓女出游图那样被凸显和特写，妓女形象没有被单一地商品化，而是被赋予一定的日常性和情感性，如李漱芳头缠巾纱、扶婢而行的病弱情态，显然更像一位抱恙的家常妇女，而非刻意装饰的时髦倌人。因此，可以说，这幅《明园观游图》所体现的，是一种对日常生活及公共空间的回归，既隐喻了对妓女之刻板印象（商品化、魅惑属性）的调整与改写，又体现了对起源于西方、作为公共空间之代表的近代公园所指向的体验性、公共性、开放性等价值观念的关注。

除了对西式建筑外观的宏观再现外，小说插图还出现了对西式建筑之内部格局的表现，如第十七回的《仁济医馆探甥图》（图 10）。韩邦庆小说文本第十七回“别有心肠私讥老母　将何面目重责贤甥”之洪善卿医馆探甥叙事，在简述西式医馆的内部结构后，便开始展开洪善卿对赵朴斋的规劝叙事。① 海上花吴派插图的《仁济医馆探甥图》基本根据小说文本而绘。相比于小说文本所着重的赵朴斋羞惭见舅、洪善卿劝诫外甥的叙事，插图则直观、明确地图绘西式医馆的室内布局，从中展示西式医馆所普遍采用的住院式的集中治疗和管理模式。这种模式显然迥异于传统中医以出诊或坐诊为特征的分散化诊疗模式，受治者以病人身份被科学地对待，接受规范的医疗管理，病人的身份、日常观念，乃至日常的伦理秩序被暂时淡化，甚至被暂时排斥于现代医学制度之外，如插图中作为外甥的赵朴斋半卧于病床上，作为舅舅的洪善卿立于床沿，未得侍座，小说中赵朴斋“慌的下床”，洪善卿“向床前藤杌坐下”的甥舅之间的身份关系、礼仪秩序并未被表现出来。可以说，插图中的西洋医馆被呈现为一个相对特殊且独立于传统中国之日常伦理生活空间的异质空间，即一个被现代医学制度和现代科学逻辑所主导的，通过隔离、治疗、诫勉而重建秩序的身心规训空间。从心理层面看，插图对这一异质化的身心治疗/规训空间的凸显，体现小说

---

① （清）韩邦庆著，典耀整理《海上花列传》，第 138 页。

中的洋场中人以及小说之作者、插图者对西式医疗技术、制度、观念的认知与认同。有一点需要注意的是，插图对仁济医馆这一西式医疗空间的内部刻绘，其实是对前文所述之表征西式市政管理的《乱撞钟消防救火图》《西洋巡丁登屋抓赌图》《外国巡捕勘查窃案图》等图的补充与延伸，这是对晚清帝制皇权之空间控制力丧失的再一次确证，从中亦体现晚清上海租界中的知识阶层，从职业报人、小说家到职业画师，对洋人之西式社会管理、公共服务的普遍认同，对旧有的皇权秩序和治理模式的遗弃。

图10　《海上花列传》第十七回之《仁济医馆探甥图》

韩邦庆的《海上花列传》叙事中，从洋行到医馆，从公园到私人公馆，从番菜馆到外国酒馆，等等，这些西式建筑，所涉及的不仅仅是建筑的样式，而且是中西文明的较量，是新的国家关系的确立，是全新的商业模式、日常生活方式和价值观念。可以说，作为资本主义空间生产之最直接、最具象直观的符号表征的西式建筑，已经进入了晚清上海租界——一个近代极富活力的西方资本主义空间“飞地”——的各个角落。海上花吴派插图对这些西式建筑极具偏好性的着重再现，则可以见出，表征着异质性的西式建筑，从公共空间到私人空间，已经通过多种形式，切实而具体地侵蚀着晚清中国之一统化的帝制空间，直接、明确地表征了传统中国之一元性、同质性、闭合性帝制空间的分化与溃败，同时也具象直观地指向了一种多元性、异质性、开放性的空间建构。

四　西式交通工具：现代价值观念的兴起与追崇

与对西方器物、建筑的着重凸显一样，《海上花列传》吴友如派插图对西式的交通工具，如轮船、西洋马车等，亦表现一种明显的偏好倾向。如第六回《亨达利洋行购物图》（图 7）之马车、第二十一回《众人送别黎篆鸿图》（图 11）之轮船、第三十五回之《明园观游图》（图 8）之马车、第五十五回《赵二宝送别史天然图》（图 12）之轮船等。

图 11　《海上花列传》第二十一回之《众人送别黎篆鸿图》

图 12　《海上花列传》第五十五回之《赵二宝送别史天然图》

传统中国的交通工具基本以舟、车、马、轿子等为主。其中，一般的舟、牛车/骡车、骡、驴等，属于相对普通的交通工具，更具身份表征功能的则是马车、轿子与骏马，尤其是城市中，上层社会成员多数以能够表征身份品级、威严荣光的马车、轿子、骏马等代步。其中，马车、轿子是围蔽型、礼制性的交通工具，表征着私密、闭合、品级森严等，缺乏观游功能；高头骏马则是一种敞开、游观型、具有阳刚气质的交通工具，是权力、财富、英雄气质的表征。

海上花吴派插图对轮船、轿子、马等交通工具进行突出图绘，《赵二宝送别史天然图》（图 12）可为其典型。这幅送别图出自小说第五十五回“订婚约即席意彷徨　掩私情同房颜忸怩”，是关于赵二宝送别其所爱之南京贵公子史天然的离别叙事。关于这一离别叙事，小说着重描写前一天的鼎丰里饯别订婚叙事和第二天的船上话别叙事，突出赵、史二人的离情别意，尤其是突出赵二宝祈望史天然一个月后践约回沪迎娶自己的殷殷期盼。①

但插图的视觉转译再一次出现错位，其《赵二宝送别史天然图》并未以近景图特写赵、史二人的饯别或话别情景，而是以一幅开阔的远景图宏观再现了晚清上海的码头送行场景，小说中细腻深情的亲密叙事被转换为码头上轿子、骏马、轮船等各式交通工具的会展，成为一幅晚清上海的码头送行景观图。

在这幅码头送行景观图中，人物间的情感交流基本被取消，插图中史天然骑马前行，其后是赵二宝乘坐轿子随行相送，不仅史、赵二人之间全无交流对语情状，而且女主人公赵二宝形象完全隐于轿子中，反而是若干轿夫形象得以呈现。

可以说，在插图对小说的视觉转译中，赵二宝被替换为轿子，而读图者所看到的，已不是赵二宝的深心寄望，而是一种被轿子符号化的个体追求。

从表征角度看，不同的交通工具，表征了不同的生活模式和价值观念。轿子的品级性②、私密性、闭合性表征着传统的等级秩序③和相应的伦理规范。赵二宝选择乘坐轿子而非当时流行的观光马车送行史天然，与其笑言“一品夫人的命”的梦想是相呼应的，而插图对轿子的凸显，则可以说是对一种传统的女性角色和身份等级观念的凸显，经由这种凸显，或许可以说，读图者看到的更多是赵二宝通过婚姻寻求传统女性归宿的自我定位，是其努力通过婚姻回归正常生活，重建传统家庭伦理秩序的价值追求。

但是，赵二宝这种深心寄望回归传统秩序的努力，显然没有在图中得到回应。插图中史天然骑着高头大马昂然前行，其前方是辽阔的江海以及水面上的现代轮船，绘图者将观看者的视线引向远方，尤其是远方海面上

---

① （清）韩邦庆著，典耀整理《海上花列传》，第468页。

② 轿子，古称辇、肩舆，从马车演化而来。秦汉时期，辇变为皇家专用物，而其他人使用的辇则改称为“肩舆”。秦汉开始，宫廷已有相应的舆制，形制装饰因品级、社会地位不同而有严格区别。唐宋以后，舆制更为严格。唐初，轿子只是皇帝和嫔妃的代步工具，至唐武宗时期，亦只允许三品以上的在职或辞官人员和患病者乘坐，除此之外，无论尊卑，一律不准坐轿，女性乘轿则基本只限于官员之母亲、妻子。这一舆制深刻影响了其后的宋、明、清诸代。明清开始，民间出现民轿，但主要是富豪人家的代步工具。

③ 张之帆：《轿子的形成、演变与跨地域传播》，《民俗研究》2013年第3期。

的轮船，这种视线牵引隐含一种对现代交通工具及其所代表的现代观念的凸显，其所指向的是对一种更加高效，更加自由，同时也更具不确定性的现代生活方式的推崇。这与传统的人力驱动的轿子所指向的礼法性、保守性、慢节奏的生活方式是大异其趣的。[①] 或许，从这一幅图中，已经可以预见马上之人一去不复返，轿中之人被弃置身后而空留憾恨的悲剧性结果。

同样的，第二十一回之《众人送别黎篆鸿图》，亦是一幅精心绘制的码头送别景观图。为宏观再现黄埔滩上洋行码头的现代景观，插图舍弃了舱内话别这一小说叙事焦点，而特别选取码头岸上众人拱手送别黎篆鸿及于老德的场景，于是，近处停靠在岸的小火轮船、宽阔平坦的码头石岸、豪华现代的电气街灯，以及远处喷着蒸汽的大型轮船等，一一入图，先进的技术、现代的市政建设、井井有条的社会秩序，跃然纸上。

总体而言，传统的交通工具表征的是一种相对传统、慢节奏的时间观念和空间体验。而现代的火车、轮船、西洋马车等，则通过蒸汽动力、钢铁、轮子、敞篷式的结构设计等，实现更为快速的通行功能和更为舒适、更具开放性的观游赏阅功能，以及更为明确的对现代价值、观念的表征功能。可以说，与传统的轿子、舟船相比，西洋的火车、轮船、马车等代表着新的价值观念和技术文明，更为快速，更为敞开，更为便捷，也更为可购买和租用。坐马车逛马路、游公园是一时风尚，坐轮船在上海与其他地方之间往来，则表征了一种与现代文明保持密切联系的观念。

结 语

在西方的资本、技术、制度、文化大举进入晚清上海租界和文学、图像关于西方的表征更为具体、全面、可靠、密集的时空背景下，《海上花列传》吴友如派插图，第一次在中国小说插图史上，构建了一个涵括制度文明、技术文明、器物文明的西方化的视觉符号表征系统，开始在关于都市的图像再现上呈现一种鲜明的西方符号表征。或许，海上花吴派插图的视

① 在上海，一直至开埠初期，其传统的交通工具依然是“水行则船，陆行则轿”。但是，“作为一种代步工具，轿子存在着致命的弱点，它能容纳的人数少，价格比较昂贵，而且速度慢，明显跟不上近代都市生活的快速节奏”。熊月之、罗苏文、周武：《略论近代上海市政》，《学术月刊》1999 年第 6 期。

觉转译，在有关现代情感关系的亲密性叙事上力有未逮，① 但其在对都市现代性的视觉建构，尤其是对西方的符号表征上，则游刃有余。海上花吴派插图的这种取向与风格，深刻影响了其后的小说插图创作，如晚清四大小说期刊之一《绣像小说》中的《痴人说梦记》《负曝闲谈》《月球殖民地小说》插图，第一份画报类日刊《图画日报》上的《绘图续海上繁华梦》插图，《时事画报》的《廿载繁华梦》插图，以及梦花馆主江阴香《九尾龟》初集插图，等等。从中可以见出，西方的制度、观念、技术、资本、器物等已经进入晚清上海租界大多数民众的视野中，甚至在某种程度上重构了大部分富裕阶层（包括高级倌人）的日常生活形态、行为方式以及价值观念。

插图对西方元素的明确的表征偏好，将某些西式化的日常生活、娱乐消费行为呈现为一种奇观化的仪式行为。从此中可以见出，那些得以深度参与晚清上海之视觉文化生产的职业画师，对以近现代西方文明为主要构成的现代文明已表现一种鲜明的夸示与倡导态度，其中也折射出近代中国社会转型期中上海这座商业都市及其市民阶层尤其是知识阶层逐新逐洋的“得风气之先、开风气之先”② 的文化风尚与价值取向。

① 周诗岩：《晚清至民国海派插图中的亲密性叙事——由吉登斯〈亲密关系的变革〉谈起》，《中国图书评论》2011年第6期。

② 孙逊：《“海派文化”：近代中国都市文化的先行者》，《江西社会科学》2010年第10期。

图书在版编目（CIP）数据

文化研究. 第25辑，2016年·夏 / 周宪，陶东风主编. -- 北京：社会科学文献出版社，2016.6
ISBN 978-7-5097-9335-0

Ⅰ. ①文… Ⅱ. ①周… ②陶… Ⅲ. ①文化研究-丛刊 Ⅳ. ①G0-55

中国版本图书馆 CIP 数据核字（2016）第135104号

文化研究（第25辑）（2016年·夏）

主　　编 / 周　宪（执行）　陶东风

出 版 人 / 谢寿光
项目统筹 / 宋月华　吴　超
责任编辑 / 吴　超

出　　版 / 社会科学文献出版社·人文分社（010）59367215
地址：北京市北三环中路甲29号院华龙大厦　邮编：100029
网址：www.ssap.com.cn
发　　行 / 市场营销中心（010）59367081　59367018
印　　装 / 北京季蜂印刷有限公司

规　　格 / 开　本：787mm×1092mm　1/16
印　张：20.5　字　数：333千字
版　　次 / 2016年6月第1版　2016年6月第1次印刷
书　　号 / ISBN 978-7-5097-9335-0
定　　价 / 79.00元

本书如有印装质量问题，请与读者服务中心（010-59367028）联系